भारत का टाइमलैप्स

THE GREAT INDIAN HISTORY

रुद्रांश शर्मा

Made with ♥ on the Notion Press Platform
www.notionpress.com

क्रम-सूची

क्रम-सूची

प्रस्तावना

• v •

TIME LAPSE OF THE INDIA

PART - 1

भूमिका

AUTHOR RUDRANSH SHARMA

Rudransh sharma

1
वैदिक सभ्यता

भारत का इतिहास

प्राचीन इतिहास

भारत का इतिहास और संस्कृति गतिशील है और यह मानव सभ्यता की शुरूआत तक जाती है। यह सिंधु घाटी की रहस्यमयी संस्कृति से शुरू होती है और भारत के दक्षिणी इलाकों में किसान समुदाय तक जाती है। भारत के इतिहास में भारत के आस पास स्थित अनेक संस्कृतियों से लोगों का निरंतर समेकन होता रहा है। उपलब्ध साक्ष्य सुझाते हैं कि लोहे, तांबे और अन्य धातुओं के उपयोग काफी शुरूआती समय में भी भारतीय उप महाद्वीप में प्रचलित थे, जो दुनिया के इस हिस्से द्वारा की गई प्रगति का संकेत है। चौंथी सहस्राब्दि बी. सी. के अंत तक भारत एक अत्यंत विकसित सभ्यता के क्षेत्र के रूप में उभर चुका था।

वैदिक सभ्यता

भौगोलिक विस्तारभारतीय उपमहाद्वीप
कालकांस्य युग भारत
तिथियाँल. 1700–1100 ई.पू
पूर्ववर्तीसिंधु घाटी सभ्यता

परवर्तीउत्तर वैदिक काल, कुरु साम्राज्य, पाञ्चाल राजवंश, कोशल राजवंश, विदेह राजवंश

उत्तर वैदिक काल

भौगोलिक विस्तारभारतीय उपमहाद्वीप

काललौह युग भारत

तिथियाँल. 1100–600 ई.पू

पूर्ववर्तीप्रारंभिक वैदिक काल, जनपद

परवर्तीहर्यक वंश, महाजनपद

प्राचीन भारत

प्राचीन भारत में सिंधु घाटी सभ्यता के पश्चात जिस नवीन सभ्यता का विकास हुआ उसे ही वैदिक सभ्यता के नाम से जाना जाता है। इस काल की जानकारी हमे मुख्यतः वैदिक साहित्य से प्राप्त होती है, जिसमे ऋग्वेद सर्वप्राचीन होने के कारण सर्वाधिक महत्वपूर्ण है। वैदिक काल को ऋग्वैदिक या पूर्व वैदिक काल (1500–1000 ई.पू.) तथा उत्तर वैदिक काल (1000–600 ई.पू.) में बांटा गया है। वैदिक काल या वैदिक युग (ल. 1500 से ल. 500 ईसा पूर्व), शहरी सिंधु घाटी सभ्यता के अंत और उत्तरी मध्य-गंगा में शुरू होने वाले एक "दूसरे शहरीकरण" के बीच उत्तरी भारतीय उपमहाद्वीप के इतिहास में अवधि है।

वैदिक साहित्य जो इस अवधि के दौरान लिखे गए, समकालीन जीवन का विवरण देने वाले प्रख्यात ग्रंथ हैं और साथ ही विश्व के प्राचीनतम ग्रंथ भी है। जिन्हें ऐतिहासिक माना गया है और अवधि को समझने के लिए प्राथमिक स्रोतों का गठन किया गया है। संबंधित पुरातात्विक अभिलेखों के साथ ये दस्तावेज वैदिक संस्कृति के विकास का पता लगाने और उस काल का अनुमान लगाने की अनुमति देते हैं।[1]

वेदों की रचना और मौखिक रूप से एक पुरानी हिन्द-आर्य भाषाएँ बोलने वालों द्वारा सटीक रूप से प्रेषित की गई थी, जो इस अवधि के शुरू में भारतीय उपमहाद्वीप के उत्तर-पश्चिमी क्षेत्रों में चले गए थे। वैदिक समाज "पितृसत्तात्मक" था। आरंभिक वैदिक आर्य पंजाब में केंद्रित एक कांस्य युग के समाज से थे, जो कि राज्यों के बजाय जनजातियों में संगठित थे। इनका मुख्य रूप से जीवन देहांती था। ल. 1500–1300 ई.पू., वैदिक आर्य पूर्व में उपजाऊ पश्चिमी गंगा के मैदान में फैल गए और उन्होंने लोहे के उपकरण अपना लिए, जो जंगल को साफ करने और

अधिक व्यवस्थित, कृषि जीवन के लिए उपयोगी थे।

वैदिक काल के उत्तरार्ध में भारत राजवंश, यदुवंश और कुरु साम्राज्य मुख्य शक्ति के रूप में उबरे। वैदिक हिन्दू समाज यज्ञ परक था और यज्ञ सामाजिक व्यवस्था का एक अंग था। इस काल की वर्ण व्यवस्था "कार्यानुसार" थी ना की जन्मनुसार थी।

वैदिक काल के अंत में (ल. 700 से 500 ई.पू में) महानगरो और बड़े राज्यों महाजनपद का उदय हुआ। इसके साथ-साथ श्रमण परम्परा (जैन धर्म और बौद्ध धर्म सहित) में वृद्धि हुई, जिसने वैदिक परंपराओं को चुनौती दी।

वैदिक संस्कृति के चरणों से पहचानी जाने वाली पुरातात्विक संस्कृतियों में चार मुख्य है–[2]

चित्रित धूसर मृद्भाण्ड संस्कृति

काले और लाल बर्तन संस्कृति

गेरू की कब्र संस्कृति

चित्रित ग्रे वेयर संस्कृति में गेरू रंग की बर्तनों की संस्कृति

वेदों के अतिरिक्त संस्कृत के संस्कृत साहित्य के अन्य कई ग्रंथो की रचना भी 9वी शताब्दी से 5वी शताब्दी ई.पू काल में हुई थी। वेदांगसूत्रौं की रचना मन्त्र, ब्राह्मणग्रंथ और उपनिषद इन वैदिकग्रन्थौं को व्यवस्थित करने मे हुआ है। रामायण, महाभारत और पुराणौं की रचना हुआ जो इस काल के ज्ञानप्रदायी स्रोत माना गया हैं। अनन्तर चार्वाक, तान्त्रिकौं, बौद्ध और जैन धर्म का उदय भी हुआ।

इतिहासकारों का मानना है कि आर्य मुख्यतः उत्तरी भारत के मैदानी इलाकों में रहते थे इस कारण आर्य सभ्यता का केन्द्र मुख्यत उत्तरी भारत था। इस काल में उत्तरी भारत (आधुनिक पाकिस्तान, बांग्लादेश तथा नेपाल समेत) कई महाजनपदों में बंटा था।

नाम और देशकाल

वैदिक सभ्यता का नाम ऐसा इस लिए पड़ा कि वेद उस काल की जानकारी का प्रमुख स्रोत हैं। वेद चार है - ऋग्वेद, सामवेद, अथर्ववेद और यजुर्वेद। इनमे से ऋग्वेद की रचना सबसे पहले हुई थी। ऋग्वेद में ही गायत्री मन्त्र है जो सावित्री (सूर्य देव) को समर्पित है।

ऋग्वेद के काल निर्धारण में विद्वान एकमत नहीं है। सबसे पहले मैक्स मूलर ने वेदों के काल निर्धारण का प्रयास किया। उसने बौद्ध धर्म (550 ईसा पूर्व) [3]से

पीछे की ओर चलते हुए वैदिक साहित्य के तीन ग्रंथों की रचना को मनमाने ढंग से 200-200 वर्षों का समय दिया और इस तरह ऋग्वेद के रचना काल को 1200 ईसा पूर्व के करीब मान लिया पर निश्चित रूप से उसके आंकलन का कोई आधार नहीं था।

वैदिक काल को मुख्यतः दो भागों में बांटा जा सकता है- ऋग्वैदिक काल और उत्तर वैदिक काल। ऋग्वैदिक काल आर्यों के आगमन के तुरंत बाद का काल था जिसमें कर्मकांड गौण थे पर उत्तरवैदिक काल में हिन्दू धर्म में कर्मकांडों की प्रमुखता बढ़ गई।

ऋग्वैदिक काल (1500-1000 ई.पू.)

इस काल की तिथि निर्धारण जितनी विवादास्पद रही है उतनी ही इस काल के लोगों के बारे में सटीक जानकारी। इसका एक प्रमुख कारण यह भी है कि इस समय तक केवल इसी ग्रंथ (ऋग्वेद) की रचना हुई थी। मैक्स मूलर के अनुसार आर्य का मूल निवास मध्य ऐशिया है।आर्यों द्वारा निर्मित सभ्यता वैदिक काल कहलाई। आर्यों द्वारा विकसित सभ्यता ग्रामीण सभ्यता कहलायी। आर्यों की भाषा संस्कृत थी।

मैक्स मूलर ने जब अटकलबाजी करते हुए इसे 1200 ईसा पूर्व से आरंभ होता बताया था (लेख का आरंभ देखें) उसके समकालीन विद्वान डब्ल्यू. डी. ह्विटनी ने इसकी आलोचना की थी। उसके बाद मैक्स मूलर ने स्वीकार किया था कि " पृथ्वी पर कोई ऐसी शक्ति नहीं है जो निश्चित रूप से बता सके कि वैदिक मंत्रों की रचना 1000 ईसा पूर्व में हुई थी या कि 1500 ईसापूर्व में या 2000 या 3000 "

ऐसा माना जाता है कि आर्यों का एक समूह भारत के अतिरिक्त ईरान (फ़ारस) और यूरोप की तरफ़ भी गया था। ईरानी भाषा के प्राचीनतम ग्रंथ अवेस्ता की सूक्तियां ऋग्वेद से मिलती जुलती हैं। अगर इस भाषिक समरूपता को देखें तो ऋग्वेद का रचनाकाल 1000 ईसापूर्व आता है। लेकिन बोगाज-कोई (एशिया माईनर) में पाए गए 1400 ईसा पूर्व के अभिलेख में हिंदू देवताओं इंद, मित्रावरुण, नासत्य इत्यादि को देखते हुए इसका काल और पीछे माना जा सकता है।

बाल गंगाधर तिलक ने ज्योतिषीय गणना करके इसका काल 6000 ई.पू. माना था। हरमौन जैकोबी ने जहाँ इसे 4500 ईसापूर्व से 2500 ईसापूर्व के बीच आंका था वहीं सुप्रसिद्ध संस्कृत विद्वान विंटरनित्ज़ ने इसे 3000 ईसापूर्व का बताया था।

प्रशासन

प्रशासन की सबसे छोटी इकाई कुल थी। एक कुल में एक घर में एक छत के नीचे रहने वाले लोग शामिल थे। परिवार के मुखिया को कुलुप कहा जाता था। एक ग्राम कई कुलों से मिलकर बना होता था। ग्रामों का संगठन विश् कहलाता था और विशों का संगठन जन। कई जन मिलकर राष्ट्र बनाते थे। ग्राम के मुखिया को ग्रामिणी, विश का प्रधान विशपति ,

जन का शासक राजन् (राजा) तथा राष्ट्र के प्रधान को सम्राट कहते थे। आर्यों की प्रशासनिक संस्थाएं काफी सशक्त अवस्था में थी। प्रारंभ में राजा का चुनाव जनता के द्वारा किया जाता था बाद में उसका पद धीरे-धीरे पैतृक होता चला गया परंतु राजा निरंकुश नहीं होता था वह जनता की सुरक्षा की पूरी जिम्मेदारी लेता था इस सुरक्षा व्यवस्था के बदले में लोग राजा को स्वैच्छिक कर देते थे जिसे बलि कहा जाता था। ऋग्वैदिक आर्यों की दो महत्वपूर्ण राजनैतिक संस्थाएं थीं जिन्हें सभा और समिति कहा जाता था-[5]

1."सभा-" इसे उच्च सदन भी कहा जा सकता है यह समाज से आए हुए बुद्धिमान और अनुभवी व्यक्तियों की संस्था थी। सभा के सदस्यों को सभेय अथवा सभासद कहा जाता था और सभा का अध्यक्ष सभापति कहा जाता था सभा के सदस्यों को पितर कहा जाता था जिससे पता लगता है कि ये बुजुर्ग और अनुभवी लोग थे।

2. "समिति-" समिति आम जनमानस की संस्था थी उसके सदस्य समस्त नागरिक होते थे इसमें सामान्य विषयों पर चर्चा होती थी । उसके अध्यक्ष को ईशान कहा जाता था। प्रारंभ में समिति में स्त्रियां भी आती थी और उसमें आकर ऋक नामक गान किया करती थी। आर्यों की सबसे प्राचीन संस्था को जनसभा थी उसे "विदथ" कहा जाता था।

धर्म

ऋग्वैदिक काल में प्राकृतिक शक्तियों की ही पूजा की जाती थी और कर्मकांडों की प्रमुखता नहीं थी। ऋग्वैदिक काल धर्म की अन्य विशेषताएं • क्रत्या, निर्ऋति, यातुधान, ससरपरी आदि के रूप में अपकरी शक्तियो अर्थात, राछसों, पिशाच एवं अप्सराओ का जिक्र दिखाई पडता है। इस समय में मूर्ति पूजन नहीं होता था और

ना ही मंत्रोचार किया जाता था। कर्मकांड जैसे पूजा-पाठ, व्रत,यज्ञ आदि इस काल में नहीं होते थे।।

उत्तरवैदिक काल (1000–600 ई0पू0)

ऋग्वैदिक काल में आर्यों का निवास स्थान सिंधु तथा सरस्वती नदियों के बीच में था। बाद में वे सम्पूर्ण उत्तर भारत में फैल चुके थे। सभ्यता का मुख्य क्षेत्र गंगा और उसकी सहायक नदियों का मैदान हो गया था। गंगा को आज भारत की सबसे पवित्र नदी माना जाता है। इस काल में विश् का विस्तार होता गया और कई जन विलुप्त हो गए। भरत, त्रित्सु और तुर्वस जैसे जन् राजनीतिक हलकों से ग़ायब हो गए जबकि पुरू पहले से अधिक शक्तिशाली हो गए। पूर्वी उत्तर प्रदेश और बिहार में कुछ नए राज्यों का विकास हो गया था, जैसे - काशी, कोसल, विदेह (मिथिला), मगध और अंग।

ऋग्वैदिक काल में सरस्वती नदी को सबसे महत्वपूर्ण माना जाता है। गंगा का एक बार और यमुना नदी का उल्लेख तीन बार हुआ है। इस काल मे कौसाम्बी नगर मे पहली बार पक्की ईंटो का प्रयोग किया गया। इस काल मे वर्ण व्यवसाय के बजाय जन्म के आधार पे निर्धारित होने लगे।

वैदिक साहित्य

वैदिक साहित्य में चार वेद एवं उनकी संहिताओं, ब्राह्मण, आरण्यक, उपनिषदों एवं वेदांगों को शामिल किया जाता है।

वेदों की संख्या चार है- ऋग्वेद, सामवेद, यजुर्वेद और अथर्ववेद।

ऋग्वेद, सामवेद, यजुर्वेद और अथर्ववेद विश्व के प्रथम प्रमाणिक ग्रन्थ है।

वेदों को अपौरुषेय कहा गया है। गुरु द्वारा शिष्यों को मौखिक रूप से कंठस्त कराने के कारण वेदों को "श्रुति" की संज्ञा दी गई है।

ऋग्वेद

1. ऋग्वेद देवताओं की स्तुति से सम्बंधित रचनाओं का संग्रह है।

2. यह 10 मंडलों में विभक्त है। इसमे 2 से 7 तक के मंडल प्राचीनतम माने जाते हैं। प्रथम अष्टम, नवम एवं दशम मंडल बाद में जोड़े गए हैं। इसमें 1028

(1017 साकल मे+11 बालखिल्य मे)सूक्त हैं।

3. इसकी भाषा पद्यात्मक है।

4. ऋग्वेद में 33 प्रकार के देवों (दिव्य गुणो से युक्त पदार्थो) का उल्लेख मिलता है।

5. प्रसिद्ध गायत्री मंत्र जो सूर्य से सम्बंधित देवी गायत्री को संबोधित है, ऋग्वेद में सर्वप्रथम प्राप्त होता है।

6. 'असतो मा सद्गमय' वाक्य ऋग्वेद से लिया गया है।

7. ऋग्वेद में मंत्र को कंठस्त करने गें स्त्रियों के नाम भी मिलते हैं, जिनमें प्रमुख हैं- लोपामुद्रा, घोषा, शाची, पौलोमी एवं काक्षावृती आदि।

8. इसके पुरोहित के नाम होत्री है।

9. गौत्र, शूद्र, वर्ण शब्द का सर्वप्रथम उल्लेख है।

10. 9 वां मंडल के सभी 114 सूक्त सोम को समर्पित हैं।

11. इसमे लगभग 11000 श्लोक हैं।

12. इसके प्रथम श्लोक मे अग्नि का उल्लेख है।

यजुर्वेद

यजु का अर्थ होता है यज्ञ। इसमें धनुर्विद्या का उल्लेख है।

इसके पाठकर्ता को अध्वर्यु कहते हैं।

यजुर्वेद वेद में यज्ञ की विधियों का वर्णन किया गया है।

इसमे मंत्रों का संकलन आनुष्ठानिक यज्ञ के समय सस्तर पाठ करने के उद्देश्य से किया गया है।

इसमे मंत्रों के साथ साथ धार्मिक अनुष्ठानों का भी विवरण है, जिसे मंत्रोच्चारण के साथ संपादित किए जाने का विधान सुझाया गया है।

यजुर्वेद की भाषा पद्यात्मक एवं गद्यात्मक दोनों है।

यजुर्वेद की दो शाखाएं हैं- कृष्ण यजुर्वेद तथा शुक्ल यजुर्वेद।

कृष्ण यजुर्वेद की चार शाखाएं हैं- मैत्रायणी संहिता, काठक संहिता, कपिन्थल तथा संहिता। शुक्ल यजुर्वेद की दो शाखाएं हैं- मध्यान्दीन तथा कण्व संहिता। शुक्ल यजुर्वेद पद्य में मिलता है

यह 40 अध्यायों में विभाजित है।

वाजसनेय शुक्ल-यजुर्वेद की संहिताओं को बोला जाता है

यजुर्वेद का ब्राह्मण ग्रंथ शतपथ ब्राह्मण है

यजुर्वेद का उपवेद धनुर्वेद है (धनुर्वेद अस्त्र-शस्त्र से संबंधित है द्रोणाचार्य,विश्वामित्र,कृपाचार्य इससे संबंधित प्रमुख आचार्य हैं)

इसी ग्रन्थ में पहली बार राजसूय तथा वाजपेय जैसे दो राजकीय समारोह का उल्लेख है।

इशोपनिषद यजुर्वेद का अंतिम भाग है यह आध्यात्मिकता से संबंधित है

सामवेद

सामवेद की रचना ऋग्वेद में दिए गए मंत्रों को गाने योग्य बनाने हेतु की गयी थी।

इसमे 1810 छंद हैं जिनमें 75 को छोड़कर शेष सभी ऋग्वेद में उल्लेखित हैं।

सामवेद तीन शाखाओं में विभक्त है- कौथुम, राणायनीय और जैमनीय।

सामवेद को भारत की प्रथम संगीतात्मक पुस्तक होने का गौरव प्राप्त है।

सामवेद के ब्राह्मण ग्रंथ पंचविश,ताण्डय,जैमिनीय है

गंधर्व-वेद सामवेद का उपवेद है यह भरत,नारद मुनि से संबंधित है इसमें गायन,नृत्य आदि वर्णित हैं

ब्राह्मण

वैदिक मन्त्रों तथा संहिताओं को ब्रहम कहा गया है। वहीं ब्रहम के विस्तारित रुप को ब्राह्मण कहा गया है। पुरातन ब्राह्मण में ऐतरेय, शतपथ, पंचविश, तैतरीय आदि विशेष महत्वपूर्ण हैं। महर्षि याज्ञवल्क्य ने मन्त्र सहित ब्राह्मण ग्रंथों की उपदेश आदित्य से प्राप्त किया है। संहिताओं के अन्तर्गत कर्मकांड की जो विधि उपदिष्ट है, ब्राह्मण मे उसी की सप्रमाण व्याख्या देखने को मिलता है। प्राचीन परम्परा में आश्रमानुरुप वेदों का पाठ करने की विधि थी अतः ब्रह्मचारी ऋचाओं ही पाठ करते थे ,गृहस्थ ब्राह्मणों का, वानप्रस्थ आरण्यकों और संन्यासी उपनिषदों का। गार्हस्थ्यधर्म का मननीय वेदभाग ही ब्राह्मण है।

यह मुख्यतः गद्य शैली में उपदिष्ट है।

ब्राह्मण ग्रंथों से हमें बिम्बिसार के पूर्व की घटना का ज्ञान प्राप्त होता है।

ऐतरेय ब्राह्मण में आठ मंडल हैं और पाँच अध्याय हैं। इसे पंजिका भी कहा जाता है।

ऐतरेय ब्राह्मण में राज्याभिषेक के नियम प्राप्त होते हैं।

तैतरीय ब्राह्मण कृष्णयजुर्वेद का ब्राह्मण है।

शतपथ ब्राह्मण में 100 अध्याय,14 काण्ड और 438 ब्राह्मण है। गान्धार, शल्य, कैकय, कुरु, पांचाल, कोसल, विदेह आदि स्थलों का भी उल्लेख होता हैशतपथवर्ती ब्राह्मण गोपथ है।

आरण्यक

आरण्यक वेदों का वह भाग है जो गृहस्थाश्रम त्याग उपरान्त वानप्रस्थ लोग जंगल में पाठ किया करते थे | इसी कारण आरण्यक नामकरण किया गया।

इसका प्रमुख प्रतिपाद्य विषय रहस्यवाद, प्रतीकवाद, यज्ञ और पुरोहित दर्शन है।

वर्तमान में सात अरण्यक उपलब्ध हैं।

सामवेद और अथर्ववेद का कोई आरण्यक स्पष्ट और भिन्न रूप में उपलब्ध नहीं है।

उपनिषद

उपनिषद प्राचीनतम दार्शनिक विचारों का संग्रह है। उपनिषदों में 'वृहदारण्यक' तथा 'छान्दोन्य', सर्वाधिक प्रसिद्ध हैं। इन ग्रन्थों से बिम्बिसार के पूर्व के भारत की अवस्था जानी जा सकती है। परीक्षित, उनके पुत्र जनमेजय तथा पश्चात कालीन राजाओं का उल्लेख इन्हीं उपनिषदों में किया गया है। इन्हीं उपनिषदों से यह स्पष्ट होता है कि आर्यों का दर्शन विश्व के अन्य सभ्य देशों के दर्शन से सर्वोतम तथा अधिक आगे था। आर्यों के आध्यात्मिक विकास, प्राचीनतम धार्मिक अवस्था और चिन्तन के जीते-जागते जीवन्त उदाहरण इन्हीं उपनिषदों में मिलते हैं। उपनिषदों की रचना संभवतः बुद्ध के काल में हुई, क्योंकि भौतिक इच्छाओं पर सर्वप्रथम आध्यात्मिक उन्नति की महता स्थापित करने का प्रयास बौद्ध और जैन धर्मों के विकास की प्रतिक्रिया के फलस्वरूप हुआ।

कुल उपनिषदों की संख्या 108 है।

मुख्य रूप से शास्वत आत्मा, ब्रह्म, आत्मा-परमात्मा के बीच सम्बन्ध तथा विश्व की उत्पत्ति से सम्बंधित रहस्यवादी सिधान्तों का विवरण दिया गया है।

"सत्यमेव जयते" मुण्डकोपनिषद से लिया गया है।

मैत्रायणी उपनिषद् में त्रिमूर्ति और चारु आश्रम सिद्धांत का उल्लेख है।

वेदांग

युगान्तर में वैदिक अध्ययन के लिए छः विधाओं (शाखाओं) का जन्म हुआ जिन्हें 'वेदांग' कहते हैं। वेदांग का शाब्दिक अर्थ है वेदों का अंग, तथापि इस साहित्य के पौरूषेय होने के कारण श्रुति साहित्य से पृथक ही गिना जाता है। वेदांग को स्मृति भी कहा जाता है, क्योंकि यह मनुष्यों की कृति मानी जाती है। वेदांग सूत्र के रूप में हैं इसमें कम शब्दों में अधिक तथ्य रखने का प्रयास किया गया है।

वेदांग की संख्या 6 है

शिक्षा- स्वर ज्ञान (वेद की नासिका)

कल्प- धार्मिक रीति एवं पद्धति (वेद के हाथ)

निरुक्त- शब्द व्युत्पत्ति शास्त्र (वेद के कान)

व्याकरण- व्याकरण (वेद के मुख)

छंद- छंद शास्त्र (वेद के पैर)

ज्योतिष- खगोल विज्ञान (वेद की आंखे)

सूत्र साहित्य

सूत्र साहित्य वैदिक साहित्य का अंग है तथा यह उसे समझने में सहायक भी है।

ब्रह्म सूत्र-श्री वेद व्यास ने वेदांत पर यह परमगूढ़ ग्रंथ लिखा है जिसमें परमसत्ता, परमात्मा, परमसत्य, ब्रह्मस्वरूप ईश्वर तथा उनके द्वारा सृष्टि और ब्रह्मतत्त्व वर गूढ़ विवेचना की गई है। इसका भाष्य श्रीमद् आदिशंकराचार्य जी ने भगवान व्यास जी के कहने पर लिखा था।

कल्प सूत्र- ऐतिहासिक दृष्टि से सर्वाधिक महत्वपूर्ण। वेदों का हस्त स्थानीय वेदांग।

श्रोत सूत्र- महायज्ञ से सम्बंधित विस्तृत विधि-विधानों की व्याख्या। वेदांग कल्पसूत्र का पहला भाग।

स्मार्तसूत्र - षोडश संस्कारों का विधान करने वाला कल्प का दूसरा भाग।

शुल्बसूत्र- यज्ञ स्थल तथा अग्निवेदी के निर्माण तथा माप से सम्बंधित नियम इसमें हैं। इसमें भारतीय ज्यामिति का प्रारम्भिक रूप दिखाई देता है। कल्प का तीसरा भाग।

धर्म सूत्र- इसमें सामाजिक धार्मिक कानून तथा आचार संहिता है। कल्प का चौथा भाग

गृह्य सूत्र- पारिवारिक संस्कारों, उत्सवों तथा वैयक्तिक यज्ञों से सम्बंधित विधि-विधानों की चर्चा है।

राजनीतिक स्थिति

ऋग्वैदिक काल मुख्यतः एक कबीलाई व्यवस्था वाला शासन था जिसमें सैनिक भावना प्रमुख थी। राजा को गोमत भी कहा जाता था।

वैदिक काल में राजतंत्रात्मक प्रणाली प्रचलित थी। इसमें शासन का प्रमुख राजा होता था।

राजा वंशानुगत तो होता था परन्तु जनता उसे हटा सकती थी। वह क्षेत्र विशेष का नहीं बल्कि जन विशेष का प्रधान होता था।

राजा युद्ध का नेतृत्वकर्ता था। उसे कर वसूलने का अधिकार नही था। जनता द्वारा स्वेच्छा से दिए गए भाग से उसका खर्च चलता था।

सभा, समिति तथा विदथ नामक प्रशासनिक संस्थाएं थीं।

अथर्ववेद में सभा एवं समिति को प्रजापति की दो पुत्रियाँ कहा गया है। समिति का महत्वपूर्ण कार्य राजा का चुनाव करना था। समिति का प्रधान ईशान या पति कहलाता था। विदथ में स्त्री एवं पुरूष दोनों सम्मलित होते थे। नववधुओं का स्वागत, धार्मिक अनुष्ठान आदि सामाजिक कार्य विदथ में होते थे।

सभा श्रेष्ठ लोंगो की संस्था थी, समिति आम जनप्रतिनिधि सभा थी एवं विदथ सबसे प्राचीन संस्था थी। ऋग्वेद में सबसे ज्यादा बार उल्लेख विदथ का 122 बार हुआ है।

सैन्य संचालन वरात, गण व सर्ध नामक कबीलाई संगठन करते थे।

शतपथ ब्रह्मण के अनुसार अभिषेक होने पर राजा महँ बन जाता था। राजसूय यज्ञ करने वाले की उपाधि राजा तथा वाजपेय यज्ञ करने वाले की उपाधि सम्राट थी।

स्पर्श, गुप्तचरों को और पुरूप, दुर्गापति को कहा जाता था।

राजा का प्रशासनिक सहयोग पुरोहित एवं सेनानी आदि 12 रत्निन करते थे। चारागाह के प्रधान को वाज्रपति एवं लड़ाकू दलों के प्रधान को ग्रामिणी कहा जाता था।

12 रत्निन

पुरोहित- राजा का प्रमुख परामर्शदाता,

सेनानी- सेना का प्रमुख,

ग्रामीण- ग्राम का सैनिक पदाधिकारी,

महिषी- राजा की पत्नी,

सूत- राजा का सारथी,

क्षत्रि- प्रतिहार,

संग्रहित- कोषाध्यक्ष,

भागदुध- कर एकत्र करने वाला अधिकारी,

अक्षवाप- लेखाधिकारी,

गोविकृत- वन का अधिकारी,

पालागल- राजा का मित्र।

विविध क्षेत्रों के विशेषज्ञ[संपादित करें]

होत्र- ऋग्वेद का पाठ करने वाला।

उदगाता- सामवेद की रचनाओं का गान करने वाला।

अध्वर्यु- यजुर्वेद का पाठ करने वाला

ब्रह्मा- संपूर्ण यज्ञों की देख रेख करने वाला।

सामाजिक स्थिति

ऋग्वेद के दसवें मंडल में चार वर्णों का उल्लेख मिलता है। वर्ण व्यवस्था कर्म आधारित थी। दसवें मंडल को परवर्ती काल माना जाता है।

समाज पितृसत्तात्मक था। संयुक्त परिवार प्रथा प्रचलित थी।

परिवार का मुखिया 'कुलप' कहलाता था। परिवार कुल कहलाता था। कई कुल मिलकर ग्राम, कई ग्राम मिलकर विश, कई विश मिलकर जन एवं कई जन मिलकर जनपद बनते थे। अतिथि सत्कार की परम्परा का सबसे ज्यादा महत्व था।

एक और वर्ग ' पणियों ' का था जो धनि थे और व्यापार करते थे।

भिखारियों और कृषि दासों का अस्तित्व नहीं था। संपत्ति की इकाई गाय थी जो विनिमय का माध्यम भी थी। सारथी और बढई समुदाय को विशेष सम्मान प्राप्त था।

अस्पृश्यता, सती प्रथा, परदा प्रथा, बाल विवाह आदि का प्रचलन नहीं था।

शिक्षा एवं वर चुनने का अधिकार महिलाओं को था। विधवा विवाह, महिलाओं का उपनयन संस्कार, नियोग, गन्धर्व एवं अंतर्जातीय विवाह प्रचलित था।

वस्त्राभूषण स्त्री एवं पुरुष दोनों को प्रिय थे।

जौ (यव) मुख्य अनाज था। शाकाहार का प्रचलन था। सोम रस (अमृत जैसा) का प्रचलन था।

नृत्य, संगीत, पासा, घुड़दौड़, मल्लयुद्ध, शुइकर आदि मनोरंजन के प्रमुख साधन थे।

अपाला, घोष, मैत्रयी, विश्ववारा, गार्गी आदि विदुषी महिलाएं थीं।

ऋग्वेद में अनार्यों (मुर्ख या दस्यु) को मृद्धवाय (अस्पष्ट बोलने वाला), अवृत (नियमों- व्रतों का पालन नहीं करने वाला), बताया गया है।

सर्वप्रथम 'जाबालोपनिषद' में चारों आश्रम ब्रम्हचर्य, गृहस्थ, वानप्रस्थ तथा संन्यास आश्रम का उल्लेख मिलता है।

आर्थिक स्थिति

अर्थव्यवस्था का प्रमुख आधार पशुपालन एवं कृषि था।

ज्यादा पालतु पशु रखने वाले गोमत कहलाते थे। चारागाह के लिए 'उत्यति' या 'गव्य' शब्द का प्रयोग हुआ है। दूरी को 'गवयुती', पुत्री को दुहिता (गाय दुहने वाली) तथा युद्धों के लिए 'गविष्टि' का प्रयोग होता था।

राजा को जनता स्वेच्छा से कर देती थी।

आवास घास-फूस एवं काष्ठ निर्मित होते थे।

ऋण लेने एवं देने की प्रथा प्रचलित थी जिसे 'कुसीद' कहा जाता था।

बैलगाड़ी, रथ एवं नाव यातायात के प्रमुख साधन थे।

कृषि

सर्वप्रथम शतपथ ब्राम्हण में कृषि की समस्त प्रक्रियाओं का उल्लेख मिलता है। ऋग्वेद के प्रथम और दसम मंडलों में बुआई, जुताई, फसल की गहाई आदि का वर्णन है। ऋग्वेद में केवल यव (जौ) नामक अनाज का उल्लेख मिलता है। ऋग्वेद के चौथे मंडल में कृषि का वर्णन है।

परवर्ती वैदिक साहित्यों में ही अन्य अनाजों जैसे- गोधूम(गेंहू), ब्रीही (चावल) आदि की चर्चा की गई है। काठक संहिता में 24 बैलों द्वारा हल खींचे जाने का,

अथर्ववेद में वर्षा, कूप एवं नहर का तथा यजुर्वेद में हल का ' सीर ' के नाम से उल्लेख है। उस काल में कृत्रिम सिंचाई की व्यवस्था भी थी।

पशुपालन

पशुओं का चारण ही उनकी आजीविका का प्रमुख साधन था। गाय ही विनिमय का प्रमुख साधन थी। ऋग्वैदिक काल में भूमिदान या व्यक्तिगत भू-स्वामित्व की धारणा विकसित नही हुई थी।

व्यापार

आरम्भ में अत्यन्त सीमित व्यापार प्रथा का प्रचलन था। व्यापार विनिमय पद्धति पर आधारित था। समाज का एक वर्ग 'पाणी' व्यापार किया करते थे। राजा को नियमित कर देने या भू-राजस्व देने की प्रथा नहीं थी। राजा को स्वेच्छा से भाग या नजराना दिया जाता था। पराजित कबीला भी विजयी राजा को भेंट देता था। अपने धन को राजा अपने अन्य साथियों के बीच बांटता था।

धातु एवं सिक्के : ऋग्वेद में उल्लेखित धातुओं में सर्वप्रथम धातू, अयस (ताँबा या कांसा) था। वे सोना (हिरव्य या स्वर्ण) एवं चांदी से भी परिचित थे। लेकिन ऋग्वेद में लोहे का उल्लेख नहीं है। ' निष्क ' संभवतः सोने का आभूषण या मुद्रा था जो विनिमय के काम में भी आता था।

उद्योग : ऋग्वैदिक काल के उद्योग घरेलु जरूरतों के पूर्ति हेतु थे। बढ़ई एवं धूकर का कार्य अत्यन्त महत्वपूर्व था। अन्य प्रमुख उद्योग वस्त्र, बर्तन, लकड़ी एवं चर्म कार्य था। स्त्रियाँ भी चटाई बनने का कार्य करतीं थीं।

धार्मिक स्थिति

आर्य एक ईश्वर पर विश्वास करते थे।

यहाँ प्राकृतिक मानव के हित के लिये ईश्वर से कामना की जाती थी। वे मुख्य रूप से केवल ब्रह्माण्ड को धारण करने वाले एकमात्र परमपिता परमेश्वर के पूजक थे। वैदिक धर्म पुरुष प्रधान धर्म था। स्वर्ग या अमरत्व कीपरिकल्पना नहीं थी।

वैदिक धर्म पुरोहितों व यज्ञ से नियंत्रित धर्म था। पुरोहित ईश्वर एवं मानव के बीच मध्यस्थ था। मनुष्य एवं देवता के बीच मध्यस्थ की भूमिका निभाने

वाले देवता के रूप में अग्नि की पूजा की जाती थी। वैदिक देवताओं का स्वरूप महिमामंडित मानवों का है। ऋग्वेद में 33 प्रकार के तत्वों (दिव्य गुणों से युक्त पदार्थों) का उल्लेख है।

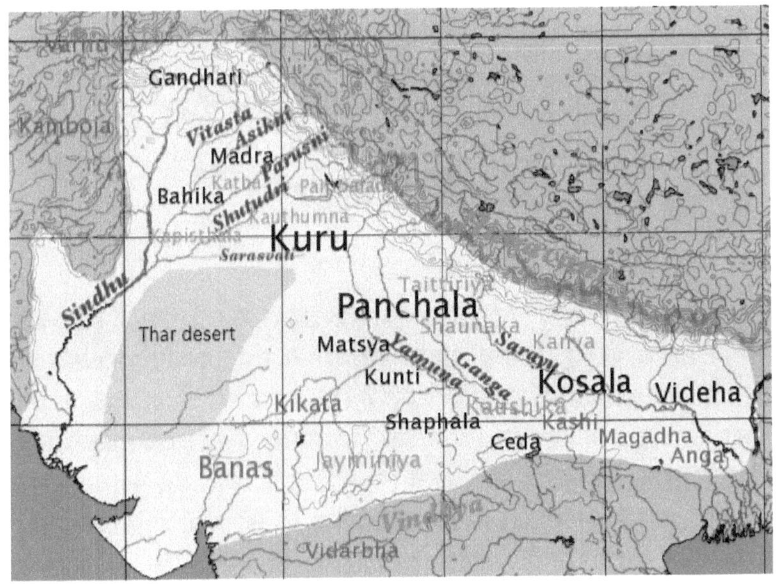

vaidik age india map

2

सिंधु घाटी सभ्यता

भारत का इतिहास सिंधु घाटी की सभ्यता के जन्म के साथ आरंभ हुआ, और अधिक बारीकी से कहा जाए तो हड़प्पा सभ्यता के समय इसकी शुरूआत मानी जाती है। यह दक्षिण एशिया के पश्चिमी हिस्से में लगभग 2500 बीसी में फली फूली, जिसे आज पाकिस्तान और पश्चिमी भारत कहा जाता है। सिंधु घाटी मिश्र, मेसोपोटामिया, भारत और चीन की चार प्राचीन शहरी सबसे बड़ी सभ्यताओं का घर थी। इस सभ्यता के बारे में 1920 तक कुछ भी ज्ञात नहीं था, जब भारतीय पुरातात्विक विभाग ने सिंधु घाटी की खुदाई का कार्य आरंभ किया, जिसमें दो पुराने शहरों अर्थात मोहन जोदाड़ो और हड़प्पा के भग्नावशेष निकल कर आए। भवनों के टूटे हुए हिस्से और अन्य वस्तुएं जैसे कि घरेलू सामान, युद्ध के हथियार, सोने और चांदी के आभूषण, मुहर, खिलौने, बर्तन आदि दर्शाते हैं कि इस क्षेत्र में लगभग पांच हजार साल पहले एक अत्यंत उच्च विकसित सभ्यता फली फूली।

सिंधु घाटी की सभ्यता मूलतः एक शहरी सभ्यता थी और यहां रहने वाले लोग एक सुयोजनाबद्ध और सुनिर्मित कस्बों में रहा करते थे, जो व्यापार के केन्द्र भी थे। मोहन जोदाड़ो और हड़प्पा के भग्नावशेष दर्शाते हैं कि ये भव्य व्यापारिक शहर वैज्ञानिक दृष्टि से बनाए गए थे और इनकी देखभाल अच्छी तरह की जाती थी। यहां चौड़ी सड़कें और एक सुविकसित निकास प्रणाली थी। घर पकाई गई ईंटों से बने होते थे और इनमें दो या दो से अधिक मंजिलें होती थी।

उच्च विकसित सभ्यता हड़प्पा में अनाज, गेहूं और जौ उगाने की कला ज्ञात थी, जिससे वे अपना मोटा भोजन तैयार करते थे। उन्होंने सब्जियों और फल तथा मांस, सुअर और अण्डे का सेवन भी किया। साक्ष्य सुझाव देते हैं कि ये ऊनी तथा

सूती कपड़े पहनते थे। वर्ष 1500 से बी सी तक हड़प्पन सभ्यता का अंत हो गया। सिंधु घाटी की सभ्यता के नष्ट हो जाने के प्रति प्रचलित अनेक कारणों में शामिल है आर्यों द्वारा आक्रमण, लगातार बाढ़ और अन्य प्राकृतिक विपदाओं का आना जैसे कि भूकंप आदि।

सिन्धु घाटी सभ्यता

(पूर्व हड़प्पा काल : 3300-2500 ईरा पूर्व, परिपक्व कालः 2600-1900 ई.पू.; उत्तरार्ध हड़प्पा कालः 1900-1300 ईसा पूर्व) विश्व की प्राचीन सभ्यताओं में से एक प्रमुख सभ्यता है। जो मुख्य रूप से दक्षिण एशिया के उत्तर-पश्चिमी क्षेत्रों में, जो आज तक उत्तर पूर्व अफ़ग़ानिस्तान तीन शुरुआती कालक्रमों में से एक थी, और इन तीन में से, सबसे व्यापक तथा सबसे चर्चित। सम्मानित पत्रिका नेचर में प्रकाशित शोध के अनुसार यह सभ्यता कम से कम 8,000 वर्ष पुरानी है। यह हड़प्पा सभ्यता के नाम से भी जानी जाती है।

इसका विकास सिन्धु और घघ्घर/हकड़ा (प्राचीन सरस्वती) के किनारे हुआ। हड़प्पा, मोहनजोदड़ो, कालीबंगा, लोथल, धोलावीरा और राखीगढ़ी इसके प्रमुख केन्द्र थे। दिसम्बर 2014 में भिरड़ाणा को सिन्धु घाटी सभ्यता का अब तक का खोजा गया सबसे प्राचीन नगर माना गया है। ब्रिटिश काल में हुई खुदाइयों के आधार पर पुरातत्ववेत्ता और इतिहासकारों का अनुमान है कि यह अत्यन्त विकसित सभ्यता थी और ये शहर अनेक बार बसे और उजड़े हैं।

7वीं शताब्दी में पहली बार जब लोगो ने पंजाब प्रान्त में ईंटो के लिए मिट्टी की खुदाई की तब उन्हें वहाँ से बनी बनाई ईंटें मिली जिसे लोगो ने भगवान का चमत्कार माना और उनका उपयोग घर बनाने में किया उसके बाद 1826 में चार्ल्स मैसेन ने पहली बार इस पुरानी सभ्यता को खोजा। कनिंघम ने 1856 में इस सभ्यता के बारे में सर्वेक्षण किया। 1856 में कराची से लाहौर के मध्य रेलवे लाइन के निर्माण के दौरान बर्टन बन्धुओं द्वारा हड़प्पा स्थल की सूचना सरकार को दी। इसी क्रम में 1861 में एलेक्जेण्डर कनिंघम के निर्देशन में भारतीय पुरातत्व विभाग की स्थापना की गयी। 1902 में लार्ड कर्जन द्वारा जॉन मार्शल को भारतीय पुरातात्विक विभाग का महानिदेशक बनाया गया। फ्लीट ने इस पुरानी सभ्यता के बारे में एक लेख लिखा। 1921 में दयाराम साहनी ने हड़प्पा का उत्खनन किया। इस प्रकार इस सभ्यता का नाम हड़प्पा सभ्यता रखा गया व राखलदास बेनर्जी को मोहनजोदड़ो का खोजकर्ता माना गया।

यह सभ्यता सिन्धु नदी घाटी में फैली हुई थी इसलिए इसका नाम सिन्धु घाटी सभ्यता रखा गया। प्रथम बार नगरों के उदय के कारण इसे प्रथम नगरीकरण भी कहा जाता है। प्रथम बार कांस्य के प्रयोग के कारण इसे कांस्य सभ्यता भी कहा जाता है। सिन्धु घाटी सभ्यता के 1400 केन्द्रों को खोजा जा सका है जिसमें से 925 केन्द्र भारत में है। 80 प्रतिशत स्थल [सिन्धु नदी]] और उसकी सहायक नदियों के आस-पास है। अभी तक कुल खोजों में से 3 प्रतिशत स्थलों का ही उत्खनन हो पाया है

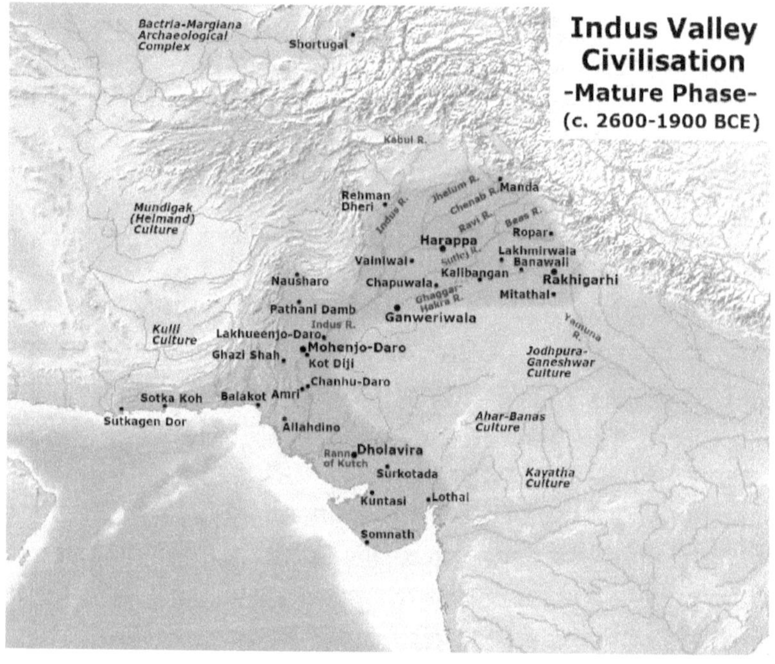

सिंधु घाटी सभ्यता अपने शुरुआती काल में, 2500-1750 ई॰पू॰

नामोत्पत्ति

सिन्धु घाटी सभ्यता का क्षेत्र अत्यन्त व्यापक था॥ सिन्धु इण्डस नदी के किनारे बसने वाली सभ्यता थी और अपनी भौगौलिक उच्चारण की भिन्नताओं की वजहों से इस इण्डस को सिन्धु कहने लगे, आगे चल कर इसी से यहाँ के रहने वाले लोगो

के लिये हिन्दू उच्चारण का जन्म हुआ। हड़प्पा और मोहनजोदड़ो की खुदाई से इस सभ्यता के प्रमाण मिले हैं।

अतः विद्वानों ने इसे सिन्धु घाटी की सभ्यता का नाम दिया, क्योंकि यह क्षेत्र सिन्धु और उसकी सहायक नदियों के क्षेत्र में आते हैं, पर बाद में रोपड़, लोथल, कालीबंगा, बनावली, रंगपुर आदि क्षेत्रों में भी इस सभ्यता के अवशेष मिले जो सिन्धु और उसकी सहायक नदियों के क्षेत्र से बाहर थे। अतः कई इतिहासकार इस सभ्यता का प्रमुख केन्द्र हड़प्पा होने के कारण इस सभ्यता को "हड़प्पा सभ्यता" नाम देना अधिक उचित समझा गया जबकि हकीकत में इस नदी का नाम अन्दुस है।

इण्डियन पुरातत्व विभाग के महानिदेशक जॉन मार्शल ने 1924 में अन्दुस तीन महत्वपूर्ण ग्रंथ लिखे।

विस्तार

हड़प्पा संस्कृति के स्थल

सभ्यता का क्षेत्र संसार की सभी प्राचीन सभ्यताओं के क्षेत्र से अनेक गुना बड़ा और विशाल था। इस परिपक्व सभ्यता के केन्द्र-स्थल पंजाब तथा सिन्ध में था। तत्पश्चात इसका विस्तार दक्षिण और पूर्व की दिशा में हुआ। इस प्रकार हड़प्पा संस्कृति के अन्तर्गत पंजाब, सिन्ध और बलूचिस्तान के भाग ही नहीं, बल्कि गुजरात, राजस्थान, हरियाणा और पश्चिमी उत्तर प्रदेश के सीमान्त भाग भी थे। इसका फैलाव उत्तर में माण्डा में चेनाब नदी के तट से लेकर दक्षिण में दैमाबाद (महाराष्ट्र) तक और पश्चिम में बलूचिस्तान के मकरान समुद्र तट के सुत्कागेनडोर पाक के सिंध प्रांत से लेकर उत्तर पूर्व में आलमगिरपुर में हिरण्य तक मेरठ और कुरुक्षेत्र तक था। प्रारम्भिक विस्तार जो प्राप्त था उसमें सम्पूर्ण क्षेत्र त्रिभुजाकार था (उत्तर में जम्मू के माण्डा से लेकर दक्षिण में गुजरात के भोगत्रार तक और पश्चिम में अफगानिस्तान के सुत्कागेनडोर से पूर्व में उत्तर प्रदेश के मेरठ तक था और इसका क्षेत्रफल 20,00,000 वर्ग किलोमीटर था।) इस तरह यह क्षेत्र आधुनिक पाकिस्तान से तो बड़ा है ही, प्राचीन मिस्र और मेसोपोटामिया से भी बड़ा है। ई॰पू॰ तीसरी और दूसरी सहस्राब्दी में संसार भर में किसी भी सभ्यता का क्षेत्र हड़प्पा संस्कृति से बड़ा नहीं था। अब तक भारतीय उपमहाद्वीप में इस संस्कृति के कुल 1500 स्थलों का पता चल चुका है। इनमें से कुछ आरम्भिक अवस्था के हैं तो कुछ परिपक्व अवस्था के और कुछ उतरवर्ती अवस्था के।

परिपक्व अवस्था वाले कम जगह ही हैं। सिन्धु घाटी सभ्यता की जानकारी से पूर्व भू-वैज्ञानिकों एवं विद्वानों का मानना था कि मानव सभ्यता का आविर्भाव आर्यों से हुआ। लेकिन सिन्धुघाटी के साक्ष्यों के बाद उनका भ्रम दूर हो गया और उन्हें यह स्वीकारना पड़ा कि आर्यों के आगमन से वर्षों पूर्व ही प्राचीन भारत की सभ्यता पल्लवित हो चुकी थी। इस सभ्यता को सिन्धुघाटी सभ्यता या सेन्धव सभ्यता नाम दिया गया। इनमें से आधे दर्जनों को ही नगर की संज्ञा दी जा सकती है। इनमें से दो नगर बहुत ही महत्वपूर्ण हैं

- पंजाब का हड़प्पा तथा सिन्ध का मोहेनजोदड़ो (मूल उच्चारण: मुअनजोदारो, शाब्दिक अर्थ - प्रेतों का टीला)। दोनो ही स्थल वर्तमान पाकिस्तान में हैं। दोनो एक दूसरे से 483 कि.मी. दूर थे और अन्दुस नदी द्वारा जुड़े हुए थे। तीसरा नगर मोहेंजो दड़ो से 130 कि.मी. दक्षिण में चन्हुदड़ो स्थल पर था तो चौथा नगर गुजरात के खंभात की खाड़ी के ऊपर लोथल नामक स्थल पर। इसके अतिरिक्त राजस्थान के उतरी भाग में कालीबंगा (शाब्दिक अर्थ - काले रंग की चूड़ियाँ) तथा हरियाणा के हिसार जिले का बनावली। इन सभी स्थलों पर परिपक्व तथा उन्नत हड़प्पा संस्कृति के दर्शन होते हैं। सुतकागेंडोर तथा सुरकोतड़ा के समुद्रतटीय नगरों में भी इस संस्कृति की परिपक्व अवस्था दिखाई देती है। इन दोनों की विशेषता है एक एक नगर दुर्ग का होना। उत्तर हड़प्पा अवस्था गुजरात के कठियावाड़ प्रायद्वीप में रंगपुर और रोजड़ी स्थलों पर भी पाई गई है। इस सभ्यता की जानकारी सबसे पहले 1826 में चार्ल्स मैसन को प्राप्त हुई।

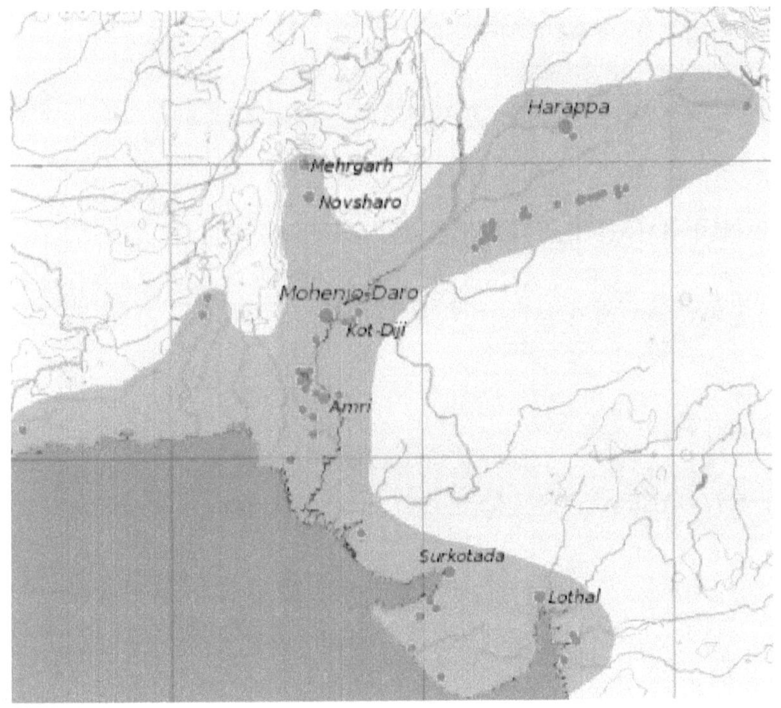

हड़प्पा संस्कृति के स्थल

प्रमुख नगर

सिन्धु घाटी सभ्यता के प्रमुख स्थल निम्न है

1. हड़प्पा (पंजाब पाकिस्तान)
2. मोहेनजोदड़ो (सिन्ध पाकिस्तान लरकाना जिला)
3. लोथल (गुजरात)
4. कालीबंगा(राजस्थान के हनुमानगढ़ जिले में)
5. बनवाली (हरियाणा के फतेहाबाद जनपद में)
6. आलमगीरपुर(उत्तर प्रदेश के मेरठ जिले में)

7. सूत कांगे डोर(पाकिस्तान के बलूचिस्तान प्रान्त में)
8. कोट दीजी(सिन्ध पाकिस्तान)
9. चन्हूदड़ो (पाकिस्तान)
10. सुरकोटदा (गुजरात के कच्छ जिले में)

हिन्दुकुश पर्वतमाला के पार अफगानिस्तान में

शोर्तुगोयी - यहाँ से नहरों के प्रमाण मिले है
    मुन्दिगाक जो महत्वपूर्ण है

भारत में

भारत के विभिन्न राज्यों में सिन्धु घाटी सभ्यता के निम्न शहर है:- गुजरात

- लोथल
- सुरकोटडा
- रंगपुर
- रोजी
- मालवद
- देसूल
- धोलावीरा
- प्रभातपट्टन
- भगतराव

हरियाणा

- राखीगढ़ी
- भिरड़ाणा
- बनावली
- कुणाल

- मीताथल

पंजाब

- रोपड़ (पंजाब)
- बाड़ा
- संघोल (जिला फतेहगढ़, पंजाब)

महाराष्ट्र

- दैमाबाद।
- बनावली
- कुणाल
- मीताथल
- महाराष्ट्र
- महाराष्ट्राबाद।
- सांगली

राजस्थान

- कालीबंगा

जम्मू कश्मीर

- माण्डा

उत्तर प्रदेश आलमगीरपुर,(मेरठ)

नगर निर्माण योजना

इस सभ्यता की सबसे विशेष बात थी यहाँ की विकसित नगर निर्माण योजना। हड़प्पा तथा मोहन् जोदड़ो दोनो नगरों के अपने दुर्ग थे जहाँ शासक वर्ग का परिवार रहता था। प्रत्येक नगर में दुर्ग के बाहर एक उससे निम्न स्तर का शहर था जहाँ ईंटों के मकानों में सामान्य लोग रहते थे। इन नगर भवनों के बारे में विशेष बात ये थी कि ये जाल की तरह विन्यस्त थे। यानि सड़के एक दूसरे को समकोण पर काटती थीं और नगर अनेक आयताकार खण्डों में विभक्त हो जाता था। ये बात सभी सिन्धु बस्तियों पर लागू होती थीं चाहे वे छोटी हों या बड़ी। हड़प्पा तथा मोहनजोदड़ो के भवन बड़े होते थे। वहाँ के स्मारक इस बात के प्रमाण हैं कि वहाँ के शासक मजदूर जुटाने और कर-संग्रह में परम कुशल थे। ईंटों की बड़ी-बड़ी इमारत देख कर सामान्य लोगों को भी यह लगेगा कि ये शासक कितने प्रतापी और प्रतिष्ठावान थे।

मोहनजोदड़ो का अब तक का सबसे प्रसिद्ध स्थल है विशाल सार्वजनिक स्नानागार, जिसका जलाशय दुर्ग के टीले में है। यह ईंटो के स्थापत्य का एक सुन्दर उदाहरण है। यह 11.88 मीटर लम्बा, 7.01 मीटर चौड़ा और 2.43 मीटर गहरा है। दोनो सिरों पर तल तक जाने की सीढ़ियाँ लगी हैं। बगल में कपड़े बदलने के कमरे हैं। स्नानागार का फर्श पकी ईंटों का बना है। पास के कमरे में एक बड़ा सा कुआँ है जिसका पानी निकाल कर होज़ में डाला जाता था। होज़ के कोने में एक निर्गम (Outlet) है जिससे पानी बहकर नाले में जाता था। ऐसा माना जाता है कि यह विशाल स्नानागार धर्मानुष्ठान सम्बन्धी स्नान के लिए बना होगा जो भारत में पारम्परिक रूप से धार्मिक कार्यों के लिए आवश्यक रहा है। मोहन जोदड़ो की सबसे बड़ा संरचना है - अनाज रखने का कोठार, जो 45.71 मीटर लम्बा और 15.23 मीटर चौड़ा है। हड़प्पा के दुर्ग में छः कोठार मिले हैं जो ईंटों के चबूतरे पर दो पाँतों में खड़े हैं। हर एक कोठार 15.23 मी॰ लम्बा तथा 6.09 मी॰ चौड़ा है और नदी के किनारे से कुछ एक मीटर की दूरी पर है। इन बारह इकाईयों का तलक्षेत्र लगभग 838.125 वर्ग मी॰ है जो लगभग उतना ही होता है जितना मोहन जोदड़ो के कोठार का। हड़प्पा के कोठारों के दक्षिण में खुला फर्श है और इसपर दो कतारों में ईंट के

वृत्ताकार चबूतरे बने हुए हैं। फर्श की दरारों में गेहूँ और जौ के दाने मिले हैं। इससे प्रतीत होता है कि इन चबूतरों पर फ़सल की दवनी होती थी। हड़प्पा में दो कमरों वाले बैरक भी मिले हैं जो शायद मजदूरों के रहने के लिए बने थे। कालीबंगां में भी नगर के दक्षिण भाग में ईंटों के चबूतरे बने हैं जो शायद कोठारों के लिए बने होंगे। इस प्रकार यह स्पष्ट होता है कि कोठार हड़प्पा संस्कृति के अभिन्न अंग थे।

हड़प्पा संस्कृति के नगरों में ईंट का इस्तेमाल एक विशेष बात है, क्योंकि इसी समय के मिस्र के भवनों में धूप में सूखी ईंट का ही प्रयोग हुआ था। समकालीन मेसोपेटामिया में पक्की ईंटों का प्रयोग मिलता तो है पर इतने बड़े पैमाने पर नहीं जितना सिन्धु घाटी सभ्यता में। मोहन जोदड़ो की जल निकास प्रणाली अद्भुत थी। लगभग हर नगर के हर छोटे या बड़े मकान में प्रांगण और स्नानागार होता था। कालीबंगा के अनेक घरों में अपने-अपने कुएँ थे। घरों का पानी बहकर सड़कों तक आता जहाँ इनके नीचे मोरियाँ (नालियाँ) बनी थीं। अक्सर ये मोरियाँ ईंटों और पत्थर की सिल्लियों से ढकीं होती थीं। सड़कों की इन मोरियों में नरमोखे भी बने होते थे। सड़कों और मोरियों के अवशेष बनावली में भी मिले हैं।

आर्थिक जीवन

सिन्धु सभ्यता की अर्थव्यवस्था कृषि प्रधान थी, किंतु व्यापार एव पशुपालन भी प्रचलन में था। यहीं के निवासियों से विश्व में सबसे पहले कपास की खेती करना शुरू किये| जिसे यूनान के लोगों ने सिन्डन कहने लगें| यहाँ के लोग आवश्यकता से अधिक अनाज का उत्पादन करते थे| इसके अलावे कपडा जौहरी का काम, मनक का काम भी प्रचलित था जिसे विदेशो में निर्यात[3] किया जाता था|

कृषि एवं पशुपालन

आज के मुकाबले सिन्धु प्रदेश पूर्व में बहुत उपजाऊ था। ईसा-पूर्व चौथी सदी में सिकन्दर के एक इतिहासकार ने कहा था कि सिन्ध इस देश के उपजाऊ क्षेत्रों में गिना जाता था। पूर्व काल में प्राकृतिक वनस्पति बहुत थीं जिसके कारण यहाँ अच्छी वर्षा होती थी। यहाँ के वनों से ईंटे पकाने और इमारत बनाने के लिए लकड़ी बड़े पैमाने पर इस्तेमाल में लाई गई जिसके कारण धीरे-धीरे वनों का विस्तार सिमटता गया। सिन्धु की उर्वरता का एक कारण सिन्धु नदी से प्रतिवर्ष आने वाली बाढ़ भी थी। गाँव की रक्षा के लिए खड़ी पकी ईंट की दीवार इंगित करती है बाढ़ हर साल आती थी। यहाँ के लोग बाढ़ के उतर जाने के बाद नवंबर के महीने में बाढ़ वाले मैदानों में बीज बो देते थे और अगली बाढ़ के आने से पहले अप्रैल के महीने में गेहूँ और जौ की फ़सल काट लेते थे। यहाँ कोई फावड़ा या फाल तो नहीं मिला है लेकिन कालीबंगा की प्राक्-हड़प्पा सभ्यता के जो कूँट (हलरेखा) मिले हैं उनसे आभास होता है कि राजस्थान में इस काल में हल जोते जाते थे।

सिन्धु घाटी सभ्यता के लोग गेंहू, जौ, राई, मटर, ज्वार आदि अनाज पैदा करते थे। वे दो किस्म की गेंहू पैदा करते थे। बनावली में मिला जौ उन्नत किस्म का है। इसके अलावा वे तिल और सरसों भी उपजाते थे। सबसे पहले कपास भी यहीं पैदा की गई। इसी के नाम पर यूनान के लोग इस सिण्डन (Sindon) कहने लगे। हड़प्पा एक कृषि प्रधान संस्कृति थी पर यहाँ के लोग पशुपालन भी करते थे। बैल-गाय, भैंस, बकरी, भेड़ और सूअर पाला जाता था। हड़प्पाई लोगों को हाथी तथा गैंडे का ज्ञान था।

पशु-पालन

हड़प्पा सभ्यता के लोगों का दूसरा व्यवसाय पशु-पालन था। यह लोग दूध, मांस उनके कृषि के कार्य और भार ढोने के लिए इनका प्रयोग किया करते थे।

यह लोग गाय, भैंस, भेड़, बकरी, बैल, कुत्ते, बिल्ली, मोर, हाथी, शुअर, बकरी व मुर्गियाँ पाला करते थे। इन लोगों को घोड़े और लोहे की जानकारी नहीं थी। हड़पपा के लोग ताँबा खेतडी (राजस्थान) तथा बलूचिस्तान से प्राप्त करते थे, व सोना कर्नाटक तथा अफगानिस्तान से प्राप्त करते थे।

उद्योग-धन्धे

यहाँ के नगरों में अनेक व्यवसाय-धन्धे प्रचलित थे। मिट्टी के बर्तन बनाने में ये लोग बहुत कुशल थे। मिट्टी के बर्तनों पर काले रंग से भिन्न-भिन्न प्रकार के चित्र बनाये जाते थे। कपड़ा बनाने का व्यवसाय उन्नभी निर्यात होता था। जौहरी का काम भी उन्नत अवस्था में था। मनके और ताबीज बनाने का कार्य भी लोकप्रिय था, अभी तक लोहे की कोई वस्तु नहीं मिली है। अतः सिद्ध होता है कि इन्हें लोहे का ज्ञान नहीं था।

व्यापार

यहाँ के लोग आपस में पत्थर, धातु शल्क (हड्डी) आदि का व्यापार करते थे। एक बड़े भूभाग में ढेर सारी सील (मृन्मुद्रा), एकरूप लिपि और मानकीकृत माप तौल के प्रमाण मिले हैं। वे चक्के से परिचित थे और सम्भवतः आजकल के इक्के (रथ) जैसा कोई वाहन प्रयोग करते थे। ये अफ़ग़ानिस्तान और ईरान (फ़ारस) से व्यापार करते थे। उन्होंने उतरी अफ़ग़ानिस्तान में एक वाणिज्यिक उपनिवेश स्थापित किया जिससे उन्हें व्यापार में सहूलियत होती थी। बहुत सी हड़प्पाई सील मेसोपोटामिया में मिली हैं जिनसे लगता है कि मेसोपोटामिया से भी उनका व्यापार सम्बन्ध था। मेसोपोटामिया के अभिलेखों में मेलुहा के साथ व्यापार के प्रमाण मिले हैं साथ ही दो मध्यवर्ती व्यापार केन्द्रों का भी उल्लेख मिलता है - दिलमुन और माकन। दिलमुन की पहचान शायद फ़ारस की खाड़ी के बहरीन के की जा सकती है।

राजनैतिक जीवन

इतना तो स्पष्ट है कि हड़प्पा की विकसित नगर निर्माण प्रणाली, विशाल सार्वजनिक स्नानागारों का अस्तित्व और विदेशों से व्यापारिक संबंध किसी बड़ी राजनैतिक सत्ता के बिना नहीं हुआ होगा पर इसके पुख्ता प्रमाण नहीं मिले हैं कि यहाँ के शासक कैसे थे और शासन प्रणाली का स्वरूप क्या था। लेकिन नगर व्यवस्था को देखकर लगता है कि कोई नगर निगम जैसी स्थानीय स्वशासन वाली संस्था थी।

धार्मिक जीवन

हड़प्पा से चित्रित मिट्टी के बर्तनों के कलश1900-1300 ईसा पूर्व

हड़प्पा में पकी मिट्टी की स्त्री मूर्तिकाएँ भारी संख्या में मिली हैं। एक मूर्ति में स्त्री के गर्भ से निकलता एक पौधा दिखाया गया है। विद्वानों के मत में यह पृथ्वी देवी की प्रतिमा है और इसका निकट सम्बन्ध पौधों के जन्म और वृद्धि से रहा होगा। इसलिए मालूम होता है कि यहाँ के लोग धरती को उर्वरता की देवी समझते थे और इसकी पूजा उसी तरह करते थे जिस तरह मिस्र के लोग नील नदी की देवी आइसिस् की। लेकिन प्राचीन मिस्र की तरह यहाँ का समाज भी मातृ प्रधान था कि नहीं यह कहना मुश्किल है। कुछ वैदिक सूत्रो में पृथ्वी माता की स्तुति है, धोलावीरा के दुर्ग में एक कुआँ मिला है इसमें नीचे की तरफ जाती सीढ़ियाँ है और उसमें एक

खिड़की थी जहाँ दीपक जलाने के सबूत मिलते है। उस कुएँ में सरस्वती नदी का पानी आता था, तो शायद सिन्धु घाटी के लोग उस कुएँ के जरिये सरस्वती की पूजा करते थे।

सिन्धु घाटी सभ्यता के नगरों में एक सील पाया जाता है जिसमें एक योगी का चित्र है 3 या 4 मुख वाला, कई विद्वान मानते है कि यह योगी शिव है। मेवाड़ जो कभी सिन्धु घाटी सभ्यता की सीमा में था वहाँ आज भी 4 मुख वाले शिव के अवतार एकलिंगनाथ जी की पूजा होती है। सिंधु घाटी सभ्यता के लोग अपने शवों को जलाया करते थे, मोहन जोदड़ो और हड़प्पा जैसे नगरों की आबादी करीब 50 हज़ार थी पर फिर भी वहाँ से केवल 100 के आसपास ही कब्रें मिली है जो इस बात की और इशारा करता है वे शव जलाते थे। लोथल, कालीबंगा आदि जगहों पर हवन कुण्ड मिले है जो की उनके वैदिक होने का प्रमाण है। यहाँ स्वास्तिक के चित्र भी मिले है।

कुछ विद्वान मानते है कि हिन्दू धर्म द्रविडो का मूल धर्म था और शिव द्रविडो के देवता थे जिन्हें आर्यों ने अपना लिया। कुछ जैन और बौद्ध विद्वान यह भी मानते है कि सिन्धु घाटी सभ्यता जैन या बौद्ध धर्म के थे, पर मुख्यधारा के इतिहासकारों ने यह बात नकार दी और इसके अधिक प्रमाण भी नहीं है।

प्राचीन मिस्र और मेसोपोटामिया में पुरातत्वविदों को कई मन्दिरों के अवशेष मिले है पर सिन्धु घाटी में आज तक कोई मन्दिर नहीं मिला, मार्शल आदि कई इतिहासकार मानते है कि सिंधु घाटी के लोग अपने घरो में, खेतो में या नदी किनारे पूजा किया करते थे, पर अभी तक केवल बृहत्स्नानागार या विशाल स्नानघर ही एक ऐसा स्मारक है जिसे पूजास्थल माना गया है। जैसे आज हिन्दू गंगा में नहाने जाते है वैसे ही सैन्धव लोग यहाँ नहाकर पवित्र हुआ करते थे।

शिल्प और तकनीकी ज्ञान

मोहेन्जोदाड़ो में पाई गई एक मूर्ति - कराँची के राष्ट्रीय संग्रहालय से

नर्तकी (मोहन जोदड़ो)

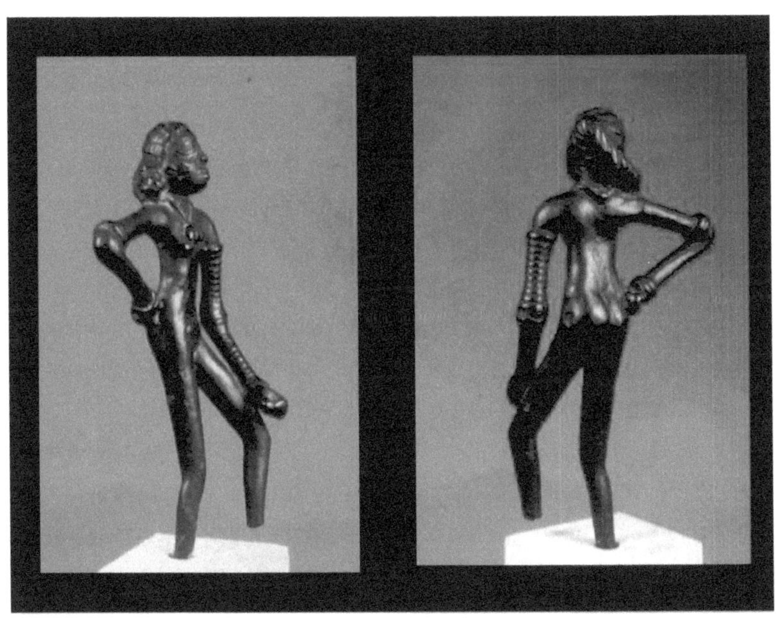

सिन्धु-सरस्वती सभ्यता के दस वर्ण जो धोलावीरा के उत्तरी गेट के निकट सन् 2000 ई॰ में खोजे गये हैं

प्रारंभिक हड़प्पा चीनी मिट्टी के बर्तन

यद्यपि इस युग के लोग पत्थरों के बहुत सारे औज़ार तथा उपकरण प्रयोग करते थे पर वे काँसे के निर्माण से भली-भाँति परिचित थे। ताम्बे तथा टिन मिलाकर धातुशिल्पी कांस्य का निर्माण करते थे। हालाँकि यहाँ दोनो में से कोई भी खनिज प्रचुर मात्रा में उपलब्ध नहीं था। सूती कपड़े भी बुने जाते थे। लोग नाव भी बनाते थे। मुद्रा निर्माण, मूर्ति का निर्माण के साथ बरतन बनाना भी प्रमुख शिल्प था।

प्राचीन मेसोपोटामिया की तरह यहाँ के लोगों ने भी लेखन कला का आविष्कार किया था। हड़प्पाई लिपि का पहला नमूना 1853 ई॰ में मिला था और 1923 में पूरी लिपि प्रकाश में आई परन्तु अब तक पढ़ी नहीं जा सकी है। लिपि का ज्ञान हो जाने के कारण निजी सम्पत्ति का लेखा-जोखा आसान हो गया। व्यापार के लिए उन्हें माप तौल की आवश्यकता हुई और उन्होनें इसका प्रयोग भी किया। बाट के तरह की कई वस्तुएँ मिली हैं। उनसे पता चलता है कि तौल में 16 या उसके आवर्तकों

(जैसे - 16, 32, 48, 64, 160, 320, 640, 1280 इत्यादि) का उपयोग होता था। दिलचस्प बात ये है कि आधुनिक काल तक भारत में 1 रुपया 16 आने का होता था। 1 किलो में 4 पाव होते थे और हर पाव में 4 कनवां यानि एक किलो में कुल 16 कनवाँ।

यह सभ्यता मुख्यतः 2600 ई॰पू॰ से 1900 ई॰पू॰ तक रही। ऐसा आभास होता है कि यह सभ्यता अपने अन्तिम चरण में ह्रासोन्मुख थी। इस समय मकानों में पुरानी ईंटों के प्रयोग की जानकारी मिलती है। इसके विनाश के कारणों पर विद्वान सहमत नहीं हैं। सिन्धु घाटी सभ्यता के अवसान के पीछे विभिन्न तर्क दिये जाते हैं जैसेः आक्रमण, जलवायु परिवर्तन एवं पारिस्थितिक असन्तुलन, बाढ़ तथा भू-तात्विक परिवर्तन, महामारी, आर्थिक कारण आदि। ऐसा लगता है कि इस सभ्यता के पतन का कोई एक कारण नहीं था बल्कि विभिन्न कारणों के मेल से ऐसा हुआ। जो अलग-अलग समय में या एक साथ होने कि सम्भावना है। मोहनजोदड़ो में नगर और जल निकास कि व्यवस्था से महामारी कि सम्भावना कम लगती है। भीषण अग्निकान्ड के भी प्रमाण प्राप्त हुए है। मोहनजोदड़ो के एक कमरे से 14 नर कंकाल मिले है जो आक्रमण, आगजनी, महामारी के संकेत है।

अधिकांश विद्वानो के मतानुसार इस सभ्यता का अंत बाढ़ के प्रकोप से हुआ। चूँकि सिंधु घाटी सभ्यता नदियों के किनारे-किनारे विकसित हुई, इसलिए बाढ़ आना स्वाभाविक था, अतः यह तर्क सर्वमान्य हैं। परन्तु कुछ विद्वान मानते है कि केवल बाढ़ के कारण इतनी विशाल सभ्यता समाप्त नहीं हो सकती। इसलिए बाढ़ के अलावा भिन्न-भिन्न कारणों का समर्थन भिन्न-भिन्न विद्वान करते हैं जैसे - आग लग जाना, महामारी, बाहरी आक्रमण आदि।

हड़प्पा सभ्यता के पतन की व्याख्या करते हुए मॉर्टिमर व्हीलर ने "आर्य आक्रमण" की अवधारणा दी थी। किन्तु आरम्भ से ही इस विचार का खण्डन किया जाने लगा था।

अपने मत के पक्ष में व्हीलर महोदय ने कुछ पुरातात्विक तथा साहित्यिक प्रमाण प्रस्तुत करते हैं। उन्होंने मोहनजोदड़ो से 26 ऐसे नर कंकालों का साक्ष्य प्रस्तुत किया जिनके सिर पर नुकीले अस्त्र के घाव चेंज थे प्रोग्राम हड़प्पा से कब्रगाह H का प्रमाण प्रस्तुत करते हैं तथा उसे आक्रमणकारी कैलाश बताते हैं उसी तरह साहित्यिक साक्ष्य के रूप में ऋग्वेद में वर्णित इंद्र तथा हरिरूपिया शब्द का दृष्टांत प्रस्तुत किया है। किंतु उनके द्वारा प्रस्तुत पुरातात्विक साक्ष्य पर्याप्त है। तथा साहित्यिक साक्ष्य संदिग्ध उदाहरण के लिए महज 26 कंकालों के आधार पर आर्य आक्रमण की अवधारणा तार्किक नहीं लगती है। विशेषकर इसलिए भी

मोहनजोदड़ो नामक स्थल के पतन तथा वैदिक आर्यों के आगमन के बीच लगभग 300 से 400 वर्ष का काल अन्तर है। फिर नवीन शोध के आधार पर यह बात पुष्ट हो चुकी है कि कब्रगाह H नर कंकाल इस स्थल के पतन के बाद के काल के हैं। अतः जहां तक ऋग्वेद के उद्धरण का सवाल है हमें यह ध्यान रखना चाहिए कि यह किसी एक काल की कृति नहीं है वरन इसे बहुत बाद में लिखित रूप में दिया गया था। यह वजह कि हम माटी में व्हीलर उपयुक्त कथन से सहमत नहीं हो सकते हैं।

प्रारंभिक हड़प्पा चीनी मिट्टी के बर्तन

3

आर्य प्रवास सिद्धान्त

आर्य प्रवास सिद्धान्त (English - Indo-Aryan Migration Theory) इंडो-आर्यन लोगों के भारतीय उपमहाद्वीप के बाहर से एक मूल के सिद्धांत के आसपास के परिदृश्यों पर चर्चा करते हैं, एक हिन्द-यूरोपीय भाषा-परिवार (इंडो-आर्यन भाषाएं) बोलने वाले एक जातीय जातीय भाषा समूह, जो उत्तर भारत की प्रमुख भाषाएं हैं। भारतीय उपमहाद्वीप के बाहर इंडो-आर्यन मूल के प्रस्तावक आम तौर पर मध्य एशिया से लगभग 2000 ईसा पूर्व शुरू होने वाले क्षेत्र और अनातोलिया (प्राचीन मितानी) में आने वाले प्रवासियों को लेटप्पन काल के दौरान एक धीमी गति से प्रसार के रूप में मानते हैं, जिसके कारण एक भाषा बदलाव हुआ। उत्तरी भारतीय उपमहाद्वीप। ईरानी भाषाओं को ईरानियों द्वारा ईरान में लाया गया था, जो भारत-आर्यों से निकटता से संबंधित थे।

प्रोटो-इंडो-ईरानी संस्कृति, जिसने इंडो-आर्यन्स और ईरानियों को जन्म दिया, कैस्पियन सागर के उत्तर में मध्य एशियाई स्तेपी पर विकसित हुआ जिसे सिंतशता संस्कृति (2100-1800 ईसा पूर्व) [Kazakhstan] वर्तमान रूस और कजाकिस्तान में, और अरल सागर के चारों ओर एंड्रोनोवो संस्कृति (1800-1400 ईसा पूर्व), के रूप में विकसित हुई। प्रोटो-इंडो-ईरानियों ने फिर दक्षिण की ओर बैक्ट्रिया-मैरेजा संस्कृति की ओर प्रस्थान किया, जहाँ से उन्होंने अपनी विशिष्ट धार्मिक मान्यताओं और प्रथाओं को उधार लिया। भारत-आर्य ईरानियों से लगभग 1800 ईसा पूर्व से 1600 ईसा पूर्व तक अलग हो गए, जिसके बाद भारत-आर्य लोग अनातोलिया और]] दक्षिण एशिया (आधुनिक अफगानिस्तान, बांग्लादेश, भारत, पाकिस्तान और नेपाल) के उत्तरी भाग में चले गए, जबकि ईरानी ईरान में चले गए, दोनों अपने साथ हिन्द-ईरानी भाषाएँ लेकर आए।

इंडो-यूरोपीय भाषा परिवार की खोज के बाद, 18 वीं शताब्दी के अंत में एक इंडो-यूरोपीय लोगों द्वारा प्रवासन पहली बार परिकल्पित किया गया था, जब पश्चिमी और भारतीय भाषाओं के बीच समानताएं नोट की गईं थीं। इन समानताओं को देखते हुए, एक एकल स्रोत या मूल प्रस्तावित किया गया था, जिसे कुछ मूल मातृभूमि से पलायन द्वारा फैलाया गया था।

यह भाषाई तर्क पुरातत्व, नृविज्ञान, आनुवांशिक, साहित्यिक और पारिस्थितिक अनुसंधान द्वारा समर्थित है। आनुवंशिक शोध से पता चलता है कि उन प्रवासियों ने भारतीय आबादी के विभिन्न घटकों की उत्पत्ति और प्रसार पर एक जटिल आनुवंशिक पहेली का हिस्सा बनाया है। साहित्यिक शोध से विभिन्न, भौगोलिक रूप से अलग, इंडो-आर्यन ऐतिहासिक संस्कृतियों के बीच समानता का पता चलता है।

पारिस्थितिक अध्ययन से पता चलता है कि दूसरी सहस्राब्दी ईसा पूर्व में व्यापक शुष्कता के कारण यूरेशियन स्टेप्स और भारतीय उपमहाद्वीप, दोनों में पानी की कमी और पारिस्थितिक परिवर्तन हुए, जिससे दक्षिण मध्य एशिया, अफगानिस्तान, ईरान और भारत में शहरी शहरी संस्कृतियों का पतन हुआ। , और बड़े पैमाने पर पलायन को ट्रिगर करता है, जिसके परिणामस्वरूप शहरी लोगों के बाद के प्रवासियों का विलय शहरी संस्कृतियों के साथ होता है।

युद्ध रथ के आविष्कार के बाद, लगभग 1800 ईसा पूर्व में भारत-आर्यन पलायन शुरू हुआ, और इंडो-आर्यन भाषाओं को लेवांत और संभवतः इनर एशिया में लाया गया। यह पोंटिक-कैस्पियन स्टेपी, पूर्वी यूरोप में घास के मैदानों के एक बड़े क्षेत्र, जो 5 वीं से 4 वीं सहस्राब्दी ईसा पूर्व में शुरू हुआ था, और इंडो- इंडो-यूरोपीय मातृभूमि से भारत-यूरोपीय भाषाओं के प्रसार का हिस्सा था। यूरेशियन स्टेप्स से यूरोपीय पलायन, जो लगभग 2000 ईसा पूर्व में शुरू हुआ था। "

सिद्धांत बताता है कि ये इंडो-आर्यन बोलने वाले लोग आनुवंशिक रूप से विविध लोगों के समूह हो सकते हैं जो साझा सांस्कृतिक मानदंडों और भाषा से एकजुट थे, जिन्हें आर्य के रूप में संदर्भित किया गया था, "महान"। इस संस्कृति और भाषा का प्रसार संरक्षक-ग्राहक प्रणालियों द्वारा हुआ, जिसने इस संस्कृति में अन्य समूहों के अवशोषण और उत्पीड़न की अनुमति दी, और अन्य संस्कृतियों पर मजबूत प्रभाव की व्याख्या की जिसके साथ इसने बातचीत की।

उपरोक्त सिद्धान्त का प्रतिपादन 19वीं शताब्दी के अन्त में तब किया गया जब भारोयूरोपीय भाषा-परिवार के सिद्धान्त की स्थापना हुई ।जिसके अंतर्गत, भारतीय भाषाओं में यूरोपीय भाषाओं से कई शाब्दिक समानताएं दिखीं । जैसे घोड़े

को ग्रीक में इक्वस eqqus, फ़ारसी में इश्प और संस्कृत में अश्व कहते हैं । इसी तरह, भाई को लैटिन-ग्रीक में फ्रेटर (इसी से अंग्रेज़ी में फ्रेटर्निटी, Fraternity), फ़ारसी में बिरादर और संस्कृत में भ्रातृ कहते हैं।

मुख्य सिद्धान्त

विद्वानों और हाल ही में आनुवंशिक अध्ययन के अनुसार आर्य 1800 से 1500 ईसा पूर्व मध्य एशिया महाद्वीप से भारतीय भूखण्ड में प्रविष्ट हुए। अंग्रेजी शासनकाल में अंग्रेजी इतिहासकारों ने भारतीय संस्कृतादि भाषाओं और वेदों का अध्ययन किया । जिससे उन्हे लगा कि भारत के मूल निवासी काले रंग के लोग थे। उसी काल में वैदिक आर्य भारत आ गए और अपनी संस्कृति का प्रसार प्रारम्भ किया। वे ऋग्वेद नामक ग्रंथ भी भारत लाए जो उनका सबसे प्राचीन ग्रंथ था।अंग्रेजी विद्वान विलियम जोन्स के अनुसार संस्कृत, ग्रीक, लैटिन, फ़ारसी, जर्मन आदि भाषाओं का मूल एक ही है, हालांकि संस्कृत उनसे कहीं विकसित है।

शोध

भाषा की दृष्टि से अंग्रेजी सिद्धांतानुसार संस्कृत तथा युरोपिय भाषाओं में बहुत मेल हैं। भारतीय संस्कृति के देवी-देवताओं के नामों में भी यूरोपीय (ग्रीक-रोमन) मेल दिखे। साथ ही जैनेटिक जांच से भी भारतीय जातियों से यूरोप की मेल दिखी।इससे भाषात्मक, जैनेटिक तथा सांस्कृतिक मेल संभव है। इसके कुछ प्रमाण आधुनिक ईरानी पाठ्यपुस्तकों में प्राप्य हैं।

चन्द हज़ार साल पेश अज़ ज़माना माज़ीरा बुज़ुर्गी अज़ निज़ाद आर्या अज़ कोहहाय कफ काज़ गुज़िश्त: बर सर ज़मीने कि इमरोज़ मस्कने मास्त क़दम निहादन्द। ब चू आबो हवाय ई सरज़मीरां मुआफ़िक़ तब'अ ख़ुद याफ़तन्द दरीं ज़ा मस्कने गुज़ीदन्द व आं रा बनाम ख़ेश ईरान ख़्यादन्द।

आर्य आक्रमण

इस उपसिद्धांत के अनुसार वैदिक संस्कृति भारतीय प्राचीन संस्कृति न होकर सिन्धु घाटी की संस्कृति भारत की प्राचीन संस्कृति है। जो पूर्व से ही उन्नत संस्कृति थी, आर्यों ने उनपर आक्रमण कर दिया था। इस बात के प्रमाण तब मिले जब वहाँ सन् 1920 में खुदाई हुई।

आर्यों की अधिक विकसितता के कारण हड़प्पा, मोहनजो-दड़ो समाप्त हो गए। यह सिद्धान्त बहुत समय तक मान्य रहा परन्तु कालान्तर के शोध के पश्चात् इसे खारिज़ कर दिया गया क्योंकि खुदाई से प्राप्त कंकालों में कहीं भी लड़ाई के चोट आदि प्राप्य नहीं हैं। उनपर प्राकृतिक आपदा के संकेत हैं।

आज योरोप में इरा सिद्धान्त को ख़ारिज़ किया चुका है, परन्तु पूर्ण रूप में नहीं। इस सिद्धान्त की आलोचना का विशेष कारण यह है कि सिद्धान्त पूर्णरूप से अंग्रेजी इतिहासकारों के द्वारा प्रतिपादित किया गया जिनका कहना था कि वह भारतीय तथा यूरोपीय अध्ययन के माध्यम से ही इस बात पर जोर दे रहे हैं। इसको आगे बढ़ाने में चर्च के अधिकारियों (जैसे रॉबर्ट कॉल्डवेल आदि) और औपनिवेशिक हितों का बड़ा हाथ रहा था। ध्यान दें कि सिद्धान्त के मुख्य प्रस्तावकों में से एक, मैक्समूलर कभी भारत नहीं आया।

आर्य आक्रमण या प्रयाण - विरोधी तर्क

इस उपसिद्धांत के अनुसार, सिन्धु घाटी की संस्कृति भारत की प्राचीन संस्कृति है, जो पुर्व से ही उन्नत संस्कृति थी और वैदिक आर्यों ने उनपर आक्रमण कर दिया था। आर्यों की अधिक विकसितता के कारण हड़प्पा, मोहनजो-दड़ो समाप्त हो गए। यह सिद्धांत बहुत समय तक मान्य रहा परंतु कालांतर के शोध के पश्चात् इसे खारिज़ कर दिया गया क्योंकि खुदाई से प्राप्त कंकालों में कहीं भी लड़ाई के चोट आदि प्राप्य नहीं हैं। बाद में मैक्समुलर पर अनेक आरोप-प्रत्यारोप उनके लेखों के पक्षपातपूर्ण होने के कारण हुए । भारतीय विद्वानों के अनुसार वे यह सब अंग्रेजों के कहे अनुसार कर रहे थे । यह उनके द्वारा भेजे संदेशों में भी दीखता है -

It is the root of thir religion and to show them what the root is, I feel I sure it is the only way of uprooting all that have sprung from it during the last three thousand years.

(इसके जड़ को (नंगा) दिखा के ही सुनिश्चित किया जा सकता है कि इससे 3000 सालों में जो उगा है उसे कैसे उखाड़ें।)

भारतीय सचिव के नाम 16 दिसम्बर 1868 के दिवस का पत्र भी इस बात का समर्थन करता है।

The Ancient Religion Of India Is Doomed. Now If Christianity Does Not Step In Whose Fault Will Be?

(भारत का प्राचीन धर्म झकझोर दिया गया है, अगर अब ईसाई धर्म (यानि मिशनरी) नहीं आते हैं तो किसका दोष होगा ?)

डीएनए शोधों में भी उत्तर-दक्षिण के लोगों में भिन्नता नहीं, समानता पाई गई।

4

मौर्य राजवंश

मौर्य साम्राज्य

मौर्य साम्राज्य की अवधि (ईसा पूर्व 322 से ईसा पूर्व 185 तक) ने भारतीय इतिहास में एक युग का सूत्रपात किया। कहा जाता है कि यह वह अवधि थी जब कालक्रम स्पष्ट हुआ। यह वह समय था जब, राजनीति, कला, और वाणिज्य ने भारत को एक स्वर्णिम ऊंचाई पर पहुंचा दिया। यह खंडों में विभाजित राज्यों के एकीकरण का समय था। इससे भी आगे इस अवधि के दौरान बाहरी दुनिया के साथ प्रभावशाली ढंग से भारत के संपर्क स्थापित हुए।

सिकन्दर की मृत्यु के बाद उत्पन्न भ्रम की स्थिति ने राज्यों को यूनानियों की दासता से मुक्त कराने और इस प्रकार पंजाब व सिंध प्रांतों पर कब्जा करने का चन्द्रगुप्त को अवसर प्रदान किया। उसने बाद में कौटिल्य की सहायता से मगध में नन्द के राज्य को समाप्त कर दिया और ईसा पूर्व और 322 में प्रतापी मौर्य राज्य की स्थापना की। चन्द्रगुप्त जिसने 324 से 301 ईसा पूर्व तक शासन किया, ने मुक्तिदाता की उपाधि प्राप्त की व भारत के पहले सम्राट की उपाधि प्राप्त की।

वृद्धावस्था आने पर चन्द्रगुप्त की रुचि धर्म की ओर हुई तथा ईसा पूर्व 301 में उसने अपनी गद्दी अपने पुत्र बिंदुसार के लिए छोड़ दी। अपने 28 वर्ष के

शासनकाल में बिंदुसार ने दक्षिण के ऊचांई वाले क्षेत्रों पर विजय प्राप्त की तथा 273 ईसा पूर्व में अपनी राजगद्दी अपने पुत्र अशोक को सौंप दी। अशोक न केवल मौर्य साम्राज्य का अत्यधिक प्रसिद्ध सम्राट हुआ, परन्तु उसे भारत व विश्व के महानतम सम्राटों में से एक माना जाता है।

उसका साम्राज्य हिन्दु कुश से बंगाल तक के पूर्वी भूभाग में फैला हुआ था व अफगानिस्तान, बलूचिस्तान व पूरे भारत में फैला हुआ था, केवल सुदूर दक्षिण का कुछ क्षेत्र छूटा था। नेपाल की घाटी व कश्मीर भी उसके साम्राज्य में शामिल थे।

अशोक के साम्राज्य की सबसे महत्वपूर्ण घटना थी कलिंग विजय (आधुनिक उड़ीसा), जो उसके जीवन में महत्वपूर्ण बदलाव लाने वाली साबित हुई। कलिंग युद्ध में भयानक नरसंहार व विनाश हुआ। युद्ध भूमि के कष्टों व अत्याचारों ने अशोक के हृदय को विदीर्ण कर दिया। उसने भविष्य में और कोई युद्ध न करने का प्रण कर लिया। उसने सांसरिक विजय के अत्याचारों तथा सदाचार व आध्यात्मिकता की सफलता को समझा। वह बुद्ध के उपदेशों के प्रति आकर्षित हुआ तथा उसने अपने जीवन को, मनुष्य के हृदय को कर्तव्य परायणता व धर्म परायणता से जीतने में लगा दिया।

मौर्य राजवंश या मौर्य साम्राज्य (ल. 322–185 ई.पू), प्राचीन भारत का एक शक्तिशाली राजवंश था। मौर्य राजवंश ने 137 वर्ष भारत में राज्य किया। इसकी स्थापना का श्रेय चन्द्रगुप्त मौर्य और उसके मंत्री चाणक्य को दिया जाता है।

यह साम्राज्य पूर्व में मगध राज्य में गंगा नदी के मैदानों (आज का बिहार एवं बंगाल) से शुरु हुआ। इसकी राजधानी पाटलिपुत्र (आज के पटना शहर के पास) थी।

चन्द्रगुप्त मौर्य ने 322 ईसा पूर्व में इस साम्राज्य की स्थापना की और तेजी से पश्चिम की तरफ़ अपना साम्राज्य का विस्तार किया। उसने कई छोटे-छोटे क्षेत्रीय राज्यों के आपसी मतभेदों का फायदा उठाया जो सिकन्दर के आक्रमण के बाद पैदा हो गये थे।

316 ईसा पूर्व तक मौर्यवंश ने पूरे उत्तरी पश्चिमी भारत पर अधिकार कर लिया था। चक्रवर्ती सम्राट अशोक के राज्य में मौर्यवंश का वृहद स्तर पर विस्तार हुआ।

सम्राट अशोक के कारण ही मौर्य साम्राज्य सबसे महान एवं शक्तिशाली बनकर विश्वभर में प्रसिद्ध हुआ।

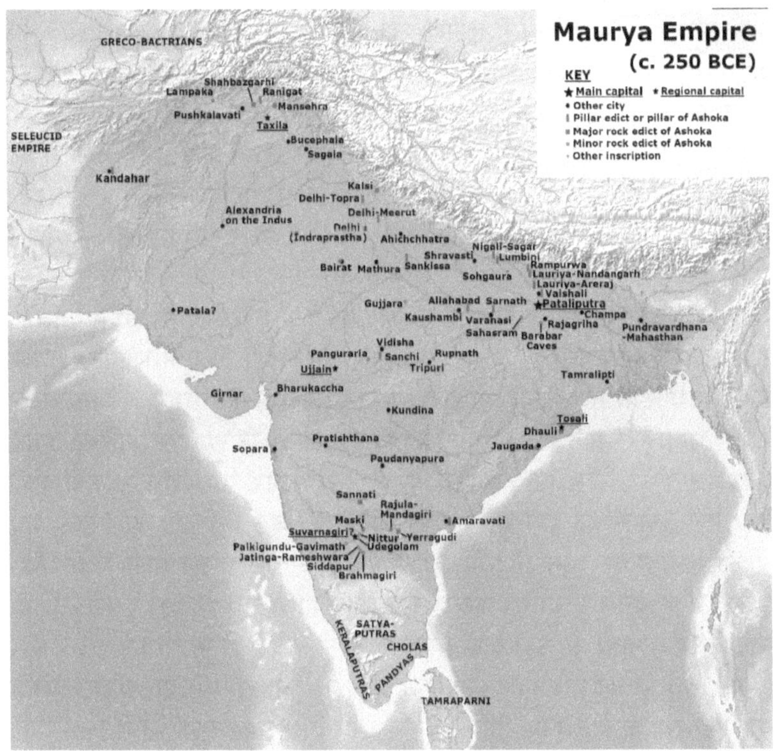

मौर्य साम्राज्य अपने चरमोत्कर्ष के समय, जैसा कि अशोक के शिलालेखों के स्थान से दिखाया गया है

मौर्य प्रशासन

केंद्रीय प्रशासन

मौर्य साम्राज्य की राजधानी पाटलिपुत्र (आधुनिक पटना) थी। इसके अतिरिक्त साम्राज्य को प्रशासन के लिए चार और प्रांतों में बांटा गया था। पूर्वी भाग की राजधानी तौसाली थी तो दक्षिणी भाग की सुवर्णगिरि। इसी प्रकार उत्तरी तथा पश्चिमी भाग की राजधानी क्रमशः तक्षशिला तथा उज्जैन (उज्जयिनी) थी। इसके अतिरिक्त समापा, इशिला तथा कौशाम्बी भी महत्वपूर्ण नगर थे। राज्य के प्रांतपालों कुमार होते थे जो स्थानीय प्रांतों के शासक थे। कुमार की मदद के लिए हर प्रांत में एक मंत्रीपरिषद तथा महामात्य होते थे। प्रांत आगे जिलों में बंटे होते थे। प्रत्येक जिला गाँव के समूहों में बंटा होता था। प्रदेशिक जिला प्रशासन का प्रधान होता था। रज्जुक जमीन को मापने का काम करता था। प्रशासन की सबसे छोटी इकाई गाँव थी जिसका प्रधान ग्रामिक कहलाता था।

कौटिल्य ने अर्थशास्त्र में नगरों के प्रशासन के बारे में एक पूरा अध्याय लिखा है। विद्वानों का कहना है कि उस समय पाटलिपुत्र तथा अन्य नगरों का प्रशासन इस सिद्धांत के अनुरूप ही रहा होगा। मेगास्थनीज़ ने पाटलिपुत्र के प्रशासन का वर्णन किया है। उसके अनुसार पाटलिपुत्र नगर का शासन एक नगर परिषद द्वारा किया जाता था जिसमें 30 सदस्य थे। ये तीस सदस्य पाँच-पाँच सदस्यों वाली छः समितियों में बंटे होते थे। प्रत्येक समिति का कुछ निश्चित काम होता था। पहली समिति का काम औद्योगिक तथा कलात्मक उत्पादन से सम्बंधित था। इसका काम वेतन निर्धारित करना तथा मिलावट रोकना भी था। दूसरी समिति पाटलिपुत्र में बाहर से आने वाले लोगों खासकर विदेशियों के मामले देखती थी। तीसरी समिति का ताल्लुक जन्म तथा मृत्यु के पंजीकरण से था। चौथी समिति व्यापार तथा वाणिज्य का विनिमयन करती थी। इसका काम निर्मित माल की बिक्री तथा पण्य पर नज़र रखना था। पाँचवी माल के विनिर्माण पर नजर रखती थी तो छठी का काम कर वसूलना था।

नगर परिषद के द्वारा जनकल्याण के कार्य करने के लिए विभिन्न प्रकार के अधिकारी भी नियुक्त किये जाते थे, जैसे - सड़कों, बाज़ारों, चिकित्सालयों, देवालयों, शिक्षा-संस्थाओं, जलापूर्ति, बंदरगाहों की मरम्मत तथा रखरखाव का काम करना। नगर का प्रमुख अधिकारी नागरक कहलाता था। कौटिल्य ने नगर प्रशासन में कई विभागों का भी उल्लेख किया है जो नगर के कई कार्यकलापों को नियमित करते थे, जैसे - लेखा विभाग, राजस्व विभाग, खान तथा खनिज विभाग, रथ विभाग, सीमा शुल्क और कर विभाग।

मौर्य साम्राज्य के समय एक और बात जो भारत में अभूतपूर्व थी वो थी मौर्या का गुप्तचर जाल। उस समय पूरे राज्य में गुप्तचरों का जाल बिछा दिया गया था

जो राज्य पर किसी बाहरी आक्रमण या आंतरिक विद्रोह की खबर प्रशासन तथा सेना तक पहुँचाते थे।

गांव का आधिकारिक मुखिया ग्रामिक था (नागरिक शहरों में)। शहर के वकील के पास कुछ मजिस्ट्रियल शक्तियां भी थीं। मौर्य प्रशासन में जनगणना लेना एक नियमित प्रक्रिया थी। मौर्य साम्राज्य में व्यापारियों, कृषकों, लुहारों, कुम्हारों, बढ़इयों आदि जैसे लोगों के विभिन्न वर्गों की गणना करने के लिए ग्रामीण अधिकारी (ग्रामिक) और नगरपालिका अधिकारी (नागरिक) जिम्मेदार थे और मवेशी भी, ज्यादातर कराधान उद्देश्यों के लिए। ये व्यवसाय जातियों के रूप में समेकित हुए, भारतीय समाज की एक विशेषता जो आज तक भारतीय राजनीति को प्रभावित करती रही है।

भारत में सर्वप्रथम मौर्य वंश के शासनकाल में ही राष्ट्रीय राजनीतिक एकता स्थापित हुई थी। मौर्य प्रशासन में सत्ता का सुदृढ़ केन्द्रीयकरण था परन्तु राजा निरंकुश नहीं होता था। मौर्य काल में गणतन्त्र का ह्रास हुआ और राजतन्त्रात्मक व्यवस्था सुदृढ़ हुई। कौटिल्य ने राज्य सप्तांक सिद्धान्त निर्दिष्ट किया था, जिनके आधार पर मौर्य प्रशासन और उसकी गृह तथा विदेश नीति संचालित होती थी - राजा, अमात्य जनपद, दुर्ग, कोष, सेना और, मित्र।

प्रान्तीय प्रशासन

चन्द्रगुप्त मौर्य ने शासन संचालन को सुचारु रूप से चलाने के लिए चार प्रान्तों में विभाजित कर दिया था जिन्हें चक्र कहा जाता था। इन प्रान्तों का शासन सम्राट के प्रतिनिधि द्वारा संचालित होता था। सम्राट अशोक के काल में प्रान्तों की संख्या पाँच हो गई थी। ये प्रान्त थे-

प्रान्त राजधानी

प्राची (मध्य देश) — पाटलिपुत्र

उत्तरापथ — तक्षशिला

दक्षिणापथ — सुवर्णगिरि

अवन्ति राष्ट्र — उज्जयिनी

कलिंग — तोसली

प्रान्तों (चक्रों) का प्रशासन राजवंशीय कुमार (आर्य पुत्र) नामक पदाधिकारियों द्वारा होता था।

कुमाराभाष्य की सहायता के लिए प्रत्येक प्रान्त में महापात्र नामक अधिकारी होते थे। शीर्ष पर साम्राज्य का केन्द्रीय प्रभाग तत्पश्चात्प्रान्त आहार (विषय) में विभक्त था। ग्राम प्रशासन की निम्न इकाई था, 100 ग्राम के समूह को संग्रहण कहा जाता था। आहार विषयपति के अधीन होता था। जिले के प्रशासनिक अधिकारी स्थानिक था। गोप दस गाँव की व्यवस्था करता था।

नगर प्रशासन

मेगस्थनीज के अनुसार मौर्य शासन की नगरीय प्रशासन छः समिति में विभक्त था।

प्रथम समिति — उद्योग शिल्पों का निरीक्षण करता था।

द्विवतीय समिति — विदेशियों की देखरेख करता है।

तृतीय समिति — जनगणना।

चतुर्थ समिति — व्यापार वाणिज्य की व्यवस्था।

पंचम समिति — विक्रय की व्यवस्था, निरीक्षण।

षष्ठ समिति — कर उसूलने की व्यवस्था।

नगर में अनुशासन बनाये रखने के लिए तथा अपराधों पर नियन्त्रण रखने हेतु पुलिस व्यवस्था थी जिसे रक्षित कहा जाता था। यूनानी स्रोतों से ज्ञात होता है कि नगर प्रशासन में तीन प्रकार के अधिकारी होते थे- एग्रोनोयोई (जिलाधिकारी), एण्टीनोमोई (नगर आयुक्त), सैन्य अधिकारी।

आर्थिक स्थिति

इतने बड़े साम्राज्य की स्थापना का एक परिणाम ये हुआ कि पूरे साम्राज्य में आर्थिक एकीकरण हुआ। किसानों को स्थानीय रूप से कोई कर नहीं देना पड़ता था, हॅलांकि इसके बदले उन्हें कड़ाई से पर वाजिब मात्रा में कर केन्द्रीय अधिकारियों को देना पड़ता था।

उस समय की मुद्रा पण थी। अर्थशास्त्र में इन पणों के वेतनमानों का भी उल्लेख मिलता है। न्यूनतम वेतन 60 पण होता था जबकि अधिकतम वेतन 48,000 पण था।

धार्मिक स्थिति

छठी सदी ईसा पूर्व (मौर्यों के उदय के कोई दो सौ वर्ष पूर्व) तकभारत में धार्मिक सम्प्रदायों का प्रचलन था। ये सभी धर्म किसी न किसी रूप से वैदिक प्रथा से जुड़े थे। छठी सदी ईसापूर्व में कोई 62 सम्प्रदायों के अस्तित्व का पता चला है जिसमें बौद्ध तथा जैन सम्प्रदाय का उदय कालान्तर में अन्य की अपेक्षा अधिक हुआ। मौर्यों के आते आते बौद्ध तथा जैन सम्प्रदायों का विकास हो चुका था। उधर दक्षिण में शैव तथा वैष्णव सम्प्रदाय भी विकसित हो रहे थे।

चन्द्रगुप्त मौर्य ने अपना राजसिंहासन त्यागकर कर जैन धर्म अपना लिया था। ऐसा कहा जाता है कि चन्द्रगुप्त ने अपने गुरु जैनमुनि भद्रबाहु के साथ कर्नाटक के श्रवणबेलगोला में संन्यासी के रूप में रहने लगे थे । इसके बाद के शिलालेखों में भी ऐसा पाया जाता है कि चन्द्रगुप्त ने उसी स्थान पर एक सच्चे निष्ठावान जैन की तरह आमरण उपवास करके दम तोड़ा था। वहां पास में ही चन्द्रगिरि नाम की पहाड़ी है जिसका नामाकरण शायद चन्द्रगुप्त के नाम पर ही किया गया था।

अशोक ने कलिंग युद्ध के बाद बौद्ध धर्म को अपना लिया था। बौद्ध धर्म को अपनाने के बाद उसने इसको जीवन में उतारने की भी कोशिश की। उसने शिकार करना और पशुओं की हत्या छोड़ दिया तथा मनुष्यों तथा जानवरों के लिए चिकित्सालयों की स्थापना कराई। उसने ब्राह्मणों तथा विभिन्न धार्मिक पंथों के सन्यासियों को उदारतापूर्वक दान दिया। इसके अलावा उसने आरामगृह, एवं धर्मशाला, कुएं तथा बावरियों का भी निर्माण कार्य कराया।

उसने धर्ममहामात्र नाम के पदवाले अधिकारियों की नियुक्ति की जिनका काम आम जनता में धम्म का प्रचार करना था। उसने विदेशों में भी अपने प्रचारक दल भेजे। पड़ोसी देशों के अलावा मिस्र, सीरिया, मकदूनिया (यूनान) साइरीन तथा एपाइरस में भी उसने धर्म प्रचारकों को भेजा। हंलांकि अशोक ने खुद बौद्ध धर्म अपना लिया था पर उसने अन्य सम्प्रदायों के प्रति भी आदर का भाव रखा ।

सैन्य व्यवस्था

सैन्य व्यवस्था छः समितियों में विभक्त सैन्य विभाग द्वारा निर्दिष्ट थी। प्रत्येक समिति में पाँच सैन्य विशेषज्ञ होते थे।

पैदल सेना, अश्व सेना, गज सेना, रथ सेना तथा नौ सेना की व्यवस्था थी।

सैनिक प्रबन्ध का सर्वोच्च अधिकारी अन्तपाल कहलाता था। यह सीमान्त क्षेत्रों का भी व्यवस्थापक होता था। मेगस्थनीज के अनुसार चन्द्रगुप्त मौर्य की सेना छः लाख पैदल, पचास हजार अश्वारोही, नौ हजार हाथी तथा आठ सौ रथों से सुसज्जित अजेय सैनिक थे।

मौर्य साम्राज्य का पतन

अशोक के उत्तराधिकारी कमज़ोर शासक हुए, जिससे प्रान्तों को अपनी स्वतंत्रता का दावा करने का साहस हुआ। इतने बड़े साम्राज्य का प्रशासन चलाने के कठिन कार्य का संपादन कमज़ोर शासकों द्वारा नहीं हो सका। उत्तराधिकारियों के बीच आपसी लड़ाइयों ने भी मौर्य साम्राज्य के अवनति में योगदान किया।

ईसवी सन् की प्रथम शताब्दि के प्रारम्भ में कुशाणों ने भारत के उत्तर पश्चिम मोर्चे में अपना साम्राज्य स्थापित किया। कुशाण सम्राटों में सबसे अधिक प्रसिद्ध सम्राट कनिष्क (125 ई. से 162 ई. तक), जो कि कुशाण साम्राज्य का तीसरा सम्राट था। कुशाण शासन ईस्वी की तीसरी शताब्दि के मध्य तक चला। इस साम्राज्य की सबसे महत्वपूर्ण उपलब्धियाँ कला के गांधार घराने का विकास व बुद्ध मत का आगे एशिया के सुदूर क्षेत्रों में विस्तार करना रही।

मौर्य सम्राट की मृत्यु (237-236 ई.पू.) के उपरान्त लगभग दो सदियों (322 - 185 ई.पू.) से चले आ रहे शक्तिशाली मौर्य साम्राज्य का विघटन होने लगा।

अन्तिम मौर्य सम्राट वृहद्रथ की हत्या उसके सेनापति पुष्यमित्र शुंग ने कर दी। इससे मौर्य साम्राज्य समाप्त हो गया।

पतन के कारण

- अयोग्य एवं निर्बल उत्तराधिकारी,
- प्रशासन का अत्यधिक केन्द्रीयकरण,
- राष्ट्रीय चेतना का अभाव,
- आर्थिक एवं सांस्कृतिक असमानताएँ,
- प्रान्तीय शासकों के अत्याचार,
- करों की अधिकता,

- अशोक की धम्म नीति
- अमात्यों के अत्याचार।

विभिन्न इतिहासकारों ने मौर्य वंश का पतन के लिए भिन्न-भिन्न कारणों का उल्लेख किया है

- हरप्रसाद शास्त्री - धार्मिक नीति (ब्राह्मण विरोधी नीति के कारण)
- हेमचन्द्र राय चौधरी - सम्राट अशोक की अहिंसक एवं शान्तिप्रिय नीति।
- डी डी कौशाम्बी - आर्थिक संकटग्रस्त व्यवस्था का होना।
- डी.एन. झा - निर्बल उत्तराधिकारी
- रोमिला थापर - मौर्य साम्राज्य के पतन के लिए केन्द्रीय शासन अधिकारी तन्त्र का अव्यवस्था एवं अप्रशिक्षित होना।
- अयोग्य तथा निर्बल उत्तराधिकारी

अशोक ने पहले ही अपने भाईयो को मार दिया था इसीलिए उसे ऐसे लोगो को अपने राज्यों सामन्त बनना पड़ा जो मौर्यवंशी नहीं थे परिणाम स्वरूप अशोक की मृत्यु के बाद विद्रोह करके स्वतंत्र हो गए और अशोक ने बौध्य धर्म को अपनाने के बाद अपने दिगविजय नीति (चारो दिशाओं में विजय) को धम्मविजय नीति में बदल दिया जिसके परिणाम स्वरुप मौर्यवंशी शासकों ने अपना कभी भी राज्य विस्तार करने की कोशिश नहीं की |

राजतरंगिणी से ज्ञात होता है कि कश्मीर में जालौक ने स्वतन्त्र राज्य स्थापित कर लिया । तारानाथ के विवरण से पता चलता है कि वीरसेन ने गन्धार प्रदेश में स्वतन्त्र राज्य की स्थापना कर ली । कालीदास के मालविकाग्निमित्र के अनुसार विदर्भ भी एक स्वतन्त्र राज्य हो गया था । परवर्ती मौर्य शासकों में कोई भी इतना सक्षम नहीं था कि वह समस्त राज्यों को एकछत्र शासन-व्यवस्था के अन्तर्गत संगठित करता । विभाजन की इस स्थिति में यवनों का सामना संगठित रूप से नहीं हो सका और साम्राज्य का पतन अवश्यम्भावी था ।

शासन का अतिकेन्द्रीकरण

मौर्य प्रशासन में सभी महत्वपूर्ण कार्य राजा के नियंत्रण में होते थे । उसे वरिष्ठ पदाधिकारियों की नियुक्ति का सर्वोच्च अधिकार प्राप्त था ।ऐसे में अशोक की

मृत्यु के पश्चात् उसके निर्बल उत्तराधिकारियों के काल में केन्द्रीय नियंत्रण से सही से कार्य नहीं हो सका और राजकीय व्यवस्था चरमरा गई |

आर्थिक संकट

अशोक ने बौध्य धर्म अपनाने के बाद 84 हजार स्तूप बनवाकर राजकोष खाली कर दिया और इन स्तूपों को बनवाने के लिए प्रजा पर कर बढ़ा दिया गया और इन स्तूपों की देखभाल के खर्च का बोझ सामान्य प्रजा पर पड़ा |

अशोक की धम्म नीति

अशोक की अहिंसक नीतियों के कारण मौर्यवंश का सामाज्य खंडित हो गया और उसे रोकने के लिए वो कुछ कर भी नहीं पाए -उदाहरण के तौर पर आप कश्मीर के सामन्त जलोक को ले सकते है जिसने अशोक के बौध्य बनने के कारण कश्मीर को अलग राष्ट्र घोषित कर दिया क्युकी वो शैव धर्म (जो केवल शिव को अदि -अनन्त परमेश्वर मानते हो) का अनुयायी था और बौध्य धर्म को पसंद नहीं करता था | ये बात भी बिलकुल सही है की अगर आचार्य चाणक्य की जगह कोई बौध्य भिक्षु चन्द्रगुप्त मौर्य का गुरु होता तो वो उनको अहिंसा का मार्ग बताता और मौर्यवंश की स्थापना भी ना हो पाती

चन्द्रगुप्त मौर्य

चन्द्रगुप्त मौर्य (जन्म : 345 ई॰पु॰, राज 321-297 ई॰पु॰) में भारत के महान सम्राट थे। इन्होंने मौर्य साम्राज्य की स्थापना की थी।

चन्द्रगुप्त पूरे भारत को एक साम्राज्य के अधीन लाने में सफल रहे। चन्द्रगुप्त मौर्य के राज्यारोहण की तिथि साधारणतया 321 ई.पू. निर्धारित की जाती है। उन्होंने लगभग 24 वर्ष तक शासन किया और इस प्रकार उनके शासन का अन्त प्रायः 285 ई.पू. में हुआ। भारतीय तिथिक्रम के अनुसार चंद्रगुप्त मौर्य का शासन ईपू 1534 से आरम्भ होता है।

मेगस्थनीज ने चार साल तक चन्द्रगुप्त की सभा में एक यूनानी राजदूत के रूप में सेवाएँ दी। ग्रीक और लैटिन लेखों में, चन्द्रगुप्त को क्रमशः सैण्ड्रोकोट्स और एण्डोकॉटस के नाम से जाना जाता है।

चन्द्रगुप्त मौर्य प्राचीन भारत के इतिहास में एक महत्वपूर्ण सम्राट है । चन्द्रगुप्त के सिंहासन सम्भालने से पहले, सिकंदर ने उत्तर पश्चिमी भारतीय उपमहाद्वीप पर आक्रमण किया था, और 324 ईसा पूर्व में उसकी सेना में विद्रोह की वजह से आगे का अभियान छोड़ दिया, जिससे भारत-ग्रीक और स्थानीय शासकों द्वारा शासित भारतीय उपमहाद्वीप वाले क्षेत्रों की विरासत सीधे तौर पर चन्द्रगुप्त ने सम्भाली।

चन्द्रगुप्त ने अपने गुरु चाणक्य (जिसे कौटिल्य और विष्णु गुप्त के नाम से भी जाना जाता है,.जो चन्द्र गुप्त के प्रधानमन्त्री भी थे) के साथ, एक नया साम्राज्य बनाया, राज्यचक्र के सिद्धान्तों को लागू किया, एक बड़ी सेना का निर्माण किया और अपने साम्राज्य की सीमाओं का विस्तार करना जारी रखा।

सिकंदर के आक्रमण के समय लगभग समस्त उत्तर भारत धनानन्द द्वारा शासित था। चाणक्य तथा चन्द्रगुप्त ने नन्द वंश को समाप्त करने का निश्चय किया।

अपनी उद्देश्यसिद्धि के निमित्त चाणक्य और चन्द्रगुप्त ने एक विशाल विजयवाहिनी का प्रबन्ध किया। ब्राह्मण ग्रन्थों में 'नन्दोन्मूलन' का श्रेय चाणक्य को दिया गया है।

अर्थशास्त्र में कहा है कि सैनिकों की भरती चोरों, म्लेच्छों, आटविकों तथा शस्त्रोपजीवी श्रेणियों से करनी चाहिए। मुद्राराक्षस से ज्ञात होता है कि चन्द्रगुप्त ने हिमालय प्रदेश के राजा पर्वतक से सन्धि की।

चन्द्रगुप्त की सेना में शक, यवन, किरात, कम्बोज, पारसीक तथा वह्लीक भी रहे होंगे। प्लूटार्क के अनुसार सान्द्रोकोत्तस ने सम्पूर्ण भारत को 6,00,000 सैनिकों की विशाल वाहिनी द्वारा जीतकर अपने अधीन कर लिया। जस्टिन के मत से भारत चन्द्रगुप्त के अधिकार में था।

चन्द्रगुप्त ने सर्वप्रथम अपनी स्थिति पंजाब में सदृढ़ की। उसका यवनों के विरुद्ध स्वातन्त्र्यय युद्ध सम्भवतः सिकंदर की मृत्यु के कुछ ही समय बाद आरम्भ हो गया था। जस्टिन के अनुसार सिकन्दर की मृत्यु के उपरान्त भारत ने सान्द्रोकोत्तस के नेतृत्व में दासता के बन्धन को तोड़ फेंका तथा यवन राज्यपालों को मार डाला।

चन्द्रगुप्त ने यवनों के विरुद्ध अभियान लगभग 323 ई.पू. में आरम्भ किया होगा, किन्तु उन्हें इस अभियान में पूर्ण सफलता 317 ई.पू. या उसके बाद मिली होगी, क्योंकि इसी वर्ष पश्चिम पंजाब के शासक क्षत्रप यूदेमस (Eudemus) ने अपनी सेनाओं सहित, भारत छोड़ा। चन्द्रगुप्त के यवनयुद्ध के बारे में विस्तारपूर्वक कुछ नहीं कहा जा सकता। इस सफलता से उन्हें पंजाब और सिन्ध के प्रान्त मिल गए।

चन्द्रगुप्त मौर्य का महत्वपूर्ण युद्ध धनानन्द के साथ उत्तराधिकार के लिए हुआ। जस्टिन एवं प्लूटार्क के वृत्तों में स्पष्ट है कि सिकंदर के भारत अभियान के समय चन्द्रगुप्त ने उसे नन्दों के विरुद्ध युद्ध के लिये भड़काया था, किन्तु किशोर चन्द्रगुप्त के व्यवहार ने यवनविजेता को क्रुद्ध कर दिया। भारतीय साहित्यिक परम्पराओं से लगता है कि चन्द्रगुप्त और चाणक्य के प्रति भी नन्दराजा अत्यन्त असहिष्णु रह चुके थे। महावंश टीका के एक उल्लेख से लगता है कि चन्द्रगुप्त ने आरम्भ में नन्दसाम्राज्य के मध्य भाग पर आक्रमण किया, किन्तु उन्हें शीघ्र ही अपनी त्रुटि का पता चल गया और नए आक्रमण सीमान्त प्रदेशों से आरम्भ हुए। अन्ततः उन्होंने पाटलिपुत्र घेर लिया और धनानन्द को मार डाला।

इसके बाद, ऐसा प्रतीत होता है कि चन्द्रगुप्त ने अपने साम्राज्य का विस्तार दक्षिण में भी किया। मामुलनार नामक प्राचीन तमिल लेखक ने तिनेवेल्लि जिले की पोदियिल पहाड़ियों तक हुए मौर्य आक्रमणों का उल्लेख किया है। इसकी पुष्टि

अन्य प्राचीन तमिल लेखकों एवं ग्रन्थों से होती है।

आक्रामक सेना में युद्धप्रिय कोशर लोग सम्मिलित थे। आक्रामक कोंकण से एलिलमलै पहाड़ियों से होते हुए कोंगु (कोयम्बटूर) जिले में आए और यहाँ से पोदियिल पहाड़ियों तक पहुँचे। दुर्भाग्यवश उपर्युक्त उल्लेखों में इस मौर्यवाहिनी के नायक का नाम प्राप्त नहीं होता। किन्तु, 'वम्ब मोरियर' से प्रथम मौर्य सम्राट चन्द्रगुप्त का ही अनुमान अधिक संगत लगता है।

मैसूर से उपलब्ध कुछ अभिलेखों से चन्द्रगुप्त द्वारा शिकारपुर तालुक के अन्तर्गत नागरखण्ड की रक्षा करने का उल्लेख मिलता है। उक्त अभिलेख 14वीं शताब्दी का है किन्तु ग्रीक, तमिल लेखकों आदि के साक्ष्यों के आधार पर इसकी ऐतिहासिकता एकदम अस्वीकृत नहीं की जा सकती।

चन्द्रगुप्त ने सौराष्टकी विजय भी की थी। महाक्षत्रप रुद्रदामन् के जूनागढ़ अभिलेख से प्रमाणित है कि वैश्य पुष्यगुप्त यहाँ के राज्यपाल थे।

चन्द्रगुप्त का अन्तिम युद्ध सिकंदर के पूर्वसेनापति तथा उनके समकालीन सीरिया के ग्रीक सम्राट सेल्यूकस के साथ हुआ। ग्रीक इतिहासकार जस्टिन के उल्लेखों से प्रमाणित होता है कि सिकंदर की मृत्यु के बाद सेल्यूकस को उसके स्वामी के सुविस्तृत साम्राज्य का पूर्वी भाग उत्तराधिकार में प्राप्त हुआ।

सेल्यूकस, सिकंदर की भारतीय विजय पूरी करने के लिये आगे बढ़ा, किन्तु भारत की राजनीतिक स्थिति अब तक परिवर्तित हो चुकी थी। लगभग सारा षेत्र एक शक्तिशाली शासक के नेतृत्व में था। सेल्यूकस 305 ई.पू. के लगभग सिन्धु के किनारे आ उपस्थित हुआ। ग्रीक लेखक इस युद्ध का ब्योरेवार वर्णन नहीं करते।

किन्तु ऐसा प्रतीत होता है कि चन्द्रगुप्त की शक्ति के सम्मुख सेल्यूकस को झुकना पड़ा। फलतः सेल्यूकस ने चन्द्रगुप्त को विवाह में एक यवनकुमारी तथा एरिया (हिरात), एराकोसिया (कंदहार), परोपनिसदाइ (काबुल) और गेद्रोसिय (बलूचिस्तान) के प्रान्त देकर संधि क्रय की। इसके बदले चन्द्रगुप्त ने सेल्यूकस को 500 हाथी भेंट किए।

उपरिलिखित प्रान्तों का चन्द्रगुप्त मौर्य एवं उसके उततराधिकारियों के शासनान्तर्गत होना, कन्दहार से प्राप्त अशोक के द्विभाषी लेख से सिद्ध हो गया है। इस प्रकार स्थापित हुए मैत्री सम्बन्ध को स्थायित्व प्रदान करने की दृष्टि से सेल्यूकस ने मेगस्थनीज नाम का एक दूत चन्द्रगुप्त के दरबार में भेजा। यह वृत्तान्त इस बात का प्रमाण है कि चन्द्रगुप्त का प्रायः सम्पूर्ण राजयकाल युद्धों द्वारा साम्राज्यविस्तार करने में बीता होगा।

भारत सम्राट महाराजा चन्द्रगुप्त मौर्य

श्रवणबेलगोला से मिले शिलालेखों के अनुसार, चन्द्रगुप्त अपने अन्तिम दिनों में पितृ मतानुसार जैन-मुनि हो गए। चन्द्र-गुप्त अन्तिम मुकुट-धारी मुनि हुए, उनके बाद और कोई मुकुट-धारी (शासक) दिगंबर-मुनि नहीं हुए | अतः चन्द्र-गुप्त का जैन धर्म में महत्वपूर्ण स्थान है। स्वामी भद्रबाहु के साथ श्रवणबेलगोल चले गए। वहीं उन्होंने उपवास द्वारा शरीर त्याग किया। श्रवणबेलगोल में जिस पहाड़ी पर वे रहते थे, उसका नाम चन्द्रगिरी है और वहीं उनका बनवाया हुआ 'चन्द्रगुप्तबस्ति' नामक मन्दिर भी है।

चन्द्रगुप्त मौर्य और सेल्यूकस

सेल्युकस एक्सजाइट निकेटर एलेग्जेंडर (सिकन्दर) के सबसे योग्य सेनापतियों में से एक था जो उसकी मृत्यु के बाद भारत के विजित क्षेत्रों पर उसका उत्तराधिकारी बना। वह सिकन्दर द्वारा जीता हुआ भू-भाग प्राप्त करने के लिए उत्सुक था। इस उद्देश्य से 305 ई. पू. उसने भारत पर पुनः चढ़ाई की।

सम्राट चन्द्रगुप्त ने पश्चिमोत्तर भारत के यूनानी शासक सेल्यूकस निकेटर को पराजित कर एरिया (हेरात), अराकोसिया (कंधार), जेद्रोसिया(काबुल),पेरिस(मकराना),पेमियाई के भू-भाग को अधिकृत कर विशाल मौर्य साम्राज्य की स्थापना की।

चंद्रगुप्त से 500 हाथी लेने के बाद,सेल्यूकस ने अपनी पुत्री हेलन का विवाह चन्द्रगुप्त से कर दिया। उसने मेगस्थनीज को राजदूत के रूप में चन्द्रगुप्त मौर्य के दरबार में नियुक्त किया।

कुछ समय पश्चात सेल्यूकस ने अपने राजदूत मेगास्टेनिस को पाटलिपुत्र में रहने और चंद्रगुप्त मौर्य कि शासन के बारे में इंडिका नाम की एक किताब लिखने के लिए भेजा।

सैन्य शक्ति

मौर्यों का साम्राज्य मे भारत सामाजिक, आर्थिक, राजनीतिक सम्पन्नता के नजरिए से काफी मजबूत हो गया था। इनकी सुसंगठित सेना में 200000 पैदल, 80000 अश्वारोही, 8000 संग्राम रथ, 9000 हाथी थे।

कर्टियस के अनुसार महापद्म की सेना में 20,000 घुड़सवार 200000 पैदल 8000 रथ एवं 8000 हाथी थे।

डायोडोरस के अनुसार मौर्यों के शाषन मे 8000 हाथी थे, जबकि प्लूटार्क ने 100000 अश्वरोही, 200000 की पैदल सेना 10000 घोड़ा वाला रथ और 6000 हाथी की सेना थी।

साम्राज्य

चन्द्रगुप्त मौर्य का साम्राज्य

चन्द्रगुप्त का साम्राज्य अत्यन्त विस्तृत था। इसमें लगभग सम्पूर्ण उत्तरी और पूर्वी भारत के साथ साथ उत्तर में बलूचिस्तान, दक्षिण में मैसूर तथा दक्षिण-पश्चिम में सौराष्ट्र तक का विस्तृत भूप्रदेश सम्मिलित था।

इनका साम्राज्य विस्तार उत्तर में हिन्दुकुश तक दक्षिण में कर्नाटकतक पूर्व में बंगाल तथा पश्चिम में सौराष्ट्र तक था साम्राज्य का सबसे बड़ा अधिकारी सम्राट स्वयं था।

शासन की सुविधा की दृष्टि से सम्पूर्ण साम्राज्य को विभिन्न प्रान्तों में विभाजित कर दिया गया था। प्रान्तों के शासक सम्राट् के प्रति उत्तरदायी होते थे। राज्यपालों की सहायता के लिये एक मन्त्रिपरिषद् हुआ करती थी। केन्द्रीय तथा प्रान्तीय शासन के विभिन्न विभाग थे और सबके सब एक अध्यक्ष के निरीक्षण में कार्य करते थे। साम्राज्य के दूरस्थ प्रदेश सड़कों एवं राजमार्गों द्वारा एक दूसरे से जुड़े हुए थे।

पाटलिपुत्र (आधुनिक पटना) चन्द्रगुप्त की राजधानी थी जिसके विषय में यूनानी राजदूत मेगस्थनीज़ ने विस्तृत विवरण दिए हैं।नगर के प्रशासनिक वृत्तान्तों से हमें उस युग के सामाजिक एवं आर्थिक परिस्थितियों को समझने में अच्छी सहायता मिलती है।

मौर्य शासन प्रबन्ध की प्रशंसा आधुनिक राजनीतिज्ञों ने भी की है जिसका आधार 'कौटिलीय अर्थशास्त्र' एवं उसमें स्थापित की गई राज्य विषयक मान्यताएँ हैं। चन्द्रगुप्त के समय में शासनव्यवस्था के सूत्र अत्यन्त सुदृढ़ थे।

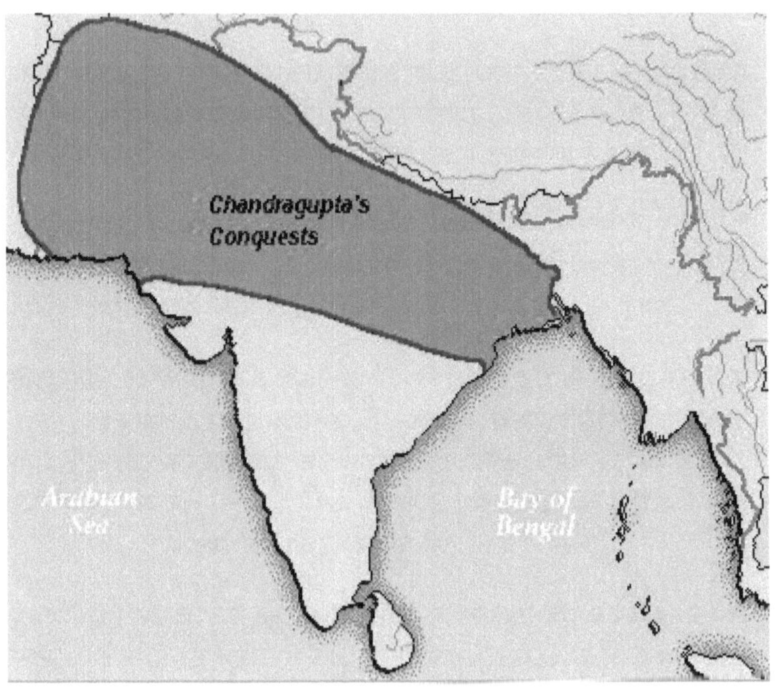

चन्द्रगुप्त मौर्य का साम्राज्य

शासनव्यवस्था

चन्द्रगुप्त मौर्य के साम्राज्य की शासनव्यवस्था का ज्ञान प्रधान रूप से मेगस्थनीज़ के वर्णन के अवशिष्ट अंशों और कौटिल्य के अर्थशास्त्र से होता है। अर्थशास्त्र में यद्यपि कुछ परिवर्तनों के तीसरी शताब्दी के अन्त तक होने की सम्भावना प्रतीत होती है, यही मूल रूप से चन्द्रगुप्त मौर्य के मन्त्री की कृति थी।

राजा शासन के विभिन्न अंगों का प्रधान था। शासन के कार्यों में वह अथक रूप से व्यस्त रहता था। अर्थशास्त्र में राजा की दैनिक चर्या का आदर्श कालविभाजन दिया गया है।

मेगेस्थनीज के अनुसार राजा दिन में नहीं सोता वरन् दिनभर न्याय और शासन के अन्य कार्यों के लिये दरबार में ही रहता है, मालिश कराते समय भी इन कार्यों में व्यवधान नहीं होता, केशप्रसाधन के समय वह दूतों से मिलता है।

स्मृतियों की परम्परा के विरुद्ध अर्थशास्त्र में राजाज्ञा को धर्म, व्यवहार और चरित्र से अधिक महत्व दिया गया है। मेगेस्थनीज और कौटिल्य दोनों से ही ज्ञात होता है कि राजा के प्राणों की रक्षा के लिये समुचित व्यवस्था थी।

राजा के शरीर की रक्षा अस्त्रधारी स्त्रियाँ करती थीं। मेगेस्थनीज का कथन है कि राजा को निरन्तर प्राणभय लगा रहता है जिससे हर रात वह अपना शयनकक्ष बदलता है। राजा केवल युद्धयात्रा, यज्ञानुष्ठान, न्याय और आखेट के लिये ही अपने प्रासाद से बाहर आता था। आखेट के समय राजा का मार्ग रस्सियों से घिरा होता था जिनको लाँघने पर प्राणदण्ड मिलता था।

अर्थशास्त्र में राजा की सहायता के लिये मन्त्रिपरिषद् की व्यवस्था है। कौटिल्य के अनुसार राजा को बहुमत मानना चाहिए और आवश्यक प्रश्नों पर अनुपस्थित मन्त्रियों का विचार जानने का उपाय करना चाहिए। मन्त्रिपरिषद् की मन्त्रणा को गुप्त रखते का विशेष ध्यान रखा जाता था।

मेगेस्थनीज ने दो प्रकार के अधिकारियों का उल्लेख किया है - मन्त्री और सचिव। इनकी सख्या अधिक नहीं थी किन्तु ये बड़े महत्वपूर्ण थे और राज्य के उच्च पदों

पर नियुक्त होते थे।

अर्थशास्त्र में शासन के अधिकारियों के रूप में 18 तीर्थों का उल्लेख है। शासन के विभिन्न कार्यों के लिये पृथक् विभाग थे, जैसे कोष, आकर, लक्षण, लवण, सुवर्ण, कोष्ठागार, पण्य, कुप्य, आयुधागार, पौतव, मान, शुल्क, सूत्र, सीता, सुरा, सून, मुद्रा, विवीत, द्यूत, वन्धनागार, गौ, नौ, पत्तन, गणिका, सेना, संस्था, देवता आदि, जो अपने अपने अध्यक्षों के अधीन थे।

मेगस्थनीज के अनुसार राजा की सेवा में गुप्तचरों की एक बड़ी सेना होती थी। ये अन्य कर्मचारियों पर कड़ी दृष्टि रखते थे और राजा को प्रत्येक बात की सूचना देते थे। अर्थशास्त्र में भी चरों की नियुक्ति और उनके कार्यों को विशेष महत्व दिया गया है।

मेगस्थनीज ने पाटलिपुत्र के नगरशासन का वर्णन किया है जो संभवत: किसी न किसी रूप में अन्य नगरों में भी प्रचलित रही होगी। (देखिए 'पाटलिपुत्र') अर्थशास्त्र में नगर का शसक नागरिक कहलाता है औरउसके अधीन स्थानिक और गोप होते थे।

शासन की इकाई ग्राम थे जिनका शासन ग्रामिक ग्रामवृद्धों की सहायता से करता था। ग्रामिक के ऊपर क्रमश: गोप और स्थानिक होते थे।

अर्थशास्त्र में दो प्रकार की न्यायसभाओं का उल्लेख है और उनकी कार्यविधि तथा अधिकारक्षेत्र का विस्तृत विवरण है। साधारण प्रकार धर्मस्थीय को दीवानी और कण्टकशोधन को फौजदारी की अदालत कह सकते हैं। दण्डविधान कठोर था। शिल्पियों का अंगभंग करने और जानबूझकर विक्रय पर राजकर न देने पर प्राणदण्ड का विधान था। विश्वासघात और व्यभिचार के लिये अंगच्छेद का दण्ड था।

मेगस्थनीज ने राजा को भूमि का स्वामी कहा है। भूमि के स्वामी कृषक थे। राज्य की जो आय अपनी निजी भूमि से होती थी उसे सीता और शेष से प्राप्त भूमिकर को भाग कहते थे। इसके अतिरिक्त सीमाओं पर चुंगी, तटकर, विक्रयकर, तोल और माप के साधनों पर कर, द्यूतकर, वेश्याओं, उद्योगों और शिल्पों पर कर,

दण्ड तथा आकर और वन से भी राज्य को आय थी।

अर्थशास्त्र का आदर्श है कि प्रजा के सुख और भलाई में ही राजा का सुख और भलाई है। अर्थशास्त्र में राजा के द्वारा अनेक प्रकार के जनहित कार्यों का निर्देश है जैसे बेकारों के लिये काम की व्यवस्था करना, विधवाओं और अनाथों के पालन का प्रबन्ध करना, मजदूरी और मूल्य पर नियन्त्रण रखना।

मेगस्थनीज ऐसे अधिकारियों का उल्लेख करता है जो भूमि को नापते थे और, सभी को सिंचाई के लिये नहरों के पानी का उचित भाग मिले, इसलिये नहरों को प्रणालियों का निरीक्षण करते थे।

सिंचाई की व्यवस्था के लिये चन्द्रगुप्त ने विशेष प्रयत्न किया, इस बात का समर्थन रुद्रदामन् के जूनागढ़ के अभिलेख से होता है। इस लेख में चन्द्रगुप्त के द्वारा सौराष्ट्र में एक पहाड़ी नदी के जल को रोककर सुदर्शन झील के निर्माण का उल्लेख है।

मेगस्थनीज ने चन्द्रगुप्त के सैन्यसंगठन का भी विस्तार के साथ वर्णन किया है। चन्द्रगुप्त की विशाल सेना में छ: लाख से भी अधिक सैनिक थे। सेना का प्रबन्ध युद्धपरिषद् करती थी जिसमें पाँच पाँच सदस्यों की छ: समितियाँ थीं। इनमें से पाँच समितियाँ क्रमश: नौ, पदाति, अश्व, रथ और गज सेना के लिये थीं।

एक समिति सेना के यातायात और आवश्यक युद्धसामग्री के विभाग का प्रबंध देखती थी। मेगस्थनीज के अनुसार समाज में कृषकों के बाद सबसे अधिक संख्या सैनिकों की ही थी। सैनिकों को वेतन के अतिरिक्त राज्य से अस्त्रशस्त्र और दूसरी सामग्री मिलती थीं। उनका जीवन सम्पन्न और सुखी था।

चन्द्रगुप्त मौर्य की शासनव्यवस्था की विशेषता सुसंगठित नौकरशाही थी जो राज्य में विभिन्न प्रकार के आँकड़ों को शासन की सुविधा के लिये एकत्र करती थी।

केन्द्र का शासन के विभिन्न विभागों और राज्य के विभिन्न प्रदेशों पर गहरा नियन्त्रण था। आर्थिक और सामाजिक जीवन की विभिन्न दिशाओं में राज्य के

इतने गहन और कठोर नियन्त्रण की प्राचीन भारतीय इतिहास के किसी अन्य काल में हमें कोई सूचना नहीं मिलती।

ऐसी व्यवस्था की उत्पत्ति का हमें पूर्ण ज्ञान नहीं है। कुछ विद्वान हेलेनिस्टिक राज्यों के माध्यम से शाखामनी ईरान का प्रभाव देखते हैं।

इस व्यवस्था के निर्माण में कौटिल्य ओर चन्द्रगुप्त की मौलिकता को भी उचित महत्व मिलना चाहिए। ऐसा प्रतीत होता है कि यह व्यवस्था नितान्त नवीन नहीं थी। सम्भवत: पूर्ववर्ती मगध के शासकों, विशेष रूप से नन्दवंशीय नरेशों ने इस व्यवस्था की नींव किसी रूप में डाली थी।

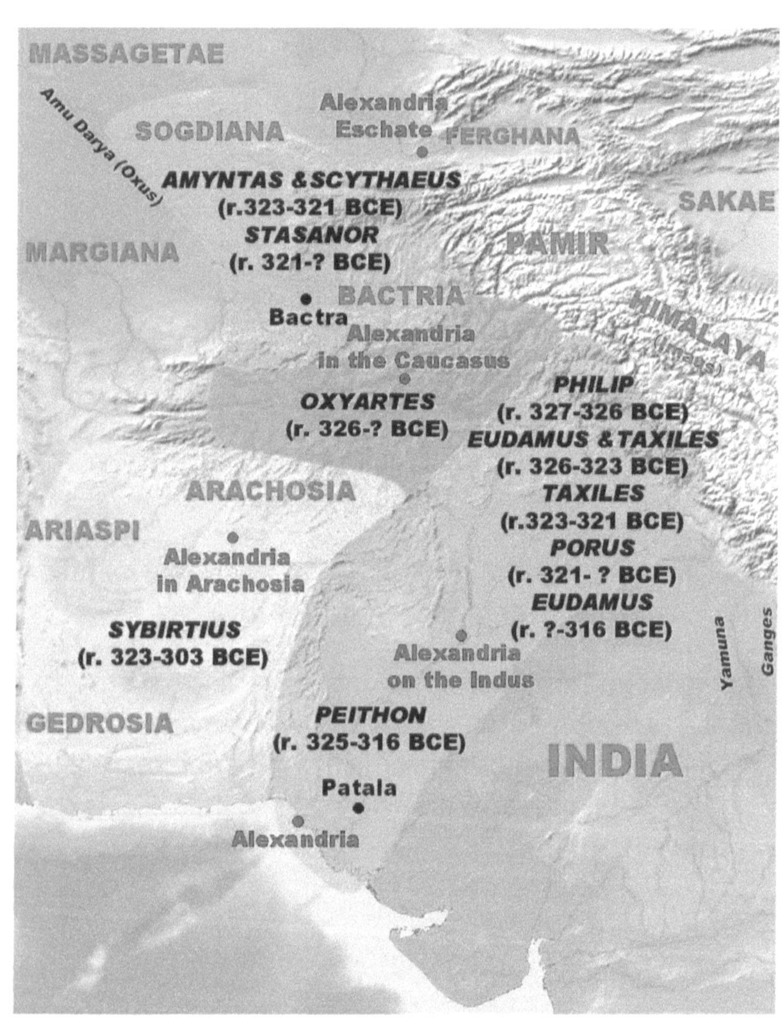

317 ईसापूर्व तक चन्द्रगुप्त ने भारत के उत्तर-पश्चिम में बचे हुए मकदुनियाई (Macedonian) छत्रपों को भी पराजित कर दिया था।

बिन्दुसार

बिन्दुसार (राज. 297–273 ई॰पू॰) मौर्य राजवंश के राजा थे, जो चन्द्रगुप्त मौर्य के पुत्र थे। बिन्दुसार को अमित्रघात, सिंहसेन, मद्रसार तथा अजातशत्रु वरिसार [1] भी कहा गया है। बिन्दुसार महान मौर्य क्षत्रिय सम्राट अशोक के पिता थे।

जन्म340 ईसा पूर्व
पाटलिपुत्र (अब बिहार में)

निधन297 ईसा पूर्व (उम्र 47–48)
पाटलिपुत्र , बिहार

चन्द्रगुप्त मौर्य एवं दुर्धरा के पुत्र बिन्दुसार ने काफी बड़े राज्य का शासन संपदा में प्राप्त किया। उन्होंने दक्षिण भारत की तरफ़ भी राज्य का विस्तार किया। चाणक्य उनके समय में भी प्रधानमन्त्री बनकर रहे।

बिन्दुसार के शासन में तक्षशिला के लोगों ने दो बार विद्रोह किया। पहली बार विद्रोह बिन्दुसार के बड़े पुत्र सुशीमा के कुप्रशासन के कारण हुआ। दूसरे विद्रोह का कारण अज्ञात है पर उसे बिन्दुसार के पुत्र अशोक ने दबा दिया।

बिन्दुसार की मृत्यु 273 ईसा पूर्व (कुछ तथ्य 268 ईसा पूर्व की तरफ़ इशारा करते हैं)। बिन्दुसार को 'पिता का पुत्र और पुत्र का पिता' नाम से जाना जाता है क्योंकि वह प्रसिद्ध व पराक्रमी शासक चन्द्रगुप्त मौर्य के पुत्र एवं महान राजा अशोक के पिता थे।

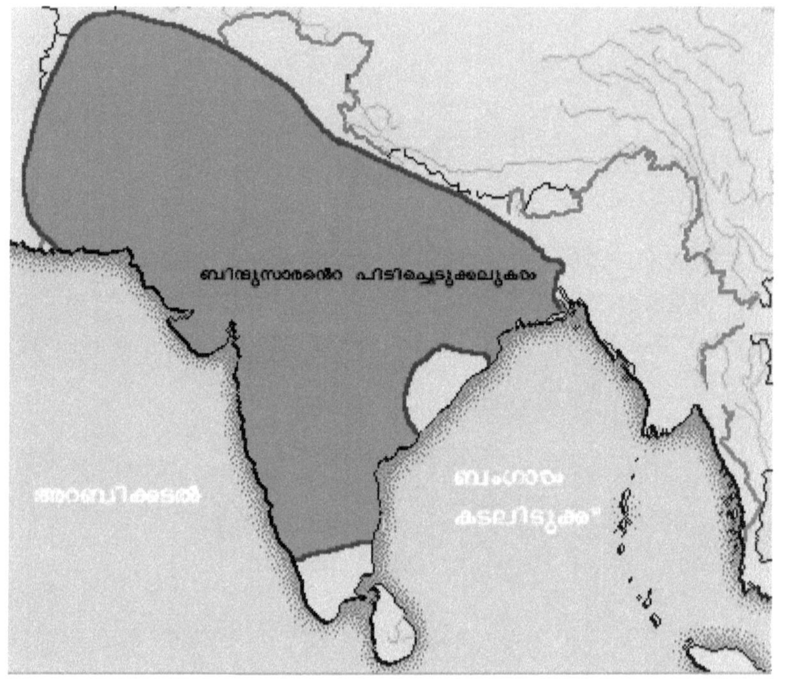

Bindusara mauryan empire in Malayalam

परिचय

बिंदुसार मौर्य सम्राट् चंद्रगुप्त का उत्तराधिकारी। स्ट्राबो के अनुसार सैंड्रकोट्टस (चंद्रगुप्त) के बाद अमित्रोकोटिज़ उत्तराधिकारी हुआ जिसे एथेनेइयस ने अमित्रोकातिस (संस्कृत अमित्रघात) कहा है।

जैन ग्रंथ राजवलिकथे में उसे सिंहसेन कहा गया है। बिंदुसार नाम हमें पुराणों में प्राप्त होता है। चंद्रगुप्त के उत्तराधिकारी के रूप में वही नाम स्वीकार कर लिया

गया है।

पुराणों के अतिरिक्त परंपरा में प्राप्त नामों से उसके विजयी होने की ध्वनि मिलती है। संभवत: चाणक्य चंद्रगुप्त के बाद भी महामंत्री बने रहें और तिब्बती इतिहासकार तारानाथ ने बताया कि उसने पूरे भारत की एकता कायम की। ऐसा मानने पर प्रतीत होता है कि बिंदुसार ने कुछ देश विजय भी किए।

इसी आधार पर कुछ विद्वानों के अनुसार बिंदुसार ने दक्षिण पर विजय प्राप्त की। किंतु यह समीचीन नहीं प्रतीत होता। 'दिव्यावदान' के अनुसार तक्षशिला में राज्य के प्रति प्रतिक्रिया हुई। उसे शांत करने के लिए बिंदुसार ने वहाँ अपने लड़के अशोक को कुमारामात्य बनाकर भेजा।

जब वह वहाँ पहुंचा, लोगों ने कहा कि हम न बिंदुसार से विरोध करते हैं न राजकुमार से ही, हम केवल दुष्ट मंत्रियों के प्रति विरोध प्रदर्शित करते हैं। बिंदुसार की विजयों को पुष्ट करने अथवा खंडित करने के लिए कुछ भी प्रमाण उपलब्ध नहीं है।

इतना अवश्य प्रतीत होता है कि उसने राज्य पर अधिकार बनाए रखने का प्रयास किया। सीरिया के सम्राट् से इसके राजत्व काल में भी मित्रता कायम रही। मेगस्थनीज़ का उत्तराधिकारी डाईमेकस सीरिया के सम्राट् का दूत बनकर बिंदुसार के दरबार में रहता था। प्लिनी के अनुसार मिस्र के सम्राट् टॉलेमी फ़िलाडेल्फस (285-247 ई. पू.) ने भी अपना राजदूत भारतीय नरेश के दरबार में भेजा था यद्यपि स्पष्ट नहीं होता कि यह नरेश बिंदुसार ही था।

एथेनियस ने सीरिया के सम्राट् अंतिओकस प्रथम सोटर तथा बिंदुसार के पत्रव्यवहार का उल्लेख किया है। राजा अमित्रघात ने अंतिओकस से अपने देश से शराब, तथा सोफिस्ट खरीदकर भेजने के लिए प्रार्थना की थी। उत्तर में कहा गया था कि हम आपके पास शराब भेज सकेंगे किंतु यूनानी विधान के अनुसार सोफिस्ट का विक्रय नहीं होता।

बिंदुसार के कई लड़के थे। अशोक के पाँचवें शिलालेख में मिलता है कि उसके अनेक भाई बहिन थे। सबका नाम नहीं मिलता। 'दिव्यावदान' में केवल सुसीम

तथा विगतशोक इन दो का नाम मिलता है। सिंहली परंपरा में उन्हें सुमन तथा तिष्य कहा गया है। कुछ विद्वान् इस प्रकार अशोक के चार भाइयों की कल्पना करते हैं। जैन परंपरा के अनुसार बिंदुसार की माता का नाम दुर्धरा था।

5

अशोक

समाट अशोक (ईसा पूर्व 304 से ईसा पूर्व 232) विश्वप्रसिद्ध एवं शक्तिशाली भारतीय मौर्य राजवंश के महान सम्राट थे। अशोक बौद्ध धर्म को संरक्षण देने वाले प्रतापी राजा थे। सम्राट अशोक का पूरा नाम देवानांप्रिय (देवताओं का प्रिय) अशोक था। उनका राजकाल ईसा पूर्व 269 से, 232 प्राचीन भारत में था। मौर्य राजवंश के चक्रवर्ती सम्राट अशोक राज्य का मौर्य साम्राज्य उत्तर में हिन्दुकुश, तक्षशिला की श्रेणियों से लेकर दक्षिण में गोदावरी नदी, सुवर्णगिरी पहाड़ी के दक्षिण तथा मैसूर तक तथा पूर्व में बंगाल पाटलीपुत्र से पश्चिम में अफ़गानिस्तान, ईरान, बलूचिस्तान तक पहुँच गया था। सम्राट अशोक का साम्राज्य आज का सम्पूर्ण भारत, पाकिस्तान, अफ़ग़ानिस्तान, नेपाल, बांग्लादेश, के अधिकांश भूभाग पर था, यह विशाल साम्राज्य उस समय तक से आज तक का सबसे बड़ा भारतीय साम्राज्य रहा है। चक्रवर्ती सम्राट अशोक विश्व के सभी महान एवं शक्तिशाली सम्राटों एवं राजाओं की पंक्तियों में हमेशा शीर्ष स्थान पर ही रहे हैं। सम्राट अशोक ही भारत के सबसे शक्तिशाली एवं महान सम्राट है। सम्राट अशोक को 'चक्रवर्ती सम्राट अशोक' कहा जाता है, जिसका अर्थ है - 'सम्राटों के सम्राट', और यह स्थान भारत में केवल सम्राट अशोक को मिला है। सम्राट अशोक को अपने विस्तृत साम्राज्य से बेहतर कुशल प्रशासन तथा बौद्ध धर्म के प्रचार के लिए भी जाना जाता है।

सम्राट अशोक ने संपूर्ण एशिया में तथा अन्य आज के सभी महाद्विपों में भी बौद्ध पन्थ का प्रचार किया। सम्राट अशोक के सन्दर्भ के स्तम्भ एवं शिलालेख आज भी भारत के कई स्थानों पर दिखाई देते है। इसलिए सम्राट अशोक की ऐतिहासिक जानकारी अन्य किसी भी सम्राट या राजा से बहुत व्यापक रूप

में मिल जाती है। सम्राट अशोक प्रेम, सहिष्णुता, सत्य, अहिंसा एवं शाकाहारी जीवनप्रणाली के सच्चे समर्थक थे, इसलिए उनका नाम इतिहास में महान परोपकारी सम्राट के रूप में ही दर्ज हो चुका है।

कलिंग युद्ध के दो वर्ष पहले ही सम्राट अशोक बुद्ध ने था जिससे से प्रभावित होकर बौद्ध अनुयायी हो गये और उन्ही की स्मृति में उन्होने कई स्तम्भ खड़े कर दिये जो आज भी नेपाल में उनके जन्मस्थल - लुम्बिनी - में मायादेवी मन्दिर के पास, सारनाथ, बौद्ध मन्दिर बोधगया, कुशीनगर एवं आदी श्रीलंका, थाईलैण्ड, चीन इन देशों में आज भी अशोक स्तम्भ के रूप में देखे जा सकते है। सम्राट अशोक ने बौद्ध धर्म का प्रचार भारत के अलावा श्रीलंका, अफ़गानिस्तान, पश्चिम एशिया, मिस्र तथा यूनान में भी करवाया। सम्राट अशोक अपने पूरे जीवन में एक भी युद्ध नहीं हारे। सम्राट अशोक के समय तक्षशिला, नालन्दा, आदि विश्वविद्यालय प्रमुख थे। इन्हीं विश्वविद्यालयों में विदेश से कई छात्र शिक्षा पाने भारत आया करते थे। ये विश्वविद्यालय उस समय के उत्कृट विश्वविद्यालय थे। शिलालेख प्रारम्भ करने वाला पहला शासक बाद में आरम्भ हुआ था। अशोक ने सर्वप्रथम बौद्ध पन्थ का सिद्धान्त लागू किया जो आज भी कार्यरत है। सम्राट अशोक ने अपने पुत्र महेंद्र एवं पुत्री संघमित्रा को बौद्ध धर्म के प्रचार के लिए श्रीलंका भेजा आगे बढ़े।

आरम्भिक जीवन

चक्रवर्ती अशोक सम्राट बिन्दुसार तथा रानी धर्मा का पुत्र था। लंका की परम्परा में बिन्दुसार की सोलह पटरानियों और 101 पुत्रों का उल्लेख है। पुत्रों में केवल तीन के नामोल्लेख हैं, वे हैं - सुसीम , जो सबसे बड़ा था, अशोक और तिष्य। तिष्य अशोक का सहोदर भाई और सबसे छोटा था। एक दिन धर्मा को स्वप्न आया कि उसका बेटा एक बहुत बड़ा सम्राट बनेगा। उसके बाद उसे राजा बिन्दुसार ने अपनी रानी बना लिया। चूँकि धर्मा क्षत्रिय कुल से नहीं थी, अतः उसको कोई विशेष स्थान राजकुल में प्राप्त नहीं था। अशोक के कई (सौतेले) भाई -बहने थे। बचपन में उनमें कड़ी प्रतिस्पर्धा रहती थी। अशोक के बारे में कहा जाता है कि वो बचपन से सैन्य गतिविधियों में प्रवीण था। दो हज़ार वर्षों के पश्चात्, सम्राट अशोक का प्रभाव एशिया मुख्यतः भारतीय उपमहाद्वीप में देखा जा सकता है। अशोक काल में उकेरा गया प्रतीतात्मक चिह्न, जिसे हम 'अशोक चिह्न' के नाम से भी जानते हैं, आज भारत का राष्ट्रीय चिह्न है। बौद्ध पन्थ के इतिहास में गौतम बुद्ध के

पश्चात् सम्राट अशोक का ही स्थान आता है।

दिव्यदान में अशोक की एक पत्नी का नाम 'तिष्यरक्षिता' मिलता है। उसके लेख में केवल उसकी पत्नी 'करूणावकि' है। दिव्यादान में अशोक के दो भाइयों सुसीम तथा विगताशोक का नाम का उल्लेख है।

साम्राज्य-विस्तार

चक्रवर्ती सम्राट अशोक का साम्राज्य विस्तार

अशोक का ज्येष्ठ भाई सुशीम उस समय तक्षशिला का प्रान्तपाल था। तक्षशिला में भारतीय-यूनानी मूल के बहुत लोग रहते थे। इससे वह क्षेत्र विद्रोह के लिए उपयुक्त था। सुशीम के अकुशल प्रशासन के कारण भी उस क्षेत्र में विद्रोह पनप उठा। राजा बिन्दुसार ने सुशीम के कहने पर राजकुमार अशोक को विद्रोह के दमन के लिए वहाँ भेजा। अशोक के आने की खबर सुनकर ही विद्रोहियों ने उपद्रव खत्म कर दिया और विद्रोह बिना किसी युद्ध के खत्म हो गया। हालाकि यहाँ पर विद्रोह एक बार फिर अशोक के शासनकाल में हुआ था, पर इस बार उसे बलपूर्वक कुचल दिया गया।

अशोक का साम्राज्य

अशोक की इस प्रसिद्धि से उसके भाई सुशीम को सिंहासन न मिलने का संकट बढ़ गया। उसने सम्राट बिंदुसार को कहकर अशोक को निर्वास में डाल दिया। अशोक कलिंग चला गया। वहाँ उसे मत्स्यकुमारी कौर्वकी से प्रेम हो गया। वर्तमान में मिले साक्ष्यों के अनुसार बाद में अशोक ने उसे तीसरी या दूसरी रानी बनाया था। इसी बीच उज्जैन में विद्रोह हो गया। अशोक को सम्राट बिन्दुसार ने निर्वासन से बुला विद्रोह को दबाने के लिए भेज दिया। हलांकी उसके सेनापतियों ने विद्रोह को दबा दिया पर उसकी पहचान गुप्त ही रखी गई क्योंकि मौर्यों द्वारा फैलाए गए गुप्तचर जाल से उसके बारे में पता चलने के बाद उसके भाई सुशीम द्वारा उसे मरवाए जाने का भय था। वह बौद्ध सन्यासियों के साथ रहा था। इसी समय उसे बौद्ध विधि-विधानों तथा शिक्षाओं का पता चला था। यहाँ पर एक सुन्दरी, जिसका नाम देवी था, उससे अशोक को प्रेम हो गया। स्वस्थ होने के बाद अशोक ने उससे विवाह कर लिया।

कुछ वर्षों के बाद सुशीम से तंग आ चुके लोगों ने अशोक को राजसिंहासन हथिया लेने के लिए प्रोत्साहित किया, क्योंकि सम्राट बिन्दुसार वृद्ध तथा रुग्ण हो चले थे। जब वह आश्रम में थे तब उनको समाचार मिला की उनकी माँ को उनके सौतेले भाईयों ने मार डाला, तब उन्होने राजभवन में जाकर अपने सारे सौतेले भाईयों की हत्या कर दी और सम्राट बने।

सत्ता संभालते ही अशोक ने पूर्व तथा पश्चिम, दोनों दिशा में अपना साम्राज्य फैलाना प्रारम्भ किया। उसने आधुनिक असम से ईरान की सीमा तक साम्राज्य केवल आठ वर्षों में विस्तृत कर लिया

कलिंग की लड़ाई

चक्रवर्ती सम्राट अशोक ने अपने राज्याभिषेक के 8वें वर्ष (261 ई. पू.) में कलिंग पर आक्रमण किया था। आन्तरिक अशान्ति से निपटने के बाद 269 ई. पू. में उनका विधिवत् राज्याभिषेक हुआ। तेरहवें शिलालेख के अनुसार कलिंग युद्ध में 1 लाख 50 सहस्र व्यक्ति बन्दी बनाकर निर्वासित कर दिए गये, 1 लाख लोगों की हत्या कर दी गयी। 1.5 लाख लोगो घायल हुए, सम्राट अशोक ने भारी नरसंहार को अपनी आँखों से देखा। उपगुपत(बौद्ध भिक्षुक से उपाय पूछा। इससे द्रवित होकर सम्राट अशोक ने शान्ति, सामाजिक प्रगति तथा धार्मिक प्रचार किया।।।

कलिंग युद्ध ने सम्राट अशोक के हृदय में महान परिवर्तन कर दिया। उनका हृदय मानवता के प्रति दया और करुणा से उद्वेलित हो गया। उन्होंने युद्धक्रियाओं को सदा के लिए बन्द कर देने की प्रतिज्ञा की। यहाँ से आध्यात्मिक और धम्म विजय का युग आरम्भ हुआ। उन्होंने महान बौद्ध धर्म को अपना धर्म स्वीकार किया।

सिंहली अनुश्रुतियों दीपवंश एवं महावंश के अनुसार सम्राट अशोक को अपने शासन के चौदहवें वर्ष में निगोथ नामक भिक्षु द्वारा बौद्ध धर्म की दीक्षा दी गई थी। तत्पश्चात् मोगाली पुत्र निस्स के प्रभाव से वे पूर्णतः बौद्ध हो गये थे। दिव्यादान के अनुसार सम्राट अशोक को बौद्ध धर्म में दीक्षित करने का श्रेय उपगुप्त नामक बौद्ध भिक्षु को जाता है। सम्राट अशोक अपने शासनकाल के दसवें वर्ष में सर्वप्रथम बोधगया की यात्रा की थी। तदुपरान्त अपने राज्याभिषेक के बीसवें वर्ष में लुम्बिनी की यात्रा की थी तथा लुम्बिनी ग्राम को करमुक्त घोषित कर दिया था।

बौद्ध धर्म

कलिंग युद्ध में हुई क्षति तथा नरसंहार से उनका मन युद्ध से उब गया और वह अपने कृत्य को लेकर व्यथित हो उठे। इसी शोक से उबरने के लिए वह बुद्ध के उपदेशों के करीब आते गये और अंत में उन्होंने बौद्ध धर्म स्वीकार कर लिया।

बौद्ध धर्म स्वीकारने के बाद उन्होंने उसे अपने जीवन में उतारने का प्रयास भी किया। उन्होंने शिकार तथा पशु-हत्या करना छोड़ दिया। उन्होंने सभी सम्प्रदायों के सन्यासियों को खुलकर दान देना भी आरंभ किया। और जनकल्याण के लिए उन्होंने चिकित्सालय, पाठशाला तथा सड़कों आदि का निर्माण करवाया।

उन्होंने बौद्ध धर्म के प्रचार के लिए धर्म प्रचारकों को नेपाल, श्रीलंका, अफ़गानिस्तान, सीरिया, मिस्र तथा यूनान भी भेजा। इसी कार्य के लिए उसने अपने पुत्र एवं पुत्री को भी यात्राओं पर भेजा था। अशोक के धर्म प्रचारकों में सबसे अधिक सफलता उसके पुत्र महेन्द्र को मिली। महेन्द्र ने श्रीलंका के राजा तिस्स को बौद्ध धर्म में दीक्षित किया, और तिस्स ने बौद्ध धर्म को अपना राजधर्म बना लिया और अशोक से प्रेरित होकर उसने स्वयं को 'देवनामप्रिय' की उपाधि दी।

अशोक के शासनकाल में ही पाटलिपुत्र में तृतीय बौद्ध संगीति का आयोजन किया गया, जिसकी अध्यक्षता मोगाली पुत्र तिष्या ने की। यहीं अभिधम्मपिटक की रचना भी हुई और बौद्ध भिक्षु विभिन्न देशों में भेजे गये जिनमें अशोक के पुत्र महेन्द्र एवं पुत्री संघमित्रा भी सम्मिलित थे, जिन्हें श्रीलंका भेजा गया।

अशोक ने बौद्ध धर्म को अपना लिया और साम्राज्य के सभी साधनों को जनता के कल्याण हेतु लगा दिया। अशोक ने बौद्ध धर्म के प्रचार के लिए निम्नलिखित साधन अपनाये-

(क) धर्मयात्राओं का प्रारम्भ,

(ख) राजकीय पदाधिकारियों की नियुक्ति,

(ग) धर्म महापात्रों की नियुक्ति,

(घ) दिव्य रूपों का प्रदर्शन,

(च) धर्म श्रावण एवं धर्मोपदेश की व्यवस्था,

(छ) लोकाचारिता के कार्य,

(ज) धर्मलिपियों का खुदवाना,

(झ) विदेशों में धर्म प्रचार को प्रचारक भेजना आदि।

अशोक ने बौद्ध धर्म का प्रचार का प्रारम्भ धर्मयात्राओं से किया। वह अभिषेक के 10वें वर्ष बोधगया की यात्रा पर गया। कलिंग युद्ध के बाद आमोद-प्रमोद की यात्राओं पर पाबन्दी लगा दी। अपने अभिषेक 20वें वर्ष में लुम्बिनी ग्राम की यात्रा की। नेपाल तराई में स्थित निगलीवा में उसने कनकमुनि के स्तूप की मरम्मत करवाई। बौद्ध धर्म के प्रचार के लिए अपने साम्राज्य के उच्च पदाधिकारियों को नियुक्त किया। स्तम्भ लेख तीन और सात के अनुसार उसने व्युष्ट, रज्जुक, प्रादेशिक तथा युक्त नामक पदाधिकारियों को जनता के बीच जाकर धर्म प्रचार करने और उपदेश देने का आदेश दिया।

अभिषेक के 13वें वर्ष के बाद उसने बौद्ध धर्म प्रचार हेतु पदाधिकारियों का एक नया वर्ग बनाया जिसे 'धर्म महापात्र' कहा गया था। इसका कर्य विभिन्न धार्मिक सम्प्रदायों के बीच द्वेषभाव को मिटाकर धर्म की एकता स्थापित करना था।

विद्वानों अशोक की तुलना विश्व इतिहास की विभूतियाँ कांस्टेटाइन, ऐटोनियस, सेन्टपॉल, नेपोलियन सीजर के साथ की है।

अशोक अहिंसा, शान्ति तथा लोक कल्याणकारी नीतियों के विश्वविख्यात तथा अतुलनीय सम्राट हैं। एच. जी. वेल्स के अनुसार अशोक का चरित्र "इतिहास के स्तम्भों को भरने वाले राजाओं, सम्राटों, धर्माधिकारियों, सन्त-महात्माओं आदि के बीच प्रकाशमान है और आकाश में प्रायः एकाकी तारा की तरह चमकता है।"

शिलालेख

मुख्य लेख: अशोक के शिलालेख

सम्राट अशोक द्वारा प्रवर्तित कुल 33 अभिलेख प्राप्त हुए हैं जिन्हें अशोक ने स्तंभों, चट्टानों और गुफाओं की दीवारों में अपने 269 ईसापूर्व से 231 ईसापूर्व चलने वाले शासनकाल में खुदवाए। ये आधुनिक बंगलादेश, भारत, अफ़्ग़ानिस्तान, पाकिस्तान और नेपाल में जगह-जगह पर मिलते हैं और बौद्ध धर्म के अस्तित्व के सबसे प्राचीन प्रमाणों में से हैं।

इन शिलालेखों के अनुसार अशोक के बौद्ध धर्म फैलाने के प्रयास भूमध्य सागर के क्षेत्र तक सक्रिय थे और सम्राट मिस्र और यूनान तक की राजनैतिक परिस्थितियों से भलीभाँति परिचित थे। इनमें बौद्ध धर्म की बारीकियों पर ज़ोर कम और मनुष्यों को आदर्श जीवन जीने की सीखें अधिक मिलती हैं। पूर्वी क्षेत्रों में यह आदेश प्राचीन मगधी भाषा में पाली भाषा के प्रयोग से लिखे गए थे। पश्चिमी

क्षेत्रों के शिलालेखों में भाषा संस्कृत से मिलती-जुलती है और खरोष्ठी लिपि का प्रयोग किया गया। एक शिलालेख में यूनानी भाषा प्रयोग की गई है, जबकि एक अन्य में यूनानी और अरामाई भाषा में द्विभाषीय आदेश दर्ज है। इन शिलालेखों में सम्राट अपने आप को "प्रियदर्शी" (प्राकृत में "पियदस्सी") और देवानाम्प्रिय (यानि देवों को प्रिय, प्राकृत में "देवानम्पिय") की उपाधि से बुलाते हैं।

मृत्यु

अशोक ने लगभग 36 वर्षों तक शासन किया जिसके बाद लगभग 232 ईसापूर्व में उसकी मृत्यु हुई। उसके कई संतान तथा पत्नियां थीं पर उनके बारे में अधिक पता नहीं है। उसके पुत्र महेन्द्र तथा पुत्री संघमित्रा ने बौद्ध धर्म के प्रचार में योगदान दिया।

अशोक की मृत्यु के बाद मौर्य राजवंश लगभग 50 वर्षों तक चला।

मगध तथा भारतीय उपमहाद्वीप में कई जगहों पर उसके अवशेष मिले हैं। पटना (पाटलिपुत्र) के पास कुम्हरार में अशोककालीन अवशेष मिले हैं। लुम्बिनी में भी अशोक स्तंभ देखा जा सकता है। कर्नाटक के कई स्थानों पर उसके धर्मोपदेशों के शिलोत्कीर्ण अभिलेख मिले हैं।

मगध साम्राज्य के महान मौर्य सम्राट अशोक की मृत्यु 237-236 ई. पू. में (लगभग) हुई थी। अशोक के उपरान्त अगले पाँच दशक तक उनके निर्बल उत्तराधिकारी शासन संचालित करते रहे।

जैन, बौद्ध तथा हिन्दू ग्रन्थों में अशोक के उत्तराधिकारियों के शासन के बारे में परस्पर विरोधी विचार पाये जाते हैं। पुराणों में अशोक के बाद 9 या 10 शासकों की चर्चा है, जबकि दिव्यादान के अनुसार 6 शासकों ने अशोक के बाद शासन किया। अशोक की मृत्यु के बाद मौर्य साम्राज्य पश्चिमी और पूर्वी भाग में बँट गया। पश्चिमी भाग पर कुणाल शासन करता था, जबकि पूर्वी भाग पर सम्प्रति का शासन था। लेकिन 180 ई. पू. तक पश्चिमी भाग पर बैक्ट्रिया यूनानी का पूर्ण अधिकार हो गया था। पूर्वी भाग पर वृहद्रथ का राज्य था। वह मौर्य वंश का अन्तिम शासक है। सम्राट अशोक अपने समय के महान सम्राट थे उनकी होड कोई नहीं कर सकता

सम्राट अशोक की कहानी (जन्म से मृत्यु तक)

सम्राट अशोक भारत के इतिहास के सबसे प्रसिद्ध एवं ताकतवर राजाओं में से एक थे। उस समय में मौर्य राज्य का विस्तार उत्तर में हिन्दुकुश की श्रेणियों से लेकर दक्षिण में गोदावरी नदी के दक्षिण तथा मैसूर तक तथा पूर्व मेंबंगाल से पश्चिम में अफ़गानिस्तान तक पहुँच गया था। चलिए सम्राट अशोक के बारे में विस्तार से जानते हैं –

सम्राट अशोक पूरा नाम देवानांप्रिय अशोक मौर्य (राजा प्रियदर्शी देवताओं का प्रिय)।

पिता का नाम बिंदुसार।

दादा का नाम चंद्रगुप्त मौर्य। माता का नाम सुभद्रांगी।

पत्नियों का नाम देवी (वेदिस-महादेवी शाक्यकुमारी), कारुवाकी (द्वितीय देवी तीवलमाता), असंधिमित्रा (अग्रमहिषी), पद्मावती और तिष्यरक्षित। पुत्रों का नाम- देवी से पुत्र महेन्द्र, पुत्री संघमित्रा और पुत्री चारुमती, कारुवाकी से पुत्र तीवर, पद्मावती से पुत्र कुणाल (धर्मविवर्धन) और भी कई पुत्रों का उल्लेख है।

धर्म- हिन्दू और बौद्ध।

रा पाटलीपुत्र।जधानी

राजकाल ईसापूर्व 273-232

यदि आप आधुनिक भारत के ध्वज को भारतीयों के बीच हाथ बदलते हुए देखते हैं, तो आप यह जानकर आश्चर्यचकित हो सकते हैं कि उनके पास 2000 से अधिक वर्षों पहले राज करने वाले सम्राट का लिंक है। यह पहिया और ये शेर अशोक महान के प्रतीक हैं, एक व्यक्ति जो अलेक्जेंडर, शारलेमेन, और केएनइच के साथ अपना शीर्षक साझा करता है, पाकल द ग्रेट। लेकिन वह अपने शानदार विजय के लिए याद नहीं किया जाता है, बल्कि शांति के मार्ग की ओर मुड़ जाता है जब हिंसा शायद उसे बेहतर सेवा देती।

वह विश्व इतिहास में एकमात्र शक्तिशाली शासक नहीं है, जिसने नैतिकता के रास्ते पर विजय प्राप्त करने की कोशिश की, और उसके विशाल पत्थर के खंभे, एक समय की रेत से हार गए, लेकिन अब पृथ्वी से एक जटिल आदमी की कहानी फिर से उठाई गई , एक बार रक्तपात और फिर शांत। एक आदमी जिसने बौद्ध धर्म को एक छोटे से दार्शनिक संप्रदाय से एक वैश्विक धर्म में बदल दिया। लेकिन क्या उनकी पूरी विरासत बन पाई? प्राचीन प्रचार आज भी काम कर रहा है। हम अशोक महान के जीवन और विरासत पर इस दोहरे प्रकरण पर और इस पर और अधिक से अधिक देखेंगे।

इससे पहले कि अशोक उनके दादा चंद्रगुप्त थे, एक व्यक्ति जो एक चरवाहे के रूप में विनम्र मूल से उठता था और अपने ट्यूटर और सलाहकार चाणक्य की मदद से नंदा साम्राज्य को उखाड़ फेंकता था। उन्होंने मौर्य साम्राज्य की स्थापना की, जिसने अपने शासन के तहत आधुनिक भारत के अधिकांश क्षेत्रों में विस्तार किया। चंद्रगुप्त ने उस क्षेत्र में विस्तार किया जो केवल हाल ही में सिकंदर महान द्वारा जीता गया था और फिर युद्ध में सिकंदर के उत्तराधिकारी सेल्यूकस में से एक को हराकर इस विजय को ठोस किया।

एशियाई और विश्व इतिहास में सबसे महान साम्राज्यों में से एक की स्थापना करने के बाद, चंद्रगुप्त ने यह सब त्यागने और जैन भिक्षु के रूप में अपने जीवन का अंत बिताने का फैसला किया, या ऐसा जैन कथा कहती है।

उनके बेटे बिन्दुसार को एक साम्राज्य विरासत में मिला था जो कि फारस से बंगाल तक फैला हुआ था और बिन्दुसार के पास शायद इतिहास की सबसे अजीब मूल कहानियों में से एक है। बौद्ध किंवदंती के अनुसार, चंद्रगुप्त के एक दल को जन्म देने से 7 दिन दूर थे। अल, इस घटना के साथ चब्बे ने दया करके चंद्रगुप्त के भोजन में थोड़ी मात्रा में जहर डाल दिया। ताकि वह एक सहिष्णुता का विकास करे। चंद्रगुप्त, उससे अनजान, अपने भोजन का कुछ हिस्सा अपनी पत्नी के साथ साझा करता है।

जिस तरह वह खाना अपने मुँह में डालती है उसी तरह चाणक्येण्टर्स कमरे में आते हैं और आपदा को देखते हैं। यह जानते हुए भी कि वह बिना गायब हुए गायब हो गया है, उसे हरा नहीं पाया है और वारिस को बचाने के लिए एक आपातकालीन सी-सेक्शन करता है। दुनिया के लिए साबित वे स्पष्ट रूप से सभी समय के सबसे धातु सलाहकार हैं।

चाइल्ड इन हैंड चाणक्यनीड्स मानता है कि इसे खाना पकाने के कुछ और दिनों की आवश्यकता होती है और इसलिए वह हर दिन एक बकरी को मारता है और 7 दिनों तक बच्चे के अंदर। बच्चे को तब "पैदा हुआ" और बिंदासारथ शब्द का नाम स्पॉट किया गया क्योंकि वह बकरी के खून के धब्बों में ढका हुआ था।

अब वह कहानी अप्रासंगिक है और कहानी के लिए पूरी तरह अप्रासंगिक है। लेकिन मैं यह नहीं जानता कि यह मौजूद नहीं रहेगा। कई भारतीय सम्राटों की तरह एक बियांडस, कई अलग-अलग महिलाओं के साथ कई अलग-अलग बच्चे थे। उनमें अशोक भी था। हमें बताया गया है कि उनके उच्च शाही भोजन श्रृंखला पर बहुत ऊँचे नहीं हैं और इसलिए अशोक, जो लगभग 100 भाइयों में से एक हैं, को कोई विशेष ध्यान नहीं दिया गया।

तथ्य यह है कि उसके पास एक अजीब कद्दू का सिर, एक उग्र स्वभाव और कुछ अजीब त्वचा रोग था जो उसके पिता को बहुत गर्म नहीं करता था। लेकिन एमा के एक पुत्र के रूप में एक राजसी शिक्षा प्राप्त की और जल्द ही अपने भाइयों के बीच बाहर खड़ा हो गया।

सम्राट अशोक की कहानी :

बिन्दुसार का एक असाधारण पुत्र था, उनका एक असाधारण पुत्र था। उन्होंने पहले ही तय कर लिया था कि उनके बेटे सुशीमावस का उत्तराधिकारी होना और प्रतियोगिता का स्वागत नहीं है। अशोक को साम्राज्य से मुक्त करने के लिए विद्रोह करने के लिए भेजा गया था ताकि उसे अदालत से दूर रखा जा सके ताकि वह योजनाबद्ध मंत्रियों के साथ संबंध न बना सके। विद्रोह को कुचलने के बाद, अशोकवासी उज्जैन के राज्यपाल के रूप में तैनात थे, जो कि इल्लीगल कैपिटल से पालीपुत्र में था।

अपने बेटे के वादे को पूरा करने के लिए किए गए ये प्रयास फलदायी साबित हुए, क्योंकि 272 ईसा पूर्व में बिंदुसार की मृत्यु के बाद अशोक राजधानी में आया और खुद के लिए सिंहासन जब्त कर लिया और अपने पिता के मंत्रियों का समर्थन हासिल कर लिया, जिन्होंने सुशीमा को बहुत अपमानजनक पाया। सुषमा, अपनी शाही विरासत से वंचित और पुरुषों द्वारा नापसंद कि एक बार अपने पिता की सेवा करने के बाद जल्द ही अशोक के क्रोध का सामना करना पड़ा।

अंगारों के एक गड्ढे में उसे जिंदा जला दिया गया। यह एक मिथक हो सकता है, लेकिन हम कुछ के लिए जानते हैं कि एक खूनी गृहयुद्ध ने अशोक को मार डाला क्योंकि 4 साल की हिंसा में अशोक ने सभी शेष दावेदारों को सिंहासन पर बैठा दिया। उनकी चतुराई और निष्ठुरता ने उन्हें एक साम्राज्य जीत लिया और उन्होंने 269 ईसा पूर्व में खुद को ताज पहनाया। सभी असंतोष को कुचल दिया गया, विरोध एक तरफ बह गया, और विद्रोहियों ने सभी को कैद कर लिया, जिसने उन्हें अशोक द फिएर्स नाम दिया।

भले ही उन्होंने भारतीय इतिहास में सबसे बड़े साम्राज्य पर शासन किया, लेकिन अशोक अपनी राजधानी, कलिंग के राज्य के दक्षिण में एक स्वतंत्र राज्य के अस्तित्व में निराश हो गया। भगवान, यह कहने के लिए एक मजेदार नाम है। कलिंग एक समृद्ध राज्य था जिसमें दूरगामी व्यापार संबंध, समृद्ध बंदरगाह और एक मजबूत नौसेना थी। इस तथ्य के साथ कि उनके शानदार दादा, चंद्रगुप्त

भी इसे जीत नहीं पाए, कलिंग को अशोक द फियर के लिए एक अनूठा पुरस्कार बना दिया।

सैनिकों को पढ़ा गया, भाले तेज किए गए, हाथियों को पकड़ा गया और प्रशिक्षित किया गया। उनके शासनकाल के 9 वें वर्ष, 261 ईसा पूर्व में, अभियान शुरू हुआ। कलिंगन्स के पास एक प्रभावशाली सेना थी और कठोर प्रतिरोध की पेशकश की, दया नदी के तट पर, दसियों हजार सैनिकों ने एक दूसरे के खिलाफ तोड़-फोड़ की, तलवारें कवच के खिलाफ टकराईं, हजारों घोड़े खुरों ने पृथ्वी को पीटते हुए धूल के छींटे मारते हुए और हेलमेट को उल्टा लटका दिया, जब हाथियों ने घबराए हुए लोगों पर हमला किया, तो अराजकता और पागलपन पैदा हो गया, उनकी गर्जना लड़ाई शोर के cacophony से डूब गई।

अशोक ने हाथापाई के दौरान, कलिंगन के बाद कलिंगन पर हमला कर दिया। जैसे-जैसे आदमी और जानवरों की लाशें टपकने लगीं घंटे एक दूसरे पर ढेर होने लगे। कलिंग को कुचल दिया गया, 100,000 लोग मारे गए। 150,000 कैदियों के रूप में ले जाया गया और युद्ध के मैदान में, विजयी अशोक लाशों के बीच चले गए, उनके आदेश के कारण मृत्यु हुई। शहर में प्रवेश करते हुए वह अनाथों और महिलाओं के रूप में रोती थी, जैसा कि परिवारों ने जो कुछ बचा था उसे उबारने की कोशिश की, और अनगिनत मासूम अब बेसहारा हैं।

कलिंग को कुचल दिया गया, और जैसे ही उनके आदमियों ने उनके महान विजय सम्राट की प्रशंसा की, अशोक ने खुद से सोचा "यदि यह जीत है, तो यह हार क्या है" मुझे अगले एपिसोड में शामिल करें जहां हम अशोक को उस आदमी में बदल देंगे, जिसे ओर्सन वेल्स ने अकेले दावा किया था इतिहास में एक स्टार की तरह है और जांच करें कि क्या यह सच है।

सम्राट अशोक के विनाश के कारण:

विनाश के कारण, लाशों और टूटी हुई ढालों के बीच अशोक, भयंकर और उग्र मन, अशांत, पिघल गया लगता है। अपने दुःख का सामना करने के लिए, अशोक ने बौद्ध धर्म की ओर रुख किया, इस समय विश्व इतिहास में एक धर्म से मिलता-जुलता एक दार्शनिक संप्रदाय अधिक था। अशोक, मुख्य रूप से बौद्ध धर्म से प्रेरित था, लेकिन संभवतः उस समय भारत में घूम रहे अन्य दर्शन ने शांति, सम्मान और आध्यात्मिकता को अपनाया। वह अनिवार्य रूप से हिप्पी का तीसरी शताब्दी ईसा पूर्व संस्करण बन गया।

अपने संदेश को फैलाने के लिए अशोक ने एक विशाल पत्थर के खंभे और स्लैब को अपने दायरे में घसीटने का आदेश जारी किया और महत्वपूर्ण स्थानों पर खड़ा कर दिया।इन संपादनों पर उनके शब्दों को उनके सम्राट के हृदय परिवर्तन और उनकी इच्छा के लोगों को सूचित करते हुए कि वे और वे धर्मी और अच्छे जीवन जीते हैं, नक्काशीदार थे।

उन्होंने अहिंसा, सभी धर्मों के प्रति सम्मान और सभी मनुष्यों और जानवरों के लिए अधिकार कहे जाने पर जोर दिया। यह एक बहुत बड़ी परियोजना थी, इस समय पत्थर के विशाल निर्माण के साथ-साथ लेखन भारत के लिए नया था। ये स्तंभ न केवल नागरिकों को खौफजदा कर देंगे बल्कि सरकारी अधिकारियों को भी पास में तैनात करने की जरूरत है, ताकि वे उन्हें जोर से पढ़ सकें। यह भारत में पहली तरह का जनसंचार बना। और आप इन चट्टानों से एक वास्तविक व्यक्तित्व को महसूस कर सकते हैं।

यह इस तरह से पढ़ता है, "वास्तव में, बेवड़े-के-देवता को उस हत्या, मरने और निर्वासन से बहुत पीड़ा होती है जो एक असंबद्ध देश पर विजय प्राप्त करने पर होती है। लेकिन प्रिय-देवताओं को इससे भी अधिक पीड़ा होती है – कि ब्राह्मण, तपस्वी और विभिन्न धर्मों के गृहस्थ जो उन देशों में रहते हैं, और जो माता और पिता से वरिष्ठों का सम्मान करते हैं, और बड़ों से व्यवहार करते हैं, और जो व्यवहार करते हैं ठीक से और दोस्तों, परिचितों, साथियों, रिश्तेदारों, नौकरों, और कर्मचारियों के प्रति एक मजबूत निष्ठा है – कि वे घायल हो गए, मारे गए या अपने प्रियजनों से अलग हो गए।

यहां तक कि जो लोग प्रभावित नहीं होते हैं (इन सभी के द्वारा) वे पीड़ित होते हैं जब वे दोस्तों, परिचितों, साथियों और रिश्तेदारों को प्रभावित देखते हैं। ये दुर्भाग्य सभी (युद्ध के परिणामस्वरूप) हैं, और यह भगवान के प्रिय हैं। " और ये विज्ञापन न केवल अशोक के लिए उसके पापों को स्वीकार करने का एक तरीका है बल्कि सम्राट के नवजागरण के दर्शन को फैलाने के तरीके के रूप में भी काम करते हैं। युद्ध केवल उन लोगों को प्रभावित नहीं करता है जो लड़ाई करते हैं, लेकिन समाज के सभी सदस्य।

इसलिए एक सफल अभियान के बाद जब अधिकांश शासक अपने अगले अभियान की योजना बना रहे थे और दावत दे रहे थे, अशोक इसके बजाय नए सुधारों की स्थापना कर रहा था।वह मानवता के लिए अपना कर्ज चुकाएगा। जमीन के पार अस्पताल बनाए गए। चिकित्सा की निरंतर आपूर्ति सुनिश्चित करने के लिए विशेष वनस्पति उद्यान का निर्माण किया गया था। सड़कें बनाई

गईं, कुएँ खोदे गए और थके हुए यात्रियों को छाया प्रदान करने के लिए पेड़ लगाए गए। पशु चिकित्सा क्लीनिक स्थापित किए गए थे, कुछ छुट्टियों पर मांस पर प्रतिबंध लगा दिया गया था, और जानवरों के साथ दुर्व्यवहार ने अब भारी सजा दी।

अशोक के अधीन मौर्य साम्राज्य संभवतः गारंटीशुदा अधिकारों के साथ जानवरों को प्रदान करने वाला पहला था और शायद आज मांस के साथ भारत के विशेष संबंध को प्रभावित करता है।भले ही उन्होंने बौद्ध धर्म ग्रहण किया, लेकिन अशोक ने इसे अपने लोगों पर नहीं डाला। जिन्होंने ज्यादातर ब्राह्मणवाद को एक प्रकार का प्रोटो-हिंदू धर्म का पालन किया। अशोक ने सभी धर्मों के लिए सहिष्णुता पर जोर दिया। यहाँ फिर से एक और उद्धरण, "जो कोई भी अपने धर्म की प्रशंसा करता है, अत्यधिक भक्ति के कारण करता है, और दूसरों को इस विचार के साथ निंदा करता है" मुझे अपने स्वयं के धर्म का महिमामंडन करने दें, "केवल अपने ही धर्म को हानि पहुँचाता है।"

इसलिए संपर्क (धर्मों के बीच) अच्छा है। और इन सुधारों में से कई वास्तविक लगते हैं। अशोक के शासनकाल के दौरान हुए संघर्ष के बारे में हमने नहीं सुना।जबकि रोम और कार्थेज भूमध्य सागर में खूनी लुगदी के लिए एक दूसरे को पीट रहे थे, अशोक के साम्राज्य ने दक्षिण में अपने भारतीय राज्यों और पश्चिम में यूनानियों और ईरानियों के साथ मैत्रीपूर्ण संबंध बनाए रखा। अशोक के शासन में, भारत ने एक शानदार स्वर्ण युग में प्रवेश किया, उसके स्तंभ प्रमुख उदाहरण के रूप में कार्य करते थे।

इन खंभों की लंबाई 12-15 मीटर के बीच मापी गई और इसका वजन 50 टन तक था। वे हैं कि कैसे हमने अशोक की विरासत को फिर से खोजा।

जो एक हिंदू भूमि बनने के लिए बौद्ध सम्राट के रूप में था, वह ज्यादातर ब्रिटिश और भारतीय विद्वानों को तब तक भूल गया था, जब हाल ही में खोजे गए स्तंभों पर पाठ की व्याख्या की गई थी, जिसने अशोक को भारतीय शासकों के इतिहास में एक यादृच्छिक नाम से बदलकर असाधारण रूप में जाना। ? अशोक के सभी पत्थरों में से सबसे प्रसिद्ध शायद सारनाथ में शेर की राजधानी है। बिलकुल कटे हुए बलुआ पत्थर से बने और इतनी अच्छी तरह से पॉलिश किए गए कि दूर से यह चमकती हुई धातु प्रतीत होती है। यह वास्तुकला का एक शानदार उदाहरण है जो अशोक के तहत फला-फूला।

सम्राट अशोक की कहानी

इसने सैकड़ों साल बाद भी विदेशी राज्यों को प्रभावित किया, और हजारों किलोमीटर दूर से प्रेरित प्रतिकृतियां थाइलैंड के वॉटमॉन्ग तक पहुंच गईं। जब भारत 26 जनवरी 1950 को एक स्वतंत्र गणराज्य बना, तो यह अशोक का सारनाथ का 4 शेर था जो उसी दिन नए राष्ट्र के प्रतीक के रूप में चुना गया था। अशोक ने 36 साल तक शांतिपूर्वक शासन किया और 232 ईसा पूर्व में उसकी मृत्यु हो गई, क्या उसने उन खंभों को नहीं छोड़ा, जिनके बारे में हम उसके शानदार शासनकाल से कभी नहीं जान सकते। क्योंकि उनकी मृत्यु के बाद उनका साम्राज्य लगभग 50 वर्षों में उखड़ जाएगा और एक गैर-बौद्ध राजवंश द्वारा उखाड़ फेंका जाएगा।

उनके कर्मों के रिकॉर्ड केवल बौद्ध भिक्षुओं द्वारा बनाए रखा गया था, जो आने वाले शताब्दियों में भारत से गायब हो जाते हैं। यदि अशोक इतना महान था और उसका शासन इतना प्रबुद्ध था, तो सफल शासक उसके शांतिपूर्ण नक्शेकदम पर क्यों नहीं चलते थे, वह सब क्यों भुला दिया गया था? यह कुछ लोगों द्वारा तर्क दिया गया है कि उनका शासन उतना प्रबुद्ध या शांतिपूर्ण नहीं हो सकता है जितना हम सोचते हैं और यह सब केवल प्राचीन प्रचार हो सकता है। यह ध्यान दिया जाना चाहिए कि इस समय और आज भी, भारतीय उपमहाद्वीप विभिन्न धर्मों, लोगों और जातीयता का एक विशाल हॉज-पोज है। साम्राज्य चन्द्रगुप्त ने जीत लिया और अशोकपांडेड दुनिया में सबसे विविध में से एक था।

6

शुंग साम्राज्य

शुंग साम्राज्य मगध का एक प्राचीन भारतीय राजवंश था जिसने लगभग 185 से 73 ईसा पूर्व तक उत्तरी भारतीय उपमहाद्वीप के अधिकांश क्षेत्रों को नियंत्रित किया था। राजवंश की स्थापना पुष्यमित्र ने मौर्य साम्राज्य की गद्दी संभालने के बाद की थी । इसकी राजधानी पाटलिपुत्र थी, लेकिन बाद में भागभद्र जैसे सम्राटों ने पूर्वी मालवा में बेसनगर (आधुनिक विदिशा) में भी दरबार लगाया ।

शुंग साम्राज्य

185 ईसा पूर्व-73 ईसा पूर्व

शुंगों का क्षेत्र लगभग 150 ई.पू.

आज का हिस्सा

- भारत
- बांग्लादेश
- नेपाल

पुष्यमित्र ने 36 वर्षों तक शासन किया और उनके पुत्र अग्निमित्र ने उनका उत्तराधिकार किया । दस शुंग शासक थे। हालांकि, राजवंश के दूसरे राजा, अग्निमित्रा की मृत्यु के बाद, साम्राज्य तेजी से विघटित हो गया शिलालेख और सिक्कों से संकेत मिलता है कि उत्तरी और मध्य भारत के अधिकांश हिस्से में छोटे राज्य और शहर-राज्य शामिल थे जो किसी भी शुंग आधिपत्य से स्वतंत्र थे। राजवंश विदेशी और स्वदेशी दोनों शक्तियों के साथ अपने कई युद्धों के लिए विख्यात है। उन्होंने कलिंग , सातवाहन वंश , इंडो-ग्रीक साम्राज्य और संभवतः

मथुरा के पंचालों और मित्राओं से लड़ाई लड़ी ।

इस अवधि के दौरान कला, शिक्षा, दर्शन, और सीखने के अन्य रूपों में छोटी टेराकोटा छवियां, बड़ी पत्थर की मूर्तियां, और भरहुत में स्तूप और सांची में प्रसिद्ध महान स्तूप जैसे स्थापत्य स्मारक शामिल हैं । शुंग शासकों ने शिक्षा और कला के शाही प्रायोजन की परंपरा को स्थापित करने में मदद की। साम्राज्य द्वारा उपयोग की जाने वाली लिपि ब्राह्मी लिपि का एक प्रकार थी और इसका उपयोग संस्कृत लिखने के लिए किया जाता था ।

शुंग साम्राज्य ने उस समय संस्कृति को संरक्षण देने में एक अनिवार्य भूमिका निभाई जब हिंदू विचारों में कुछ सबसे महत्वपूर्ण विकास हो रहे थे। पतंजलि के *महाभाष्य की* रचना इसी काल में हुई थी। मथुरा कला शैली के उदय के साथ कलात्मकता का भी विकास हुआ।

शुंग सम्राटों में अंतिम देवभूति (83-73 ईसा पूर्व) थे। उनके मंत्री (वासुदेव कण्व) द्वारा उनकी हत्या कर दी गई थी और कहा जाता है कि उन्हें महिलाओं की संगति से बहुत अधिक लगाव था। शुंग वंश को बाद के कण्वों द्वारा प्रतिस्थापित किया गया था। 73 ई.पू. के आसपास शुंगों के बाद कण्व वंश आया।

अंतर्वस्तु

नामसंपादन करना

"शुंगा" नाम का उपयोग केवल ऐतिहासिक राजनीति को नामित करने के लिए सुविधा के लिए किया गया है जिसे अब आम तौर पर "शुंगा साम्राज्य" या "शुंगा काल" के रूप में जाना जाने वाला ऐतिहासिक काल कहा जाता है, जो मौर्य साम्राज्य के पतन के बाद होता है । यह शब्द भरहुत में एक एकल पुरालेख शिलालेख से आया है , जिसमें बौद्ध भरहुत स्तूप को समर्पण "सुगा राजाओं के राग्य" (*सुगनम राजे*) के रूप में किया गया है, जिसके बारे में कोई संकेत नहीं है। "सुगा किंग्स" हो सकता है। अन्य मोटे तौर पर समकालीन शिलालेख, जैसे हेलियोडोरस स्तंभ शिलालेख , को केवल शुंग शासकों से संबंधित माना जाता है।धाना के अयोध्या शिलालेख में पुष्यमित्र नाम के एक शासक का उल्लेख है , लेकिन "शुंग" नाम का उल्लेख नहीं है।

भरत अभिलेख स्तूप के प्रवेश द्वार के एक स्तंभ पर प्रकट होता है, और " वत्सिपुत्र धनभूति द्वारा सुगों के शासन के दौरान " इसके निर्माण का उल्लेख करता है। प्रयुक्त अभिव्यक्ति (सुगनम राजे , ब्राह्मी लिपि : ????? ???), का अर्थ "शुंगों के शासन के दौरान" हो सकता है, हालांकि अस्पष्टता के बिना नहीं, क्योंकि यह " सुघन के शासन के दौरान" भी हो सकता है, एक उत्तरी बौद्ध साम्राज्य। भारत के अभिलेखीय रिकॉर्ड में "शुंग" नाम का कोई अन्य उदाहरण नहीं है । अद्वितीय शिलालेख पढ़ता है:

धनभूति शिलालेख, और तोरण जिस पर यह खुदा हुआ है ौ भरहुत

“1. सुगनम राजे रनो गागीपुतस विशदेवसा

2. पौतेन, गोतिपुतस आगरजुस पुतेन

3. वाच्छीपुतेन धनभूतिन करितम तोरणम

4. सिलाकम्म्ममतो च उपमनो।

सुगों (सुघन , या शुंग) के शासनकाल के दौरान प्रवेश द्वार बनाया गया था और धनभूति द्वारा प्रस्तुत पत्थर का काम, वाच्छी का पुत्र, अग्राजू का पुत्र, एक गोटी का पुत्र और राजा विशदेव का पोता, पुत्र गागी का।

- धनभूति का द्वार स्तंभ शिलालेख। ”

धनभूति एक बौद्ध स्मारक, भरहुत के लिए एक प्रमुख समर्पण कर रहे थे , जबकि ऐतिहासिक "शुंग" को हिंदू सम्राटों के रूप में जाना जाता है , जो यह बताता है कि धनभूति स्वयं शुंग वंश के सदस्य नहीं रहे होंगे। न ही वह "शुंगा" शासक सूची से जाना जाता है। उल्लेख "शुंगों के शासनकाल में" यह भी बताता है कि वह स्वयं शुंग शासक नहीं था, केवल यह कि वह शुंगों की एक सहायक नदी हो सकता है, या

पड़ोसी क्षेत्र में एक शासक हो सकता है, जैसे कोसल या पांचाल ।

नाम "सुंग" या "शुंग" का उपयोग *विष्णु पुराण* में भी किया जाता है , जिसकी तारीख पुष्यमित्र लगभग 185 ईसा पूर्व से शुरू होने वाले और लगभग 75 ईसा पूर्व देवभूति के साथ समाप्त होने वाले राजाओं के वंश को नामित करने के लिए लड़ी जाती है। विष्णु पुराण के अनुसार :

"दस मौर्य राजा एक सौ सैंतीस वर्ष तक राज्य करेंगे। उनके बाद शुंगों का पृथ्वी पर शासन होगा। सेनापति पुष्पमित्र अपने प्रभुसत्ता को मार डालेगा और राज्य हड़प लेगा। उसका पुत्र अग्निमित्र होगा। उसका पुत्र सुज्येष्ठ होगा। उसका पुत्र वसुमित्र होगा। उसका पुत्र आर्द्रक होगा। उसका पुत्र पुलिंदक होगा। उसका पुत्र घोषवसु होगा। उसका पुत्र वज्रमित्र होगा। उनका पुत्र भागवत होगा । उसका पुत्र देवभूति होगा। ये दस शुंग एक सौ बारह वर्ष तक पृथ्वी पर शासन करेंगे।
- विष्णु पुराण, पुस्तक चारः द रॉयल डायनेस्टीज। "

Fiction

मूलसंपादन करना

एक राहत पर आदमी, भरहुत , शुंग काल।

ऐतिहासिक पुनर्निर्माणों के अनुसार, अशोक की मृत्यु के लगभग 50 साल बाद, 184 ईसा पूर्व में शुंग वंश की स्थापना हुई थी, जब मौर्य साम्राज्य के अंतिम शासक सम्राट बृहद्रथ मौर्य की हत्या उनके सेनानी या कमांडर-इन-चीफ , पुष्यमित्र द्वारा की गई थी। जब वह अपनी सेना के गार्ड ऑफ ऑनर की समीक्षा कर रहे थे। पुष्यमित्र तब सिंहासन पर चढ़ा।

पुष्यमित्र मगध और पड़ोसी प्रदेशों का शासक बन गया । उनके दायरे में अनिवार्य रूप से पुराने मौर्य साम्राज्य के मध्य भाग शामिल थे । शुंग का निश्चित रूप से उत्तरी मध्य भारत में केंद्रीय शहर अयोध्या पर नियंत्रण था, जैसा कि धनदेव-अयोध्या शिलालेख से साबित होता है । हालांकि, आगे पश्चिम में मथुरा शहर कभी भी शुंगों के सीधे नियंत्रण में नहीं रहा है, क्योंकि मथुरा में शुंगों की उपस्थिति का कोई पुरातात्विक साक्ष्य कभी नहीं मिला है। इसके विपरीत, यवनराज्य शिलालेख के अनुसार , मथुरा संभवतः किसके नियंत्रण में था 180 ईसा पूर्व और 100 ईसा पूर्व के बीच कुछ समय से इंडो-ग्रीक , और 70 ईसा पूर्व तक बने रहे।

कुछ प्राचीन स्रोत हालांकि शुंग साम्राज्य के लिए एक बड़ी सीमा का दावा करते हैं: *दिव्यावदान के अशोकवदना* खाते का दावा है कि शुंगों ने उत्तर पश्चिम में पंजाब क्षेत्र में सकला (सियालकोट) तक बौद्ध भिक्षुओं को सताने के लिए एक सेना भेजी :

> "... पुष्यमित्र ने चौगुना सेना सुसज्जित की, और बौद्ध धर्म को नष्ट करने का इरादा रखते हुए, वह कुक्कुटाराम (पाटलिपुत्र में) गया। ... पुष्यमित्र ने इसलिए संघाराम को नष्ट कर दिया , वहां के भिक्षुओं को मार डाला और चला गया। ... कुछ समय बाद, वह सकला पहुंचे , और घोषणा की कि जो कोई भी उन्हें एक बौद्ध भिक्षु का सिर लाएगा, उसे वह एक इनाम देगा। "

साथ ही, *मालविकाग्निमित्र का* दावा है कि पुष्यमित्र का सामाज्य दक्षिण में नर्मदा नदी तक फैला हुआ था। उन्होंने उज्जैन शहर को भी नियंत्रित किया हो सकता है । इस बीच, काबुल और पंजाब का अधिकांश भाग इंडो-यूनानियों और दक्कन के पठार से सातवाहन राजवंश के हाथों में चला गया ।

36 साल (187-151 ईसा पूर्व) तक शासन करने के बाद पुष्यमित्र की मृत्यु हो गई। उसका उत्तराधिकारी पुत्र अग्निमित्र हुआ । यह राजकुमार भारत के महानतम नाटककारों में से एक कालिदास के प्रसिद्ध नाटक का नायक है । जब कहानी घटित होती है तब अग्निमित्रा विदिशा के वायसराय थे।

शुंगों की शक्ति धीरे-धीरे क्षीण होती गई। कहा जाता है कि दस शुंग सम्राट थे। 73 ईसा पूर्व के आसपास कण्व वंश द्वारा शुंगों का उत्तराधिकार किया गया था ।

अत्याचार का लेखा जोखा*संपादन करना*

शुंग घुड़सवार, भरहुत ।
मौर्यों के बाद, पहला ब्राह्मण सम्राट पुष्यमित्र था, और कुछ इतिहासकारों द्वारा माना जाता है कि उन्होंने बौद्धों को सताया और ब्राह्मणवाद के पुनरुत्थान में योगदान दिया जिसने बौद्ध धर्म को कश्मीर , गांधार और बैक्ट्रिया से बाहर कर दिया । *दिव्यावदान के अशोकवदना* खाते और प्राचीन तिब्बती इतिहासकार तारानाथ जैसे बौद्ध धर्मग्रंथों ने बौद्धों के उत्पीड़न के बारे में लिखा है। कहा जाता है कि पुष्यमित्र ने बौद्ध मठों को जला दिया था, स्तूपों को नष्ट कर दिया था, बौद्ध भिक्षुओं का नरसंहार किया था और उनके सिर पर इनाम रखा था, लेकिन

कुछ इन कहानियों को संभावित अतिशयोक्ति मानते हैं।

> "... पुष्यमित्र ने चौगुना सेना सुसज्जित की, और बौद्ध धर्म को नष्ट करने का इरादा रखते हुए, वह कुक्कुटाराम गया। ... इसलिए पुष्यमित्र ने संघाराम को नष्ट कर दिया, वहां भिक्षुओं को मार डाला, और चला गया। ... कुछ समय बाद, वह पहुंचे सकला में, और घोषणा की कि जो कोई भी उसे एक बौद्ध भिक्षु का सिर लाएगा, उसे वह एक इनाम देगा।"
>
> - *दिव्यावदान* का *अशोकावदान खाता* "

उत्पीड़न के खिलाफ खाते

पुष्यमित्र को ब्राह्मणवादी धर्म की सर्वोच्चता को पुनर्जीवित करने और अशोक द्वारा निषिद्ध किए गए पशु बलिदान (यज्ञ) को पुनर्स्थापित करने के लिए जाना जाता है ।

बाद में शुंग सम्राटों को बौद्ध धर्म के प्रति उत्तरदायी और भरहुत में स्तूप के निर्माण में योगदान देने वाले के रूप में देखा गया । उनके शासनकाल के दौरान भरहुत और सांची के बौद्ध स्मारकों का जीर्णोद्धार किया गया और उनमें और सुधार किया गया। इस बात के पर्याप्त प्रमाण हैं कि पुष्यमित्र ने बौद्ध कला को संरक्षण दिया था। हालांकि, शुंगा राज्य की अपेक्षाकृत विकेन्द्रीकृत और खंडित प्रकृति को देखते हुए, कई शहरों ने वास्तव में अपना स्वयं का सिक्का जारी किया, साथ ही साथ बौद्ध धर्म के लिए शुंगों के सापेक्ष नापसंदगी, कुछ लेखकों का तर्क है कि उदाहरण के लिए सांची में उस अवधि के निर्माण वास्तव में "शुंगा" नहीं कहा जा सकता। वे शाही प्रायोजन का परिणाम नहीं थे, इसके विपरीत जो मौर्य काल के दौरान हुआ था, और सांची में अधिकांश समर्पण शाही संरक्षण के परिणाम के बजाय निजी या सामूहिक थे।

कुछ लेखकों का मानना है कि गंगा के मैदानों में ब्राह्मणवाद ने बौद्ध धर्म के साथ राजनीतिक और आध्यात्मिक क्षेत्र में प्रतिस्पर्धा की । बौद्ध धर्म बैक्ट्रियन राजाओं के राज्य में फला-फूला।

कुछ भारतीय विद्वानों का मत है कि रूढ़िवादी शुंग सम्राट बौद्ध धर्म के प्रति असहिष्णु नहीं थे और शुंग सम्राटों के समय में बौद्ध धर्म समृद्ध हुआ। शुंग

काल में बंगाल में बौद्ध धर्म के अस्तित्व का अनुमान एक टेराकोटा टैबलेट से भी लगाया जा सकता है जो तामलिप्ति में पाया गया था और कोलकाता में आशुतोष संग्रहालय में प्रदर्शित है ।

शाही समर्पणसंपादन करना

बोधगया में महाबोधि मंदिर में एक राजा ब्रह्ममित्र और एक राजा इंद्राग्निमित्र द्वारा दो समर्पण दर्ज किए गए हैं , और बौद्ध धर्म के लिए शुंग समर्थन दिखाने का दावा किया गया है। ये राजा हालांकि अनिवार्य रूप से अज्ञात हैं, और शुंगा दर्ज वंशावली का हिस्सा नहीं बनते हैं, लेकिन उन्हें अशोकन के बाद और सुंग शासन की अवधि से संबंधित माना जाता है। एक ब्रह्ममित्र को अन्यथा मथुरा के एक स्थानीय शासक के रूप में जाना जाता है , लेकिन इंद्राग्निमित्र अज्ञात है, और कुछ लेखकों के अनुसार, इंद्राग्निमित्र का वास्तविक शिलालेख में राजा के रूप में उल्लेख भी नहीं किया गया है।

- महाबोधि मंदिर में बोधगया के एक शिलालेख में मंदिर के निर्माण का विवरण इस प्रकार है:

  " राजा ब्रह्ममित्र की पत्नी नागदेवी का उपहार। "

- एक और शिलालेख पढ़ता है:

  " कुरंगी का उपहार, जीवित पुत्रों की माता और कोसिकी के पुत्र राजा इंद्राग्निमित्र की पत्नी। राजमहल के श्रीमा का भी उपहार।

  कनिंघम ने इन महत्वपूर्ण अभिलेखों के बाद के हिस्से के खो जाने पर खेद व्यक्त किया है। पहले नकल शिलालेख के संबंध में, उन्होंने " कुरमगिये दानम " के बाद ग्यारह ब्राह्मी अक्षरों के निशान पाए हैं , जिनमें से पहले नौ में " राजपासदा-चेतिका सा " पढ़ा गया है। बलोच इन नौ अक्षरों को " राजा-पसाद-चेतिकासा " के रूप में पढ़ता है और पूर्ववर्ती शब्दों के संबंध में इस अभिव्यक्ति का अनुवाद करता है:

  ""(कुरंगी का उपहार, इंद्राग्निमित्र की पत्नी और जीवित पुत्रों की मां), "महान मंदिर के चैत्य (चेतिका) के लिए", पसाद से पहले राजा

शब्द को अलंकारों पर एक विशेषण के रूप में लेते हुए, मंदिर को विशेष रूप से अलग करते हुए राजहस्तीन 'एक कुलीन हाथी', राजहंसा 'एक हंस (हंसा' एक बत्तख' से अलग), आदि जैसे भावों के समान बड़ी और आलीशान इमारत।"

कनिंघम ने "शाही महल, चैत्य" द्वारा अभिव्यक्ति का अनुवाद किया है, जिसमें सुझाव दिया गया है कि "राजा-पसाद का उल्लेख दाता को राजा के परिवार से जोड़ता प्रतीत होगा।" लुडर्स संदेहपूर्वक "राजा के मंदिर" को "राजा-पसाद-चेतिकासा" के प्रतिपादन के रूप में सुझाते हैं।

साँची में शुंग काल का योगदान

<u>अशोकवदना</u> के आधार पर , यह माना जाता है कि दूसरी शताब्दी ईसा पूर्व में किसी समय स्तूप को तोड़ दिया गया था, एक घटना कुछ शुंग सम्राट पुष्यमित्र के उदय से संबंधित है, जिन्होंने एक सेनापति के रूप में मौर्य साम्राज्य को पीछे छोड़ दिया था। यह सुझाव दिया गया है कि पुष्यमित्र ने मूल स्तूप को नष्ट कर दिया होगा, और उनके पुत्र <u>अग्निमित्र ने</u> इसका पुनर्निर्माण किया। मूल ईंट स्तूप को शुंग काल के दौरान पत्थर से ढका गया था।

इतिहासकार जूलिया शॉ के अनुसार, सांची में मौर्योत्तर निर्माण को "सुंगा" के रूप में वर्णित नहीं किया जा सकता है क्योंकि स्तूपों के निर्माण के लिए प्रायोजन के रूप में, जैसा कि कई दानात्मक शिलालेखों द्वारा प्रमाणित किया गया था, शाही नहीं बल्कि सामूहिक था, और सुंगा उनके लिए जाने जाते थे बौद्ध धर्म का विरोध।

महान स्तूप (संख्या 1)

शुंग के बाद के शासन के दौरान, स्तूप को पत्थर की शिलाओं के साथ उसके मूल आकार से लगभग दोगुना तक विस्तारित किया गया था। गुंबद को शीर्ष के पास चपटा किया गया था और एक चौकोर रेलिंग के भीतर तीन आरोपित छत्रों <u>द्वारा ताज पहनाया गया था। इसके कई स्तरों के साथ यह धर्म</u> का प्रतीक था , कानून का पहिया। गुंबद को <u>परिक्रमा</u> के लिए एक उच्च गोलाकार ड्रम पर स्थापित किया गया था , जिस तक एक दोहरी सीढ़ी के माध्यम से पहुँचा जा सकता था। जमीनी स्तर पर एक दूसरा पत्थर का मार्ग एक पत्थर के कटघरे से घिरा हुआ था। स्तूप 1 के चारों ओर की रेलिंग में कलात्मक नक्काशी नहीं है। ये केवल स्लैब हैं,

कुछ समर्पित शिलालेखों के साथ। ये तत्व लगभग 150 ईसा पूर्व के हैं।

स्तूप नंबर 2 और स्तूप नंबर 3

ऐसा प्रतीत होता है कि शुंगों के शासन के दौरान बनाए गए भवन दूसरे और तीसरे स्तूप हैं (लेकिन अत्यधिक अलंकृत प्रवेश द्वार नहीं हैं, जो निम्नलिखित सातवाहन काल के हैं, जैसा कि शिलालेखों से जाना जाता है), और जमीन का कटघरा और पत्थर का आवरण महान स्तूप (स्तूप संख्या 1)। कहा जाता है कि सारिपुत्र और महामोगलाना के अवशेष स्तूप संख्या 3 में रखे गए हैं ⊥ये पदकों के लिए लगभग 115 ईसा पूर्व के हैं, प्रवेश द्वार की नक्काशी के लिए 80 ईसा पूर्व, भरहुत की राहत के बाद , कुछ के साथ पहली शताब्दी सीई तक फिर से काम करता है।

सांची में शुंग काल की सजावट की शैली भरहुत के साथ-साथ बोधगया में परिधीय बालस्ट्रेड्स के समान है , जो तीनों में सबसे पुराना माना जाता है।

युद्ध और संघर्ष शुंग काल की विशेषता थी। उन्हें कलिंगों , सातवाहनों , इंडो-यूनानियों और संभवतः पांचालों और मथुराओं के साथ युद्ध करने के लिए जाना जाता है

इंडो-ग्रीक साम्राज्य के साथ शुंग साम्राज्य के युद्ध इस अवधि के इतिहास में बहुत अधिक हैं। लगभग 180 ईसा पूर्व से ग्रीको-बैक्ट्रियन शासक डेमेट्रियस ने काबुल घाटी पर विजय प्राप्त की और शुंगों का सामना करने के लिए ट्रांस-सिंधु में आगे बढ़ने का सिद्धांत दिया। इंडो-ग्रीक मेनेंडर I को अन्य भारतीय शासकों के साथ पाटलिपुत्र में एक अभियान में शामिल होने या नेतृत्व करने का श्रेय दिया जाता है ; हालाँकि, अभियान की सटीक प्रकृति और सफलता के बारे में बहुत कम जानकारी है। इन युद्धों का शुद्ध परिणाम अनिश्चित रहता है।

" यवन " ग्रीक योद्धा के साथ वेदिका स्तंभ । भरहुत, मध्य प्रदेश, शुंग काल, सी। 100-80 ई.पू. लाल भूरे रंग का बलुआ पत्थर। भारतीय संग्रहालय , कलकत्ता ।

साहित्यिक साक्ष्य

महाभारत और युग पुराण जैसे कई कार्य शुंगों और इंडो-यूनानियों के बीच संघर्ष का वर्णन करते हैं।

शुंगों के युद्ध

शुंगों के सैन्य अभियान

<u>अशोकवदान</u> जैसे ग्रंथों का दावा है कि पुष्यमित्र ने सम्राट <u>बृहद्रथ को</u> गिरा दिया और कई बौद्ध भिक्षुओं को मार डाला। फिर यह वर्णन करता है कि कैसे पुष्यमित्र ने बौद्ध भिक्षुओं को सताने के लिए <u>पाटलिपुत्र</u> और <u>पंजाब में सकला (सियालकोट</u>) तक एक सेना भेजी ।

यवनों के साथ युद्ध (यूनानियों)

इंडो <u>-यूनानियों , जिन्हें भारतीय स्रोतों में यवन</u> कहा जाता है , या तो <u>डेमेट्रियस I</u> या <u>मेनेंडर I</u> के नेतृत्व में , फिर भारत पर आक्रमण किया, संभवतः बौद्धों की सहायता प्राप्त की। <u>मिलिंदपन्हा</u> में मेनेंडर को विशेष रूप से बौद्ध धर्म में परिवर्तित के रूप में वर्णित किया गया है ।

<u>युग पुराण</u> का हिंदू पाठ , जो एक भविष्यवाणी के रूप में भारतीय ऐतिहासिक घटनाओं का वर्णन करता है, शुंग राजधानी <u>पाटलिपुत्र</u> पर इंडो-यूनानियों के हमले से संबंधित है , जो 570 टावरों और 64 के साथ एक शानदार किलेदार शहर है। <u>मेगस्थनीज</u> के अनुसार द्वार , और शहर के लिए आसन्न युद्ध का वर्णन करता है:

> "<u>फिर, पांचालों</u> और <u>मथुराओं</u> के साथ <u>साकेत से</u> संपर्क करने के बाद , यवन, युद्ध में बहादुर, कुसुमध्वज "फूल-मानक का शहर", <u>पाटलिपुत्र</u> पहुंचेंगे । फिर, एक बार पुष्पापुरा (पाटलिपुत्र का दूसरा नाम) पहुंच गया और इसकी प्रसिद्ध मिट्टी की दीवारों को गिरा दिया गया, तो पूरा क्षेत्र अस्त-व्यस्त हो जाएगा
> - <u>युग पुराण</u> , अनुच्छेद 47-48, 2002 संस्करण)"

<u>हालाँकि, युग पुराण इंगित करता है कि यवन (इंडो-ग्रीक) पाटलिपुत्र में लंबे समय तक नहीं रहे, क्योंकि उनका सामना बैक्ट्रिया</u> में गृहयुद्ध से हुआ था ।

पश्चिमी स्रोत यह भी सुझाव देते हैं कि भारत में यूनानियों के इस नए आक्रमण ने उन्हें राजधानी पाटलिपुत्र तक पहुँचाया :

> *"सिकंदर* के बाद जो आए वे *गंगा* और *पाटलिपुत्र* गए
> - *स्ट्रैबो*, 15.698*"*

Fiction

सिंधु नदी पर लड़ाई

यूनानियों और शुंग के बीच सीधी लड़ाई का विवरण मालविकाग्निमित्रम में भी मिलता है , जो कालिदास का एक नाटक है, जिसमें ग्रीक घुड़सवारों के एक दस्ते और पुष्यमित्र के पोते वसुमित्र के बीच युद्ध का वर्णन है , जिसमें "सिंधु" पर सौ सैनिक थे। नदी", जिसमें भारतीयों ने यूनानियों के एक दस्ते को हराया और पुष्यमित्र ने अश्वमेध यज्ञ को सफलतापूर्वक पूरा किया। यह नदी उत्तर पश्चिम में सिंधु नदी हो सकती है , लेकिन शुंगों द्वारा इस तरह के विस्तार की संभावना नहीं है, और यह अधिक संभावना है कि पाठ में उल्लिखित नदी सिंध नदी या काली सिंध नदी हैगंगा बेसिन में ।

पुरालेख और पुरातात्विक साक्ष्य

धनदेव-अयोध्या शिलालेख

अंततः शुंग शासन का विस्तार अयोध्या के क्षेत्र तक हो गया लगता है। शुंग शिलालेख उत्तरी मध्य भारत में अयोध्या तक जाने जाते हैं ; विशेष रूप से, धनदेव-अयोध्या शिलालेख एक स्थानीय राजा धनदेव को संदर्भित करता है , जिसने पुष्यमित्र के छठे वंशज होने का दावा किया था। शिलालेख में यह भी दर्ज है कि पुष्यमित्र ने अयोध्या में दो अश्वमेध (विजय यज्ञ) किए।

यवनराज्य शिलालेख , " यवन आधिपत्य के वर्ष 116 ", संभवतः 70 या 69 ईसा पूर्व, मथुरा में खोजा गया था। मथुरा संग्रहालय ।

यूनानियों ने मथुरा पर नियंत्रण बनाए रखा प्रतीत होता है। मथुरा में खोजे गए यवनराज्य शिलालेख , जिसे "मघेरा शिलालेख" भी कहा जाता है , से पता चलता है कि पहली शताब्दी ईसा पूर्व के दौरान इंडो-ग्रीक मथुरा के नियंत्रण में थे। शिलालेख इस मायने में महत्वपूर्ण है कि इसके समर्पण की तिथि का उल्लेख " यवन आधिपत्य (यवनराज्य) के 116वें वर्ष के अंतिम दिन" के रूप में किया

गया है। ऐसा माना जाता है कि यह शिलालेख मथुरा में दूसरी और पहली शताब्दी ईसा पूर्व में भारत-यूनानियों के नियंत्रण को प्रमाणित कर रहा है , एक ऐसा तथ्य जिसकी पुष्टि संख्यात्मक और साहित्यिक साक्ष्यों से भी होती है। इसके अलावा, ऐसा नहीं लगता कि शुंगों ने कभी मथुरा में शासन किया था या शूरसेन चूंकि वहां कोई शुंग सिक्के या शिलालेख नहीं मिले हैं।

महाभारत का अनुशासन पर्व इस बात की पुष्टि करता है कि मथुरा शहर यवनों और कम्बोजों के संयुक्त नियंत्रण में था ।

हालांकि, बाद में, ऐसा लगता है कि मथुरा शहर उनसे वापस ले लिया गया था, यदि स्वयं शुंगों द्वारा नहीं, तो शायद दत्त वंश या मित्र वंश जैसे अन्य स्वदेशी शासकों द्वारा , या अधिक शायद राजुवुला के तहत इंडो-सिथियन उत्तरी क्षत्रपों द्वारा । मथुरा के क्षेत्र में, अर्जुनायण और यौधेय अपने सिक्कों पर सैन्य जीत का उल्लेख करते हैं ("अर्जुनायण की विजय", "यौधेय की विजय"), और पहली शताब्दी ईसा पूर्व के दौरान, त्रिगर्त , औदुम्बर और अंत में कुनिंदा भी अपने स्वयं के सिक्कों का खनन करना शुरू कर दिया, इस प्रकार इंडो-यूनानियों से स्वतंत्रता की पुष्टि की, हालांकि उनके सिक्कों की शैली अक्सर इंडो-यूनानियों से ली गई थी।

हेलियोडोरस स्तंभ

हेलियोडोरस स्तंभ विदिशा में शुंगों के तहत बनाया गया था, इंडो-ग्रीक राजा एंटियालसीदास के राजदूत हेलियोडोरस की उत्तेजना पर । स्तंभ मूल रूप से गरुड की एक मूर्ति का समर्थन करता था । लगभग 100 ई.पू. की स्थापना की।

बहुत कम निश्चितता के साथ कहा जा सकता है। हालाँकि, जो स्पष्ट दिखाई देता है वह यह है कि दोनों क्षेत्रों ने अपने-अपने शासकों के बाद के शासनकाल में सामान्यीकृत राजनयिक संबंध स्थापित किए हैं। ऐसा प्रतीत होता है कि इंडो-यूनानियों और शुंगों ने 110 ईसा पूर्व के आसपास राजनयिक मिशनों का सामंजस्य और आदान-प्रदान किया था, जैसा कि हेलियोडोरस स्तंभ द्वारा इंगित किया गया है, जो इंडो-ग्रीक राजा एंटियालसीदास के दरबार से हेलियोडोरस नामक एक यूनानी राजदूत के प्रेषण को रिकॉर्ड करता है । मध्य भारत में विदिशा के स्थल पर शुंग सम्राट भागभद्र का दरबार ।

पतन

राजवंश के दूसरे राजा, अग्निमित्रा की मृत्यु के बाद, साम्राज्य तेजी से विघटित हो गया: शिलालेखों और सिक्कों से संकेत मिलता है कि उतरी और मध्य भारत के अधिकांश हिस्से में छोटे राज्य और शहर-राज्य शामिल थे जो किसी भी शुंग आधिपत्य से स्वतंत्र थे।

लगभग 100 ईसा पूर्व शुंग क्षेत्र, बहुत ही कम मगध के क्षेत्र तक ही सिमट कर रह गया , जिसमें मथुरा और पांचाल जैसे कई स्वतंत्र, छोटे राज्य शामिल थे।

शुंगों के अंतिम राजा, देवभूति की हत्या उनके मंत्री वासुदेव कण्व ने की थी , जिन्होंने तब कण्व वंश की स्थापना की थी । पुराणों के अनुसार: " आंध्र सिमुक कांवयनों और सुशर्मा पर आक्रमण करेगा , और सुंगों की शक्ति के अवशेषों को नष्ट कर देगा और इस पृथ्वी को प्राप्त करेगा।" आंध्र ने वास्तव में विदिशा के आसपास कहीं मध्य भारत में सुंग राज्य के अंतिम अवशेषों को नष्ट कर दिया, शायद एक कमजोर दुम राज्य के रूप में।

कला

शुंगा कला शैली शाही मौर्य कला से कुछ भिन्न थी , जो फारसी कला से प्रभावित थी । दोनों में, लोक कला के निरंतर तत्व और देवी माँ के पंथ लोकप्रिय कला में दिखाई देते हैं, लेकिन अब अधिक कौशल के साथ अधिक स्मारकीय रूपों में निर्मित होते हैं। शुंगा शैली को इस प्रकार 'अधिक भारतीय' के रूप में देखा गया और अक्सर इसे अधिक स्वदेशी के रूप में वर्णित किया जाता है।

इस अवधि के दौरान कला, शिक्षा, दर्शन और अन्य विद्याएँ फली-फूलीं। विशेष रूप से, पतंजलि के योग सूत्र और महाभाष्य की रचना इसी काल में हुई थी। यह मालविकाग्निमित्र में इसके बाद के उल्लेख के लिए भी उल्लेखनीय है। इस काम की रचना कालिदास ने बाद के गुप्त काल में की थी, और मालविका और राजा अग्निमित्र के प्रेम को दरबारी साज़िश की पृष्ठभूमि के साथ रूमानी बना दिया था।

उपमहाद्वीप पर कलात्मकता भी मथुरा स्कूल के उदय के साथ आगे बढ़ी, जिसे अफगानिस्तान के अधिक हेलेनिस्टिक गांधार स्कूल (ग्रीको-बौद्ध कला) और भारत के उत्तर-पश्चिमी सीमा (आधुनिक दिन पाकिस्तान) का स्वदेशी प्रतिरूप माना जाता है।

ऐतिहासिक शुंग काल (185 से 73 ईसा पूर्व) के दौरान, बौद्ध गतिविधि भी मध्य भारत (मध्य प्रदेश) में कुछ हद तक जीवित रहने में कामयाब रही, जैसा कि सांची और भरहुत के स्तूपों में किए गए कुछ वास्तु विस्तारों द्वारा सुझाया

गया था , जो मूल रूप से सम्राट अशोक के अधीन शुरू हुए थे। यह अनिश्चित है कि क्या ये कार्य इन क्षेत्रों में शुंगों के नियंत्रण की कमजोरी के कारण थे, या उनकी ओर से सहनशीलता के संकेत थे।

7

चोल राजवंश

चोल (तमिल - சோழர்) प्राचीन भारत का एक राजवंश था। दक्षिण भारत में और पास के अन्य देशों में तमिल चोल शासकों ने 9 वीं शताब्दी से 13 वीं शताब्दी के बीच एक अत्यंत शक्तिशाली हिन्दू साम्राज्य का निर्माण किया।

'चोल' शब्द की व्युत्पत्ति विभिन्न प्रकार से की जाती रही है। कर्नल जेरिनो ने चोल शब्द को संस्कृत "काल" एवं "कोल" से संबद्ध करते हुए इसे दक्षिण भारत के कृष्णवर्ण आर्य समुदाय का सूचक माना है। चोल शब्द को संस्कृत "चोर" तथा तमिल "चोलम्" से भी संबद्ध किया गया है किंतु इनमें से कोई मत ठीक नहीं है। आरंभिक काल से ही चोल शब्द का प्रयोग इसी नाम के राजवंश द्वारा शासित प्रजा और भूभाग के लिए व्यवहृत होता रहा है। संगमयुगीन मणिमेक्लै में चोलों को सूर्यवंशी कहा है। चोलों के अनेक प्रचलित नामों में शेंबियन् भी है। शेंबियन् के आधार पर उन्हें शिबि से उद्भूत सिद्ध करते हैं। 12वीं सदी के अनेक स्थानीय राजवंश अपने को करिकाल से उद्भत कश्यप गोत्रीय बताते हैं।

चोलों के उल्लेख अत्यंत प्राचीन काल से ही प्राप्त होने लगते हैं। कात्यायन ने चोडों का उल्लेख किया है। अशोक के अभिलेखों में भी इसका उल्लेख उपलब्ध है। किंतु इन्होंने संगमयुग में ही दक्षिण भारतीय इतिहास को संभवत: प्रथम बार प्रभावित किया। संगमकाल के अनेक महत्वपूर्ण चोल सम्राटों में करिकाल अत्यधिक प्रसिद्ध हुए संगमयुग के पश्चात् का चोल इतिहास अज्ञात है। फिर भी चोल-वंश-परंपरा एकदम समाप्त नहीं हुई थी क्योंकि रेनंडु (जिला कुडाया) प्रदेश में चोल पल्लवों, चालुक्यों तथा राष्ट्रकूटों के अधीन शासन करते रहे।

चोलों का उदय

उपर्युक्त दीर्घकालिक प्रभुत्वहीनता के पश्चात् नवीं सदी के मध्य से चोलों का पुनरुत्थान हुआ। इस चोल वंश का संस्थापक विजयालय (850-870-71 ई.) पल्लव अधीनता में उरैयुर प्रदेश का शासक था। विजयालय की वंशपरंपरा में लगभग 20 राजा हुए, जिन्होंने कुल मिलाकर चार सौ से अधिक वर्षों तक शासन किया। विजयालय के पश्चात् आदित्य प्रथम (871-907), परांतक प्रथम (907-955) ने क्रमशः शासन किया। परांतक प्रथम ने पांड्य-सिंहल नरेशों की सम्मिलित शक्ति को, पल्लवों, बाणों, बैडुंबों के अतिरिक्त राष्ट्रकूट कृष्ण द्वितीय को भी पराजित किया। चोल शक्ति एवं साम्राज्य का वास्तविक संस्थापक परांतक ही था। उसने लंकापति उदय (945-53) के समय सिंहल पर भी एक असफल आक्रमण किया। परांतक अपने अंतिम दिनों में राष्ट्रकूट सम्राट् कृष्ण तृतीय द्वारा 949 ई. में बड़ी बुरी तरह पराजित हुआ। इस पराजय के फलस्वरूप चोल साम्राज्य की नींव हिल गई। परांतक प्रथम के बाद के 32 वर्षों में अनेक चोल राजाओं ने शासन किया। इनमें गंडरादित्य, अरिंजय और सुंदर चोल या परातक द्वितीय प्रमुख थे।

इसके पश्चात् राजराज प्रथम (985-1014) ने चोल वंश की प्रसारनीति को आगे बढ़ाते हुए अपनी अनेक विजयों द्वारा अपने वंश की मर्यादा को पुनः प्रतिष्ठित किया। उसने सर्वप्रथम पश्चिमी गंगों को पराजित कर उनका प्रदेश छीन लिया। तदनंतर पश्चिमी चालुक्यों से उनका दीर्घकालिक परिणामहीन युद्ध आरंभ हुआ। इसके विपरीत राजराज को सुदूर दक्षिण में आशातीत सफलता मिली। उन्होंने केरल नरेश को पराजित किया। पांड्यों को पराजित कर मदुरा और कुर्ग में स्थित उद्गै अधिकृत कर लिया। यही नहीं, राजराज ने सिंहल पर आक्रमण करके उसके उत्तरी प्रदेशों को अपने राज्य में मिला लिया।

राजराज ने पूर्वी चालुक्यों पर आक्रमण कर वेंगी को जीत लिया। किंतु इसके बाद पूर्वी चालुक्य सिंहासन पर उन्होंने शक्तिवर्मन् को प्रतिष्ठित किया और अपनी पुत्री कुंदवा का विवाह शक्तिवर्मन् के लघु भ्राता विमलादित्य से किया। इस समय कलिंग के गंग राजा भी वेंगी पर दृष्टि गड़ाए थे, राजराज ने उन्हें भी पराजित किया।

राजराज के पश्चात् उनके पुत्र राजेंद्र प्रथम (1012-1044) सिंहासनारूढ़ हुए। राजेंद्र प्रथम भी अत्यंत शक्तिशाली सम्राट् थे। राजेंद्र ने चेर, पांड्य एवं सिंहल जीता तथा उन्हें अपने राज्य में मिला लिया। उन्होंने पश्चिमी चालुक्यों को

कई युद्धों में पराजित किया, उनकी राजधानी को ध्वस्त किया किंतु उनपर पूर्ण विजय न प्राप्त कर सके। राजेंद्र के दो अन्य सैनिक अभियान अत्यंत उल्लेखनीय हैं। उनका प्रथम सैनिक अभियान पूर्वी समुद्रतट से कलिंग, उड़ीसा, दक्षिण कोशल आदि के राजाओं को पराजित करता हुआ बंगाल के विरुद्ध हुआ। उन्होंने पश्चिम एवं दक्षिण बंगाल के तीन छोटे राजाओं को पराजित करने के साथ साथ शक्तिशाली पाल राजा महीपाल को भी पराजित किया। इस अभियान का कारण अभिलेखों के अनुसार गंगाजल प्राप्त करना था। यह भी ज्ञात होता है कि पराजित राजाओं को यह जल अपने सिरों पर ढोना पड़ा था। किंतु यह मात्र आक्रमण था, इससे चोल साम्राज्य की सीमाओं पर कोई असर नहीं पड़ा।

राजेंद्र का दूसरा महत्वपूर्ण आक्रमण मलयद्वीप, जावा और सुमात्रा के शैलेंद्र शासन के विरुद्ध हुआ। यह पूर्ण रूप से नौसैनिक आक्रमण था। शैलेंद्र सम्राटों का राजराज से मैत्रीपूर्ण व्यवहार था किन्तु राजेंद्र के साथ उनकी शत्रुता का कारण अज्ञात है। राजेंद्र को इसमें सफलता मिली। राजराज की भाँति राजेंद्र ने भी एक राजदूत चीन भेजा।

राजाधिराज प्रथम (1018-1054)

राजेंद्र का उत्तराधिकारी था। उसका अधिकांश समय विद्रोहों के शमन में लगा। आरंभ में उसने अनेक छोटे छोटे राज्यों, तथा चेर, पांड्य एवं सिंहल के विद्रोहों का दमन किया। अनंतर इसके चालुक्य सोमेश्वर से हुए कोप्पम् के युद्ध में उसकी मृत्यु हुई। युद्धक्षेत्र में ही राजेंद्र द्वितीय (1052-1064) अभिषिक्त हुए। चालुक्यों के विरुद्ध हुए इस युद्ध में उनकी विजय हुई। चालुक्यों के साथ युद्ध दीर्घकालिक था। राजेंद्र द्वितीय के उत्तराधिकारी वीर राजेंद्र (1063-1069) ने अनेक युद्धों में विजय प्राप्त की और प्रायः संपूर्ण चोल साम्राज्य पर पूर्ववत् शासन किया। अधिराजेंद्र (1067-1070) वीर राजेंद्र का उत्तराधिकारी था किंतु कुछ महीनों के शासन के बाद कुलोत्तुंग प्रथम ने उससे चोल राज्यश्री छीन ली।

कुलोत्तुंग प्रथम (1070-1120)

पूर्वी चालुक्य सम्राट् राजराज का पुत्र था। कुलोत्तुंग की माँ एवं मातामही क्रमशः राजेंद्र (प्रथम) चोल तथा राजराज प्रथम की पुत्रियाँ थीं। कुलोत्तुंग प्रथम स्वयं राजेंद्र द्वितीय की पुत्री से विवाहित था। कुलोत्तुंग ने अपने विपक्ष एवं अधिराजेंद्र

के पक्ष से हुए समस्त विद्रोहों का दमन करके अपनी स्थिति सुदृढ़ कर ली। अपने विस्तृत शासनकाल में उसने अधिराजेंद्र के हिमायती एवं बहनोई चालुक्य सम्राट् विक्रमादित्य के अनेक आक्रमणों एवं विद्रोहों का सफलतापूर्वक सामना किया। सिंहल फिर भी स्वतंत्र हो ही गया। युवराज विक्रम चोल के प्रयास स कलिंग का दक्षिणी प्रदेश कुलोत्तुंग के राज्य में मिला लिया गया। कुलोत्तुंग ने अपने अंतिम दिनों तक सिंहल के अतिरिक्त प्राय: संपूर्ण चोल साम्राज्य तथा दक्षिणी कलिंग प्रदेश पर शासन किया। उसने एक राजदूत भी चीन भेजा।

विक्रम चोल (1118-1133)

कुलोत्तुंग का उत्तराधिकारी हुआ। लगभग 1118 में विक्रमादित्य छठे ने वेंगी चोलों से छीन ली। होयसलों ने भी चोलों को कावेरी के पार भगा दिया और मैसूर प्रदेश को अधिकृत कर लिया।

कुलोत्तुंग प्रथम के बाद का लगभग सौ वर्ष का चोल इतिहास अधिक महत्वपूर्ण नहीं है। इस अवधि में विक्रम चोल, कुलोत्तुंग द्वितीय (1133-1150), राजराज द्वितीय (1146-1173), राजाधिराज द्वितीय (1163-1179), कुलोत्तुंग तृतीय (1178-1218) ने शासन किया। इन राजाओं के समय चोलों का उत्तरोत्तर अवसान होता रहा। राजराज तृतीय (1216-1246) को पांड्यों ने बुरी तरह पराजित किया और उसकी राजधानी छीन ली। चोल सम्राट् अपने आक्रामकों एवं विद्रोहियों के विरुद्ध शक्तिशाली होयसलों से सहायता लेते थे और इसी कारण धीरे-धीरे वे उनके साथ की कठपुतली बन गए। राजराज को एकबार पांड्यों से पराजित होकर भागते समय कोप्पेरुंजिग ने आक्रमण कर बंदी बना लिया, पर छोड़ दिया।

चोल वंश का अंतिम राजा राजेंद्र तृतीय (1246-1279) हुआ। आरंभ में राजेंद्र को पांड्यों के विरुद्ध आंशिक सफलता मिली, किंतु ऐसा प्रतीत होता है कि तेलुगु-चोड साम्राज्य पर गंडगोपाल तिक्क राजराज तृतीय की नाममात्र की अधीनता में शासन कर रहा था। गणपति काकतीय के कांची आक्रमण के पश्चात् तिक्क ने उसी की अधीनता स्वीकार की। अंतत: जटावर्मन् सुंदर पांड्य ने उत्तर पर आक्रमण किया और चोलों को पराजित किया। इसके बाद से चोल शासक पांड्यों के अधीन रहे और उनकी यह स्थिति भी 1310 में मलिक काफूर के आक्रमण से समाप्त हो गई। (चोल सम्राट् साधारणतया अपने राज्य का आरंभ अपने यौवराज्याभिषेक से मानते थे और इसीलिए उनके काल के कुछ आरंभिक वर्ष एवं उनके तत्काल पूर्ववर्ती सम्राट् के कुछ अंतिम वर्षों में समानता प्राप्त होती है)।

शासन व्यवस्था

चोलो के अभिलेखों आदि से ज्ञात होता है कि उनका शासन सुसंगठित था। राज्य का सबसे बड़ा अधिकारी राजा मंत्रियों एवं राज्याधिकारियों की सलाह से शासन करता था। शासनसुविधा की दृष्टि से सारा राज्य अनेक मंडलों में विभक्त था। मंडल कोट्टम् या बलनाडुओं में बँटे होते थे। इनके बाद की शासकीय परंपरा में नाडु (जिला), कुर्रम् (ग्रामसमूह) एवं ग्रामम् थे। चोल राज्यकाल में इनका शासन जनसभाओं द्वारा होता था। चोल ग्रामसभाएँ "उर" या "सभा" कही जाती थीं। इनके सदस्य सभी ग्रामनिवासी होते थे। सभा की कार्यकारिणी परिषद् (आडुगणम्) का चुनाव ये लोग अपने में से करते थे। उत्तरमेरूर से प्राप्त अभिलेख से उस ग्रामसभा के कार्यों आदि का विस्तृत ज्ञान प्राप्त होता है। उत्तरमेरूर ग्रामशासन सभा की पाँच उपसमितियों द्वारा होता था। इनके सदस्य अवैतनिक थे एवं उनका कार्यकाल केवल वर्ष भर का होता था। ये अपने शासन के लिए स्वतंत्र थीं एवं सम्राटादि भी उनकी कार्यवाही में हस्तक्षेप नहीं कर सकते थे।

चोल शासक प्रसिद्ध भवननिर्माता थे। सिंचाई की व्यवस्था, राजमार्गों के निर्माण आदि के अतिरिक्त उन्होंने नगरों एवं विशाल मंदिर तंजौर में बनवाया। यह प्राचीन भारतीय मंदिरों में सबसे अधिक ऊँचा एवं बड़ा है। तंजौर के मंदिर की दीवारों पर अंकित चित्र उल्लेखनीय एवं बड़े महत्वपूर्ण हैं। राजेंद्र प्रथम ने अपने द्वारा निर्मित नगर गंगैकोंडपुरम् (त्रिचनापल्ली) में इस प्रकार के एक अन्य विशाल मंदिर का निर्माण कराया। चोलों के राज्यकाल में मूर्तिकला का भी प्रभूत विकास हुआ। इस काल की पाषाण एवं धातुमूर्तियाँ अत्यंत सजीव एवं कलात्मक हैं।

चोल शासन के अंतर्गत साहित्य की भी बड़ी उन्नति हुई। इनके शक्तिशाली विजेताओं की विजयों आदि को लक्ष्य कर अनेकानेक प्रशस्ति पूर्ण ग्रंथ लिखे गए। इस प्रकार के ग्रंथों में जयंगोंडार का "कलिंगत्तुपर्णि" अत्यंत महत्वपूर्ण है। इसके अतिरिक्त तिरुत्तक्कदेव लिखित "जीवक चिंतामणि" तमिल महाकाव्यों में अन्यतम माना जाता है। इस काल के सबसे बड़े कवि कंबन थे। इन्होंने तमिल "रामायण" की रचना कुलोतुंग तृतीय के शासनकाल में की। इसके अतिरिक्त व्याकरण, कोष, काव्यशास्त्र तथा छंद आदि विषयों पर बहुत से महत्वपूर्ण ग्रंथों

की रचना भी इस समय हुई।

सांस्कृतिक स्थिति

चोल साम्राज्य की शक्ति बढ़ने के साथ ही सम्राट् के गौरव और ऐश्वर्य के भव्य प्रदर्शन के कार्य बढ़ गए थे। राजभवन, उसमें सेवकों का प्रबन्ध और दरबार में उत्सवों और अनुष्ठानों में यह प्रवृत्ति परिलक्षित होती है। सम्राट् अपने जीवनकाल ही में युवराज को शासनप्रबन्ध में अपने साथ संबंधित कर लेता था। सम्राट के पास उसकी मौखिक आज्ञा के लिए भी विषय एक सुनिश्चित प्रणाली के द्वारा आता था, एक सुनिश्चित विधि में ही वह कार्य रूप में परिणत होता था। राजा को परामर्श देने के लिए विभिन्न प्रमुख विभागों के कर्मचारियों का एक दल, जिसे 'उडनकूट्टटम्' कहते थे।

सम्राट् के निरंतर संपर्क में रहता था। सम्राट् के निकट संपर्क में अधिकारियों का एक संगठित विभाग था जिसे ओलै कहते थे1 चोल साम्राज्य में नौकरशाही सुसंगठित और विकसित थी जिसमें अधिकारियों के उच्च (पेरुंदनम्) और निम्न (शिरुदनम्) दो वर्ग थे। केंद्रीय विभाग की ओर से स्थानीय अधिकारियों का निरीक्षण और नियंत्रण करने के लिए कणकाणि नाम के अधिकारी होते थे। शासन के लिए राज्य वलनाडु अथवा मंडलम्, नाडु और कूर्रम् में विभाजित था। संपूर्ण भूमि नापी हुई थी और करदायी तथा करमुक्त भूमि में बँटी थी। करदायी भूमि के भी स्वाभाविक उत्पादनशक्ति और फसल के अनुसार, कई स्तर थे। कर के लिए संपूर्ण ग्राम उत्तरदायी था। कभी-कभी कर एकत्रित करने में कठोरता की जाती थी। भूमिकर के अतिरिक्त चुंगी, व्यवसायों और मकानों तथा विशेष अवसरों और उत्सवों पर भी कर थे। सेना अनेक सैन्य दलों में बँटी थी जिनमें से कई के विशिष्ट नामों का उल्लेख अभिलेखों में मिलता है। सेना राज्य के विभिन्न भागों में शिविर (कडगम) के रूप में फैली थी। दक्षिण-पूर्वी एशिया में चोलों की विजय उनके जहाजी बेड़े के संगठन और शक्ति का स्पष्ट प्रमाण है। न्याय के लिए गाँव और जाति की सभाओं के अतिरिक्त राज्य द्वारा स्थापित न्यायालय भी थे। निर्णय सामाजिक व्यवस्थाओं, लेखपत्र और साक्षी के प्रमाण के आधार पर होते थे। मानवीय साक्ष्यों के अभाव में दिव्यों का भी सहारा लिया जाता था।

चोल शासन की प्रमुख विशेषता सुसंगठित नौकरशाही के साथ उच्च कोटि की कुशलतावली स्थानीय स्वायत्त संस्थाओं का सुंदर और सफल सामंजस्य है। स्थानीय जीवन के विभिन्न अंगों के लिए विविध सामूहिक संस्थाएँ थीं जो परस्पर

सहयोग से कार्य करती थीं। नगरम् उन स्थानों की सभाएँ थीं जहाँ व्यापारी वर्ग प्रमुख था। ऊर गँव के उन सभी व्यक्तियों की सभा थी जिनके पास भूमि थी। 'सभा ब्रह्मदेय' गाँवों के ब्राह्मणों की सामूहिक संस्था का विशिष्ट नाम था। राज्य की ओर से साधारण नियंत्रण और समय पर आयव्यय के निरीक्षण के अतिरिक्त इन सभाओं को पूर्ण स्वतंत्रता थी। इनके कार्यों के संचालन के लिए अत्यंत कुशल और संविधान के नियमों की दृष्टि से संगठित और विकसित समितियों की व्यवस्था थी जिन्हें वारियम् कहते थे। उत्तरमेरूर की सभा ने परांतक प्रथम के शासनकाल में अल्प समय के अंतर पर ही दो बार अपने संविधान में परिवर्तन किए जो इस बात का प्रमाण है कि ये सभाएँ अनुभव के अनुसार अधिक कुशल व्यवस्था को अपनाने के लिये तत्पर रहती थीं। इन सभाओं के कर्तव्यों का क्षेत्र व्यापक और विस्तृत था।

चोल नरेशों ने सिंचाई की सुविधा के लिए कुएँ और तालाब खुदवाए और नदियों के प्रवाह को रोककर पत्थर के बाँध से घिरे जलाशय (डैम) बनवाए। करिकाल चोल ने कावेरी नदी पर बाँध बनवाया था। राजेंद्र प्रथम ने गंगैकोंड-चोलपुरम् के समीप एक झील खुदवाई जिसका बाँध 16 मील लंबा था। इसको दो नदियों के जल से भरने की व्यवस्था की गई और सिंचाई के लिए इसका उपयोग करने के लिए पत्थर की प्रणालियाँ और नहरें बनाई गईं। आवागमन की सुविधा के लिए प्रशस्त राजपथ और नदियों पर घाट भी निर्मित हुए।

सामाजिक जीवन में यद्यपि ब्राह्मणों को अधिक अधिकार प्राप्त थे और अन्य वर्गों से अपना पार्थक्य दिखलाने के लिए उन्होंने अपनी अलग बस्तियाँ बसानी शुरू कर दी थीं, फिर भी विभिन्न वर्गों के परस्पर संबंध कटु नहीं थे। सामाजिक व्यवस्था को धर्मशास्त्रों के आदेशों और आदर्शों के अनुकूल रखने का प्रयत्न होता था। कुलोत्तुंग प्रथम के शासनकाल में एक गाँव के भट्टों ने शास्त्रों का अध्ययन कर रथकार नाम की अनुलोम जाति के लिए सम्मत जीविकाओं का निर्देश किया। उद्योग और व्यवसाय में लगे सामाजिक वर्ग दो भागों में विभक्त थे- वलंगै और इडंगै। स्त्रियों पर सामाजिक जीवन में किसी भी प्रकार का प्रतिबंध नहीं था। वे संपत्ति की स्वामिनी होती थीं। उच्च वर्ग के पुरुष बहुविवाह करते थे। सती का प्रचार था। मंदिरों में गुणशीला देवदासियाँ रहा करती थीं। समाज में दासप्रथा प्रचलित थी। दासों की कई कोटियाँ होती थीं।

आर्थिक जीवन का आधार कृषि थी। भूमिका स्वामित्व समाज में सम्मान की बात थी। कृषि के साथ ही पशुपालन का व्यवसाय भी समुन्नत था। स्वर्णकार, धातुकार और जुलाहों की कला उन्नत दशा में थी। व्यापारियों की अनेक श्रेणियाँ थीं जिनका संगठन विस्तृत क्षेत्र में कार्य करता था। नानादेश-तिशैयायिरतु

ऐज्जूरुंवर व्यापारियों की एक विशाल श्रेणी थी जो वर्मा और सुमात्रा तक व्यापार करती थी।

चोल सम्राट शिव के उपासक थे लेकिन उनकी नीति धार्मिक सहिष्णुता की थी। उन्होंने बौद्धों को भी दान दिया। जैन भी शांतिपूर्वक अपने धर्म का पालन और प्रचार करते थे। पूर्वयुग के तमिल धार्मिक पद वेदों जैसे पूजित होने लगे और उनके रचयिता देवता स्वरूप माने जाने लगे। नंबि आंडार नंबि ने सर्वप्रथम राजराज प्रथम के राज्यकाल में शैव धर्मग्रंथों को संकलित किया। वैष्णव धर्म के लिए यही कार्य नाथमुनि ने किया। उन्होंने भक्ति के मार्ग का दार्शनिक समर्थन प्रस्तुत किया। उनके पौत्र आलवंदार अथवा यमुनाचार्य का वैष्णव आचार्यों में महत्वपूर्ण स्थान है। रामानुज ने विशिष्टाद्वैत दर्शन का प्रतिपादन किया मंदिरों की पूजा विधि में सुधार किया और कुछ मंदिरों में वर्ष में एक दिन अंत्यजों के प्रवेश की भी व्यवस्था की। शैवों में भक्तिमार्ग के अतिरिक्त बीभत्स आचारोंवाले कुछ संप्रदाय, पाशुपत, कापालिक और कालामुख जैसे थे, जिनमें से कुछ स्त्रीत्व की आराधना करते थे, जो प्रायः विकृत रूप ले लेती थी। देवी के उपासकों में अपना सिर काटकर चढ़ाने की भी प्रथा थी। इस युग के धार्मिक जीवन में मंदिरों का विशेष महत्व था। छोटे या बड़े मंदिर, चोल राज्य के प्रायः सभी नगरों और गाँवों में इस युग में बने। ये मंदिर, शिक्षा के केंद्र भी थे। त्योहारों और उत्सवों पर इनमें गान, नृत्य, नाट्य और मनोरंजन के आयोजन भी होते थे। मंदिरों के स्वामित्व में भूमि भी होती थी और कई कर्मचारी इनकी अधीनता में होते थे। ये बैंक का कार्य थे। कई उद्योगों और शिल्पों के व्यक्तियों को मंदिरों के कारण जीविका मिलती थी।

चिदम्बरम का नटराज मंदिर

चोलों के मंदिरों की विशेषता उनके विमानों और प्रांगणों में दिखलाई पड़ती है। इनके शिखरस्तंभ छोटे होते हैं, किंतु गोपुरम् पर अत्यधिक अलंकरण होता है। प्रारंभिक चोल मंदिर साधारण योजना की कृतियाँ हैं लेकिन साम्राज्य की शक्ति और साधनों की वृद्धि के साथ मंदिरों के आकार और प्रभाव में भी परिवर्तन हुआ। इन मंदिरों में सबसे अधिक प्रसिद्ध और प्रभावोत्पादक राजराज प्रथम द्वारा तंजोर में निर्मित राजराजेश्वर मंदिर, राजेंद्र प्रथम द्वारा गंगैकोंडचोलपुरम् में निर्मित गंगैकोंडचोलेश्वर मंदिर है। चोल युग अपनी कांस्य प्रतिमाओं की सुंदरता के लिए भी प्रसिद्ध है। इनमें नटराज की मूर्तियाँ सर्वोत्कृष्ट हैं। इसके अतिरिक्त शिव के दूसरे कई रूप, ब्रह्मा, सप्तमातृका, लक्ष्मी तथा भूदेवी के साथ विष्णु, अपने अनुचरों के साथ राम और सीता, शैव संत और कालियदमन करते हुए कृष्ण की मूर्तियाँ भी उल्लेखनीय हैं।

तमिल साहित्य के इतिहास में चोल शासनकाल को 'स्वर्ण युग' की संज्ञा दी जाती है। प्रबंध साहित्यरचना का प्रमुख रूप था। दर्शन में शैव सिद्धांत के शास्त्रीय विवेचन का आरंभ हुआ। शेक्किलार का तिरुत्तोंडर् पुराणम् या पेरियपुराणम् युगांतरकारी रचना है। वैष्णव भक्ति-साहित्य और टीकाओं की भी रचना हुई। आश्चर्य है कि वैष्णव आचार्य नाथमुनि, यामुनाचार्य और रामानुज ने प्राय: संस्कृत में ही रचनाएँ की हैं। टीकाकारों ने भी संस्कृत शब्दों में आक्रांत मणिप्रवाल शैली अपनाई। रामानुज की प्रशंसा में सौ पदों की रचना रामानुजनूर्रंदादि इस दृष्टि से प्रमुख अपवाद है। जैन और बौद्ध साहित्य की प्रगति भी उल्लेखनीय थी। जैन कवि तिरुतक्कदेवर् ने प्रसिद्ध तमिल महाकाव्य जीवकचिंतामणि की रचना 10वीं शताब्दी में की थी। तोलामोलि रचित सूलामणि की गणना तमिल के पाँच लघु काव्यों में होती है। कल्लाडनार के कल्लाडम् में प्रेम की विभिन्न मनोदशाओं पर सौ पद हैं। राजकवि जयन्गोंडा ने कलिंगत्तुप्परणि में कुलोत्तुंग प्रथम के कलिंगयुद्ध का वर्णन किया है। ओट्टकूतन भी राजकवि था जिसकी अनेक कृतियों में कुलोत्तुंग द्विवतीय के बाल्यकाल पर एक पिल्लैत्तामिल और तीन चोल राजाओं पर उला उल्लेखनीय हैं। प्रसिद्ध तमिल रामायणम् अथवा रामावतारम् की रचना कंबन् ने कुलोत्तुंग तृतीय के राज्यकाल में की थी। किसी अज्ञात कवि की सुंदर कृति कुलोत्तुंगन्कोवै में कुलोत्तुंग द्विवतीय के प्रारंभिक कृत्यों का वर्णन है। जैन विद्वान् अमितसागर ने छंदशास्त्र पर याप्परुंगलम् नाम के एक ग्रंथ और उसके एक संक्षिप्त रूप (कारिगै) की रचना की। बौद्ध बुद्धमित्र ने तमिल व्याकरण पर वीरशोलियम् नाम का ग्रंथ लिखा। दंडियलंगारम् का लेखक अज्ञात है; यह ग्रंथ दंडिन के काव्यादर्श के आदर्श पर रचा गया है। इस काल के कुछ अन्य व्याकरण ग्रंथ हैं- गुणवीर पंडित का नेमिनादम् और वच्चणंदिमालै, पवणंदि का नन्नूल तथा ऐयनारिदनार का पुरप्पोरलवेण्बामालै। पिंगलम् नाम का कोश भी इसी काल की कृति है।

चोलवंश के अभिलेखों से ज्ञात होता है कि चोल नरेशों ने संस्कृत साहित्य और भाषा के अध्ययन के लिए विद्यालय (ब्रह्मपुरी, घटिका) स्थापित किए और उनकी व्यवस्था के लिए समुचित दान दिए। किंतु संस्कृत साहित्य में, सृजन की दृष्टि से, चोलों का शासनकाल अत्यल्प महत्व का है। उनके कुछ अभिलेख, जो संस्कृत में हैं, शैली में तमिल अभिलेखों से नीचे हैं। फिर भी वेंकट माधव का ऋग्वेद पर प्रसिद्ध भाष्य परांतक प्रथम के राज्यकाल की रचना है। केशवस्वामिन् ने नानार्थार्णवसंक्षेप नामक कोश को राजराज द्विवतीय की आज्ञा पर ही बनाया था।

8

गुप्त राजवंश

गुप्त राजवंश या गुप्त साम्राज्य (ल. 240/275–550 इस्वी) प्राचीन भारत का एक हिन्दू साम्राज्य था। जिसने लगभग संपूर्ण भारतीय उपमहाद्वीप पर शासन किया। इतिहासकारों द्वारा इस अवधि को भारत का स्वर्ण युग माना जाता है

मौर्य वंश के पतन के बाद दीर्घकाल में हर्ष तक भारत में राजनीतिक एकता स्थापित नहीं रही। कुषाण एवं सातवाहनों ने राजनीतिक एकता लाने का प्रयास किया। मौर्योत्तर काल के उपरान्त तीसरी शताब्दी ईस्वी में तीन राजवंशो का उदय हुआ जिसमें मध्य भारत में नाग शक्ति, दक्षिण में वाकाटक तथा पूर्वी में गुप्त वंश प्रमुख हैं। मौर्य वंश के पतन के पश्चात नष्ट हुई राजनीतिक एकता को पुनः स्थापित करने का श्रेय गुप्त वंश को है।

इस काल की अजन्ता चित्रकला

गुप्त साम्राज्य की नींव तीसरी शताब्दी के चौथे दशक में तथा उत्थान चौथी शताब्दी की शुरुआत में हुआ। गुप्त वंश का प्रारम्भिक राज्य आधुनिक उत्तर प्रदेश और बिहार में था।साम्राज्य के पहले शासक चंद्र गुप्त प्रथम थे, जिन्होंने विवाह द्वारा लिच्छवी के साथ गुप्ता को एकजुट किया। उनके पुत्र प्रसिद्ध समुद्र गुप्ता ने विजय के माध्यम से साम्राज्य का विस्तार किया। ऐसा लगता है कि उनके अभियानों ने उत्तरी और पूर्वी भारत में गुप्ता शक्ति का विस्तार किया और मध्य भारत और गंगा घाटी के कुलीन राजाओं और उन क्षेत्रों को वस्तुतः समाप्त कर दिया जो तब गुप्ता के प्रत्यक्ष प्रशासनिक नियंत्रण में आ गए थे । साम्राज्य के तीसरे शासक चंद्र गुप्त द्वितीय (या विक्रमादित्य, "शौर्य का सूर्य") उज्जैन तक साम्राज्य का विस्तार करने के लिए मनाया गया, लेकिन उनका शासनकाल सैन्य विजय की तुलना में सांस्कृतिक और बौद्धिक उपलब्धियों से अधिक जुड़ा

हुआ था। उनके उत्तराधिकारी- कुमारा गुप्ता, स्कंद गुप्ता और अन्य - ने धुनास (हेफ्थालवासियों की एक शाखा) पर आक्रमण के साथ साम्राज्य के क्रमिक निधन को देखा। 6 वीं शताब्दी के मध्य तक, जब राजवंश का अंत हुआ, तो राज्य एक छोटे आकार में घट गया था।

गुप्त वंश की उत्पत्ति

गुप्त सामाज्य का उदय तीसरी शताब्दी के अन्त में प्रयाग के निकट कौशाम्बी में हुआ था। जिस प्राचीनतम गुप्त राजा के बारे में पता चला है वो है श्रीगुप्त। हालांकि प्रभावती गुप्त के पूना ताम्रपत्र अभिलेख में इसे 'आदिराज' कहकर सम्बोधित किया गया है। श्रीगुप्त ने गया में चीनी यात्रियों के लिए एक मंदिर बनवाया था जिसका उल्लेख चीनी यात्री इत्सिंग ने 500 वर्षों बाद सन् 671 से सन् 695 के बीच में किया। पुराणों में ये कहा गया है कि आरंभिक गुप्त राजाओं का साम्राज्य गंगा द्रोणी, प्रयाग, साकेत (अयोध्या) तथा मगध में फैला था। श्रीगुप्त के समय में महाराजा की उपाधि सामन्तों को प्रदान की जाती थी, अतः श्रीगुप्त किसी के अधीन शासक था। प्रसिद्ध इतिहासकार के. पी. जायसवाल के अनुसार श्रीगुप्त भारशिवों के अधीन छोटे से राज्य प्रयाग का शासक था। चीनी यात्री इत्सिंग के अनुसार मगध के मृग शिखावन में एक मन्दिर का निर्माण करवाया था। तथा मन्दिर के व्यय में 24 गाँव को दान दिये थे।

हालाँकि, नेपाल और दक्कन में हाल की खुदाई से पता चला है कि गुप्त प्रत्यय आभीर राजाओं से संबधित थे इतिहासकार डीआर रेग्मी, इंपीरियल गुप्तों को नेपाल के आभीर गुप्तों से जोड़ते हैं

घटोत्कच

श्रीगुप्त के बाद उसका पुत्र घटोत्कच गद्दी पर बैठा। 280 ई. से 320 ई. तक गुप्त साम्राज्य का शासक बना रहा। वह शाही परिवार का वंशज रहा हो सकता है, प्रभावती गुप्ता के पूना एवं रिद्धपुर ताम्रपत्र अभिलेखों में घटोत्कच को गुप्त वंश का प्रथम राजा बताया गया है,इसका राज्य सम्भवतः मगध के आस-पास तक ही सीमित था।

चंद्रगुप्त प्रथम

सन् 320 में चन्द्रगुप्त प्रथम अपने पिता घटोत्कच के बाद राजा बना। चन्द्रगुप्त गुप्त वंशावली में पहला स्वतन्त्र शासक था। इसने महाराजाधिराज की उपाधि धारण की थी। चंद्रगुप्त ने में लिच्छवि संघ को अपने साम्राज्य में सम्मिलित कर लिया। इसका शासन काल (320 ई. से 335 ई. तक) था। चंद्रगुप्त ने गुप्त संवत् की स्थापना 319–320 ई. में की थी। गुप्त संवत् तथा शक संवत् के मध्य 241 वर्षों का अंतर था।

पुराणों तथा हरिषेण लिखित प्रयाग प्रशस्ति से चन्द्रगुप्त प्रथम के राज्य के विस्तार के विषय में जानकारी मिलती है। चन्द्रगुप्त ने लिच्छवियों के सहयोग और समर्थन पाने के लिए उनकी राजकुमारी कुमार देवी के साथ विवाह किया। स्मिथ के अनुसार इस वैवाहिक सम्बन्ध के परिणामस्वरूप चन्द्रगुप्त ने लिच्छवियों का राज्य प्राप्त कर लिया तथा मगध उसके सीमावर्ती क्षेत्र में आ गया। कुमार देवी के साथ विवाह-सम्बन्ध करके चन्द्रगुप्त प्रथम ने वैशाली राज्य प्राप्त किया। चन्द्रगुप्त ने जो सिक्के चलाए उसमें चन्द्रगुप्त और कुमारदेवी के चित्र अंकित होते थे। लिच्छवियों के दूसरे राज्य नेपाल के राज्य को उसके पुत्र समुद्रगुप्त ने मिलाया।

हेमचन्द्र राय चौधरी के अनुसार अपने महान पूर्ववर्ती शासक बिम्बिसार की भाँति चन्द्रगुप्त प्रथम ने लिच्छवि राजकुमारी कुमार देवी के साथ विवाह कर द्वितीय मगध साम्राज्य की स्थापना की। उसने विवाह की स्मृति में राजा-रानी प्रकार के सिक्कों का चलन करवाया। इस प्रकार स्पष्ट है कि लिच्छवियों के साथ सम्बन्ध स्थापित कर चन्द्रगुप्त प्रथम ने अपने राज्य को राजनैतिक दृष्टि से सुदृढ़ तथा आर्थिक दृष्टि से समृद्ध बना दिया। राय चौधरी के अनुसार चन्द्रगुप्त प्रथम ने कौशाम्बी तथा कौशल के महाराजाओं को जीतकर अपने राज्य में मिलाया तथा साम्राज्य की राजधानी पाटलिपुत्र में स्थापित की।

चंद्रगुप्त प्रथम

सन् 320 में चन्द्रगुप्त प्रथम अपने पिता घटोत्कच के बाद राजा बना। चन्द्रगुप्त गुप्त वंशावली में पहला स्वतन्त्र शासक था। इसने महाराजाधिराज की उपाधि धारण की थी। चंद्रगुप्त ने में लिच्छवि संघ को अपने साम्राज्य में सम्मिलित कर लिया। इसका शासन काल (320 ई. से 335 ई. तक) था। चंद्रगुप्त ने गुप्त संवत्

की स्थापना 319–320 ई. में की थी। गुप्त संवत् तथा शक संवत् के मध्य 241 वर्षों का अंतर था।

पुराणों तथा हरिषेण लिखित प्रयाग प्रशस्ति से चन्द्रगुप्त प्रथम के राज्य के विस्तार के विषय में जानकारी मिलती है। चन्द्रगुप्त ने लिच्छवियों के सहयोग और समर्थन पाने के लिए उनकी राजकुमारी कुमार देवी के साथ विवाह किया। स्मिथ के अनुसार इस वैवाहिक सम्बन्ध के परिणामस्वरूप चन्द्रगुप्त ने लिच्छवियों का राज्य प्राप्त कर लिया तथा मगध उसके सीमावर्ती क्षेत्र में आ गया। कुमार देवी के साथ विवाह-सम्बन्ध करके चन्द्रगुप्त प्रथम ने वैशाली राज्य प्राप्त किया। चन्द्रगुप्त ने जो सिक्के चलाए उसमें चन्द्रगुप्त और कुमारदेवी के चित्र अंकित होते थे। लिच्छवियों के दूसरे राज्य नेपाल के राज्य को उसके पुत्र समुद्रगुप्त ने मिलाया।

हेमचन्द्र राय चौधरी के अनुसार अपने महान पूर्ववर्ती शासक बिम्बिसार की भाँति चन्द्रगुप्त प्रथम ने लिच्छवि राजकुमारी कुमार देवी के साथ विवाह कर द्वितीय मगध साम्राज्य की स्थापना की। उसने विवाह की स्मृति में राजा-रानी प्रकार के सिक्कों का चलन करवाया। इस प्रकार स्पष्ट है कि लिच्छवियों के साथ सम्बन्ध स्थापित कर चन्द्रगुप्त प्रथम ने अपने राज्य को राजनैतिक दृष्टि से सुदृढ़ तथा आर्थिक दृष्टि से समृद्ध बना दिया। राय चौधरी के अनुसार चन्द्रगुप्त प्रथम ने कौशाम्बी तथा कौशल के महाराजाओं को जीतकर अपने राज्य में मिलाया तथा साम्राज्य की राजधानी पाटलिपुत्र में स्थापित की।

समुद्रगुप्त

चन्द्रगुप्त प्रथम के बाद 335 ई. में उसका तथा कुमारदेवी का पुत्र समुद्रगुप्त राजगद्दी पर बैठा। सम्पूर्ण प्राचीन भारतीय इतिहास में महानतम शासकों के रूप में वह नामित किया जाता है। इन्हें परक्रमांक कहा गया है। समुद्रगुप्त का शासनकाल राजनैतिक एवं सांस्कृतिक दृष्टि से गुप्त साम्राज्य के उत्कर्ष का काल माना जाता है। इस साम्राज्य की राजधानी पाटलिपुत्र थी। समुद्रगुप्त ने "महाराजाधिराज" की उपाधि धारण की। वे स्वयं को "लिच्छवि दौहित्र" कहे जाने पर गर्व का अनुभव करते थे।

श्रीलंका के शासक मेघवर्मन ने बोधगया में एक बौद्ध विहार के निर्माण की अनुमति पाने हेतू अपना राजदूत समुद्रगुप्त के पास भेजा। समुद्रगुप्त एक असाधारण सैनिक योग्यता वाला महान विजित सम्राट था। विन्सेंट स्मिथ ने इन्हें

नेपोलियन की उपाधि दी। उसका सबसे महत्वपूर्ण अभियान दक्षिण की तरफ़ (दक्षिणापथ) था। इसमें उसके बारह विजयों का उल्लेख मिलता है।

समुद्रगुप्त एक अच्छा राजा होने के अतिरिक्त एक अच्छा कवि तथा संगीतज्ञ भी था। उसे कला मर्मज्ञ भी माना जाता है। उसका देहान्त 380 ई. में हुआ जिसके बाद उसका पुत्र चन्द्रगुप्त द्वितीय राजा बना। यह उच्चकोटि का विद्वान तथा विद्या का उदार संरक्षक था। उसे कविराज भी कहा गया है। वह महान संगीतज्ञ था जिसे वीणा वादन का शौक था। इसने प्रसिद्ध बौद्ध विद्वान वसुबन्धु को अपना मन्त्री नियुक्त किया था।

हरिषेण, समुद्रगुप्त का मन्त्री एवं दरबारी कवि था। हरिषेण द्वारा रचित प्रयाग प्रशस्ति से समुद्रगुप्त के राज्यारोहण, विजय, साम्राज्य विस्तार के सम्बन्ध में सटीक जानकारी प्राप्त होती है। काव्यालंकार सूत्र में समुद्रगुप्त का नाम 'चन्द्रप्रकाश' मिलता है। उसने उदार, दानशील, असहायी तथा अनाथों को अपना आश्रय दिया। वैदिक धर्म के अनुसार इन्हें धर्म व प्राचीर बन्ध यानी धर्म की प्राचीर कहा गया है।

समुद्रगुप्त का साम्राज्य–

समुद्रगुप्त ने एक विशाल साम्राज्य का निर्माण किया जो उत्तर में हिमालय से लेकर दक्षिण में विन्ध्य पर्वत तक तथा पूर्व में बंगाल की खाड़ी से पश्चिम में पूर्वी मालवा तक विस्तृत था। कश्मीर, पश्चिमी पंजाब, पश्चिमी राजस्थान, सिन्ध तथा गुजरात को छोड़कर समस्त उत्तर भारत इसमें सम्मिलित थे। दक्षिणापथ के शासक तथा पश्चिमोत्तर भारत की विदेशी शक्तियाँ उसकी अधीनता स्वीकार करती थीं। समुद्रगुप्त ने सैन्य विजय के उपरांत एक अश्वमेध यज्ञ करवाया। प्रयाग प्रशस्ति के अनुसार समुद्रगुप्त की दिग्विजय का ध्येय "धरणि बंध" (भूमंडल को बांधना) था। इन्होने उत्तर भारत के नो शासकों को पराजित किया जिनमें अच्युत, नागसेन तथा गणपतिनाथ प्रमुख थे।

समुद्रगुप्त के काल में सदियों के राजनीतिक विकेन्द्रीकरण तथा विदेशी शक्तियों के आधिपत्य के बाद आर्यावर्त पुनः नैतिक, बौद्धिक तथा भौतिक उन्नति की चोटी पर जा पहुँचा था।

रामगुप्त

समुद्रगुप्त के बाद रामगुप्त सम्राट बना, लेकिन इसके राजा बनने में विभिन्न विद्वानों में मतभेद है।

विभिन्न साक्ष्यों के आधार पर पता चलता है कि समुद्रगुप्त के दो पुत्र थे- रामगुप्त तथा चन्द्रगुप्त। रामगुप्त बड़ा होने के कारण पिता की मृत्यु के बाद गद्दी पर बैठा, लेकिन वह निर्बल एवं कायर था। वह शकों द्वारा पराजित हुआ और अत्यन्त अपमानजनक सन्धि कर अपनी पत्नी ध्रुवस्वामिनी को शकराज को भेंट में दे दिया था, लेकिन उसका छोटा भाई चन्द्रगुप्त द्वितीय बड़ा ही वीर एवं स्वाभिमानी व्यक्ति था। वह छद्म भेष में ध्रुवस्वामिनी के वेश में शकराज के पास गया। फलतः रामगुप्त निन्दनीय होता गया। तत्पश्चात् चन्द्रगुप्त द्वितीय ने अपने बड़े भाई रामगुप्त की हत्या कर दी। उसकी पत्नी से विवाह कर लिया और गुप्त वंश का शासक बन बैठा।

चन्द्रगुप्त द्वितीय विक्रमादित्य

चन्द्रगुप्त द्वितीय 375 ई. में सिंहासन पर आसीन हुआ। वह समुद्रगुप्त की प्रधान महिषी दत्तदेवी से हुआ था। वह विक्रमादित्य के नाम से इतिहास में प्रसिद्ध हुआ। उसने 375 से 415 ई. तक (40 वर्ष) शासन किया।

चन्द्रगुप्त द्वितीय ने शकों पर अपनी विजय हासिल की जिसके बाद गुप्त साम्राज्य एक शक्तिशाली राज्य बन गया। चन्द्रगुप्त द्वितीय के समय में क्षेत्रीय तथा सांस्कृतिक विस्तार हुआ।

हालांकि चन्द्रगुप्त द्वितीय का अन्य नाम देव, देवगुप्त, देवराज, देवश्री आदि हैं। उसने विक्रमांक, विक्रमादित्य, परम भागवत आदि उपाधियाँ धारण की। उसने नागवंश, वाकाटक और कदम्ब राजवंश के साथ वैवाहिक सम्बन्ध स्थापित किये। चन्द्रगुप्त द्वितीय ने नाग राजकुमारी कुबेर नागा के साथ विवाह किया जिससे एक कन्या प्रभावती गुप्त पैदा हुई। वाकाटकों का सहयोग पाने के लिए चन्द्रगुप्त ने अपनी पुत्री प्रभावती गुप्त का विवाह वाकाटक नरेश रूद्रसेन द्वितीय के साथ कर दिया। उसने ऐसा संभवतः इसलिए किया कि शकों पर आक्रमण करने से पहले दक्कन में उसको समर्थन हासिल हो जाए। उसने प्रभावती गुप्त के सहयोग से गुजरात और काठियावाड़ की विजय प्राप्त की। वाकाटकों और गुप्तों की सम्मिलित शक्ति से शकों का उन्मूलन किया।

कदम्ब राजवंश का शासन कुंतल (कर्नाटक) में था। चन्द्रगुप्त के पुत्र कुमारगुप्त प्रथम का विवाह कदम्ब वंश में हुआ।

शक उस समय गुजरात तथा मालवा के प्रदेशों पर राज कर रहे थे। शकों पर विजय के बाद उसका साम्राज्य न केवल मजबूत बना बल्कि उसका पश्चिमी समुद्र पत्तनों पर अधिपत्य भी स्थापित हुआ। इस विजय के पश्चात उज्जैन गुप्त साम्राज्य की राजधानी बना।

चन्द्रगुप्त द्विवतीय का काल ब्राह्मण धर्म के चरमोत्कर्ष का काल था। इनका प्रधान सचिव वीरेन (शैव) तथा सेनापति अम्रकार्दव (बौद्ध) था।

विद्वानों को इसमें संदेह है कि चन्द्रगुप्त द्विवतीय तथा विक्रमादित्य एक ही व्यक्ति थे। उसके शासनकाल में चीनी बौद्ध यात्री फाहियान ने 399 ईस्वी से 414 ईस्वी तक भारत की यात्रा की। उसने भारत का वर्णन एक सुखी और समृद्ध देश के रूप में किया। चन्द्रगुप्त द्विवतीय के शासनकाल को स्वर्ण युग भी कहा गया है।

चन्द्रगुप्त एक महान प्रतापी सम्राट था। उसने अपने साम्राज्य का और विस्तार किया।

शक विजय-

पश्चिम में शक क्षत्रप शक्तिशाली साम्राज्य था। ये गुप्त राजाओं को हमेशा परेशान करते थे। शक गुजरात के काठियावाड़ तथा पश्चिमी मालवा पर राज्य करते थे। 389 ई. 412 ई. के मध्य चन्द्रगुप्त द्विवतीय द्वारा शकों पर आक्रमण कर विजित किया। शकों पर विजय के उपलक्ष्य में रजत मुद्राओं का प्रचलन करवाया था तथा "शकारि" उपाधि धारण की एवं व्याघ्र शैली के सिक्के चलाए।

वाहीक विजय-

महाशैली स्तम्भ लेख के अनुसार चन्द्र गुप्त द्विवतीय ने सिन्धु के पाँच मुखों को पार कर वाहिकों पर विजय प्राप्त की थी। वाहिकों का समीकरण कुषाणों से किया गया है, पंजाब का वह भाग जो व्यास का निकटवर्ती भाग है।

बंगाल विजय-

महाशैली स्तम्भ लेख के अनुसार यह ज्ञात होता है कि चन्द्र गुप्त द्वितीय ने बंगाल के शासकों के संघ को परास्त किया था।

गणराज्यों पर विजय-

पश्चिमोत्तर भारत के अनेक गणराज्यों द्वारा समुद्रगुप्त की मृत्यु के पश्चात्अपनी स्वतन्त्रता घोषित कर दी गई थी।

परिणामतः चन्द्रगुप्त द्वितीय द्वारा इन गणरज्यों को पुनः विजित कर गुप्त साम्राज्य में विलीन किया गया। अपनी विजयों के परिणामस्वरूप चन्द्रगुप्त द्वितीय ने एक विशाल साम्राज्य की स्थापना की। उसका साम्राज्य पश्चिम में गुजरात से लेकर पूर्व में बंगाल तक तथा उत्तर में हिमालय की तापघटी से दक्षिण में नर्मदा नदी तक विस्तृत था। चन्द्रगुप्त द्वितीय के शासन काल में उसकी प्रथम राजधानी पाटलिपुत्र और द्वितीय राजधानी उज्जयिनी थी।

चन्द्रगुप्त द्वितीय का काल कला-साहित्य का स्वर्ण युग कहा जाता है। उसके दरबार में विद्वानों एवं कलाकारों को आश्रय प्राप्त था। उसके दरबार में नौ रत्न थे- कालिदास, धन्वन्तरि, क्षपणक, अमरसिंह, शंकु, बेताल भट्ट, घटकर्पर, वाराहमिहिर, वररुचि, आर्यभट्ट, विशाखदत्त, शूद्रक, ब्रम्हगुप्त, विष्णुशर्मा और भास्कराचार्य उल्लेखनीय थे। ब्रह्मगुप्त ने ब्राह्मसिद्धान्त प्रतिपादित किया जिसे बाद में न्यूटन ने गुरुत्वाकर्षण के नाम से प्रतिपादित किया।

कुमारगुप्त प्रथम

कुमारगुप्त प्रथम, चन्द्रगुप्त द्वितीय की मृत्यु के बाद सन् 415 में सत्तारूढ़ हुआ। अपने दादा समुद्रगुप्त की तरह उसने भी अश्वमेघ यज्ञ के सिक्के जारी किये। कुमारगुप्त ने चालीस वर्षों तक शासन किया।

कुमारगुप्त प्रथम (415 ई. से 455 ई.)- चन्द्रगुप्त द्वितीय के पश्चात् 415 ई. में उसका पुत्र कुमारगुप्त प्रथम सिंहासन पर बैठा। वह चन्द्रगुप्त द्वितीय की पत्नी ध्रुवदेवी से उत्पन्न सबसे बड़ा पुत्र था, जबकि गोविन्दगुप्त उसका छोटा भाई था। यह कुमारगुप्त के बसाठ (वैशाली) का राज्यपाल था।

कुमारगुप्त प्रथम का शासन शान्ति और सुव्यवस्था का काल था। साम्राज्य की उन्नति के पराकाष्ठा पर था। इसने अपने साम्राज्य का अधिक संगठित और सुशोभित बनाये रखा। गुप्त सेना ने पुष्यमित्रों को बुरी तरह परास्त किया था। कुमारगुप्त ने अपने विशाल साम्राज्य की पूरी तरह रक्षा की जो उत्तर में हिमालय से दक्षिण में नर्मदा तक तथा पूर्व में बंगाल की खाड़ी से लेकर पश्चिम में अरब सागर तक विस्तृत था।

कुमारगुप्त प्रथम के अभिलेखों या मुद्राओं से ज्ञात होता है कि उसने अनेक उपाधियाँ धारण कीं। उसने महेन्द्र कुमार, श्री महेन्द्र, श्री महेन्द्र सिंह, महेन्द्रा दिव्य आदि उपाधि धारण की थी। मिलरक्द अभिलेख से ज्ञात होता है कि कुमारगुप्त के साम्राज्य में चतुर्दिक सुख एवं शान्ति का वातावरण विद्यमान था। कुमारगुप्त प्रथम स्वयं वैष्णव धर्मानुयायी था, किन्तु उसने धर्म सहिष्णुता की नीति का पालन किया। गुप्त शासकों में सर्वाधिक अभिलेख कुमारगुप्त के ही प्राप्त हुए हैं। उसने अधिकाधिक संख्या में मयूर आकृति की रजत मुद्राएं प्रचलित की थीं। उसी के शासनकाल में नालन्दा विश्वविद्यालय की स्थापना की गई थी।

कुमारगुप्त के समय मे हूणो का हमला हुआ।

कुमारगुप्त प्रथम के शासनकाल की प्रमुख घटनओं का निम्न विवरण है-

पुष्यमित्र से युद्ध

- भीतरी अभिलेख से ज्ञात होता है कि कुमारगुप्त के शासनकाल के अन्तिम क्षण में शान्ति नहीं थी। इस काल में पुष्यमित्र ने गुप्त साम्राज्य पर आक्रमण किया। इस युद्ध का संचालन कुमारगुप्त के पुत्र स्कन्दगुप्त ने किया था। उसने पुष्यमित्र को युद्ध में परास्त किया।

दक्षिणी विजय अभियान-

कुछ इतिहास के विद्वानों के मतानुसार कुमारगुप्त ने भी समुद्रगुप्त के समान दक्षिण भारत का विजय अभियान चलाया था, लेकिन सतारा जिले से प्राप्त अभिलेखों से यह स्पष्ट नहीं हो पाता है।

अश्वमेध यज्ञ- सतारा जिले से प्राप्त 1,395 मुद्राओं व लेकर पुर से 13 मुद्राओं के सहारे से अश्वमेध यज्ञ करने की पुष्टि होती है।

नालंदा विश्वविद्यालय

माना जाता है कि नालंदा विश्वविद्यालय का निर्माण गुप्त राजा कुमारगुप्ता द्वारा किया गया था । नोलानाडा को दुनिया का पहला अंतरराष्ट्रीय निवासी विश्वविद्यालय माना जाता है नालंदा संस्कृत शब्द 'नालम् + दा' से बना है। संस्कृत में 'नालम' का अर्थ 'कमल' होता है। कमल ज्ञान का प्रतीक है। नालम् + दा यानी कमल देने वाली, ज्ञान देने वाली। कालक्रम से यहाँ महाविहार की स्थापना के बाद इसका नाम 'नालंदा महाविहार' रखा गया।

स्कन्दगुप्त

पुष्यमित्र के आक्रमण के समय ही गुप्त शासक कुमारगुप्त प्रथम की 455 ई. में मृत्यु हो गयी थी। उसकी मृत्यु के बाद उसका पुत्र स्कन्दगुप्त सिंहासन पर बैठा। उसने सर्वप्रथम पुष्यमित्र को पराजित किया और उस पर विजय प्राप्त की। हालाँकि सैन्य अभियानों में वो पहले से ही शामिल रहता था। मन्दसौर शिलालेख से ज्ञात होता है कि स्कन्दगुप्त की प्रारम्भिक कठिनाइयों का फायदा उठाते हुए वाकाटक शासक नरेन्द्र सेन ने मालवा पर अधिकार कर लिया परन्तु स्कन्दगुप्त ने वाकाटक शासक नरेन्द्र सेन को पराजित कर दिया।

स्कंदगुप्त ने 12 वर्ष तक शासन किया। स्कन्दगुप्त ने विक्रमादित्य, क्रमादित्य आदि उपाधियाँ धारण कीं। कहोम अभिलेख में स्कन्दगुप्त को शक्रोपन कहा गया है।

स्कन्दगुप्त का शासन बड़ा उदार था जिसमें प्रजा पूर्णरूपेण सुखी और समृद्ध थी। स्कन्दगुप्त एक अत्यन्त लोकोपकारी शासक था जिसे अपनी प्रजा के सुख-दुःख की निरन्तर चिन्ता बनी रहती थी। जूनागढ़ अभिलेख से पता चलता है कि स्कन्दगुप्त के शासन काल में भारी वर्षा के कारण सुदर्शन झील का बाँध टूट गया था उसने दो माह के भीतर अतुल धन का व्यय करके पत्थरों की जड़ाई द्वारा उस झील के बाँध का पुनर्निर्माण करवा दिया। इस झील के पुनरुद्धार का कार्य सौराष्ट्र के गवर्नर पर्णदत्त के पुत्र चक्रपालित को सौंपा गया।

उसके शासनकाल में संघर्षों की भरमार लगी रही। उसको सबसे अधिक परेशान मध्य एशियाई हूण लोगो ने किया। हूण एक बहुत ही दुर्दांत कबीले थे तथा

उनके साम्राज्य से पश्चिम में रोमन साम्राज्य को भी खतरा बना हुआ था। श्वेत हूणों के नाम से पुकारे जाने वाली उनकी एक शाखा ने हिंदुकुश पर्वत को पार करके फ़ारस तथा भारत की ओर रुख किया। उन्होंने पहले गांधार पर कब्जा कर लिया और फिर गुप्त साम्राज्य को चुनौती दी। पर स्कंदगुप्त ने उन्हे करारी शिकस्त दी और हूणों ने अगले 50 वर्षों तक अपने को भारत से दूर रखा। स्कंदगुप्त ने मौर्यकाल में बनी सुदर्शन झील का जीर्णोद्धार भी करवाया।

गोविन्दगुप्त स्कन्दगुप्त का छोटा चाचा था, जो मालवा के गवर्नर पद पर नियुक्त था। इसने स्कन्दगुप्त के विरुद्ध विद्रोह कर दिया। स्कन्दगुप्त ने इस विद्रोह का दमन किया।

स्कन्दगुप्त राजवंश का आखिरी शक्तिशाली सम्राट था। 467 ई. उसका निधन हो गया।

पतन

स्कंदगुप्त की मृत्य सन् 467 में हुई। हंलांकि गुप्त वंश का अस्तित्व इसके 100 वर्षों बाद तक बना रहा पर यह धीरे धीरे कमजोर होता चला गया।

स्कन्दगुप्त के बाद इस साम्राज्य में निम्नलिखित प्रमुख राजा हुए:

पुरुगुप्त

यह कुमारगुप्त का पुत्र था और स्कन्दगुप्त का सौतेला भाई था। स्कन्दगुप्त का कोई अपना पुत्र नहीं था। पुरुगुप्त बुढ़ापा अवस्था में राजसिंहासन पर बैठा था फलतः वह सुचारु रूप से शासन को नहीं चला पाया और साम्राज्य का पतन प्रारम्भ हो गया।

कुमारगुप्त द्वितीय

पुरुगुप्त का उत्तराधिकारी कुमारगुप्त द्वितीय हुआ। सारनाथ लेख में इसका समय 445 ई. अंकित है।

बुधगुप्त

कुमारगुप्त द्वितीय के बाद बुधगुप्त शासक बना जो नालन्दा से प्राप्त मुहर के अनुसार पुरुगुप्त का पुत्र था। उसकी माँ चन्द्रदेवी था। उसने 475 ई. से 495 ई. तक शासन किया। ह्वेनसांग के अनुसार वह बौद्ध मत अनुयायी था। उसने नालन्दा बौद्ध महाविहार को काफी धन दिया था।

नरसिंहगुप्त बालादित्य

बुधगुप्त की मृत्यु के बाद उसका छोटा भाई नरसिंहगुप्त शासक बना। इस समय गुप्त साम्राज्य तीन भागों क्रमशः मगध, मालवा तथा बंगाल में बँट गया। मगध में नरसिंहगुप्त, मालवा में भानुगुप्त, बिहार में तथा बंगाल क्षेत्र में वैन्यगुप्त ने अपना स्वतन्त्र शसन स्थापित किया। नरसिंहगुप्त तीनों में सबसे अधिक शक्तिशाली राजा था। हूणों का कुरु एवं अत्याचारी आक्रमण मिहिरकुल को पराजित कर दिया था। नालन्दा मुद्रा लेख में नरसिंहगुप्त को परम भागवत कहा गया है। भानुगुप्त के समय सती प्रथा का प्रथम साक्ष्य 510 ई. के ऐरण लेख में मिलता है।

कुमारगुप्त तृतीय

नरसिंहगुप्त के बाद उसका पुत्र कुमारगुप्त तृतीय मगध के सिंहासन पर बैठा। वह 24 वाँ शासक बना। कुमारगुप्त तृतीय गुप्त वंश का अन्तिम शासक था।

दामोदरगुप्त

कुमरगुप्त के निधन के बाद उसका पुत्र दामोदरगुप्त राजा बना। ईशान वर्मा का पुत्र सर्ववर्मा उसका प्रमुख प्रतिद्वन्दी मौखरि शासक था। सर्ववर्मा ने अपने पिता की पराजय का बदला लेने हेतु युद्ध किया। इस युद्ध में दामोदरगुप्त की हार हुई। यह युद्ध 582 ई. के आस-पस हुआ था।

महासेनगुप्त

दामोदरगुप्त के बाद उसका पुत्र महासेनगुप्त शासक बना था। उसने मौखरि नरेश अवन्ति वर्मा की अधीनता स्वीकार कर ली। महासेनगुप्त ने असम नरेश सुस्थित वर्मन को ब्राह्मण नदी के तट पर पराजित किया। अफसढ़ लेख के अनुसार

महासेनगुप्त बहुत पराक्रमी था।

देवगुप्त

महासेनगुप्त के बाद उसका पुत्र देवगुप्त मलवा का शासक बना। उसके दो सौतेले भाई कुमारगुप्त और माधवगुप्त थे। देवगुप्त ने गौड़ शासक शशांक के सहयोग से कन्नौज के मौखरि राज्य पर आक्रमण किया और गृह वर्मा की हत्या कर दी। प्रभाकर वर्धन के बड़े पुत्र राज्यवर्धन ने शीघ्र ही देवगुप्त पर आक्रमण करके उसे मार डाला।

माधवगुप्त

हर्षवर्धन के समय में माधवगुप्त मगध के सामन्त के रूप में शासन करता था। वह हर्ष का घनिष्ठ मित्र और विश्वासपात्र था। हर्ष जब शशांक को दण्डित करने हेतु गया तो माधवगुप्त साथ गया था। उसने 650 ई. तक शासन किया। हर्ष की मृत्यु के उपरान्त उत्तर भारत में अराजकता फैली तो माधवगुप्त ने भी अपने को स्वतन्त्र शासक घोषित किया।

गुप्त साम्राज्य का 550 ई. में पतन हो गया। बुद्धगुप्त के उत्तराधिकारी अयोग्य निकले और हूणों के आक्रमण का सामना नहीं कर सके। हूणों ने सन् 512 में तोरमाण के नेतृत्व में फिर हमला किया और ग्वालियर तथा मालवा तक के एक बड़े क्षेत्र पर अधिपत्य कायम कर लिया। इसके बाद सन् 606 में हर्ष का शासन आने के पहले तक आराजकता छाई रही। हूण ज्यादा समय तक शासन न कर सके।

उत्तर गुप्त राजवंश

गुप्त वंश के पतन के बाद भारतीय राजनीति में विकेन्द्रीकरण एवं अनिश्चितता का माहौल उत्पन्न हो गया। अनेक स्थानीय सामन्तों एवं शासकों ने साम्राज्य के विस्तृत क्षेत्रों में अलग-अलग छोटे-छोटे राजवंशों की स्थापना कर ली। इसमें एक था- उत्तर गुप्त राजवंश। इस राजवंश ने करीब दो शताब्दियों तक शासन किया। इस वंश के लेखों में चक्रवर्ती गुप्त राजाओं का उल्लेख नहीं है।

परवर्ती गुप्त वंश के संस्थापक कृष्णगुप्त ने (510 ई. 521 ई.) स्थापना की। अफसढ़ लेख के अनुसार मगध उसका मूल स्थान था, जबकि विद्वानों ने उनका मूल स्थान मालवा कहा गया है। उसका उत्तराधिकारी हर्षगुप्त हुआ है। उत्तर गुप्त वंश के तीन शासकों ने शासन किया। तीनों शासकों ने मौखरि वंश से मैत्रीपूर्ण सम्बन्ध कायम रहा।

कुमारगुप्त उत्तर गुप्त वंश का चौथा राजा था जो जीवित गुप्त का पुत्र था। यह शासक अत्यन्त शक्तिशाली एवं महत्वाकांक्षी था। इसने महाराजाधिराज की उपाधि धारण की। उसका प्रतिद्वन्दी मौखरि नरेश ईशान वर्मा समान रूप से महत्वाकांक्षी शासक था। इस समय प्रयाग में पुण्यार्जन हेतु प्राणान्त करने की प्रथा प्रचलित थी। हांग गांगेय देव जैसे शसकों का अनुसरण करते हुए कुमार गुप्त ने प्रयाग जाकर स्वर्ग प्राप्ति की लालसा से अपने जीवन का त्याग किया।

गुप्तकालीन स्थापत्य

गुप्त काल में कला, विज्ञान और साहित्य ने अत्यधिक समृद्धि प्राप्त की। इस काल के साथ ही भारत ने मंदिर वास्तुकला एवं मूर्तिकला के उत्कृष्ट काल में प्रवेश किया। शताब्दियों के प्रयास से कला की तकनीकों को संपूर्णता मिली। गुप्त काल के पूर्व मन्दिर स्थायी सामग्रियों से नहीं बनते थे। ईंट एवं पत्थर जैसी स्थायी सामग्रियों पर मंदिरों का निर्माण इसी काल की घटना है। इस काल के प्रमुख मंदिर हैं- तिगवा का विष्णु मंदिर (जबलपुर, मध्य प्रदेश), भूमरा का शिव मंदिर (नागोद, मध्य प्रदेश), नचना कुठार का पार्वती मंदिर (मध्य प्रदेश), देवगढ़ का दशवतार मंदिर (झाँसी, उत्तर प्रदेश) तथा ईंटों से निर्मित भीतरगाँव का लक्ष्मण मंदिर (कानपुर, उत्तर प्रदेश) आदि।

गुप्तकालीन मंदिरों की विशेषताएँ

गुप्तकालीन मंदिरों को ऊँचे चबूतरों पर बनाया जाता था जिनमें ईंट तथा पत्थर जैसी स्थायी सामग्रियों का प्रयोग किया जाता था। आरंभिक गुप्तकालीन मंदिरों में शिखर नहीं मिलते हैं। इस काल में मदिरों का निर्माण ऊँचे चबूतरे पर किया जाता था जिस पर चढ़ने के लिये चारों ओर से सीढ़ियाँ बनीं होती थी तथा मन्दिरों की छत सपाट होती थी। मन्दिरों का गर्भगृह बहुत साधारण होता था। गर्भगृह में देवताओं को स्थापित किया जाता था। प्रारंभिक गुप्त मंदिरों में अलंकरण

नहीं मिलता है, लेकिन बाद में स्तम्भों, मन्दिर के दीवार के बाहरी भागों, चौखट आदि पर मूर्तियों द्वारा अलंकरण किया गया है। भीतरगाँव (कानपुर) स्थित विष्णु मंदिर नक्काशीदार है। गुप्तकालीन मन्दिरों के प्रवेशद्वार पर मकरवाहिनी गंगा, यमुना, शंख व पद्म की आकृतियाँ बनी हैं। गुप्तकालीन मंदिरकला का सर्वोत्तम उदाहरण देवगढ़ का दशावतार मंदिर है जिसमें गुप्त स्थापत्य कला अपनी परिपक्व अवस्था में है। यह मंदिर सुंदर मूर्तियों, उड़ते हुए पक्षियों, पवित्र वृक्ष, स्वास्तिक एवं फूल-पत्तियों द्वारा अलंकृत है। गुप्तकालीन मंदिरों की विषय-वस्तु रामायण, महाभारत और पुराणों से ली गई है।

9

पल्लव राजवंश

पल्लव राजवंश प्राचीन दक्षिण भारत का एक कायस्थ क्षत्रिय राजवंश था। चौथी शताब्दी में इसने कांचीपुरम में राज्य स्थापित किया और लगभग 600 वर्ष तमिल और तेलुगु क्षेत्र में राज्य किया। बोधिधर्म इसी राजवंश का था जिसने ध्यान योग को चीन में फैलाया। यह राजा अपने आप को क्षत्रिय मानते थे।

पल्लवों की उत्पत्ति

पल्लव राजवंश कुछ विद्वानों ने पल्लवों की उत्पत्ति पार्थियन लोगों से बतलाई है। किन्तु पल्लव और पहलव नामों का ध्वनिसाम्य दोनों का तादात्म्य सिद्ध करने के लिए पर्याप्त नहीं है। दक्षिणी भारत में पहलवों को उत्तरापथ में और पल्लवों को दक्षिणापथ में रहनेवाला कहकर दोनों में स्पष्ट अंतर दिखलाया है।

पल्लव शब्द मूलतः तमिल 'तोंडेयर' और 'तोंडमान' का संस्कृत रूप था। पल्लवों की तमिल उत्पत्ति माननेवाले विद्वान् पल्लवों का तिरैयर से समीकरण बतलाते हैं। एक विद्वान् ने तो पल्लव शब्द को ही, दूध दुहनेवाले या ग्वाले/ गडरिया के अर्थ में, तमिल भाषा से निकला सिद्ध करने का प्रयत्न किया है। मणिमेखलै के आधार पर प्रथम पल्लव नरेश को एक चोल और एक नाग राजकन्या की सतति मानने का भी सुझाव रखा गया है। पल्लव नामकरण नाग-राज-कन्या के जन्मदेश मणिपल्लवम् अथवा प्रथम पल्लव के तोंडै लता की शाखा की गेंडुरी से बँधा हुआ पाए जाने के कारण बतलाया जाता है।

इसके विरुद्ध कुछ विद्वान् पल्लवों की उत्तरी उत्पत्ति मानते हैं। काशीप्रसाद जायसवाल के अनुसार पल्लव वाकाटकों की एक शाखा थे; ये उत्तर के कायस्थ

थे जिन्होंने सैनिक वृत्ति अपना ली थी। पल्लव राजवंश के ऊपर उत्तरी भारत की सांस्कृतिक परंपराओं की स्पष्ट छाप है। वे पहले प्राकृत और बाद में संस्कृत का उपयोग करते हैं। वे धर्ममहाराज और अश्वमेघयाजिन् जैसी उपाधियाँ धारण करते हैं। उनकी प्रारंभिक शासनव्यवस्था सतवाहन पद्धति और अन्ततोगत्वा अर्थशास्त्र में प्रतिपादित व्यवस्था से संबंधित है। किन्तु इन सब से पल्लवों की उत्तरी उत्पत्ति कहाँ तक सिद्ध होती है, यह निश्चय करना कठिन है। पल्लवों को ब्राह्मण द्रोणाचार्य और अश्वत्थामा से संबंधित करनेवाली अनुश्रुतियाँ तो है किन्तु कदम्ब राजवंश के तालगुंड अभिलेख में पल्लवों को क्षत्रिय कहा गया है जिसका समर्थन ह्वेनसांग भी करता है। संभवतः वे प्रारम्भ में सातवाहनों के सामन्त थे। उन्होंने कांची प्रदेश नागों से लिया होगा। यह घटना दूसरी शताब्दी के मध्य के बाद की होगी जब कि टाल्मी के अनुसार यहाँ नागों का अधिकार था। बाद के कुछ अभिलेखों में पल्लव राजवंश की उत्पत्ति इनमें उल्लिखित कुछ प्रारंभिक नाम काल्पनिक जैसे लगते हैं किन्तु कुछ घटनाओं का ऐतिहासिक आधार भी सम्भव है।

इतिहास

पल्लवों का प्रारंभिक इतिहास क्रमबद्ध रूप से नहीं प्रस्तुत किया जा सकता। सुविधा के लिए भाषा के आधार पर उन्हें प्राकृत ताम्रपट्टों से ज्ञात और संस्कृत ताम्रपट्टों से ज्ञात पल्लवों में विभाजित किया जाता है। इनमें से सर्वप्रथम नाम सिंहवर्मन् का है जिसका गुंटुर अभिलेख तीसरी शताब्दी के अंतिम चरण का है। शिवस्कंदवर्मन्, जिसके अभिलेख मयिडवोलु और हीरहडगल्लि से प्राप्त हुए हैं, चौथी शताब्दी के आरंभ में हुआ था और प्रारंभिक पल्लवों में सबसे अधिक प्रसिद्ध है। इस समय पल्लवों का अधिकार कृष्णा नदी से दक्षिणी पेन्नेर और बेल्लारी तक फैला हुआ था। शिवस्कंदवर्मन ने अश्वमेघ यज्ञ किया था। उसके बाद स्कंदवर्मन् का राज्य हुआ। स्कंदवर्मन् के गुंटुर से प्राप्त ताम्रपट्ट में, जो ब्रिटिश म्यूजियम में सुरक्षित है युवराज बुद्धवर्मन् और उसके पुत्र बुद्ध्यंकुर का उल्लेख है। किन्तु इसके बाद का इतिहास तिमिराच्छन्न है। समुद्रगुप्त के द्वारा पराजित कांची के नरेश का नाम विष्णुगोप था।

इसके बाद संस्कृत ताम्रपट्ट के पल्लवों का राज्यकाल आता है। इन अभिलेखों से हमें कई पल्लव राजाओं के नाम ज्ञात होते हैं किंतु उन सभी का परस्पर संबंध और क्रम निश्चित करना कठिन है। कांची के राजवंश की छिन्न-भिन्न शक्ति का

लाभ उठाकर पल्लव साम्राज्य के उत्तरी भाग में नेल्लोर-गुंटुर क्षेत्र में एक सामंत पल्लव वंश ने अपना स्वतंत्र राज्य स्थापित किया। ताम्रपट्टों से ज्ञात इस वंश के शासकों को 375 से 575 ई. के बीच रखा जा सकता है।

कांची के मुख्य घराने के लिए सर्वप्रथम हम चेंडलूर ताम्रपट्ट से ज्ञात स्कंदवर्मन्, उसके पुत्र कुमारविष्णु प्रथम, पौत्र बुद्धवर्मन और प्रपौत्र कुमारविष्णु द्वितीय को रख सकते हैं। स्कंदवर्मन् संभवत: ब्रिटिश म्यूज़ियम के ताम्रपट्ट का स्कंदवर्मन् हो। इसके बाद उदयेंदिरम् ताम्रपट्ट से स्कंदवर्मन् (द्वितीय), उसके पुत्र सिंहवर्मन्, पौत्र स्कंदवर्मन् तृतीय और प्रपौत्र नंदिवर्मन् (प्रथम) का ज्ञान होता है। पहले उल्लिखित पल्लवों के साथ इनका संबंध ज्ञात नहीं है। किंतु सिंहवर्मन् का राज्यकाल 436 से 458 ई. तक अवश्य रहा। सिंहवर्मन् और उसके पुत्र स्कंदवर्मन् (तृतीय) का उल्लेख उनके सामंत गंग लोगों के अभिलेखों में भी आता है। छठी शताब्दी के प्रारंभ में शांतिवर्मन् का नाम ज्ञात होता है। संभवत: यही चंडदंड के नाम से भी प्रसिद्ध था और कदंब रविवर्मन् के द्वारा मारा गया था।

सिंहवर्मन् द्वितीय से पल्लवों का राज्यक्रम सुनिश्चित हो जाता है। पल्लव राजवंश के गौरव का श्रीगणेश उसके पुत्र सिंहविष्णु (575-600 ई.) के द्वारा हुआ। सिंहविष्णु ने कलभ्रों द्वारा तमिल प्रदेश में उत्पन्न राजनीतिक अव्यवस्था का अंत किया और चोल मंडलम् पर पल्लवों का अधिकार स्थापित किया। यह विष्णु का उपासक था। अवनिसिंह उसका विरोधी था। उसने संस्कृत के प्रसिद्ध कवि भारवि को प्रश्रय दिया था। महाबलिपुरम की वराह गुहा में उसकी और उसकी दो रानियों की मूर्तियाँ प्रस्तर पर उभारी गई है।

पल्लव स्तंभ, महेंद्रवर्मन प्रथम काल, 7 वीं शताब्दी

सिंहविष्णु के पुत्र महेन्द्रवर्मन प्रथम (600-630 ई.) की गणना इस राजवंश के सर्वोच्च सम्राटों में होती है। इस महान शासक की बहुमुखी प्रतिभा युद्ध और शांति दोनों ही क्षेत्रों में विकसित हुई। इसी समय पल्लवों और चालुक्यों के संघर्ष का प्रारंभ हुआ। चालुक्य नरेश पुलकेशिन् द्वितीय की सेना विजय करती हुई पल्लव राजधानी के बिल्कुल समीप पहुँच गई थी। पुल्ललूर के युद्ध में महेंद्रवर्मन ने चालुक्यों को पराजित किया और साम्राज्य के कुछ उत्तरी भागों का छोड़कर शेष सभी की पुनर्विजय कर ली। महेंद्रवर्मन् ने कई विरुद धारण किए जो उसके प्रतिभाशाली व्यक्तित्व के अनेक गुणों की ओर संकेत करते हैं, यथा मत्तविलास, विचित्रचित्त, चेत्थकारि और चित्रकारपुलि। चट्टानों को काटकर बनवाए गए इसके मंदिरों में से कुछ त्रिचिनापली, महेंद्रवाडि और डलवानूर में उदाहरण रूप में अवशिष्ट हैं। उसने महेंद्रवाडि में महेंद्र-तटाक नाम के जलाशय का निर्माण किया।

उसे चित्रकला में भी रुचि थी एवं वह कुशल संगीतज्ञ के रूप में भी प्रसिद्ध था। उसने मत्तविलास प्रहसन की रचना की थी। प्रारंभ में वह जैन मतावलंबी था किंतु अप्पर के प्रभाव से उसने शैव धर्म स्वीकार कर लिया। फिर भी उसने विष्णु की पूजा को प्रोत्साहन दिया किंतु जैनियों के प्रति वह असहिष्णु बना रहा।

महेंद्रवर्मन् का पुत्र नरसिंहवर्मन् प्रथम (630-668) इस राजवंश का सर्वश्रेष्ठ सम्राट् था। इसके समय में पल्लव दक्षिणी भारत की प्रमुख शक्ति बन गए। उसने चालुक्य नरेश पुलकेशिन् द्वितीय के तीन आक्रमणों का विफल कर दिया। इन विजयों से उत्साहित हाकर उसने अपनी सेना चालुक्य साम्राज्य पर आक्रमण के लिए भेजी जिसने 642 ई. में चालुक्यों की राजधानी वातापी पर अधिकार कर लिया। इस विजय के उपलक्ष में उसने वातापिकोंड की उपाधि धारण की। युद्ध में पुलकेशिन् की मृत्यु के कारण चालुक्य साम्राज्य अव्यवस्थित रहा। फलस्वरूप चालुक्य साम्राज्य के दक्षिणी भाग पर पल्लवों का अधिकार बना रहा। पुलकेशिन् के पुत्र विक्रमादित्य ने 655 में पल्लवों को वातापी छोड़ने पर विवश किया। नरसिंहवर्मन् ने लंका के राजकुमार मानवर्मा की सहायता के लिए दो बार लंका पर आक्रमण किया और अंत में उसे लंका के सिंहासन पर फिर से अधिकार दिलाया। उसके लिए यह भी कहा जाता है कि उसने चोल, चेर, कलभ्र और पांडवों का भी पराजित किया था। उसका विरुद महामल्ल था। उसने महाबलिपुरम् का गौरव बढ़ाया। यहाँ उसने एक ही प्रस्तरखंड से बने कुछ मंदिरों या रथों का निर्माण कराया। 640 में चीनी यात्री ह्वेनसांग पल्लव साम्राज्य में आया। उसने तोंडमंडलम् और कांची का वर्णन किया है।

नरसिंहवर्मन् के पुत्र महेंद्रवर्मन् द्वितीय का राज्यकाल दो वर्ष (668-670) का ही था जिसमें उसे चालुक्य विक्रमादित्य के हाथों पराजित होना पड़ा।

महेंद्रवर्मन् के पुत्र परमेश्वरवर्मन् प्रथम (670-695) का राजनीतिक महत्व चालुक्य नरेश विक्रमादित्य का सफल विरोध करने में है। विक्रमादित्य ने पल्लवों के शत्रु पांड्यों के साथ संधि की और अपने देश के अपमान का प्रतिकार करने के लिए पल्लव राज्य पर आक्रमण किया और कांची को विजय करता हुआ कावेरी के दक्षिणी तट पर उरगपुर तक पहुँचा। परमेश्वरवर्मन् अपनी प्रारंभिक असफलताओं से हतोत्साह नहीं हुआ। विपक्षियों का ध्यान आकर्षित करने के लिए उसने एक सेना चालुक्य साम्राज्य में भेजी जिसने विक्रमादित्य के पुत्र विनयादित्य और पौत्र चिजयादित्य का पराजित किया। उसने स्वयं पेरुवलनल्लूर के युद्ध में आक्रमणकारियों को पराजित किया और उन्हें पल्लव साम्राज्य छोड़कर जान पर विवश किया। महाबलिपुरम् की कुछ कलाकृतियाँ उसी ने बनवाई थीं। वह शिव का

उपासक था। उसने कांची के समीप कूरम् में एक शिवमंदिर का निर्माण कराया।

परमेश्वरवर्मन् के पुत्र नरसिंह द्वितीय राजसिंह (695-722) का शांत और समृद्ध राज्यकाल कला और साहित्य की प्रगति की दृष्टि से उल्लेखनीय है। उसके मंदिर अपने आकार और सुंदरता के लिए प्रसिद्ध है। कांची का कैलासनाथ मंदिर और मामल्लपुरम् का मंदिर इनके उदाहरण हैं। कुछ विद्वानों के अनुसार प्रसिद्ध काव्यशास्त्रज्ञ और गद्यलेखक दंडिन् इसी के दरबार में था और यहीं भास के नाटकों का रंगमंच पर प्रदर्शनार्थ परिवर्तन किया गया था। इस काल की समृद्धि का कारण निदेशो से व्यापार था। संभवत: व्यापारिक हित के लिए ही उसने एक राजदूतमंडल चीन भेजा था। उसे विरुदों स विशेष प्रेम था। उसने 250 के लगभग उपाधियाँ ग्रहण की थीं जिनमें राजसिंह, शंकरभक्त और आगमप्रिय प्रमुख है।

नरसिंहवर्मन् के पुत्र परमेश्वरवर्मन् द्वितीय (722-730) के राज्यकाल के अंतिम वर्षों में चालुक्य युवराज विक्रमादित्य ने गंगों की सहायता से कांची पर आक्रमण किया। परमेश्वरवर्मन् ने भेंट आदि देकर आक्रमणकारियों को लौटाया। प्रतिकार की भावना से प्रेरित होकर उसने गंग राज्य पर आक्रमण किया किंतु युद्ध में मारा गया। तिरुवडि का शिवमंदिर संभवत: उसी ने बनवाया था।

परमेश्वरवर्मन् की मृत्यु पर उसके वंशजों के अभाव में राज्य के अधिकारियों ने विद्वान् ब्राह्मणों की घटिका के परामर्श से बारहवर्षीय नंदिवर्मन् द्वितीय पल्लवमल्ल (730-800) की सिंहासन पर बैठाया यह सिंहविष्णु के भाई भीमवर्मन् के वंशज हिरण्यवर्मन् का पुत्र था। पांड्य नरेश मारवर्मन राजसिंह ने पल्लवों के विरुद्ध कई राज्यों का एक गुट संगठित किया और चित्रमाय नाम के व्यक्ति की सहायता के लिए, जो अपने को परमेश्वरवर्मन् का पुत्र कहता था, नंदिवर्मन् पर आक्रमण किया और उसे नंदिग्राम में घेर लिया। किंतु पल्लवों के सेनापति उदयचंद्र ने नंदिग्राम का घेरा तोड़ा, चित्रमाय को मारकर और दूसरे विरोधियों को पराजित किया। किंतु पल्लवों के सेनापति उदयचंद्र ने नंदिग्राम का घेरा तोड़ा, चित्रमाय को मारकर और दूसरे विरोधियों को पराजित किया। किंतु नंदिवर्मन् की सबसे भयंकर विपत्ति चालुक्य नरेश विक्रमादित्य द्वितीय का आक्रमण था। गंगों की सहायता से उसने 740 ई. के लगभग पल्लवों को पराजित कर कांची पर अधिकार कर लिया। किंतु नगर का विध्वंस न करके उसने उलटे जनता को दान और उपहार दिए और इस प्रकार पल्लवों के अधिकार को कुंठित किए बिना उनसे बदला लिया। उसके शासन के अंतिम वर्षों में उसके पुत्र कीर्तिवर्मन् ने फिर आक्रमण किया था। राष्ट्रकूट साम्राज्य के संस्थापक दंतिदुर्ग

ने भी कांची पर आक्रमण किया था किंतु अपनी शक्ति का प्रदर्शन कर उसने नंदिवर्मन् से संधिकर उसके साथ अपनी कन्या रेवा का विवाह कर दिया था। नंदिवर्मन् ने गंग नरेश श्रीपुरुष को पराजित किया और गंग राज्य की भूमि अपने बाण सामंत जयनदिवर्मन् को दी थी। नदिवर्मन् पांड्य नरेश वरगुण महाराज प्रथम के हाथों पराजित हुआ। उसने पांड्यों के विरुद्ध कोंगु, केरल और तगडूर के शासकों का संघ बनाया किंतु पांड्य नरेश अपने विपक्षियों को पराजित करके पल्लव राज्य में पेन्नर नदी के तट पर अरशूर पहुँचा था। पुराने मंदिरों के उद्धार के साथ ही नंदिवर्मन् ने मुक्तेश्वर, वैकुंठ पेरुमाल और दूसरे मंदिरों का निर्माण कराया। वह वैष्णव था। प्रसिद्ध वैष्णव संत तिरुमर्ग आल्वर उसी के राज्यकाल में हुए थे। नंदिवर्मन् स्वयं विद्वान् था।

दंतिवर्मन् (796-847) नंदिवर्मन और रेवा का पुत्र था। राष्ट्रकूटों से संबंधित होने पर भी उसे राष्ट्रकूट सिंहासन के लिए उतराधिकार के संघर्ष में भाग लेने के कारण ध्रुव और गोविंद तृतीय के हाथों पराजित होना पड़ा था। पांड्य नरेश वरगुण प्रथम ने कावेरी प्रदेश की विजय कर ली थी किंतु बाण फिर भी पल्लवों के सामंत बने रहे।

दंतिवर्मन् के पुत्र नंदिवर्मन् तृतीय (847-872) ने पल्लवों की लुप्तप्राय प्रतिष्ठा को पुनर्जीवित सा कर दिया। उसका विवाह राष्ट्रकूट नरेश अमोधवर्ष प्रथम की पुत्री शंखा से हुआ था। उसने पांड्यों के विरुद्ध कई शक्तियों का एक संघ बनाया था। पांड्य नरेश श्रीमार श्रीवल्लभ को तेल्लारु के युद्ध में बुरी तरह पराजित कर वहवैगै के तट तक पहुँच गया था। अपनी विजय के उपलक्ष्य में उसने तेल्लारेंरिद की उपाधि ग्रहण की थी। किंतु बाद में श्रीमार ने नंदिवर्मन् और उसके सहायकों को कुंभकोनम् के समीप पराजित किया। स्याम में तकुआ-पा स्थान से प्राप्त एक तमिल अभिलेख में उसकी उपाधि के आधार पर अवनिनारणन् नाम के जलाशय और विष्णु मंदिर का उल्लेख है। इससे पल्लवों की नौशक्ति और विदेशों के साथ उनके संबध का आभास होता है। उसे अन्य विरुद थे वरतुंगन् और उग्रकोपन्। वह शैव था। उसने तमिल साहित्यकार पेरुदेवनार को प्रश्रय दिया था।

नंदिवर्मन् की राष्ट्रकूट रानी से उत्पन्न नृपतुंगवर्मन् (872-913) ने सिंहासन पर बैठने के कुछ समय बाद ही कुंभकोनम् के समीप श्रीपुरंवियम् के युद्ध में पांड्य नरेश वरगुण द्वितीय को पराजित कर अपन पिता की पराजय का प्रतिकार किया। उसने पल्लव "साम्राज्य की सीमाओं को अक्षुण्ण रखा। उसने अभिलेखों से ज्ञात होता है कि शिक्षा और शासनप्रबंध के क्षेत्र में पल्लवों ने ही चोलों के लिए भूमिका बनाई थी।

नृपतुंगवर्मन् का पुत्र अपराजित इस वंश का अंतिम सम्राट् था। पल्लवों के सामंत आदित्य प्रथम ने अपनी शक्ति बढ़ाई और 893 के लगभग अपराजित को पराजित कर पल्लव साम्राज्य को चोल राज्य में मिला लिया।

इस प्रकार पल्लव साम्राज्य का अस्तित्व समाप्त हुआ। पल्लवों की कुछ शाखाओं (नोलंब-पल्लव) ने कुछ स्थानों पर बाद में भी शासन किया। 13वीं शताब्दी में कोपेरुंजिंग नाम के सामंत ने अपनी स्वतंत्र सत्ता स्थापित करने का प्रयत्न किया। यद्यपि वह अपने को पल्लव कहता था, तथापि उसको पल्लव सम्राटों से संबंधित करना कठिन है।

10

कालिदास

कालिदास (संस्कृत: कालिदासः) पहली शताब्दी ई.पू. के संस्कृत भाषा के महान कवि और नाटककार थे। उन्होंने भारत की पौराणिक कथाओं और दर्शन को आधार बनाकर रचनाएँ की और उनकी रचनाओं में भारतीय जीवन और दर्शन के विविध रूप और मूल तत्व निरूपित हैं। कालिदास अपनी इन्हीं विशेषताओं के कारण राष्ट्र की समग्र राष्ट्रीय चेतना को स्वर देने वाले कवि माने जाते हैं और कुछ विद्वान उन्हें राष्ट्रीय कवि का स्थान तक देते हैं।

अभिज्ञानशाकुंतलम् कालिदास की सबसे प्रसिद्ध रचना है। यह नाटक कुछ उन भारतीय साहित्यिक कृतियों में से है जिनका सबसे पहले यूरोपीय भाषाओं में अनुवाद हुआ था। यह पूरे विश्व साहित्य में अग्रगण्य रचना मानी जाती है। मेघदूतम् कालिदास की सर्वश्रेष्ठ रचना है जिसमें कवि की कल्पनाशक्ति और अभिव्यंजनावादभावाभिव्यन्जना शक्ति अपने सर्वोत्कृष्ट स्तर पर है और प्रकृति के मानवीकरण का अद्भुत रखंडकाव्ये से खंडकाव्य में दिखता है।

कालिदास वैदर्भी रीति के कवि हैं और तदनुरूप वे अपनी अलंकार युक्त किन्तु सरल और मधुर भाषा के लिये विशेष रूप से जाने जाते हैं।

उनके प्रकृति वर्णन अद्वितीय हैं और विशेष रूप से अपनी उपमाओं के लिये जाने जाते हैं।साहित्य में औदार्य गुण के प्रति कालिदास का विशेष प्रेम है और उन्होंने अपने शृंगार रस प्रधान साहित्य में भी आदर्शवादी परंपरा और नैतिक मूल्यों का समुचित ध्यान रखा है।

कालिदास के परवर्ती कवि बाणभट्ट ने उनकी सूक्तियों की विशेष रूप से प्रशंसा की है।

[Painted specially for this work.]

समय

कालिदास किस काल में हुए और वे मूलतः किस स्थान के थे इसमें काफ़ी विवाद है। चूँकि, कालिदास ने द्वितीय शुंग शासक अग्निमित्र को नायक बनाकर मालविकाग्निमित्रम् नाटक लिखा और अग्निमित्र ने 170 ईसापूर्व में शासन किया था, अतः कालिदास के समय की एक सीमा निर्धारित हो जाती है कि वे इससे पहले नहीं हुए हो सकते। छठीं सदी ईसवी में बाणभट्ट ने अपनी रचना हर्षचरितम् में कालिदास का उल्लेख किया है तथा इसी काल के पुलकेशिन द्वितीय के एहोल अभिलेख में कालिदास का जिक्र है अतः वे इनके बाद के नहीं हो सकते। इस प्रकार कालिदास के प्रथम शताब्दी ईसा पूर्व से छठी शताब्दी ईसवी के मध्य होना तय है। दुर्भाग्यवश इस समय सीमा के अन्दर वे कब हुए इस पर काफ़ी मतभेद हैं। विद्वानों में (i) द्वितीय शताब्दी ईसा पूर्व का मत (ii) प्रथम शताब्दी ईसा पूर्व का मत (iii) तृतीय शताब्दी ईसवी का मत (iv) चतुर्थ शताब्दी ईसवी का मत (v) पाँचवी शताब्दी ईसवी का मत, तथा (vi) छठीं शताब्दी के पूर्वार्द्ध का मत; प्रचलित थे। इनमें ज्यादातर खण्डित हो चुके हैं या उन्हें मानने वाले इक्के दुक्के लोग हैं किन्तु मुख्य संघर्ष 'प्रथम शताब्दी ईसा पूर्व का मत और 'चतुर्थ शताब्दी ईसवी का मत' में है।

प्रथम शताब्दी ईसा पूर्व का मत -

परम्परा के अनुसार कालिदास उज्जयिनी के उन राजा विक्रमादित्य के समकालीन हैं जिन्होंने ईसा से 57 वर्ष पूर्व विक्रम संवत् चलाया। विक्रमोर्वशीय के नायक पुरुरवा के नाम का विक्रम में परिवर्तन से इस तर्क को बल मिलता है कि कालिदास उज्जयनी के राजा विक्रमादित्य के राजदरबारी कवि थे। इन्हें विक्रमादित्य के नवरत्नों में से एक माना जाता है।

चतुर्थ शताब्दी ईसवी का मत -

प्रो. कीथ और अन्य इतिहासकार कालिदास को गुप्त शासक चंद्रगुप्त विक्रमादित्य और उनके उत्तराधिकारी कुमारगुप्त से जोड़ते हैं, जिनका शासनकाल चौथी शताब्दी में था। ऐसा माना जाता है कि चंद्रगुप्त द्वितीय ने विक्रमादित्य की उपाधि ली और उनके शासनकाल को स्वर्णयुग माना जाता है।

विवाद और पक्ष-प्रतिपक्ष

कालिदास ने शुंग राजाओं के छोड़कर अपनी रचनाओं में अपने आश्रयदाता या किसी साम्राज्य का उल्लेख नहीं किया। सच्चाई तो यह है कि उन्होंने पुरुरवा और उर्वशी पर आधारित अपने नाटक का नाम विक्रमोर्वशीयम् रखा। कालिदास ने किसी गुप्त शासक का उल्लेख नहीं किया। विक्रमादित्य नाम के कई शासक हुए, संभव है कि कालिदास इनमें से किसी एक के दरबार में कवि रहे हों। अधिकांश विद्वानों का मानना है कि कालिदास शुंग वंश के शासनकाल में थे, जिनका शासनकाल 100 सदी ईसापूर्व था।

अग्निमित्र, जो मालविकाग्निमित्र नाटक का नायक है, कोई सुविख्यता राजा नहीं था, इसीलिए कालिदास ने उसे विशिष्टता प्रदान नहीं की। उनका काल ईसा से दो शताब्दी पूर्व का है और विदिशा उसकी राजधानी थी। कालिदास के द्वारा इस कथा के चुनाव और मेघदूत में एक प्रसिद्ध राजा की राजधानी के रूप में उसके उल्लेख से यह निष्कर्ष निकलता है कि कालिदास अग्निमित्र के समकालीन थे।

यह स्पष्ट है कि कालिदास का उत्कर्ष अग्निमित्र के बाद (150 ई॰ पू॰) और 634 ई॰ पूर्व तक रहा है, जो कि प्रसिद्ध ऐहोल के शिलालेख की तिथि है, जिसमें कालिदास का महान कवि के रूप में उल्लेख है। यदि इस मान्यता को स्वीकार कर लिया जाए कि माण्डा की कविताओं या 473 ई॰ के शिलालेख में कालिदास के लेखन की जानकारी का उल्लेख है, तो उनका काल चौथी शताब्दी के अन्त के बाद का नहीं हो सकता।

अश्वघोष के बुद्धचरित और कालिदास की कृतियों में समानताएं हैं। यदि अश्वघोष कालिदास के ऋणी हैं तो कालिदास का काल प्रथम शताब्दी ई॰ से पूर्व का है और यदि कालिदास अश्वघोष के ऋणी हैं तो कालिदास का काल ईसा की प्रथम शताब्दी के बाद ठहरेगा।

हम कोई भी तिथि स्वीकार करें, वह हमारा उचित अनुमान भर है और इससे अधिक कुछ नहीं।

जन्म स्थान

कालिदास के जन्मस्थान के बारे में भी विवाद है। मेघदूतम् में उज्जैन के प्रति उनकी विशेष प्रेम को देखते हुए कुछ लोग उन्हें उज्जैन का निवासी मानते हैं।

साहित्यकारों ने ये भी सिद्ध करने का प्रयास किया है कि कालिदास का जन्म उत्तराखंड के रूद्रप्रयाग जिले के कविल्ठा गांव में हुआ था। कालिदास ने यहीं अपनी प्रारंभिक शिक्षा ग्रहण की थी और यहीं पर उन्होंने मेघदूत, कुमारसंभव और रघुवंश जैसे महाकाव्यों की रचना की थी। कविल्ठा चारधाम यात्रा मार्ग में गुप्तकाशी में स्थित है। गुप्तकाशी से कालीमठ सिद्धपीठ वाले रास्ते में कालीमठ मंदिर से चार किलोमीटर आगे कविल्ठा गांव स्थित है। कविल्ठा में सरकार ने कालिदास की प्रतिमा स्थापित कर एक सभागार का भी निर्माण करवाया है जहां पर हर साल जून माह में तीन दिनों तक गोष्ठी का आयोजन होता है, जिसमें देशभर के विद्वान भाग लेते हैं।

कालिदास के प्रवास के कुछ साक्ष्य बिहार के मधुबनी जिला के उच्चैठ में भी मिलते हैं। कहा जाता है विद्योतमा (कालिदास की पत्नी) से शास्त्रार्थ में पराजय के बाद कालिदास यहीं गुरुकुल में रुके। कालिदास को यहीं उच्चैठ भगवती से ज्ञान का वरदान मिला और वह महाज्ञानी बनें, कुछ विद्वान यह कहते हैं की महाकवि कालिदास का जन्म उच्चैठ में हुआ था और तब उसके बाद में वह उज्जैन गए थे। यहां आज भी कालिदास का डीह है। यहाँ की मिट्टी से बच्चों के प्रथम अक्षर लिखने की परंपरा आज भी यहाँ प्रचलित है।

कुछ विद्वानों ने तो उन्हें बंगाल और उड़ीसा का भी सिद्ध करने का प्रयत्न किया है। कहते हैं कि कालिदास की श्रीलंका में हत्या कर दी गई थी लेकिन विद्वान इसे भी कपोल-कल्पित मानते हैं।

जीवन

कथाओं और किंवदंतियों के अनुसार कालिदास शारीरिक रूप से बहुत सुंदर थे और विक्रमादित्य के दरबार के नवरत्नों में एक थे। कहा जाता है कि प्रारंभिक जीवन में कालिदास अनपढ़ और मूर्ख थे।

कालिदास का विवाह विद्योतमा नाम की राजकुमारी से हुआ। ऐसा कहा जाता है कि विद्योतमा ने प्रतिज्ञा की थी कि जो कोई उसे शास्त्रार्थ में हरा देगा, वह उसी के साथ विवाह करेगी। जब विद्योतमा ने शास्त्रार्थ में सभी विद्वानों को हरा दिया तो हार को अपमान समझकर कुछ विद्वानों ने बदला लेने के लिए विद्योतमा का विवाह महामूर्ख व्यक्ति के साथ कराने का निश्चय किया। चलते चलते उन्हें एक वृक्ष दिखाई दिया जहां पर एक व्यक्ति जिस डाल पर बैठा था, उसी को काट रहा था। उन्होंने सोचा कि इससे बड़ा मूर्ख तो कोई मिलेगा ही नहीं। उन्होंने उसे

राजकुमारी से विवाह का प्रलोभन देकर नीचे उतारा और कहा- "मौन धारण कर लो और जो हम कहेंगे बस वही करना"। उन लोगों ने स्वांग भेष बना कर विद्‌योतमा के सामने प्रस्तुत किया कि हमारे गुरु आप से शास्त्रार्थ करने के लिए आए है, परंतु अभी मौनव्रती हैं, इसलिए ये हाथों के संकेत से उत्तर देंगे। इनके संकेतों को समझ कर हम वाणी में आपको उसका उत्तर देंगे। शास्त्रार्थ प्रारंभ हुआ। विद्‌योतमा मौन शब्दावली में गूढ़ प्रश्न पूछती थी, जिसे कालिदास अपनी बुद्‌धि से मौन संकेतों से ही जवाब दे देते थे। प्रथम प्रश्न के रूप में विद्‌योतमा ने संकेत से एक उंगली दिखाई कि ब्रह्म एक है। परन्तु कालिदास ने समझा कि ये राजकुमारी मेरी एक आंख फोड़ना चाहती है। क्रोध में उन्होंने दो अंगुलियों का संकेत इस भाव से किया कि तू मेरी एक आंख फोड़ेगी तो मैं तेरी दोनों आंखें फोड़ दूंगा। लेकिन कपटियों ने उनके संकेत को कुछ इस तरह समझाया कि आप कह रही हैं कि ब्रह्म एक है लेकिन हमारे गुरु कहना चाह रहे हैं कि उस एक ब्रह्म को सिद्‌ध करने के लिए दूसरे (जगत्‌) की सहायता लेनी होती है। अकेला ब्रह्म स्वयं को सिद्‌ध नहीं कर सकता। राज कुमारी ने दूसरे प्रश्न के रूप में खुला हाथ दिखाया कि तत्व पांच है। तो कालिदास को लगा कि यह थप्पड़ मारने की धमकी दे रही है। उसके जवाब में कालिदास ने घूंसा दिखाया कि तू यदि मुझे गाल पर थप्पड़ मारेगी, मैं घूंसा मार कर तेरा चेहरा बिगाड़ दूंगा। कपटियों ने समझाया कि गुरु कहना चाह रहे हैं कि भले ही आप कह रही हो कि पांच तत्व अलग-अलग हैं पृथ्वी, जल, आकाश, वायु एवं अग्नि। परंतु यह तत्व प्रथक्‌-प्रथक्‌ रूप में कोई विशिष्ट कार्य संपन्न नहीं कर सकते अपितु आपस में मिलकर एक होकर उत्तम मनुष्य शरीर का रूप ले लेते है जो कि ईश्वर की सर्वश्रेष्ठ कृति है। इस प्रकार प्रश्नोत्तर से अंत में विद्‌योतमा अपनी हार स्वीकार कर लेती है। फिर शर्त के अनुसार कालिदास और विद्‌योतमा का विवाह होता है। विवाह के पश्चात कालिदास विद्‌योतमा को लेकर अपनी कुटिया में आ जाते हैं और प्रथम रात्रि को ही जब दोनों एक साथ होते हैं तो उसी समय ऊंट का स्वर सुनाई देता है। विद्‌योतमा संस्कृत में पूछती है "किमेतत्‌" परंतु कालिदास संस्कृत जानते नहीं थे, इसीलिए उनके मुंह से निकल गया "ऊट्र"। उस समय विद्‌योतमा को पता चल जाता है कि कालिदास अनपढ़ हैं। उसने कालिदास को धिक्कारा और यह कह कर घर से निकाल दिया कि सच्चे विद्‌वान्‌ बने बिना घर वापिस नहीं आना। कालिदास ने सच्चे मन से काली देवी की आराधना की और उनके आशीर्वाद से वे ज्ञानी और धनवान बन गए। ज्ञान प्राप्ति के बाद जब वे घर लौटे तो उन्होंने दरवाजा खटखटा कर कहा - कपाटम्‌ उद्‌घाट्‌य सुन्दरि! (दरवाजा खोलो, सुन्दरी)। विद्‌योतमा ने चकित होकर कहा -- अस्ति कश्चिद्‌ वाग्विशेषः

(कोई विद्वान लगता है)।

इस प्रकार, इस किम्वदन्ती के अनुसार, कालिदास ने विद्योत्तमा को अपना पथप्रदर्शक गुरु माना और उसके इस वाक्य को उन्होंने अपने काव्यों में भी जगह दी। कुमारसंभवम् का प्रारंभ होता है- अस्त्युत्तरस्याम् दिशि... से, मेघदूतम् का पहला शब्द है- कश्चित्कांता... और रघुवंशम् की शुरुआत होती है- वागार्थविव... से।

रचनाएं

छोटी-बड़ी कुल लगभग चालीस रचनाएँ हैं जिन्हें अलग-अलग विद्वानों ने कालिदास द्वारा रचित सिद्ध करने का प्रयास किया है।[12] इनमें से मात्र सात ही ऐसी हैं जो निर्विवाद रूप से कालिदासकृत मानि जाती हैं: तीन नाटक(रूपक): अभिज्ञान शाकुन्तलम्, विक्रमोर्वशीयम् और मालविकाग्निमित्रम्; दो महाकाव्य: रघुवंशम् और कुमारसंभवम्; और दो खण्डकाव्य: मेघदूतम् और ऋतुसंहार। इनमें भी ऋतुसंहार को प्रो॰ कीथ संदेह के साथ कालिदास की रचना स्वीकार करते हैं।[13]

नाटक

मालविकाग्निमित्रम् कालिदास की पहली रचना है, जिसमें राजा अग्निमित्र की कहानी है। अग्निमित्र एक निर्वासित नौकर की बेटी मालविका के चित्र से प्रेम करने लगता है। जब अग्निमित्र की पत्नी को इस बात का पता चलता है तो वह मालविका को जेल में डलवा देती है। मगर संयोग से मालविका राजकुमारी साबित होती है और उसके प्रेम-संबंध को स्वीकार कर लिया जाता है।

अभिज्ञान शाकुन्तलम् कालिदास की दूसरी रचना है जो उनकी जगतप्रसिद्धि का कारण बना। इस नाटक का अनुवाद अंग्रेजी और जर्मन के अलावा दुनिया के अनेक भाषाओं में हुआ है। इसमें राजा दुष्यंत की कहानी है जो वन में एक परित्यक्त ऋषि पुत्री शकुन्तला (विश्वामित्र और मेनका की बेटी) से प्रेम करने लगता है। दोनों जंगल में गंधर्व विवाह कर लेते हैं। राजा दुष्यंत अपनी राजधानी लौट आते हैं। इसी बीच ऋषि दुर्वासा शकुंतला को शाप दे देते हैं कि जिसके वियोग में उसने ऋषि का अपमान किया वही उसे भूल जाएगा। काफी क्षमाप्रार्थना के बाद ऋषि ने शाप को थोड़ा नरम करते हुए कहा कि राजा की अंगूठी उन्हें दिखाते ही

सब कुछ याद आ जाएगा। लेकिन राजधानी जाते हुए रास्ते में वह अंगूठी खो जाती है। स्थिति तब और गंभीर हो गई जब शकुंतला को पता चला कि वह गर्भवती है। शकुंतला लाख गिड़गिड़ाई लेकिन राजा ने उसे पहचानने से इनकार कर दिया। जब एक मछुआरे ने वह अंगूठी दिखायी तो राजा को सब कुछ याद आया और राजा ने शकुंतला को अपना लिया। शकुंतला शृंगार रस से भरे सुंदर काव्यों का एक अनुपम नाटक है। कहा जाता है काव्येषु नाटकं रम्यं तत्र रम्या शकुन्तला (कविता के अनेक रूपों में अगर सबसे सुन्दर नाटक है तो नाटकों में सबसे अनुपम शकुन्तला है।)

विक्रमोर्वशीयम् एक रहस्यों भरा नाटक है। इसमें पुरूरवा इंद्रलोक की अप्सरा उर्वशी से प्रेम करने लगते हैं। पुरूरवा के प्रेम को देखकर उर्वशी भी उनसे प्रेम करने लगती है। इंद्र की सभा में जब उर्वशी नृत्य करने जाती है तो पुरूरवा से प्रेम के कारण वह वहां अच्छा प्रदर्शन नहीं कर पाती है। इससे इंद्र गुस्से में उसे शापित कर धरती पर भेज देते हैं। हालांकि, उसका प्रेमी अगर उससे होने वाले पुत्र को देख ले तो वह फिर स्वर्ग लौट सकेगी। विक्रमोर्वशीयम् काव्यगत सौंदर्य और शिल्प से भरपूर है।

महाकाव्य

कुमारसंभवम् उनके महाकाव्यों के नाम है। रघुवंशम् में सम्पूर्ण रघुवंश के राजाओं की गाथाएँ हैं, तो कुमारसंभवम् में शिव-पार्वती की प्रेमकथा और कार्तिकेय के जन्म की कहानी है।

रघुवंशम् में कालिदास ने रघुकुल के राजाओं का वर्णन किया है।

खण्डकाव्य

मेघदूतम् एक गीतिकाव्य है जिसमें यक्ष द्वारा मेघ से सन्देश ले जाने की प्रार्थना और उसे दूत बना कर अपनी प्रिय के पास भेजने का वर्णन है। मेघदूत के दो भाग हैं - पूर्वमेघ एवं उत्तरमेघ।

ऋतुसंहारम् में सभी ऋतुओं में प्रकृति के विभिन्न रूपों का विस्तार से वर्णन किया गया है।

अन्य रचनाएँ

इनके अलावा कई छिटपुट रचनाओं का श्रेय कालिदास को दिया जाता है, लेकिन विद्वानों का मत है कि ये रचनाएं अन्य कवियों ने कालिदास के नाम से की। नाटककार और कवि के अलावा कालिदास ज्योतिष के भी विशेषज्ञ माने जाते हैं। उत्तर कालामृतम् नामक ज्योतिष पुस्तिका की रचना का श्रेय कालिदास को दिया जाता है। ऐसा माना जाता है कि काली देवी की पूजा से उन्हें ज्योतिष का ज्ञान मिला। इस पुस्तिका में की गई भविष्यवाणी सत्य साबित हुईं।

- श्रुतबोधम्
- शृंगार तिलकम्
- शृंगार रसाशतम्
- सेतुकाव्यम्
- पुष्पबाण विलासम्
- श्यामा दंडकम्
- ज्योतिर्विद्याभरणम्

काव्य सौन्दर्य

मुख्य लेख: कालिदास का काव्य सौन्दर्य

कालिदास को कविकुलगुरु, कनिष्ठिकाधिष्ठित और कविताकामिनीविलास जैसी प्रशंसात्मक उपाधियाँ प्रदान की गयी हैं जो उनके काव्यगत विशिष्टताओं से अभिभूत होकर ही दी गयी हैं। कालिदास के काव्य की विशिष्टताओं का वर्णन निम्नवत किया जा सकता है:

भाषागत विशिष्टताएँ

कालिदास वैदर्भी रीति के कवि हैं और उन्होंने प्रसाद गुण से पूर्ण ललित शब्दयोजना का प्रयोग किया है। प्रसाद गुण का लक्षण है - "जो गुण मन में वैसे ही व्याप्त हो जाय जैसे सूखी ईंधन की लकड़ी में अग्नि सहसा प्रज्वलित हो उठती है"[14] और कालिदास की भाषा की यही विशेषता है।

कालिदास की भाषा मधुर नाद सुन्दरी से युक्त है और समासों का अल्पप्रयोग, पदों का समुचित स्थान पर निवेश, शब्दालंकारों का स्वाभाविक प्रयोग इत्यादि गुणों के कारण उसमें प्रवाह और प्रांजलता विद्यमान है।

अलंकार योजना

कालिदास ने शब्दालंकारों का स्वाभाविक प्रयोग किया है और उन्हें उपमा अलंकार के प्रयोग में सिद्धहस्त और उनकी उपमाओं को श्रेष्ठ माना जाता है। उदहारण के लिये:

संचारिणी दीपशिखेव रात्रौ यं यं व्यतीयाय पतिंवरा सा।
नरेन्द्रमार्गाट्ट इव प्रपेदे विवर्णभावं स स भूमिपालः।।

अर्थात् स्वयंवर में बारी-बारी से प्रत्येक राजा के सामने गमन करती हुई इन्दुमती राजाओं के सामने से चलती हुई दीपशिखा की तरह लग रही थी जिसके आगे बढ़ जाने पर राजाओं का मुख विवर्ण (अस्वीकृत कर दिए जाने से अंधकारमय, मलिन) हो जाता था।

अभिव्यंजना

कालिदास की कविता की प्रमुख विशेषता है कि वह चित्रों के निर्माण में सबकुछ न कहकर भी अभिव्यंजना द्वारा पूरा चित्र खींच देते हैं। जैसे:
एवं वादिनि देवर्षौ पार्श्वे पितुरधोमुखी।
लीला कमल पत्राणि गणयामास पार्वती।।
अर्थात् देवर्षि के द्वारा ऐसी (पार्वती के विवाह प्रस्ताव की) बात करने पर, पिता के समीप बैठी पार्वती ने सिर झुका कर हाथ में लिये कमल की पंखुड़ियों को गिनना शुरू कर दिया।

कालिदास जी की रचनाओं की खास बातें

कालिदास जी अपनी रचनाओं में अलंकार युक्त, सरल और मधुर भाषा का इस्तेमाल करते थे। अपनी रचनाओं में श्रृंगार रस का भी बखूबी वर्णन किया है। कालिदास जी ने अपनी रचनाओं में ऋतुओं की भी व्याख्या की है जो कि सराहनीय

है। कालिदास जी के साहित्य में संगीत प्रमुख अंग रहा। संगीत के माध्यम से कवि कालिदास ने अपनी रचनाओं में प्रकाश डाला। कालिदास जी अपनी रचनाओं में आदर्शवादी परंपरा और नैतिक मूल्यों का भी ध्यान रखते थे।

11

आर्यभट

आर्यभट (476-550) प्राचीन भारत के एक महान ज्योतिषविद् और गणितज्ञ थे। इन्होंने आर्यभटीय ग्रंथ की रचना की जिसमें ज्योतिषशास्त्र के अनेक सिद्धांतों का प्रतिपादन है। इसी ग्रंथ में इन्होंने अपना जन्मस्थान कुसुमपुर और जन्मकाल शक संवत् 398 लिखा है। बिहार में वर्तमान पटना का प्राचीन नाम कुसुमपुर था लेकिन आर्यभट का कुसुमपुर दक्षिण में था, यह अब लगभग सिद्ध हो चुका है।

एक अन्य मान्यता के अनुसार उनका जन्म महाराष्ट्र के अश्मक देश में हुआ था। उनके वैज्ञानिक कार्यों का समादर राजधानी में ही हो सकता था। अतः उन्होंने लम्बी यात्रा करके आधुनिक पटना के समीप कुसुमपुर में अवस्थित होकर राजसान्निध्य में अपनी रचनाएँ पूर्ण की। इनकी उत्पत्ति भट्ट ब्रह्मभट्ट ब्राह्मण समुदाय में मानी जाती है.

आर्यभट का जन्म-स्थान

यद्यपि आर्यभट के जन्म के वर्ष का आर्यभटीय में स्पष्ट उल्लेख है, उनके जन्म के वास्तविक स्थान के बारे में विवाद है। कुछ मानते हैं कि वे नर्मदा और गोदावरी के मध्य स्थित क्षेत्र में पैदा हुए थे, जिसे अश्मक के रूप में जाना जाता था और

वे अश्माका की पहचान मध्य भारत से करते हैं जिसमे महाराष्ट्र और मध्य प्रदेश शामिल है, हालाँकि आरंभिक बौद्ध ग्रन्थ अश्माका को दक्षिण में, दक्षिणापथ या दक्खन के रूप में वर्णित करते हैं, जबकि अन्य ग्रन्थ वर्णित करते हैं कि अश्माका के लोग अलेक्जेंडर से लड़े होंगे, इस हिसाब से अश्माका को उत्तर की तरफ और आगे होना चाहिए।

एक ताजा अध्ययन के अनुसार आर्यभट, केरल के चाम्रवत्तम (10उत्तर51, 75पूर्व45) के निवासी थे। अध्ययन के अनुसार अस्मका एक जैन प्रदेश था जो कि श्रवणबेलगोल के चारों तरफ फैला हुआ था और यहाँ के पत्थर के खम्बों के कारण इसका नाम अस्मका पड़ा। चाम्रवत्तम इस जैन बस्ती का हिस्सा था, इसका प्रमाण है भारतापुझा नदी जिसका नाम जैनों के पौराणिक राजा भारता के नाम पर रखा गया है। आर्यभट ने भी युगों को परिभाषित करते वक्त राजा भारता का जिक्र किया है- दसगीतिका के पांचवें छंद में राजा भारत के समय तक बीत चुके काल का वर्णन आता है। उन दिनों में कुसुमपुरा में एक प्रसिद्ध विश्वविद्यालय था जहाँ जैनों का निर्णायक प्रभाव था और आर्यभट का काम इस प्रकार कुसुमपुरा पहुँच सका और उसे पसंद भी किया गया।

हालाँकि ये बात काफी हद तक निश्चित है कि वे किसी न किसी समय कुसुमपुरा उच्च शिक्षा के लिए गए थे और कुछ समय के लिए वहां रहे भी थे। भास्कर I (629 ई.) ने कुसुमपुरा की पहचान पाटलिपुत्र (आधुनिक पटना) के रूप में की है। गुप्त साम्राज्य के अन्तिम दिनों में वे वहां रहा करते थे। यह वह समय था जिसे भारत के स्वर्णिम युग के रूप में जाना जाता है, विष्णुगुप्त के पूर्व बुद्धगुप्त और कुछ छोटे राजाओं के साम्राज्य के दौरान उत्तर पूर्व में हूणों का आक्रमण शुरू हो चुका था।

आर्यभट अपनी खगोलीय प्रणालियों के लिए सन्दर्भ के रूप में श्रीलंका का उपयोग करते थे और आर्यभटीय में अनेक अवसरों पर श्रीलंका का उल्लेख किया है।

कृतियाँ

आर्यभट द्वारा रचित तीन ग्रंथों की जानकारी आज भी उपलब्ध है। दशगीतिका, आर्यभटीय और तंत्र। लेकिन जानकारों के अनुसार उन्होने और एक ग्रंथ लिखा था- आर्यभट सिद्धांत। इस समय उसके केवल 34 श्लोक ही उपलब्ध हैं। उनके इस ग्रंथ का सातवे शतक में व्यापक उपयोग होता था। लेकिन इतना उपयोगी ग्रंथ

लुप्त कैसे हो गया इस विषय में कोई निश्चित जानकारी नहीं मिलती।

उन्होंने आर्यभटीय नामक महत्वपूर्ण ज्योतिष ग्रन्थ लिखा, जिसमें वर्गमूल, घनमूल, समान्तर श्रेणी तथा विभिन्न प्रकार के समीकरणों का वर्णन है। उन्होंने अपने आर्यभटीय नामक ग्रन्थ में कुल 3 पृष्ठों के समा सकने वाले 33 श्लोकों में गणितविषयक सिद्धान्त तथा 5 पृष्ठों में 75 श्लोकों में खगोल-विज्ञान विषयक सिद्धान्त तथा इसके लिये यन्त्रों का भी निरूपण किया।आर्यभट ने अपने इस छोटे से ग्रन्थ में अपने से पूर्ववर्ती तथा पश्चादवर्ती देश के तथा विदेश के सिद्धान्तों के लिये भी क्रान्तिकारी अवधारणाएँ उपस्थित कीं।

उनकी प्रमुख कृति, आर्यभटीय, गणित और खगोल विज्ञान का एक संग्रह है, जिसे भारतीय गणितीय साहित्य में बड़े पैमाने पर उद्धृत किया गया है और जो आधुनिक समय में भी अस्तित्व में है। आर्यभटीय के गणितीय भाग में अंकगणित, बीजगणित, सरल त्रिकोणमिति और गोलीय त्रिकोणमिति शामिल हैं। इसमे सतत भिन्न (कँटीन्यूड फ़्रेक्शन्स), द्विघात समीकरण (क्वाड्रेटिक इक्वेशंस), घात श्रृंखला के योग (सम्स ऑफ पावर सीरीज़) और ज्याओं की एक तालिका (Table of Sines) शामिल हैं।

आर्य-सिद्धांत, खगोलीय गणनाओं पर एक कार्य है जो अब लुप्त हो चुका है, इसकी जानकारी हमें आर्यभट के समकालीन वराहमिहिर के लेखनों से प्राप्त होती है, साथ ही साथ बाद के गणितज्ञों और टिप्पणीकारों के द्वारा भी मिलती है जिनमें शामिल हैं ब्रह्मगुप्त और भास्कर I. ऐसा प्रतीत होता है कि ये कार्य पुराने सूर्य सिद्धांत पर आधारित है और आर्यभटीय के सूर्योदय की अपेक्षा इसमें मध्यरात्रि-दिवस-गणना का उपयोग किया गया है। इसमे अनेक खगोलीय उपकरणों का वर्णन शामिल है, जैसे कि नोमोन(शंकु-यन्त्र), एक परछाई यन्त्र (छाया-यन्त्र), संभवतः कोण मापी उपकरण, अर्धवृत्ताकार और वृत्ताकार (धनुर-यन्त्र / चक्र-यन्त्र), एक बेलनाकार छड़ी यस्ती-यन्त्र, एक छत्र-आकर का उपकरण जिसे छत्र-यन्त्र कहा गया है और कम से कम दो प्रकार की जल घड़ियाँ- धनुषाकार और बेलनाकार.

एक तीसरा ग्रन्थ जो अरबी अनुवाद के रूप में अस्तित्व में है, अल न्तफ़ या अल नन्फ़ है, आर्यभट के एक अनुवाद के रूप में दावा प्रस्तुत करता है, परन्तु इसका संस्कृत नाम अज्ञात है। संभवतः 9 वी सदी के अभिलेखन में, यह फारसी विद्वान और भारतीय इतिहासकार अबू रेहान अल-बिरूनी द्वारा उल्लेखित किया गया है।

आर्यभटीय

आर्यभट के कार्य के प्रत्यक्ष विवरण सिर्फ़ आर्यभटीय से ही ज्ञात हैं। आर्यभटीय नाम बाद के टिप्पणीकारों द्वारा दिया गया है, आर्यभट ने स्वयं इसे नाम नहीं दिया होगा; यह उल्लेख उनके शिष्य भास्कर प्रथम ने अश्मकतंत्र या अश्माका के लेखों में किया है। इसे कभी कभी आर्य-शत-अष्ट (अर्थात आर्यभट के 108)- जो की उनके पाठ में छंदों की संख्या है- के नाम से भी जाना जाता है। यह सूत्र साहित्य के समान बहुत ही संक्षिप्त शैली में लिखा गया है, जहाँ प्रत्येक पंक्ति एक जटिल प्रणाली को याद करने के लिए सहायता करती है। इस प्रकार, अर्थ की व्याख्या टिप्पणीकारों की वजह से है। समूचे ग्रंथ में 108 छंद है, साथ ही परिचयात्मक 13 अतिरिक्त हैं, इस पूरे को चार पदों अथवा अध्यायों में विभाजित किया गया है :

(1) गीतिकपाद : (13 छंद) समय की बड़ी इकाइयाँ - कल्प, मन्वन्तर, युग, जो प्रारंभिक ग्रंथों से अलग एक ब्रह्माण्ड विज्ञान प्रस्तुत करते हैं जैसे कि लगध का वेदांग ज्योतिष, (पहली सदी ईसवी पूर्व, इनमें जीवाओं (साइन) की तालिका ज्या भी शामिल है जो एक एकल छंद में प्रस्तुत है। एक महायुग के दौरान, ग्रहों के परिभ्रमण के लिए 4.32 मिलियन वर्षों की संख्या दी गयी है।

(2) गणितपाद (33 छंद) में क्षेत्रमिति (क्षेत्र व्यवहार), गणित और ज्यामितिक प्रगति, शंकु/ छायाएँ (शंकु -छाया), सरल, द्विघात, युगपत और अनिश्चित समीकरण (कुट्टक) का समावेश है।

(3) कालक्रियापाद (25 छंद) : समय की विभिन्न इकाइयाँ और किसी दिए गए दिन के लिए ग्रहों की स्थिति का निर्धारण करने की विधि। अधिक मास की गणना के विषय में (अधिकमास), क्षय-तिथियां। सप्ताह के दिनों के नामों के साथ, एक सात दिन का सप्ताह प्रस्तुत करते हैं।

(4) गोलपाद (50 छंद): आकाशीय क्षेत्र के ज्यामितिक /त्रिकोणमितीय पहलू, क्रांतिवृत्त, आकाशीय भूमध्य रेखा, आसंधि, पृथ्वी के आकार, दिन और रात के कारण, क्षितिज पर राशिचक्रीय संकेतों का बढ़ना आदि की विशेषताएं।

इसके अतिरिक्त, कुछ संस्करणों अंत में कृतियों की प्रशंसा आदि करने के लिए कुछ पुष्पिकाएं भी जोड़ते हैं।

आर्यभटीय ने गणित और खगोल विज्ञान में पद्य रूप में, कुछ नवीनताएँ प्रस्तुत की, जो अनेक सदियों तक प्रभावशाली रही। ग्रंथ की संक्षिप्तता की चरम सीमा का वर्णन उनके शिष्य भास्कर प्रथम (भाष्य , 600 और) द्वारा अपनी समीक्षाओं में किया गया है और अपने आर्यभटीय भाष्य (1465) में नीलकंठ

सोमयाजी द्वारा।

आर्यभट का योगदान

भारतके इतिहास में जिसे 'गुप्तकाल' या 'स्वर्णयुग' के नाम से जाना जाता है, उस समय भारत ने साहित्य, कला और विज्ञान क्षेत्रों में अभूतपूर्व प्रगति की। उस समय मगध स्थित नालन्दा विश्वविद्यालय ज्ञानदान का प्रमुख और प्रसिद्ध केंद्र था। देश विदेश से विद्यार्थी ज्ञानार्जन के लिए यहाँ आते थे। वहाँ खगोलशास्त्र के अध्ययन के लिए एक विशेष विभाग था। एक प्राचीन श्लोक के अनुसार आर्यभट नालंदा विश्वविद्यालय के कुलपति भी थे।

आर्यभट का भारत और विश्व के ज्योतिष सिद्धान्त पर बहुत प्रभाव रहा है। भारत में सबसे अधिक प्रभाव केरल प्रदेश की ज्योतिष परम्परा पर रहा। आर्यभट भारतीय गणितज्ञों में सबसे महत्वपूर्ण स्थान रखते हैं। इन्होंने 120 आर्याछंदों में ज्योतिष शास्त्र के सिद्धांत और उससे संबंधित गणित को सूत्ररूप में अपने आर्यभटीय ग्रंथ में लिखा है।

उन्होंने एक ओर गणित में पूर्ववर्ती आर्किमिडीज़ से भी अधिक सही तथा सुनिश्चित पाई के मान को निरूपित किया[क] तो दूसरी ओर खगोलविज्ञान में सबसे पहली बार उदाहरण के साथ यह घोषित किया गया कि स्वयं पृथ्वी अपनी धुरी पर घूमती है।[ख]

आर्यभट ने ज्योतिषशास्त्र के आजकल के उन्नत साधनों के बिना जो खोज की थी, यह उनकी महता है। कोपर्निकस (1473 से 1543 ई.) ने जो खोज की थी उसकी खोज आर्यभट हजार वर्ष पहले कर चुके थे। "गोलपाद" में आर्यभट ने लिखा है "नाव में बैठा हुआ मनुष्य जब प्रवाह के साथ आगे बढ़ता है, तब वह समझता है कि अचर वृक्ष, पाषाण, पर्वत आदि पदार्थ उल्टी गति से जा रहे हैं। उसी प्रकार गतिमान पृथ्वी पर से स्थिर नक्षत्र भी उलटी गति से जाते हुए दिखाई देते हैं।" इस प्रकार आर्यभट ने सर्वप्रथम यह सिद्ध किया कि पृथ्वी अपने अक्ष पर घूमती है। इन्होंने सतयुग, त्रेता, द्वापर और कलियुग को समान माना है। इनके अनुसार एक कल्प में 14 मन्वंतर और एक मन्वंतर में 72 महायुग (चतुर्युग) तथा एक चतुर्युग में सतयुग, द्वापर, त्रेता और कलियुग को समान माना है।

आर्यभट के अनुसार किसी वृत की परिधि और व्यास का संबंध 62,832 : 20,000 आता है जो चार दशमलव स्थान तक शुद्ध है।

आर्यभट ने बड़ी-बड़ी संख्याओं को अक्षरों के समूह से निरूपित करने कीत्यन्त वैज्ञानिक विधि का प्रयोग किया है।

गणित

स्थानीय मान प्रणाली और शून्य

स्थान-मूल्य अंक प्रणाली, जिसे सर्वप्रथम तीसरी सदी की बख़शाली पाण्डुलिपि में देखा गया, उनके कार्यों में स्पष्ट रूप से विद्यमान थी। उन्होंने निश्चित रूप से प्रतीक का उपयोग नहीं किया, परन्तु फ्रांसीसी गणितज्ञ जार्ज इफ्रह के मतानुसार-रिक्त गुणांक के साथ, दस की घात के लिए एक स्थान धारक के रूप में शून्य का ज्ञान आर्यभट के स्थान-मूल्य अंक प्रणाली में निहित था।

हालांकि, आर्यभट ने ब्राह्मी अंकों का प्रयोग नहीं किया था; वैदिक काल से चली आ रही संस्कृत परंपरा को निरंतर रखते हुए उन्होंने संख्या को निरूपित करने के लिए वर्णमाला के अक्षरों का उपयोग किया, मात्राओं (जैसे ज्याओं की तालिका) को स्मरक के रूप में व्यक्त करना।

अपरिमेय (इर्रेशनल) के रूप में π

आर्यभट ने पाई (◆) के सन्निकटन पर कार्य किया और संभवतः उन्हें इस बात का ज्ञान हो गया था कि पाई इर्रेशनल है। आर्यभटीयम् (गणितपाद) के दूसरे भाग में वे लिखते हैं:

चतुराधिकं शतमष्टगुणं द्वाषष्टिस्तथा सहस्राणाम्।
अयुतद्वयस्य विष्कम्भस्यासन्नो वृत्तपरिणाहः॥

100 में चार जोड़ें, आठ से गुणा करें और फिर 62000 जोड़ें। इस नियम से 20000 परिधि के एक वृत्त का व्यास ज्ञात किया जा सकता है।

(100 + 4) * 8 + 62000/20000 = 3.1416

इसके अनुसार व्यास और परिधि का अनुपात ((4 + 100) × 8 + 62000) / 20000 = 3.1416 है, जो पाँच महत्वपूर्ण आंकड़ों तक बिलकुल सटीक है।

आर्यभट ने आसन्न (निकट पहुंचना), पिछले शब्द के ठीक पहले आने वाला, शब्द की व्याख्या करते हुए कहा है कि यह न केवल एक सन्निकटन है, वरन यह कि मूल्य अतुलनीय (या इर्रेशनल) है। यदि यह सही है, तो यह एक अत्यन्त परिष्कृत दृष्टिकोण है, क्योंकि यूरोप में पाइ की तर्कहीनता का सिद्धांत लैम्बर्ट

द्वारा केवल 1761 में ही सिद्ध हो पाया था।

आर्यभटीय के अरबी में अनुवाद के पश्चात् (पूर्व.820 ई.) बीजगणित पर मुहम्मद इब्न मूसा अल-ख़्वारिज़्मी की पुस्तक में इस सन्निकटन का उल्लेख किया गया था।

क्षेत्रमिति और त्रिकोणमिति

गणितपाद 6 में, आर्यभट ने त्रिकोण के क्षेत्रफल को इस प्रकार बताया है-

त्रिभुजस्य फलशरीरं समदलकोटि भुजार्धसंवर्गः

इसका अनुवाद यह है : किसी त्रिभुज का क्षेत्रफल, लम्ब के साथ भुजा के आधे के (गुणनफल के) परिणाम के बराबर होता है

आर्यभट ने अपने काम में द्विज्या (साइन) के विषय में चर्चा की है और उसको नाम दिया है अर्ध-ज्या इसका शाब्दिक अर्थ है "अर्ध-तंत्री"। आसानी की वजह से लोगों ने इसे ज्या कहना शुरू कर दिया। जब अरबी लेखकों द्वारा उनके काम का संस्कृत से अरबी में अनुवाद किया गया, तो उन्होंने इसको जिबा कहा (ध्वन्यात्मक समानता के कारणवश)। चूँकि, अरबी लेखन में, स्वरों का इस्तेमाल बहुत कम होता है, इसलिए इसका और संक्षिप्त नाम पड़ गया जब। जब बाद के लेखकों को ये समझ में आया कि जब जिबा का ही संक्षिप्त रूप है, तो उन्होंने वापिस जिबा का इस्तेमाल करना शुरू कर दिया। जिबा का अर्थ है "खोह" या "खाई" (अरबी भाषा में जिबा का एक तकनीकी शब्द के आलावा कोई अर्थ नहीं है)। बाद में बारहवीं सदी में, जब क्रीमोना के घेरार्दो ने इन लेखनों का अरबी से लैटिन भाषा में अनुवाद किया, तब उन्होंने अरबी जिबा की जगह उसके लेटिन समकक्ष साइनस को डाल दिया, जिसका शाब्दिक अर्थ "खोह" या खाई" ही है। और उसके बाद अंग्रेजी में, साइनस ही साइन बन गया।

अनिश्चित समीकरण

प्राचीन काल से भारतीय गणितज्ञों की विशेष रूचि की एक समस्या रही है उन समीकरणों के पूर्णांक हल ज्ञात करना जो $ax + b = cy$ स्वरूप में होती है, एक विषय जिसे वर्तमान समय में डायोफैंटाइन समीकरण के रूप में जाना जाता है। यहाँ आर्यभटीय पर भास्कर की व्याख्या से एक उदाहरण देते हैं:

वह संख्या ज्ञात करो जिसे 8 से विभाजित करने पर शेषफल के रूप में 5 बचता है, 9 से विभाजित करने पर शेषफल के रूप में 4 बचता है, 7 से विभाजित करने पर शेषफल के रूप में 1 बचता है।

अर्थात, बताएं N = 8x+ 5 = 9y +4 = 7z +1. इससे N के लिए सबसे छोटा मान 85 निकलता है। सामान्य तौर पर, डायोफैंटाइन समीकरण कठिनता के लिए बदनाम थे। इस तरह के समीकरणों की व्यापक रूप से चर्चा प्राचीन वैदिक ग्रन्थ सुल्ब सूत्र में है, जिसके अधिक प्राचीन भाग 800 ई.पू. तक पुराने हो सकते हैं। ऐसी समस्याओं के हल के लिए आर्यभट की विधि को कुट्टक विधि कहा गया है। kuṭṭaka कुट्टक का अर्थ है पीसना, अर्थात छोटे छोटे टुकड़ों में तोड़ना और इस विधि में छोटी संख्याओं के रूप में मूल खंडों को लिखने के लिए एक पुनरावर्ती कलनविधि का समावेश था। आज यह कलनविधि, 621 ईसवी पश्चात में भास्कर की व्याख्या के अनुसार, पहले क्रम के डायोफैंटाइन समीकरणों को हल करने के लिए मानक पद्धति है, और इसे अक्सर आर्यभट एल्गोरिद्म के रूप में जाना जाता है।[14] डायोफैंटाइन समीकरणों का इस्तेमाल क्रिप्टोलौजी में होता है और आरएसए सम्मलेन, 2006 ने अपना ध्यान कुट्टक विधि और सुल्वसूत्र के पूर्व के कार्यों पर केन्द्रित किया।

बीजगणित

आर्यभटीय में आर्यभट ने वर्गों और घनों की श्रेणी के रोचक परिणाम प्रदान किये हैं।[15]

12+22+⋯+�2=�(�+1)(2�+1)6

और

13+23+⋯+�3=(1+2+⋯+�)2

खगोल विज्ञान

आर्यभट की खगोल विज्ञान प्रणाली औदायक प्रणाली कहलाती थी, (श्रीलंका, भूमध्य रेखा पर उदय, भोर होने से दिनों की शुरुआत होती थी।) खगोल विज्ञान पर उनके बाद के लेख, जो सतही तौर पर एक द्वितीय मॉडल (अर्ध-रात्रिका, मध्यरात्रि), प्रस्तावित करते हैं, खो गए हैं, परन्तु इन्हे आंशिक रूप से ब्रह्मगुप्त के खण्डखाद्यक में हुई चर्चाओं से पुनः निर्मित किया जा सकता है। कुछ ग्रंथों में

वे पृथ्वी के घूर्णन को आकाश की आभासी गति का कारण बताते हैं।

सौर प्रणाली की गतियाँ

प्रतीत होता है कि आर्यभट यह मानते थे कि पृथ्वी अपनी धुरी की परिक्रमा करती है। यह श्रीलंका को सन्दर्भित एक कथन से ज्ञात होता है, जो तारों की गति का पृथ्वी के घूर्णन से उत्पन्न आपेक्षिक गति के रूप में वर्णन करता है।

अनुलोम-गतिस् नौ-स्थस् पश्यति अचलम् विलोम-गम् यद्-वत्।

अचलानि भानि तद्-वत् सम-पश्चिम-गानि लंकायाम् ॥ (आर्यभटीय गोलपाद 9)

जैसे एक नाव में बैठा आदमी आगे बढ़ते हुए स्थिर वस्तुओं को पीछे की दिशा में जाते देखता है, बिल्कुल उसी तरह श्रीलंका में (अर्थात भूमध्य रेखा पर) लोगों द्वारा स्थिर तारों को ठीक पश्चिम में जाते हुए देखा जाता है।

अगला छंद तारों और ग्रहों की गति को वास्तविक गति के रूप में वर्णित करता है:

उदय-अस्तमय-निमित्तम् नित्यम् प्रवहेण वायुना क्षिप्तस्।

लंका-सम-पश्चिम-गस् भ-पंजरस् स-ग्रहस् भ्रमति ॥ (आर्यभटीय गोलपाद 10)

"उनके उदय और अस्त होने का कारण इस तथ्य की वजह से है कि प्रोवेक्टर हवा द्वारा संचालित गृह और एस्टेरिस्म्स चक्र श्रीलंका में निरंतर पश्चिम की तरफ चलायमान रहते हैं।

लंका (श्रीलंका) यहाँ भूमध्य रेखा पर एक सन्दर्भ बिन्दु है, जिसे खगोलीय गणना के लिए मध्याहन रेखा के सन्दर्भ में समान मान के रूप में ले लिया गया था।

आर्यभट ने सौर मंडल के एक भूकेंद्रीय मॉडल का वर्णन किया है, जिसमें सूर्य और चन्द्रमा गृहचक्र द्वारा गति करते हैं, जो कि परिक्रमा करता है पृथ्वी की। इस मॉडल में, जो पाया जाता है पितामहसिद्धान्त (ई. 425), प्रत्येक ग्रहों की गति दो ग्रहचक्रों द्वारा नियंत्रित है, एक छोटा मंद (धीमा) ग्रहचक्र और एक बड़ा शीघ्र (तेज) ग्रहचक्र। [16] पृथ्वी से दूरी के अनुसार ग्रहों का क्रम इस प्रकार है : चंद्रमा, बुध, शुक्र, सूरज, मंगल, बृहस्पति, शनि और नक्षत्र

ग्रहों की स्थिति और अवधि की गणना समान रूप से गति करते हुए बिन्दुओं से सापेक्ष के रूप में की गयी थी, जो बुध और शुक्र के मामले में, जो पृथ्वी के

चारों ओर औसत सूर्य के समान गति से घूमते हैं और मंगल, बृहस्पति और शनि के मामले में, जो राशिचक्र में पृथ्वी के चारों ओर अपनी विशिष्ट गति से गति करते हैं। खगोल विज्ञान के अधिकांश इतिहासकारों के अनुसार यह द्विव ग्रहचक्र वाला मॉडल टॉलेमी के पहले के ग्रीक खगोल विज्ञानके तत्वों को प्रदर्शित करता है। आर्यभट के मॉडल के एक अन्य तत्व सिघ्रोका, सूर्य के संबंध में बुनियादी ग्रहों की अवधि, को कुछ इतिहासकारों द्वारा एक अंतर्निहित सूर्य केन्द्रित मॉडल के चिन्ह के रूप में देखा जाता है।

ग्रहण

उन्होंने कहा कि चंद्रमा और ग्रह सूर्य के परावर्तित प्रकाश से चमकते हैं। मौजूदा ब्रह्माण्डविज्ञान से अलग, जिसमे ग्रहणों का कारक छद्म ग्रह निस्पंद बिन्दु राहू और केतु थे, उन्होंने ग्रहणों को पृथ्वी द्वारा डाली जाने वाली और इस पर गिरने वाली छाया से सम्बद्ध बताया। इस प्रकार चंद्रगहण तब होता है जब चंद्रमा पृथ्वी की छाया में प्रवेश करता है (छंद गोला. 37) और पृथ्वी की इस छाया के आकार और विस्तार की विस्तार से चर्चा की (छंद गोला. 38-48) और फिर ग्रहण के दौरान ग्रहण वाले भाग का आकार और इसकी गणना। बाद के भारतीय खगोलविदों ने इन गणनाओं में सुधार किया, लेकिन आर्यभट की विधियों ने प्रमुख सार प्रदान किया था। यह गणनात्मक मिसाल इतनी सटीक थी कि 18 वीं सदी के वैज्ञानिक गुइलौम ले जेंटिल ने, पांडिचेरी की अपनी यात्रा के दौरान, पाया कि भारतीयों की गणना के अनुसार 1765-08-30 के चंद्रग्रहण की अवधि 41 सेकंड कम थी, जबकि उसके चार्ट (द्वारा, टोबिअस मेयर, 1752) 68 सेकंड अधिक दर्शाते थे।

आर्यभट कि गणना के अनुसार पृथ्वी की परिधि 39,968.0582 किलोमीटर है, जो इसके वास्तविक मान 40,075.0167 किलोमीटर से केवल 0.2% कम है। यह सन्निकटन यूनानी गणितज्ञ, एराटोसर्थेंनस की संगणना के ऊपर एक उल्लेखनीय सुधार था,200 ई.) जिनकी गणना का आधुनिक इकाइयों में तो पता नहीं है, परन्तु उनके अनुमान में लगभग 5-10% की एक त्रुटि अवश्य थी।

नक्षत्रों के आवर्तकाल

समय की आधुनिक अंग्रेजी इकाइयों में जोड़ा जाये तो, आर्यभट की गणना के अनुसार पृथ्वी का आवर्तकाल (स्थिर तारों के सन्दर्भ में पृथ्वी की अवधि)) 23 घंटे 56 मिनट और 4.1 सेकंड थी; आधुनिक समय 23:56:4.091 है। इसी प्रकार, उनके हिसाब से पृथ्वी के वर्ष की अवधि 365 दिन 6 घंटे 12 मिनट 30 सेकंड, आधुनिक समय की गणना के अनुसार इसमें 3 मिनट 20 सेकंड की त्रुटि है। नक्षत्र समय की धारण उस समय की अधिकतर अन्य खगोलीय प्रणालियों में ज्ञात थी, परन्तु संभवतः यह संगणना उस समय के हिसाब से सर्वाधिक शुद्ध थी।

सूर्य केंद्रीयता

आर्यभट का दावा था कि पृथ्वी अपनी ही धुरी पर घूमती है और उनके ग्रह सम्बन्धी ग्रहचक्र मॉडलों के कुछ तत्व उसी गति से घूमते हैं जिस गति से सूर्य के चारों ओर ग्रह घूमते हैं। इस प्रकार ऐसा सुझाव दिया जाता है कि आर्यभट की संगणनाएँ अन्तर्निहित सूर्य केन्द्रित मॉडल पर आधारित थीं, जिसमे ग्रह सूर्य का चक्कर लगाते हैं। एक समीक्षा में इस सूर्य केन्द्रित व्याख्या का विस्तृत खंडन है। यह समीक्षा बी.एल. वान डर वार्डेन की एक किताब का वर्णन इस प्रकार करती है "यह किताब भारतीय गृह सिद्धांत के विषय में अज्ञात है और यह आर्यभट के प्रत्येक शब्द का सीधे तौर पर विरोध करता है,". हालाँकि कुछ लोग यह स्वीकार करते हैं कि आर्यभट की प्रणाली पूर्व के एक सूर्य केन्द्रित मॉडल से उपजी थी जिसका ज्ञान उनको नहीं था। यह भी दावा किया गया है कि वे ग्रहों के मार्ग को अंडाकार मानते थे, हालाँकि इसके लिए कोई भी प्राथमिक साक्ष्य प्रस्तुत नहीं किया गया है। हालाँकि सामोस के एरिस्तार्चुस (तीसरी शताब्दी ई.पू.) और कभी कभार पोन्टस के हेराक्लिड्स(चौथी शताब्दी ई.पू.) को सूर्य केन्द्रित सिद्धांत की जानकारी होने का श्रेय दिया जाता है, प्राचीन भारत में ज्ञात ग्रीक खगोलशास्त्र(पौलिसा सिद्धांत - संभवतः अलेक्ज़न्द्रिया के किसी पॉल द्वारा) सूर्य केन्द्रित सिद्धांत के विषय में कोई चर्चा नहीं करता है।

विरासत

भारतीय खगोलीय परंपरा में आर्यभट के कार्य का बड़ा प्रभाव था और अनुवाद के माध्यम से इन्होंने कई पड़ोसी संस्कृतियों को प्रभावित किया। इस्लामी स्वर्ण युग (ई. 820), के दौरान इसका अरबी अनुवाद विशेष प्रभावशाली था। उनके कुछ

परिणामों को अल-ख्वारिज्मी द्वारा उद्धृत किया गया है और 10 वीं सदी के अरबी विद्वान अल-बिरूनी द्वारा उन्हें सन्दर्भित किया गया गया है, जिन्होंने अपने वर्णन में लिखा है कि आर्यभट के अनुयायी मानते थे कि पृथ्वी अपनी धुरी पर घूमती है।

साइन (ज्या), कोसाइन (कोज्या) के साथ ही, वरसाइन (उक्रमाज्या) की उनकी परिभाषा, और विलोम साइन (उत्क्रम ज्या), ने त्रिकोणमिति की उत्पत्ति को प्रभावित किया। वे पहले व्यक्ति भी थे जिन्होंने साइन और वरसाइन (1 - कोसएक्स) तालिकाओं को, 0 डिग्री से 90 डिग्री तक 3.75 ° अंतरालों में, 4 दशमलव स्थानों की सूक्ष्मता तक निर्मित किया।

वास्तव में "साइन " और "कोसाइन " के आधुनिक नाम आर्यभट द्वारा प्रचलित ज्या और कोज्या शब्दों के गलत (अपभ्रंश) उच्चारण हैं। उन्हें अरबी में जिबा और कोजिबा के रूप में उच्चारित किया गया था। फिर एक अरबी ज्यामिति पाठ के लैटिन में अनुवाद के दौरान क्रेमोना के जेरार्ड द्वारा इनकी गलत व्याख्या की गयी; उन्होंने जिबा के लिए अरबी शब्द 'जेब' लिया जिसका अर्थ है "पोशाक में एक तह", एल साइनस (सी.1150).

आर्यभट की खगोलीय गणना की विधियां भी बहुत प्रभावशाली थी। त्रिकोणमितिक तालिकाओं के साथ, वे इस्लामी दुनिया में व्यापक रूप से इस्तेमाल की जाती थी। और अनेक अरबी खगोलीय तालिकाओं (जिज) की गणना के लिए इस्तेमाल की जाती थी। विशेष रूप से, अरबी स्पेन वैज्ञानिक अल-झर्काली (11वीं सदी) के कार्यों में पाई जाने वाली खगोलीय तालिकाओं का लैटिन में तोलेडो की तालिकाओं (12वीं सदी) के रूप में अनुवाद किया गया और ये यूरोप में सदियों तक सर्वाधिक सूक्ष्म पंचांग के रूप में इस्तेमाल में रही।

आर्यभट और उनके अनुयायियों द्वारा की गयी तिथि गणना पंचांग अथवा हिंदू तिथिपत्र निर्धारण के व्यावहारिक उद्देश्यों के लिए भारत में निरंतर इस्तेमाल में रही हैं, इन्हे इस्लामी दुनिया को भी प्रेषित किया गया, जहाँ इनसे जलाली तिथिपत्र का आधार तैयार किया गया जिसे 1073 में उमर खय्याम सहित कुछ खगोलविदों ने प्रस्तुत किया, जिसके संस्करण (1925 में संशोधित) आज ईरान और अफगानिस्तान में राष्ट्रीय कैलेंडर के रूप में प्रयोग में हैं। जलाली तिथिपत्र अपनी तिथियों का आंकलन वास्तविक सौर पारगमन के आधार पर करता है, जैसा आर्यभट (और प्रारंभिक सिद्धांत कैलेंडर में था).इस प्रकार के तिथि पत्र में तिथियों की गणना के लिए एक पंचांग की आवश्यकता होती है। यद्यपि तिथियों की गणना करना कठिन था, पर जलाली तिथिपत्र में ग्रेगोरी

तिथिपत्र से कम मौसमी त्रुटियां थी।

भारत के प्रथम उपग्रह आर्यभट, को उनका नाम दिया गया।चंद्र खड्ड आर्यभट का नाम उनके सम्मान स्वरुप रखा गया है। खगोल विज्ञान, खगोल भौतिकी और वायुमंडलीय विज्ञान में अनुसंधान के लिए भारत में नैनीताल के निकट एक संस्थान का नाम आर्यभट प्रेक्षण विज्ञान अनुसंधान संस्थान (एआरआईएस) रखा गया है।

अंतर्विद्यालयीय आर्यभट गणित प्रतियोगिता उनके नाम पर है। बैसिलस आर्यभट, इसरो के वैज्ञानिकों द्वारा 2009 में खोजी गयी एक बैक्टीरिया की प्रजाति का नाम उनके नाम पर रखा गया है।

क. ^ चतुरधिकं शतमष्टगुणं द्वाषष्टिस्तथा सहस्राणाम।
अयुतद्वयविष्कम्भस्यासन्नो वृत्त-परिणाहः।। (आर्यभटीय, गणितपाद, श्लोक 10)

ख. ^ अनुलोमगतिर्नौस्थः पश्यत्यचलं विलोमगं यद्वत्।
अचलानि भानि तद्वत् समपश्चिमगानि लंकायाम्।। (आर्यभटीय, गोलपाद, श्लोक 9)

(अर्थ-नाव में बैठा हुआ मनुष्य जब प्रवाह के साथ आगे बढ़ता है, तब वह समझता है कि अचर वृक्ष, पाषाण, पर्वत आदि पदार्थ उल्टी गति से जा रहे हैं। उसी प्रकार गतिमान पृथ्वी पर से स्थिर नक्षत्र भी उलटी गति से जाते हुए दिखाई देते हैं।)

12

वराह मिहिर

वराहमिहिर (वरःमिहिर) ईसा की पाँचवीं-छठी शताब्दी के भारतीय गणितज्ञ एवं खगोलज्ञ थे। वाराहमिहिर ने ही अपने पंचसिद्धान्तिका में सबसे पहले बताया कि अयनांश का मान 50.32 सेकेण्ड के बराबर है। यह चंद्रगुप्त विक्रमादित्य के नवरत्नों में से एक थे।

उज्जैन में उनके द्वारा विकसित गणितीय विज्ञान का गुरुकुल सात सौ वर्षों तक अद्वितीय रहा। वरःमिहिर बचपन से ही अत्यन्त मेधावी और तेजस्वी थे। अपने पिता आदित्यदास से परम्परागत गणित एवं ज्योतिष सीखकर इन क्षेत्रों में व्यापक शोध कार्य किया। समय मापक घट यन्त्र, इन्द्रप्रस्थ में लौहस्तम्भ के निर्माण और ईरान के शहंशाह नौशेरवाँ के आमन्त्रण पर जुन्दीशापुर नामक स्थान पर वेधशाला की स्थापना - उनके कार्यों की एक झलक देते हैं। वरःमिहिर का मुख्य उद्देश्य गणित एवं विज्ञान को जनहित से जोड़ना था। वस्तुतः ऋग्वेद काल से ही भारत की यह परम्परा रही है। वरःमिहिर ने पूर्णतः इसका परिपालन किया है।

जीवनी

वराहमिहिर का जन्म सन् 505 ई. में एक शाकद्वीपीय ब्राह्मण परिवार में हुआ। यह परिवार उज्जैन में शिप्रा नदी के निकट कपित्थ (कायथा) नामक गांव का निवासी था। उनके पिता आदित्यदास सूर्य भगवान के भक्त थे। उन्हीं ने मिहिर को ज्योतिष विद्या सिखाई। कुसुमपुर (पटना) जाने पर युवा मिहिर महान खगोलज्ञ और गणितज्ञ आर्यभट्ट से मिले। इससे उसे इतनी प्रेरणा मिली कि उसने ज्योतिष विद्या और खगोल ज्ञान को ही अपने जीवन का ध्येय बना लिया।

उस समय उज्जैन विद्या का केंद्र था। गुप्त शासन के अन्तर्गत वहां पर कला, विज्ञान और संस्कृति के अनेक केंद्र पनप रहे थे। वराह मिहिर इस शहर में रहने के लिये आ गये क्योंकि अन्य स्थानों के विद्वान भी यहां एकत्र होते रहते थे। समय आने पर उनके ज्योतिष ज्ञान का पता विक्रमादित्य चन्द्रगुप्त द्वितीय को लगा। राजा ने उन्हें अपने दरबार के नवरत्नों में शामिल कर लिया। मिहिर ने सुदूर देशों की यात्रा की, यहां तक कि वह यूनान तक भी गये। सन् 587 में महान गणितज्ञ वराहमिहिर की मृत्यु हो गई।

कृतियाँ

550 ई. के लगभग इन्होंने तीन महत्वपूर्ण पुस्तकें बृहज्जातक, बृहत्संहिता और पंचसिद्धांतिका, लिखीं। इन पुस्तकों में त्रिकोणमिति के महत्वपूर्ण सूत्र दिए हुए हैं, जो वराहमिहिर के त्रिकोणमिति ज्ञान के परिचायक हैं।

पंचसिद्धांतिका में वराहमिहिर से पूर्व प्रचलित पाँच सिद्धांतों का वर्णन है। ये सिद्धांत हैं : पोलिशसिद्धांत, रोमकसिद्धांत, वसिष्ठसिद्धांत, सूर्यसिद्धांत तथा पितामहसिद्धांत। वराहमिहिर ने इन पूर्वप्रचलित सिद्धांतों की महत्वपूर्ण बातें लिखकर अपनी ओर से 'बीज' नामक संस्कार का भी निर्देश किया है, जिससे इन सिद्धांतों द्वारा परिगणित ग्रह दृश्य हो सकें। इन्होंने फलित ज्योतिष के लघुजातक, बृहज्जातक तथा बृहत्संहिता नामक तीन ग्रंथ भी लिखे हैं। बृहत्संहिता में वास्तुविद्या, भवन-निर्माण-कला, वायुमंडल की प्रकृति, वृक्षायुर्वेद आदि विषय सम्मिलित हैं।

अपनी पुस्तक के बारे में वराहमिहिर कहते है:

ज्योतिष विद्या एक अथाह सागर है और हर कोई इसे आसानी से पार नहीं कर सकता। मेरी पुस्तक एक सुरक्षित नाव है, जो इसे पढ़ेगा वह उसे पार ले जायेगी।

यह कोरी शेखी नहीं थी। इस पुस्तक को अब भी ग्रन्थरत्न समझा जाता है।

कृतियों की सूची

- पंचसिद्धान्तिका,
- बृहज्जातकम्,
- लघुजातक,

- बृहत्संहिता
- टिकनिकयात्रा
- बृहद्यात्रा या महायात्रा
- योगयात्रा या स्वल्पयात्रा
- वृहत् विवाहपटल
- लघु विवाहपटल
- कुतूहलमंजरी
- दैवज्ञवल्लभ
- लग्नवाराहि

वैज्ञानिक विचार तथा योगदान

बराहमिहिर वेदों के ज्ञाता थे मगर वह अलौकिक में आंखे बंद करके विश्वास नहीं करते थे। उनकी भावना और मनोवृति एक वैज्ञानिक की थी। अपने पूर्ववर्ती वैज्ञानिक आर्यभट्ट की तरह उन्होंने भी कहा कि पृथ्वी गोल है। विज्ञान के इतिहास में वह प्रथम व्यक्ति थे जिन्होंने कहा कि कोई शक्ति ऐसी है जो चीजों को जमीन के साथ चिपकाये रखती है। आज इसी शक्ति को गुरुत्वाकर्षण कहते है। लेकिन उन्होंने एक बड़ी गलती भी की। उन्हें विश्वास था कि पृथ्वी गतिमान नहीं है।

अगर यह घूम रही होती तो पक्षी पृथ्वी की गति की विपरीत दिशा में (पश्चिम की ओर) कर अपने घोसले में उसी समय वापस पहुंच जाते।

वराहमिहिर ने पर्यावरण विज्ञान (इकालोजी), जल विज्ञान (हाइड्रोलोजी), भूविज्ञान (जिआलोजी) के संबंध में कुछ महत्वपूर्ण टिप्पणियां की। उनका कहना था कि पौधे और दीमक जमीन के नीचे के पानी को इंगित करते हैं। आज वैज्ञानिक जगत द्वारा उस पर ध्यान दिया जा रहा है। उन्होंने लिखा भी बहुत था। संस्कृत व्याकरण में दक्षता और छंद पर अधिकार के कारण उन्होंने स्वयं को एक अनोखी शैली में व्यक्त किया था। अपने विशद ज्ञान और सरस प्रस्तुति के कारण उन्होंने खगोल जैसे शुष्क विषयों को भी रोचक बना दिया है जिससे उन्हें बहुत ख्याति मिली। उनकी पुस्तक पंचसिद्धान्तिका (पांच सिद्धांत), बृहत्संहिता, बृहज्जात्क (ज्योतिष) ने उन्हें फलित ज्योतिष में वही स्थान दिलाया है जो राजनीति दर्शन में कौटिल्य का, व्याकरण में पाणिनि का है।

त्रिकोणमिति

निम्ननिखित त्रिकोणमितीय सूत्र वाराहमिहिर ने प्रतिपादित किये हैं-।

$$\sin^2 \theta + \cos^2 \theta = 1$$
$$\sin \theta = \cos(\pi 2 - \theta)$$
$$1 - \cos 2\theta 2 = \sin^2 \theta$$

वाराहमिहिर ने आर्यभट्ट प्रथम द्वारा प्रतिपादित ज्या सारणी को और अधिक परिशुद्धत बनाया।

अंकगणित

वराहमिहिर ने शून्य एवं ऋणात्मक संख्याओं के बीजगणितीय गुणों को परिभाषित किया।

संख्या सिद्धान्त

वराहमिहिर 'संख्या-सिद्धान्त' नामक एक गणित ग्रन्थ के भी रचयिता हैं जिसके बारे में बहुत कम ज्ञात है। इस ग्रन्थ के बारे में पूरी जानकारी नहीं है क्योंकि इसका एक छोटा अंश ही प्राप्त हो पाया है। प्राप्त ग्रन्थ के बारे में पुराविदों का कथन है कि इसमें उन्नत अंकगणित, त्रिकोणमिति के साथ-साथ कुछ अपेक्षाकृत सरल संकल्पनाओं का भी समावेश है।

क्रमचय-संचय

वराहमिहिर ने वर्तमान समय में पास्कल त्रिकोण (Pascal's triangle) के नाम से प्रसिद्ध संख्याओं की खोज की। इनका उपयोग वे द्विपद गुणाकों (binomial coefficients) की गणना के लिये करते थे।

बृहत्संहिता में सांयोजिकी (combinatorics) से सम्बन्धित यह श्लोक विद्यामान है-

षोडशके द्रव्यगणे चतुर्विकल्पेन भिद्यमानानाम्।
अष्टादश जायन्ते शतानि सहितानि विंशत्या॥

(अर्थ: सोलह प्रकार के द्रव्य विद्यमान हों तो उनमें से किसी चार को मिलाकर कुल 1820 प्रकार के इत्र बनाए जा सकते हैं।

आधुनिक गणित की भाषा में कहें तो, 16C4 = (16 × 15 × 14 × 13) / (1 × 2 × 3 × 4) = 1,820

प्रकाशिकी

वराहमिहिर का प्रकाशिकी में भी योगदान है। उन्होने कहा है कि परावर्तन कणों के प्रति-प्रकीर्णन (back-scattering) से होता है। उन्होने अपवर्तन की भी व्याख्या की है।

13

सातवाहन

सातवाहन वंश, प्राचीन भारत राजवंश है। सातवाहन राजाओं ने 450 वर्षों तक शासन किया। सातवाहन वंश की स्थापना 230 से 60 ईसा पूर्व के बीच राजा सीमुक ने की थी। सातवाहन राजवंश के सीमुक, शातकर्णी प्रथम, गौतमी पुत्र शातकर्णी, वासिष्ठीपुत्र पुलुमावी, यज्ञश्री शातकारणी प्रमुख राजा थे। प्रतिष्ठान सातवाहन वंश की राजधानी रही , यह महाराष्ट्र के औरंगाबाद जिले में है। सातवाहन साम्राज्य की राजकीय भाषा प्राकृत व लिपि ब्राह्मी थी। इस समय अमरावती कला का विकास हुआ था। सातवाहन राजवंश के समय समाज मातृसत्तात्म था, अर्थात राजाओं के नाम उनकी माता के नाम पर (गौतमीपुत्र शातकारणी) रखने की प्रथा थी, लेकिन सातवाहन राजकुल पितृसत्तात्मक था क्योंकि राजसिंहासन का उत्तराधिकारी वंशानुगत ही होता था। सातवाहन राजवंश के द्वारा अजन्ता एवं एलोरा की गुफाओं का निर्माण किया गया था। सातवाहन राजाओं ने चांदी, तांबे, सीसे, पोटीन और कांसे के सिक्कों का प्रचलन किया। ब्राह्मणों को भूमि दान करने की प्रथा का आरम्भ सर्वप्रथम सातवाहन राजाओं ने किया था जिसका उल्लेख नानाघाट अभिलेख में है।

प्रारम्भिक इतिहास

सातवाहनों का इतिहास शिसुक (शिमुक अथवा सिन्धुक) के समय से प्रारम्भ होता है । वायुपुराण का कथन है कि- ”आन्ध्रजातीय सिन्धुक (शिमुक) कण्व वंश के अन्तिम शासक सुशर्मा की हत्या कर तथा शुंगों की बची हुयी शक्ति को समाप्त कर पृथ्वी पर शासन करेगा ।”

इससे ऐसा लगता है कि उसने शुंगो तथा कण्वों से विदिशा के आस-पास का क्षेत्र जीत लिया होगा । पुराणों के अनुसार शिमुक ने 23 वर्षों तक शासन किया । उसके नाम का उल्लेख नानाघाट चित्र-फलक-अभिलेख में मिलता है । अजयमित्र शास्त्री को अभी हाल ही में उसके सात सिक्के प्राप्त हुए हैं । नानाघाट के लेख में उसे 'राजा शिमुक सातवाहन' कहा गया है । जैन गाथाओं के अनुसार उसने जैन तथा बौद्ध मन्दिरों का निर्माण करवाया था । अपने शासन के अन्तिम दिनों में वह दुराचारी हो गया तथा मार डाला गया । शिमुक की तिथि के विषय में विवाद है । संभवतः उसने प्रथम शताब्दी ईसा पूर्व के द्विवतीयार्ध में शासन किया और उसका राज्यकाल सामान्यतः 60 ईसा पूर्व से 37 ईसा पूर्व तक माना जा सकता है । शिमुक के बाद उसका छोटा भाई कन्ह (कृष्ण) राजा बना क्योंकि शिमुक पुत्र शातकर्णि अवयस्क था । कृष्ण ने अपना साम्राज्य नासिक तक बढ़ाया । उसके श्रमण नामक एक महामात्र ने नासिक में एक गुहा का भी निर्माण करवाया था । यहां से प्राप्त एक लेख में कृष्ण के नाम का उल्लेख मिलता है । उसने 18 वर्षों तक राज्य किया । कृष्ण की मृत्यु के पश्चात् श्रीशातकर्णि, जो शिमुक का पुत्र था, सातवाहन वंश की गद्दी पर बैठा ।

वह प्रथम शातकर्णि के नाम विख्यात है क्योंकि अपने वंश में शातकर्णि की उपाधि धारण करने वाला वह पहला राजा था । शातकर्णि प्रथम प्रारम्भिक सातवाहन नरेशों में सबसे महान् था । उसने अंगीय कुल के महारठी त्रनकयिरों की पुत्री नायानिका (नागनिका) के साथ विवाह कर अपना प्रभाव बढ़ाया । महारठियों के कुछ सिक्के उत्तरी मैसूर से मिलते हैं जिनसे पता चलता है कि वे काफी शक्तिशाली थे तथा नाममात्र के लिये शातकर्णि की अधीनता स्वीकार करते थे । उनके साथ वैवाहिक सम्बन्ध ये शातकर्णि को राजनैतिक प्रभाव के विस्तार में अवश्यमेव सहायता प्रदान किया होगा । नायानिका के नानाघाट अभिलेख से शातकर्णि प्रथम के शासन-काल के विषय में महत्वपूर्ण सूचनायें मिलती है । शातकर्णि प्रथम ने पश्चिमी मालवा, अनूप (नर्मदा घाटी) तथा विदर्भ के प्रदेशों की विजय की । विदर्भ उसने शुंगों से छीना तथा दृढ़ समय के लिये उसे अपने नियंत्रण में रखा ।

इसी समय वासिष्ठिपुत्र आनन्द, जो शातकर्णि के कारीगरों का मुखिया था, ने साँची स्तूप के तोरण पर अपना लेख खुदवाया था । यह लेख पूर्वी मालवा क्षेत्र पर उसका अधिकार प्रमाणित करता है । पश्चिमी मालवा पर उसके अधिकार की पुष्टि 'श्रीसात' नामधारी सिक्कों से हो जाती है जो क्षेत्र से प्राप्त किये गये हैं । इस प्रकार सम्पूर्ण मालवा क्षेत्र उसके अधिकार में था तथा पूर्व की ओर उसका राज्य

कलिंग की सीमा को स्पर्श करता था । उत्तरी कोंकण तथा गुजरात के कुछ भागों को जीतकर उसने अपने राज्य में मिला लिया था । शातकर्णि को कलिंग नरेश खारवेल के आक्रमण का भी सामना करना पड़ा । हाथीगुम्फा लेख से पता चलता है कि अपने राज्यारोहण के दूसरे वर्ष खारवेल ने शातकर्णि की परवाह न करते हुए पश्चिम की ओर अपनी सेना भेजी । यह सेना कण्णवेणा (वैनगंगा) नदी तक आई तथा असिक नगर में आतंक फैल गया ।यह स्थान शातकर्णि के ही अधिकार में था । यहाँ की खुदाई से हाल ही में शातकर्णि का सिक्का मिला है । ऐसा प्रतीत होता है कि शातकर्णि ने खारवेल का प्रबल प्रतिरोध किया जिसके फलस्वरूप कलिंग नरेश को वापस लौटना पड़ा होगा । यदि खारवेल विजित होता तो इस घटना का उल्लेख महत्वपूर्ण ढंग से उसने अपने लेख में किया होता । खारवेल का आक्रमण एक धावा मात्र था जिसे टालने में शातकर्णि सफल रहा । इस प्रकार शातकर्णि एक सार्वभौम राजा बन गया ।

उसने दो अश्वमेध तथा राजसूय यज्ञों का अनुष्ठान किया । प्रथम अश्वमेध यज्ञ राजा बनने में तत्काल बाद तथा द्वितीय अपने शासनकाल के अन्त में किया होगा । अश्वमेध यज्ञ के बाद उसने अपनी पत्नी के नाम पर रजत मुद्रायें उत्कीर्ण करवायीं । इनके ऊपर अश्व की आकृति मिलती है । उसने 'दक्षिणापथपति' तथा 'अप्रतिहतचक्र' जैसी महान् उपाधियाँ धारण कीं । उसका शासन-काल भौतिक दृष्टि से समृद्धि एवं सम्पन्नता का काल था । शातकर्णि प्रथम पहला शासक था जिसने सातवाहनों को सार्वभौम स्थिति में ला दिया । उसकी विजयों के फलस्वरूप गोदावरी घाटी में प्रथम विशाल साम्राज्य का उदय हुआ जो शक्ति तथा विस्तार में गंगा घाटी में शुंग तथा पंजाब में यवन-साम्राज्य की बराबरी कर सकता था । पेरीप्लस से पता चलता है कि एल्डर सैरागोनस एक शक्तिशाली राजा था जिसके समय में सुप्पर तथा कलीन (सोपारा तथा कल्यान) के बन्दरगाह अन्तर्राष्ट्रीय व्यापार-वाणिज्य के लिये पूर्णरूपेण सुरक्षित हो गये थे. इस शासक से तात्पर्य शातकर्णि प्रथम से ही है । प्रतिष्ठान को अपनी राजधानी बनाकर उसने शासन किया । मालवा के 'सात' नामधारी कुछ सिक्के मिलते हैं । इनका प्रचलनकर्ता शातकर्णि प्रथम को ही माना जाता है । शातकर्णि की मृत्यु के पश्चात् सातवाहनों की शक्ति निर्बल पड़ने लगी । नानाघाट के लेख में उसके दो पुत्रों का उल्लेख हुआ है- वेदश्री तथा शक्तिश्री । ये दोनों ही अवयस्क थे । अतः शातकर्णि प्रथम की पत्नी नायानिका ने संरक्षिका के रूप में शासन का संचालन किया । उसके बाद का सातवाहनों का इतिहास अन्धकारपूर्ण है ।

उत्पत्ति तथा मूल निवास स्थान

सातवाहनों की उत्पत्ति तथा मूल निवास स्थान के विषय में विद्वानों में मतभेद है । पुराणों थे इस वंश के संस्थापक सिमुक को 'आन्ध्र-भृत्य' तथा 'आन्ध्रजातीय' कहा गया है, जबकि अपने अभिलेखों में इस वंश के राजाओं ने अपने को सातवाहन ही कहा है ।प्राचीन काल में कृष्णा तथा गोदावरी नदियों के बीच का तेलगुभाषी प्रदेश आन्द्रप्रदेश कहा जाता था । ऐतरेय ब्राह्मण में यहाँ के निवासियों को 'अनार्य' कहा गया है । उसके अनुसार विश्वामित्र के पुत्रों ने गोदावरी तथा कृष्णा के मध्य स्थित प्रदेश में जाकर आर्येतर जातियों के साध विवाह किया । इस संबंध के फलस्वरूप 'आन्ध्र' उत्पन्न हुए । महाभारत में आन्ध्रों को म्लेच्छ तथा मनुस्मृति में वर्णसंकर एवं अंत्यज कहा गया है । इस आधार पर कुछ विद्वान सातवाहनों को अनार्य अर्थात् निम्नवर्ण का बताते हैं । किन्तु लेखों में उसके विपरीत सातवाहनों को सर्वत्र उच्चवर्ण का ही बताया गया है ।

अत: केवल पुराणों के आधार पर ही सातवाहनों को हम आन्ध्र जाति का नहीं मान सकते । कुछ विद्वानों का अनुमान है कि 'सातवाहन' कुल का नाम है जबकि 'आन्ध्र' जाति का बोधक है । जी. वेंकटराव का विचार है कि उस काल में अभिलेखों में केवल कुलनाम लिखने की ही प्रथा थी जैसा कि शालंकायनों, बृहत्फलायनों, विष्णुकुण्डिनों, पल्लवों, गंगों, कदम्बों, चालुक्यों, वाकाटकों आदि के अभिलेखों से स्पष्ट होता है ।

यह प्रथा इतनी प्रबल थी कि सातवाहनों के अन्तिम लेखों में भी जो आन्ध्र क्षेत्र से मिले हैं उन्हें आन्ध्र नहीं कहा गया है । सातवाहन नामक व्यक्ति इसका संस्थापक था, अत: इस वंश को सातवाहन कहा गया । हेमचन्द्र रायचौधरी के अनुसार सातवाहन वस्तुतः ब्राह्मण ही थे जिनमें नागों के रक्त का कुछ सम्मिश्रण था । इस वंश के शासक गौतमीपुत्र शातकर्णि को नासिक प्रशस्ति में 'एकबह्मन्' (अद्वितीय ब्राह्मण) कहा गया है जिसमें क्षत्रियों के दर्प को चूर्ण (खतियदपमानमदनस) कर दिया था ।

यदि 'एकबह्मन्' को 'खतियदपमानमदनस' के साथ संयुक्त कर दिया जाये तो इससे यह निःसन्देह सिद्ध हो जाता है कि गौतमीपुत्र न केवल एक ब्राह्मण था, अपितु वह परशुराम की प्रकृति का ब्राह्मण था जिन्होंने क्षत्रियों के अभिमान को चूर्ण किया था ।

ऐसा लगता है कि शकों द्वारा परास्त होने पर सातवाहन लोग अपना मूल स्थान छोड़कर आन्ध्र प्रदेश में जाकर बस गये और इसी कारण पुराणों में उन्हें

'आन्ध्र' कहा गया । अतः 'आन्ध्र जातीय' विरुद को प्रादेशिक संज्ञा मानना उचित प्रतीत होता है ।

मूलतः सातवाहन ब्राह्मण जाति के ही थे । उनका ब्राह्मण धर्म एवं संस्कृति की रक्षा के लिये शस्त्र ग्रहण करना तत्कालीन परिस्थितियों में सर्वथा उपयुक्त था । मौर्य युग में वैदिक धर्म की प्रतिष्ठा गिर गयी थी तथा क्षत्रिय बड़ी संख्या में बौद्ध बन गये थे ।

ऐसी स्थिति में ब्राह्मण धर्म की रक्षा के लिये ब्राह्मणों का आगे आना आवश्यक था । इसी प्रकार की परिस्थितियों में मगध में शुंग तथा कण्व राजवंशों ने सत्ता सम्हाली थी । यही कार्य दक्षिणापथ में सातवाहनों ने किया । उत्पत्ति के ही समान सातवाहनों के मूल निवास-स्थान के विषय में भी पर्याप्त विवाद है ।

रैप्सन, स्मिथ तथा भण्डारकर जैसे कुछ विद्वान आन्ध्र प्रदेश में ही उनका मूल निवास-स्थान निर्धारित करते हैं । स्मिथ ने श्रीकाकुलम् तथा भण्डारकर ने धात्रकटक में उनका मूल निवास स्थान माना है । सुक्थंकर सातवाहनों का आदि स्थान वेलारी (मैसूर) बताते हैं ।

परन्तु इन मतों के विरुद्ध सबसे बड़ी आपत्ति यह है कि उपर्युक्त स्थानों में कहीं से भी सातवाहनों का कोई अभिलेख अथवा सिक्का नहीं प्राप्त हुआ है । यह एक महत्वपूर्ण बात है कि सातवाहन राजाओं के बहुसंख्यक अभिलेख तथा सिक्के महाराष्ट्र के प्रतिष्ठान (पैठन) के समीपवर्ती भाग से प्राप्त हुए हैं । सातवाहन वंश के संस्थापक का एक रिलीफ चित्र तथा शातकर्णि प्रथम की महारानी नागनिका का लेख नानाघाट से मिला है, जो प्रतिष्ठान से करीब 100 मील की दूरी पर स्थित है ।

नासिक से दो और लेख मिले हैं । पहले में सातवाहन कुल के दूसरे राजा कन्ह (कृष्ण) तथा दूसरे में इस वंश के तीसरे राजा शातकर्णि प्रथम की प्रपौत्री का उल्लेख मिलता है । सातवाहनों का महारठी वंश के साथ घनिष्ठ संबंध था । इससे भी सातवाहनों का महाराष्ट्र से आदि सम्बन्ध सूचित होता है ।

अभिलेखों के अतिरिक्त सातवाहनों के सिक्के भी महाराष्ट्र से ही पाये गये हैं । इस प्रकार अभिलेखीय तथा मुद्रा सम्बन्धी प्रमाणों के आधार पर यह कहा जा सकता है कि सातवाहनों का मूल निवास-स्थान पश्चिमी भारत के किसी भाग में ही था । बहुत संभव है यह स्थान प्रतिष्ठान ही रहा हो ।

इतिहास के साधन

सातवाहन वंश के इतिहास का अध्ययन हम साहित्य, विदेशी विवरण तथा पुरातत्व, इन तीनों की सहायता से करते हैं । साहित्य के अन्तर्गत सर्वप्रथम उल्लेख पुराणों का किया जा सकता है । सातवाहन इतिहास के लिये मत्स्य तथा वायुपुराण विशेष रूप से उपयोगी हैं । पुराण सातवाहनों को 'आन्ध्रभृत्य' तथा 'आन्ध्रजातीय' कहते हैं । यह इस बात का सूचक है कि जिस समय पुराणों का संकलन हो रहा था, सातवाहनों का शासन आन्ध्रप्रदेश में ही सीमित था । पुराणों में सातवाहन वंश के कुल तीस राजाओं के नाम मिलते हैं जिन्होंने लगभग चार शताब्दियों तक शासन किया था । कुछ नामों का उल्लेख तत्कालीन लेखों में भी प्राप्त होता है । पुराणों में इस वंश के संस्थापक का नाम सिन्धुक, सिसुक अथवा शिप्रक दिया गया है जिसने कण्व वंश के राजा सुशर्मा को मारकर तथा शुंगों की अवशिष्ट शक्ति का अन्त कर पृथ्वी पर अपना शासन स्थापित किया था । सातवाहन इतिहास के प्रामाणिक साधन अभिलेख, सिक्के तथा स्मारक हैं ।

सातवाहन कालीन लेखों में निम्नलिखित उल्लेखनीय हैं:

नागनिका का नानाघाट (महाराष्ट्र के पूना जिले में स्थित) का लेख ।

गौतमीपुत्र शातकर्णि के नासिक से प्राप्त दो गुहालेख ।

गौतमी बलश्री का नासिक गुहालेख ।

वासिष्ठीपुत्र पुलुमावी का नासिक गुहालेख ।

वासिष्ठीपुत्र पुलुमावी का कार्ले गुहालेख ।

यज्ञश्री शातकर्णि का नासिक गुहालेख ।

उपर्युक्त लेख ऐतिहासिक दृष्टि से अत्यन्त महत्व के हैं । नागनिका के नासिक लेख से शातकर्णि प्रथम की उपलब्धियों का ज्ञान होता है । उसी प्रकार गौतमीपुत्र शातकर्णि के लेख उसके व्यक्तित्व एवं कृतित्व पर सुन्दर प्रकाश डालते हैं । लेखों के साथ-साथ विभिन्न स्थानों से सातवाहन राजाओं के बहुसंख्यक सिक्के भी प्राप्त किये गये हैं ।

इसके अध्ययन से उनके राज्य-विस्तार, धर्म तथा व्यापार-वाणिज्य की प्रगति के सम्बन्ध में महत्वपूर्ण सूचनायें उपलब्ध होती हैं । नासिक के जोगलथम्बी नामक स्थान से क्षहरात शासक नहपान के सिक्कों का ढेर मिलता है । इसमें अनेक सिक्के गौतमीपुत्र शातकर्णि द्वारा दुबारा अंकित कराये गये हैं ।

यह नहपान के ऊपर उसकी विजय का पुष्ट प्रमाण है । यज्ञश्री शातकर्णि के एक सिक्के पर जलपोत के चिह्न उत्कीर्ण हैं । इससे समुद्र के ऊपर उनका अधिकार प्रमाणित होता है । सातवाहन सिक्के सीसा, तांबा तथा प्रोटीन (तांबा, जिंक, सीसा तथा टिन मिश्रित धातु) में ढलवाये गये हैं ।

इन पर मुख्यतः वृष, गज, सिंह, अश्व, पर्वत, जहाज, चक्र स्वस्तिक, कमल, त्रिरत्न, उज्जैन चिन्ह (क्रॉस से जुड़े चार बाल) आदि का अंकन मिलता है । क्लासिकल लेखकों के विवरण भी सातवाहन इतिहास पर कुछ प्रकाश डालते हैं । इनमें प्लिनी, टालमी तथा पेरीप्लस के लेखक के विवरण महत्वपूर्ण हैं । प्रथम दो ने तो अपनी जानकारी दूसरों से प्राप्त किया था लेकिन पेरीप्लस के अज्ञात-नामा लेखक ने पश्चिमी भारत के बन्दरगाहों का स्वयं निरीक्षण किया था तथा वहाँ के व्यापार-वाणिज्य का प्रत्यक्ष ज्ञान प्राप्त किया था । इन लेखकों के विवरण सातवाहनकालीन पश्चिमी भारत के व्यापार-वाणिज्य तथा शकों के साथ उनके संघर्ष का बोध कराते हैं । क्लासिकल लेखकों के विवरण से पता चलता है कि सातवाहनों का पाश्चात्य विश्व के साथ घनिष्ठ व्यापारिक संबंध था जो समुद्र के माध्यम से होता था । यूरोपीय देशों से मालवाहक जहाज भूमध्य सागर, नील सागर, फारस की खाड़ी तथा अरब सागर से होकर बराबर भारत पहुँचते थे । पश्चिमी तट पर भड़ौंस इस काल का सबसे प्रसिद्ध बन्दरगाह था जिसे यूनानी लेखक बेरीगाजा कहते हैं । सातवाहनकाल के अनेक चैत्य एवं विहार नासिक, कार्ले, भाजा आदि स्थानों से प्राप्त किये गये हैं । इनसे तत्कालीन कला एवं स्थापत्य के विषय में जानकारी प्राप्त होती है ।

गौतमी पुत्र श्री शातकर्णी (पहली से दूसरी शताब्दी ई.)

लगभग आधी शताब्दी की उठापटक तथा शक शासकों के हाथों मानमर्दन के बाद गौतमी पुत्र श्री शातकर्णी के नेतृत्व में अपनी खोई हुई प्रतिष्ठा को पुनर्स्थापित कर लिया। गौतमी पुत्र श्री शातकर्णी सातवाहन वंश का सबसे महान शासक था राजा शालीवाहन ने ईश्वर की तपस्या के फलस्वरूप कई वरदान प्राप्त किए और वर्दिय(वरदान प्राप्त करने वाला)कहलाए और लगभग 25 वर्षों तक शासन करते हुए न केवल अपने साम्राज्य की खोई प्रतिष्ठा को पुनर्स्थापित किया अपितु एक विशाल साम्राज्य की भी स्थापना की। गौतमी पुत्र के समय तथा उसकी विजयों के बारें में हमें उसकी माता गौतमी बालश्री के नासिक शिलालेखों से सम्पूर्ण जानकारी मिलती है। कुछ विशेषज्ञों द्वारा गौतमिपुत्र सत्कर्णी को राजा शालीवाहन भी माना जाता है। उन्होंने पूरे भारत को एकजुट कर दिया और विदेशी हमलावरों के खिलाफ बचाया।

उसके सन्दर्भ में हमें इस लेख से यह जानकारी मिलती है कि उसने क्षत्रियों के अहंकार का मान-मर्दन किया। उसका वर्णन शक, यवन तथा पल्लव शासकों के

विनाश कर्ता के रूप में हुआ है। उसकी सबसे बड़ी उपलब्धि क्षहरात वंश के शक शासक नहपान तथा उसके वंशजों की उसके हाथों हुई पराजय थी। जोगलथम्बी (नासिक) समुह से प्राप्त नहपान के चान्दी के सिक्कें जिन्हे कि गौतमी पुत्र शातकर्णी ने दुबारा ढलवाया तथा अपने शासन काल के अठारहवें वर्ष में गौतमी पुत्र द्वारा नासिक के निकट पांडु-लेण में गुहादान करना- ये कुछ ऐसे तथ्य है जों यह प्रमाणित करतें है कि उसने शक शासकों द्वारा छीने गए प्रदेशों को पुर्नविजित कर लिया। नहपान के साथ उनका युद्ध उसके शासन काल के 17वें और 18वें वर्ष में हुआ तथा इस युद्ध में जीत कर गौतमी पुत्र ने अपरान्त, अनूप, सौराष्ट्र, कुकर, अकर तथा अवन्ति को नहपान से छीन लिया। इन क्षेत्रों के अतिरिक्त गौतमी पुत्र का ऋशिक (कृष्णा नदी के तट पर स्थित ऋशिक नगर), अयमक (प्राचीन हैदराबाद राज्य का हिस्सा), मूलक (गोदावरी के निकट एक प्रदेश जिसकी राजधानी प्रतिष्ठान थी) तथा विदर्भ (आधुनिक बरार क्षेत्र) आदि प्रदेशों पर भी अधिपत्य था। उसके प्रत्यक्ष प्रभाव में रहने वाला क्षेत्र उतर में मालवा तथा काठियावाड़ से लेकर दक्षिण में कृष्णा नदी तक तथा पूवै में बरार से लेकर पश्चिम में कोंकण तक फैला हुआ था। उसने 'त्रि-समुंद्र-तोय-पीत-वाहन' उपाधि धारण की जिससे यह पता चलता है कि उसका प्रभाव पूर्वी, पश्चिमी तथा दक्षिणी सागर अर्थात बंगाल की खाड़ी, अरब सागर एवं हिन्द महासागर तक था। ऐसा प्रतीत होता है कि अपनी मृत्यु के कुछ समय पहले गौतमी पुत्र शातकर्णी द्वारा नहपान को हराकर जीते गए क्षेत्र उसके हाथ से निकल गए। गौतमी पुत्र से इन प्रदेशों को छीनने वाले संभवतः सीथियन जाति के ही करदामक वंश के शक शासक थे। इसका प्रमाण हमें टलमी द्वारा भूगोल का वर्णन करती उसकी पुस्तक से मिलता है। ऐसा ही निष्कर्ष 150 ई0 के प्रसिद्ध रूद्रदमन के जूनागढ़ के शिलालेख से भी निकाला जा सकता है। यह शिलालेख दर्शाता है कि नहपान से विजित गौतमीपुत्र शातकर्णी के सभी प्रदेशों को उससे रूद्रदमन ने हथिया लिया। ऐसा प्रतीत होता है कि गौतमीपुत्र शातकर्णी ने करदामक शकों से वैवाहिक सम्बन्ध स्थापित कर रूद्रदमन द्वारा हथियाए गए अपने क्षेत्रों को सुरक्षित करने का प्रयास किया।

सातवाहन इतिहास का अंध युग

पुराणों में शातकर्णि प्रथम तंथा गौतमीपुत्र शातकर्णि के बीच शासन करने वाले राजाओं की संख्या 10 से 19 तक बताई गयी है ।

इनमें केवल तीन राजाओं के विषय में हम दूसरे स्रोतों से भी जानते है:

आपीलक,

कुन्तल शातकर्णि तथा

हाल ।

आपीलक का एक तांबे का सिक्का मध्य प्रदेश से प्राप्त है । कुन्तल शातकर्णि संभवतः कुन्तल प्रदेश का शासक था जिसका उल्लेख वात्स्यायन के कामसूत्र में हुआ है । हाल के विषय में हमें भारतीय साहित्य से भी सूचना मिलती है । यदि प्रारम्भिक सातवाहन राजाओं के युद्ध में शातकर्णि प्रथम सबसे महान् था, तो शान्ति में हाल महानतम था । वह स्वयं बहुत बड़ा कवि तथा कवियों एवं विद्वानों का आश्रयदाता था ।

'गाथासप्तशती' नामक प्राकृत भाषा में उसने एक मुक्तक काव्य-ग्रन्थ की रचना की थी । उसकी राज्य सभा में 'बृहत्कथा' के रचयिता गुणाढ्य तथा कातन्त्र नामक संस्कृत व्याकरण के लेखक शर्ववर्मन् निवास करते थे । कुछ विद्वानों का विचार है कि उपर्युक्त तीनों नरेश सातवाहनों की मूल शाखा से सम्बन्धित नहीं थे ।

ऐसा प्रतीत होता है कि इसी समय (प्रथम शताब्दी ईसा पूर्व के मध्य में) पश्चिमी भारत पर शकों का आक्रमण हुआ । शकों ने महाराष्ट्र, मालवा, काठियावाड़ आदि प्रदेशों को सातवाहनों से जीत लिया । पश्चिमी भारत में शकों की क्षहरात शाखा की स्थापना हुई ।

शकों की विजयी के फलस्वरूप सातवाहनों का महाराष्ट्र तथा उसके निकटवर्ती क्षेत्रों में अधिकार समाप्त हो गया और उन्हें अपना मूलस्थान छोड़कर दक्षिण की ओर खिसकना पड़ा । संभव है इस समय सातवाहनों ने शकों की अधीनता भी स्वीकार कर ली हो । इस प्रकार शातकर्णि प्रथम से लेकर गौतमीपुत्र शातकर्णि के उदय के पूर्व तक का लगभग एक शताब्दी का काल सातवाहनों के ह्रास का काल है ।

वंशावली

सातवाहन शासन की शुरुआत 30 ईसा पूर्व से 200ई तक विभिन्न समयों में की गई है। सातवाहन प्रथम शताब्दी ईसा पूर्व से तीसरी शताब्दी ईस्वी तक दक्खन क्षेत्र पर प्रभावी थे। यह तीसरी शताब्दी ईस्वी पूर्व तक चला। निम्नलिखित सातवाहन राजाओं को ऐतिहासिक रूप से एपिग्राफिक रिकॉर्ड द्वारा सत्यापित

किया जाता है, हालांकि पुराणों में कई और राजाओं के नाम हैं (देखें सातवाहन वंश # शासकों की सूची):

- सिमुका सातवाहन (ल. 230–207 ई.पू.)
- कान्ह सातवाहन (ल. 207–189 ई.पू.)
- मालिया शातकर्णी (ल. 189–179 ई.पू.)
- पूर्णोथिंगा (ल. 179–161 ई.पू.)
- शातकर्णी (ल. 179–133 ई.पू.)
- लम्बोदर सातवाहन (ल. 87–67 ई.पू.)
- हाला (ल. 20–24 ई.)
- मंडलाक (ल. 24–30 ई.)
- पुरिन्द्रसेन (ल. 30–35 ई.)
- सुंदर शातकर्णी (ल. 35–36 ई.)
- काकोरा शातकर्णी (ल. 36 ई.)
- महेंद्र शातकर्णी (ल. 36–65 ई.)
- गौतमी पुत्र शातकर्णी (ल. 106–130 ई.)
- वासिष्ठीपुत्र पुलुमावी (ल. 130–158 ई.)
- वशिष्ठिपुत्र सातकर्णि (ल. 158–170 ई.)
- यज्ञश्री शातकर्णी (ल. 170–200 ई.)

सातवाहन साम्राज्य का पतन

यज्ञश्री की मृत्यु के पश्चात् सातवाहन साम्राज्य के विघटन की प्रक्रिया आरम्भ हुई । यह अनेक छोटे-छोटे राज्यों में विभाजित हो गया । पुराणों में यज्ञश्री के पश्चात् शासन करने वाले विजय, चन्द्रश्री तथा पुलोमा के नाम मिलते हैं, परन्तु उनमें से कोई इतना योग्य नहीं था कि वह विघटन की शक्तियों को रोक सके । दक्षिण-पश्चिम में सातवाहनों के बाद आभीर, आन्ध्रप्रदेश में ईक्ष्वाकु तथा कुन्तल में चुटुशातकर्णि वंशों ने अपनी स्वतन्त्र सत्ता स्थापित कर ली

इनका विवरण प्रकार है:

आभीर-

इस वंश का संस्थापक ईश्वरसेन था जिसने 248-49 ईस्वी के लगभग कलचुरिचेदि संवत् की स्थापना की । उसके पिता का नाम शिवदत्त मिलता है । नासिक में, उसके शासनकाल के नवें वर्ष का एक लेख प्राप्त हुआ है ।

यह इस बात का सूचक है कि नासिक क्षेत्र के ऊपर उसका अधिकार था । अपरान्त तथा लाट प्रदेश पर भी उसका प्रभाव था क्योंकि यहाँ कलचुरि-चेदि संवत् का प्रचलन मिलता है । आभीरों का शासन चौथी शती तक चलता रहा ।

ईक्ष्वाकु-

इस वंश के लोग कृष्णा-गुण्टूर क्षेत्र में शासन करते थे । पुराण में उन्हें 'श्रीपर्वतीय' (श्रीपर्वत का शासक) तथा 'आन्ध्रभृत्य' (आन्ध्रों का नौकर) कहा गया है । पहले वे सातवाहनों सामन्त थे किन्तु उनके पतन के बाद उन्होंने अपनी स्वतन्त्रता घोषित कर दी ।

इस वंश का संस्थापक श्रीशान्तमूल था । अपनी स्वतन्त्र सत्ता स्थापित करने के उपलक्ष में उसने अश्वमेध यज्ञ किया । वह वैदिक धर्म का अनुयायी था । उसका पुत्र तथा उत्तराधिकारी माठरीपुत्र वीरपुरुषदत्त हुआ जिसने 20 वर्षों तक राज्य किया ।

अमरावती तथा नागार्जुनीकोंड से उसके लेख मिलते हैं । इनमें बौद्ध संस्थाओं को दिये जाने वाले दान का विवरण है । वीरपुरुषदत्त का पुत्र तथा उत्तराधिकारी शान्तमूल द्वितीय हुआ जिसने लगभग ग्यारह वर्षों तक राज्य किया ।

उसके बाद ईक्ष्वाकु वंश की स्वतन्त्र सत्ता का क्रमशः लोप हुआ । इस वंश के राजाओं ने आन्ध्र की निचली कृष्णा घाटी में तृतीय शताब्दी के अन्त तक शासन किया । तत्पश्चात् उनका राज्य काञ्ची के पल्लवों के अधिकार में चला गया । ईक्ष्वाकु लोग बौद्ध मत के पोषक थे ।

चुटुशातकर्णि वंश-

महाराष्ट्र तथा कुन्तल प्रदेश के ऊपर तीसरी शती में चुटुशातकर्णि वंश का शासन स्थापित हुआ । कुछ इतिहासकार उन्हें सातवाहनों की ही एक शाखा मानते हैं जबकि कुछ लोग उनको नागकुल से सम्बन्धित करते है । उनके शासन का अन्त

कदम्बों द्वारा किया गया ।

इन वंशों के साथ-साथ अन्य कई छोटे-छोटे राजवंश भी दक्षिण भारत की राजनीति में सक्रिय थे । कृष्णा तथा मसूलीपट्टटम् के बीच बृहत्फलायन तथा कृष्णा और गोदावरी के बीच शालंकायन वंशों, जो पहले ईक्ष्वाकुओं के अधीन थे, ने कुछ समय के लिये स्वतन्त्रता स्थापित कर ली थी ।बृहत्फलायनों की राजधानी पिथुन्ड तथा शालंकायनों की वेंगी में थी । बाद में दोनों वंश पल्लवों के अधीन हो गये । इस चतुर्दिक उथल-पुथल के वातावरण में लगभग तीसरी शताब्दी ईस्वी के मध्य सातवाहन साम्राज्य पूर्णरूपेण छिन्न-भिन्न हो गया ।

तीसरी शताब्दी तक सातवाहन वंश की शक्ति बहुत कमजोर हो चुका था । लगभग 225 ई. में यह राजवंश समाप्त हो गया था । इनके पतन में कई शक्तियों ने योगदान दिया । पश्चिम में नासिक के आसपास के क्षेत्र पर अमीरों ने अपने को स्वतंत्र घोषित कर दिया । पूर्वी प्रदेश में इक्षावाकुओं ने अपना स्वतंत्र राज्य स्थापित कर दिया था । दक्षिण पूर्वी प्रदेश का क्षेत्र पल्लवों ने अपने अधिकार में कर लिया

14

पाल वंश

पाल साम्राज्य मध्यकालीन "उत्तर भारत" का सबसे शक्तिशाली और महत्वपूर्ण साम्राज्य माना जाता है, जो कि 750-1174 इसवी तक चला। "पाल राजवंश" ने भारत के पूर्वी भाग में एक विशाल साम्राज्य बनाया। इस राज्य में वास्तु कला को बहुत बढावा मिला। पाल राजाओ के काल मे बौद्ध धर्म को बहुत बढावा मिला। पाल राजा हिन्दू थे परन्तु वे बौद्द धर्म को भी मानने वाले थे। पाल राजाओ के समय में बौद्ध धर्म को बहुत संरक्षण मिला। पाल राजाओं ने बौद्ध धर्म के उत्थान के लिए बहुत से कार्य किये जो कि इतिहास में अंकित है। पाल राजाओं ने हिन्दू धर्म को आगे बढ़ने के लिए शिव मंदिरों का निर्माण कराया और शिक्षा के लिए विश्वविद्यालयों का निर्माण करवाया। यह पूर्व-मध्यकालीन राजवंश था। जब हर्षवर्धन काल के बाद समस्त उत्तरी भारत में राजनीतिक, सामाजिक एवं आर्थिक गहरा संकट उत्पनन्न हो गया, तब बिहार, बंगाल और उड़ीसा के सम्पूर्ण क्षेत्र में पूरी तरह अराजकत फैली थी। इसी समय गोपाल ने बंगाल में एक स्वतन्त्र राज्य घोषित किया। जनता द्वारा गोपाल को सिंहासन पर आसीन किया गया जो कि एक गडरिया था। वह योग्य और कुशल शासक था, जिसने 750 ई. से 770 ई. तक शासन किया। इस दौरान उसने औदंतपुरी (बिहार शरीफ) में एक मठ तथा विश्वविद्यालय का निर्माण करवाया।

धर्मपाल

गोपाल के बाद उसका पुत्र धर्मपाल 770 ई. में सिंहासन पर बैठा। धर्मपाल ने 40 वर्षों तक शासन किया। धर्मपाल ने कन्नौज के लिए त्रिदलीय संघर्ष में उलझा रहा। उसने कन्नौज की गद्दी से इंद्रायूध को हराकर चक्रायुध को आसीन

किया। चक्रायुध को गद्दी पर बैठाने के बाद उसने एक भव्य दरबार का आयोजन किया तथा उत्तरापथ स्वामिन की उपाधि धारण की। धर्मपाल बौद्ध धर्मावलम्बी था। उसने काफी मठ व बौद्ध विहार बनवाये। धर्मपाल एक उत्साही बौद्ध समर्थक था उसके लेखों में उसे परम सौगात कहा गया है। उसने विक्रमशिला व सोमपुरी प्रसिद्ध बिहारों की स्थापना की। भागलपुर जिले में स्थित विक्रमशिला विश्वविद्यालय का निर्माण करवाया था। उसके देखभाल के लिए सौ गाँव दान में दिये थे। उल्लेखनीय है कि प्रतिहार राजा नागभट्ट द्वितीय एवं राष्ट्रकूट राजा ध्रुव ने धर्मपाल को पराजित किया थ (2000-2050 ई.)

देवपाल

धर्मपाल के बाद उसका पुत्र देवपाल गद्दी पर बैठा। इसने अपने पिता के अनुसार विस्तारवादी नीति का अनुसरण किया। इसी के शासनकाल में अरब यात्री सुलेमान आया था। उसने मुंगेर को अपनी राजधानी बनाई। उसने पूर्वोत्तर में प्राज्योतिषपुर, उत्तर में नेपाल, पूर्वी तट पर उड़ीसा तक विस्तार किया। कन्नौज के संघर्ष में देवपाल ने भाग लिया था। उसके शासनकाल में दक्षिण-पूर्व एशिया के साथ भी मैत्रीपूर्ण सम्बन्ध रहे। उसने जावा के शासक शैलेंद्र के आग्रह पर नालन्दा में एक विहार की देखरेख के लिए 5 गाँव अनुदान में दिए।

देवपाल ने 850 ई. तक शासन किया था। देवपाल के बाद पाल वंश की अवनति प्रारम्भ हो गयी। मिहिरभोज और महेन्द्रपाल के शासनकाल में प्रतिहारों ने पूर्वी उत्तर प्रदेश और बिहार के अधिकांश भागों पर अधिकार कर लिया।

महीपाल

11वीं सदी में महीपाल प्रथम ने 988 ई.-1038 ई. तक शासन किया। महीपाल को पाल वंश का द्वितीय संस्थापक कहा जाता है। उसने समस्त बंगाल और मगध पर शासन किया।

महीपाल के बाद पाल वंशीय शासक निर्बल थे जिससे आन्तरिक द्वेष और सामन्तों ने विद्रोह उत्पन्न कर दिया था। बंगाल में केवर्त, उतरी बिहार मेम सेन आदि शक्तिशाली हो गये थे।

रामपाल के निधन के बाद गहड़वालों ने बिहार में शाहाबाद और गया तक विस्तार किया था।

सेन शसकों वल्लासेन और विजयसेन ने भी अपनी सत्ता का विस्तार किया। इस अराजकता के परिवेश में तुर्कों का आक्रमण प्रारम्भ हो गया।

पालवंश के शासक

विभिन्न पुरालेखों और अभिलेखों की व्याख्या से इतिहासकारों ने पाल राजाओं के कालक्रम का इस तरह से अंदाज़ किया है

- गोपाल (पाल) (750-770)
- धर्मपाल (770-810)
- देवपाल (810-850)
- शूर पाल महेन्द्रपाल (850 - 854)
- विग्रह पाल (854 - 855)
- नारायण पाल (855 - 908)
- राज्यो पाल (908 - 940)
- गोपाल 2 (940-960)
- विग्रह पाल 2 (960 - 988)
- महिपाल (988 - 1038)
- नय पाल (1038 - 1055)
- विग्रह पाल 3 (1055 - 1070)
- महिपाल 2 (1070 - 1075)
- शूर पाल 2 (1075 - 1077)
- रामपाल (1077 - 1130)
- कुमारपाल (1130 - 1140)
- गोपाल 3 (1140 - 1144)
- मदनपाल (1144 - 1162)
- गोविन्द पाल (1162 - 1174)

पाल राजवंश के पश्चात सेन राजवंश ने बंगाल पर 160 वर्ष राज किया।

15

गुर्जर-प्रतिहार राजवंश

गुर्जर-प्रतिहार राजवंश भारतीय उपमहाद्वीप में प्राचीन एवं मध्यकालीन दौर के संक्रमण काल में साम्राज्य स्थापित करने वाला एक राजवंश था जिसके शासकों ने मध्य-उत्तर भारत के बड़े हिस्से पर मध्य-8वीं सदी से 11वीं सदी के बीच शासन किया। इस राजवंश का संस्थापक प्रथम नागभट्ट था, जिनके वंशजों ने पहले उज्जैन और बाद में कन्नौज को राजधानी बनाते हुए एक विस्तृत भूभाग पर शासन किया।नागभट्ट द्वारा 725 ईसवी में साम्राज्य की स्थापना से पूर्व भी गुर्जर-प्रतिहारों द्वारा मंडोर, मारवाड़ इत्यादि इलाकों में सामंतों के रूप में 6ठीं से 9वीं सदी के बीच शासन किया गया किंतु एक संगठित साम्राज्य के रूप में इसे स्थापित करने का श्रेय नागभट्ट को जाता है।

उमय्यद ख़िलाफ़त के नेतृत्व में होने वाले अरब आक्रमणों का नागभट्ट और परवर्ती शासकों ने प्रबल प्रतिकार किया। कुछ इतिहासकार भारत की ओर इस्लाम के विस्तार की गति के इस दौर में धीमी होने का श्रेय इस राजवंश की सबलता को देते हैं। दूसरे नागभट्ट के शासनकाल में यह राजवंश उत्तर भारत की सबसे प्रमुख राजनीतिक शक्ति बन गया था। मिहिर भोज और उसके परवर्ती महेन्द्रपाल प्रथम के शासन काल में यह साम्राज्य अपने चरमोत्कर्ष पर पहुँचा और इस समय इस साम्राज्य की सीमाएँ पश्चिम में सिंध से लेकर पूर्व में आधुनिक बंगाल तक और हिमालय की तलहटी से नर्मदा पार दक्षिण तक विस्तृत थीं। यह विस्तार मानों गुप्तकाल के अपने समय के सर्वाधिक राज्यक्षेत्र से स्पर्धा करता हुआ सा था। इस विस्तार ने तत्कालीन भारतीय उपमहाद्वीप में एक त्रिकोणीय संघर्ष को जन्म दिया जिसमें प्रतिहारों के अलावा राष्ट्रकूट और पाल वंश शामिल थे। इसी दौरान इस राजवंश के राजाओं ने महाराजाधिराज की उपाधि धारण की।

गुर्जर-प्रतिहार विशेषकर शिल्पकला के लिए जाने जाते हैं। इनके शासन काल में उत्कीर्ण पटलों वाले और खुले द्वारांगन वाले मंदिरों का निर्माण हुआ। इस शैली का चरमोत्कर्ष हमें खजुराहो के मंदिरों में देखने को मिलता है जिन्हें आज यूनेस्को की विश्व विरासत में शामिल किया जा चुका है।

प्रतिहारों की शक्ति राज्य के लिए आपसी संघर्ष के चलते क्षीण हुई। इसी दौरान इनकी शक्ति और राज्यक्षेत्र में पर्याप्त ह्रास की वज़ह राष्ट्रकूट राजा तृतीय इन्द्र का आक्रमण भी बना। इन्द्र ने लगभग 916 में कन्नौज पर हमला करके इसे ध्वस्त कर दिया। बाद में अपेक्षाकृत अक्षग शासकों के शासन में प्रतिहार अपनी पुरानी प्रभावशालिता पुनः नहीं प्राप्त कर पाए। इनके अधीन सामंत अधिकाधिक मज़बूत होते गए और 10वीं सदी आते आते अधीनता से मुक्त होते चले गये। इसके बाद प्रतिहारों के पास गंगा-दोआब के क्षेत्र से कुछ ज़्यादा भूमि राज्यक्षेत्र के रूप में बची। आख़िरी महत्वपूर्ण राजा राज्यपाल को महमूद गजनी के हमले के कारण 1018 में कन्नौज छोड़ना पड़ा। उसे चंदेलों ने पकड़ कर मार डाला और उसके पुत्र त्रिलोचनपाल को एक प्रतीकात्मक राजा के रूप में राज्यारूढ़ करवाया। इस वंश का अंतिम राजा यशपाल था जिसकी 1036 में मृत्यु के बाद यह राजवंश समाप्त हो गया।

नाम एवं उत्पत्ति

कन्नड़-संस्कृत में अमोघवर्ष का नीलगुंड अभिलेख (866 ई॰) जिसमें उसने यह उल्लिखित किया है कि उसके पिता तृतीय गोविन्द ने चित्रकूट के गुर्जरों को हराया

गुर्जर-प्रतिहार राजवंश की उत्पत्ति इतिहासकारों के बीच बहस का विषय है। इस राजवंश के शासकों ने अपने लिए "प्रतिहार" का उपयोग किया जो उनके द्वारा स्वयं चुना हुआ पदनाम अथवा उपनाम था। इनका दावा है कि ये रामायण के सहनायक और राम के भाई लक्ष्मण के वंशज हैं, लक्ष्मण ने एक प्रतिहारी अर्थात द्वार रक्षक की तरह राम की सेवा की, जिससे इस वंश का नाम "प्रतिहार" पड़ा।कुछ आधुनिक इतिहासकार यह व्याख्या प्रस्तुत करते हैं कि ये राष्ट्रकूटों के यहाँ सेना में रक्षक (प्रतिहार) थे जिससे यह शब्द निकला।

इस साम्राज्य के कई पड़ोसी राज्यों द्वारा अभिलेखों में उन्हें "गुर्जर" के रूप में वर्णित किया गया है। केवल एक मात्र अभिलेख एक सामंत मथनदेव का मिलता है जिसमें उसने स्वयं को "गुर्जर-प्रतिहार" के नाम से अभिहित किया है। कुछ अध्येताओं का मानना है कि "गुर्जर" एक क्षेत्र का नाम था . यह मानते हैं कि गुर्जर

एक जन (ट्राइब) और प्रतिहार इसी गुर्जर जन का एक क़बीला या गोत्र था।

गुर्जरों को एक जन (ट्राइब) माने वालों में विवाद है कि ये भारत के मूल निवासी थे अथवा बाहरी।बाहरी क्षेत्र से आगमन के समर्थक यह दावा करते कि छठी सदी के आसपास, जब हूण भारत में आये, उसी समय ये भी बाहर से आये थे। जबकि इसके विपक्ष में यह तर्क दिया जाता है कि ये स्थानीय संस्कृति के साथ पूरी तरह घुले-मिले थे; साथ ही यदि ये बाहरी आक्रांता के रूप में आये तो इन्होने सिंधु-गंगा के उपजाऊ मैदान को बसने के लिए चुनने की बजाय अद्र्धशुष्क इलाके को क्यों चुना।

पृथ्वीराज रासो की परवर्ती पांडुलिपियों में वर्णित अग्निवंश सिद्धांत के अनुसार प्रतिहार तथा तीन अन्य राजपूत राजवंशों की उत्पत्ति अर्बुद पर्वत (वर्तमान माउंट आबू) पर एक यज्ञ के अग्निकुंड से हुई थी। अध्येता इस कथा की व्याख्या इनके हिंदू वर्ण व्यवस्था में यज्ञोपरांत शामिल होने के रूप में करते हैं। वैसे भी यह कथा पृथ्वीराज रासो की पूर्ववर्ती प्रतियों में नहीं मिलती और माना जाता है कि यह मिथक एक परमार कथा पर आधारित है और इसका उद्देश्य मुगलों के विरुद्ध राजपूतों को एकजुट करना था, इस दौर में वे अपनी उत्पत्ति के लिए महिमामंडित वंशों का दावा कर रहे थे।

इतिहास

प्रारंभिक शासक

गुर्जर प्रतिहार के संस्थापक हरिशचंद्र नामक ब्राह्मण था जो एक कुल गुरु सामंत था बह निश्चय रूप से स्वतंत्र नही था। हरीशचंद्र ब्राह्मण की दो पत्नियां थी पहली ब्राह्मण और दूसरी क्षत्रिय। मंडोर के शिलालेख में हरिशचंद्र ब्राह्मण के बारे में सपस्ट रूप से लिखा हुआ है। घटियाला के शिलालेख में भी सप्सट लिखा है कि हरिशचंद्र ब्राह्मण से गुर्जर प्रतिहार वंश चला है। सभी इतिहासकारो का यहीं कहना है। गुर्जर देश का नाम था[जैसे डुग्गर जम्मू में है {{प्रतिहार का अर्थ रक्षक होता हैं न कोई वंश]] नागभट्ट प्रथम (730-756 ई.) को इस राजवंश का पहला राजा माना गया है। आठवीं शताब्दी में भारत में अरबों का आक्रमण शुरू हो चुका था। सिन्ध और मुल्तान पर उनका अधिकार हो चुका था। फिर सिंध के राज्यपाल जुनैद के नेतृत्व में सेना आगे मालवा, जुर्ज और अवंती पर हमले के लिये बढ़ी, जहां जुर्ज पर उसका कब्जा हो गया। परन्तु आगे अवंती पर नागभट्ट ने उन्हैं खदेड़ दिया। अजेय अरबों कि सेना को हराने से नागभट्ट का यश चारो ओर

फैल गया। अरबों को खदेड़ने के बाद नागभट्ट वहीं न रुकते हुए आगे बढ़ते गये। और उन्होंने अपना नियंत्रण पूर्व और दक्षिण में मंडोर, ग्वालियर, मालवा और गुजरात में भरूच के बंदरगाह तक फैला दिया। उन्होंने मालवा में अवंती (उज्जैन) में अपनी राजधानी की स्थापना की, और अरबों के विस्तार को रोके रखा, जो सिंध में स्वयं को स्थापित कर चुके थे। अरबों से हुए इस युद्ध (738 ई०) में नागभट्ट ने गुर्जर-प्रतिहारों का एक संघीय का नेतृत्व किया।यह माना जाता है कि वह राष्ट्रकूट शासक दन्तिदुर्ग के साथ अरबों को हराने में शामिल हुए थे ।

एक विशेष "हिरण्यगर्भ-महादान" अनुष्ठान समारोह का उल्लेख है जिसने स्वर्ण 'ब्रह्मांडीय अंड' का भी उल्लेख है),कई राजाओं की उपस्थिति में और उनकी ओर से ऐसा लगता है कि संयुक्त रूप से उज्जयिनी में किया गया था,अरबो को पराजित करने और वापस भगाने के बाद नागभट्ट ने संभवतः इसमें भाग लिया था। एक राष्ट्रकूट रिकॉर्ड, संजय प्लेट्स, हमलावर अरबों के खिलाफ दंतिदुर्ग की भूमिका की प्रशंसा करता है, हमें बताता है कि गुर्जरेश ('गुर्जर क्षेत्र का राजा'(गुर्जरात्रा, गुजरात का प्राचीन नाम था), इस समारोह में प्रतिहार या प्रहरी (भी द्वारपाल या संरक्षक) का कार्य सौंपा गया था। दशरथ शर्मा सुझाव देते हैं कि

"it was perhaps at the sacred site of Ujayani that the clans from Rajasthan, impressed by Nagabhata's valour and qualities of leadership, decided to tender their allegiance to him"

नागभट्ट प्रथम ने जल्द ही एक विशाल क्षेत्र पर अपना नियंत्रण बढ़ा दिया, जिसमें ,भीलमला, जालोर, आबू के आसपास के रास्ते और संक्षेप में, लता (दक्षिणी गुजरात), और मालवा। जालोर उनकी राजधानी बनी। नागभट्ट और उनके उत्तराधिकारियों के तहत, जालोर एक संपन्न शहर के रूप में विकसित हुआ, जो मंदिरों और अमीरों के मकानों से सजी।

नागभट्ट प्रथम विद्वानों, कलाकारों और ऋषियों का संरक्षक था। जैन विद्वान यक्षदेव उनमें से थे जिन्हें नागभट्ट ने अपना संरक्षण दिया था।

प्रतिहार मालवा और लता के कब्जे को अनिश्चित काल तक कायम नहीं रख सके, हालाँकि,अपने पूर्व सहयोगी,राजा दंतिदुर्ग राष्ट्रकूट ने इन दो क्षेत्रों को सफलतापूर्वक प्रतिहारों कब्जे में लिया

कन्नौज विजय और विस्तार

हर्षवर्धन की मृत्यु के बाद कन्नौज को शक्ति निर्वात का सामना करना पड़ा, जिसके परिणामस्वरूप हर्ष के साम्राज्य का विघटन होने लगा। जोकि अंततः लगभग एक सदी के बाद यशोवर्मन ने भरा। लेकिन उसकी स्थिति भी ललितादित्य मुक्तपीड के साथ गठबंधन पर निर्भर थी। जब मुक्तापीदा ने यशोवर्मन को कमजोर कर दिया, तो शहर पर नियंत्रण के लिए त्रिकोणीय संघर्ष विकसित हुआ, जिसमें पश्चिम और उत्तर क्षेत्र से गुर्जर प्रतिहार साम्राज्य, पूर्व से बंगाल के पाल साम्राज्य और दक्षिण में दक्कन में आधारभूत राष्ट्रकूट साम्राज्य शामिल थे। वत्सराज ने कन्नौज के नियंत्रण के लिए पाल शासक धर्मपाल और राष्ट्रकूट राजा दन्तिदुर्ग को सफलतापूर्वक चुनौती दी और पराजित कर दो राजछत्रों पर कब्जा कर लिया।

786 के आसपास, राष्ट्रकूट शासक ध्रुव धारवर्ष (780-793) नर्मदा नदी को पार कर मालवा पहुंचा और वहां से कन्नौज पर कब्जा करने की कोशिश करने लगा। लगभग 800 ई0 में वत्सराज को ध्रुव धारवर्षा ने पराजित किया और उसे मरुदेश (राजस्थान) में शरण लेने को मजबुर कर दिया। और उसके द्वार गौंड़राज से जीते क्षेत्रों पर भी अपना कब्जा कर लिया।वत्सराज को पुनः अपने पुराने क्षेत्र जालोन से शासन करना पडा, ध्रुव के प्रत्यावर्तन के साथ ही पाल नरेश धर्मपाल ने कन्नौज पर कब्जा कर, वहा अपने अधीन चक्रायुध को राजा बना दिया।

गुर्जर प्रतिहार के सिक्कों मे वराह (विष्णु अवतार), 850–900 ई0 ब्रिटिश संग्रहालय।

वत्सराज के बाद उसका पुत्र नागभट्ट द्विवतीय (805-833) राजा बना, उसे शुरू में राष्ट्रकूट शासक गोविन्द तृतीय (793-814) ने पराजित किया था, लेकिन बाद में वह अपनी शक्ति को पुनः बढ़ा कर राष्ट्रकूटों से मालवा छीन लिया। तदानुसार उसने आन्ध्र, सिन्ध, विदर्भ और कलिंग के राजाओं को हरा कर अपने अधीन कर लिया। चक्रायुध को हरा कर कन्नौज पर विजय प्राप्त कर लिया। आगे बढ़कर उसने धर्मपाल को पराजित कर बलपुर्वक आनर्त, मालव, किरात, तुरुष्क, वत्स और मत्स्य के पर्वतीय दुर्गों को जीत लिया। शाकम्भरी के चाहमानों ने कन्नोज के गुर्जर प्रतीहारों कि अधीनता स्वीकार कर ली। उसने प्रतिहार साम्राज्य को गंगा के मैदान में आगे पाटलिपुत्र (बिहार) तक फैला दिया। आगे उसने पश्चिम में पुनः अरबो को रोक दिया। उसने गुजरात में सोमनाथ के महान शिव मंदिर को पुनः बनवाया, जिसे सिंध से आये अरब हमलावरों ने नष्ट कर दिया था। कन्नौज, गुर्जर-प्रतिहार साम्राज्य का केंद्र बन गया, अपनी शक्ति के चरमोत्कर्ष (836-910) के दौरान अधिकतर उत्तरी भारत पर इनका अधिकार रहा।

833 ई0 में नागभट्ट के जलसमाधी लेने के बाद, उसका पुत्र रामभद्र प्रतिहार साम्राज्य का अगला राजा बना। रामभद्र ने सर्वोत्तम घोड़ो से सुसज्जित अपने सामन्तो के घुड़सवार सैना के बल पर अपने सारे विरोधियो को रोके रखा। हलांकि उसे पाल साम्राज्य के देवपाल से कड़ी चुनौतिया मिल रही थी। और वह गुर्जर प्रतीहारों से कलिंजर क्षेत्र लेने मे सफल रहा।

चरमोत्कर्ष

रामभद्र के बाद उसका पुत्र मिहिरभोज या भोज प्रथम ने गुर्जर प्रतिहार की सत्ता संभाली। मिहिरभोज का शासनकाल प्रतिहार साम्राज्य के लिये स्वर्णकाल माना गया है। अरब लेखकों ने मिहिरभोज के काल को सम्पन्न काल बताते

हैं। मिहिरभोज के शासनकाल मे कन्नौज के राज्य का अधिक विस्तार हुआ। उसका राज्य उत्तर-पश्चिम में सतुलज, उत्तर में हिमालय की तराई, पूर्व में पाल साम्राज्य कि पश्चिमी सीमा, दक्षिण-पूर्व में बुन्देलखण्ड और वत्स की सीमा, दक्षिण-पश्चिम में सौराष्ट्र, तथा पश्चिम में राजस्थान के अधिकांश भाग में फैला हुआ था। इसी समय पालवंश का शासक देवपाल भी बड़ा यशस्वी था। अतः दोनो के बीच में कई घमासान युद्ध हुए। अन्त में इस पाल-प्रतिहार संघर्स में भोज कि विजय हुई।

दक्षिण की ओर मिहिरभोज के समय अमोघवर्ष और कृष्ण द्वितीय राष्ट्रकूट शासन कर रहे थे। अतः इस दौर में गुर्जर प्रतिहार-राष्ट्रकूट के बीच शान्ति ही रही, हालांकि वारतो संग्रहालय के एक खण्डित लेख से ज्ञात होता है कि अवन्ति पर अधिकार के लिये भोज और राष्ट्रकूट राजा कृष्ण द्वितीय (878-911 ई0) के बीच नर्मदा नदी के पास युद्ध हुआ था। जिसमें राष्ट्रकूटों को वापस लौटना पड़ा था। अवन्ति पर गुर्जर प्रतिहारों का शासन भोज के कार्यकाल से महेन्द्रपाल द्वितीय के शासनकाल तक चलता रहा। मिहिर भोज के बाद उसका पुत्र महेन्द्रपाल प्रथम ई.) नया राजा बना, इस दौर में साम्राज्य विस्तार तो रुक गया लेकिन उसके सभी क्षेत्र अधिकार में ही रहे। इस दौर में कला और साहित्य का बहुत विस्तार हुआ। महेन्द्रपाल ने राजशेखर को अपना राजकवि नियुक्त किया था। इसी दौरान "कर्पूरमंजरी" तथा संस्कृत नाटक "बालरामायण" का अभिनीत किया गया। गुर्जर-प्रतिहार साम्राज्य अब अपने उच्च शिखर को प्राप्त हो चुका था।

पतन

महेन्द्रपाल की मृत्यु के बाद उत्तराधिकारी का युद्ध हुआ, और राष्ट्रकुटों कि मदद से महिपाल का सौतेला भाई भोज द्वितीय (910-912) कन्नौज पर अधिकार कर लिया हलांकि यह अल्पकाल के लिये था, राष्ट्रकुटों के जाते ही महिपाल प्रथम (912-944 ई.) ने भोज द्वितीय के शासन को उखाड़ फेंका। गुर्जर-प्रतिहारों की अस्थायी कमजोरी का फायदा उठा, साम्राज्य के कई सामंतवादियों विशेषकर मालवा के परमार, बुंदेलखंड के चन्देल, महाकोशल का कलचुरि, हरियाणा के तोमर और चौहान स्वतंत्र होने लगे। राष्ट्रकूट वंश के दक्षिणी भारतीय सम्राट इंद्र तृतीय (999-928 ई.) ने 912 ई0 में कन्नौज पर कब्जा कर लिया। यद्यपि गुर्जर प्रतिहारों ने शहर को पुनः प्राप्त कर लिया था, लेकिन उनकी स्थिति 10वीं सदी में कमजोर ही रही, पश्चिम से तुर्को के हमलों, दक्षिण से राष्ट्रकूट वंश के हमलें और

पूर्व में पाल साम्राज्य की प्रगति इनके मुख्य कारण थे। गुर्जर-प्रतिहार राजस्थान का नियंत्रण अपने सामंतों के हाथ खो दिया और चंदेलो ने 950 ई॰ के आसपास मध्य भारत के ग्वालियर के सामरिक किले पर कब्जा कर लिया। 10वीं शताब्दी के अंत तक, गुर्जर-प्रतिहार कन्नौज पर केन्द्रित एक छोटे से राज्य में सिमट कर रह गया। कन्नौज के अंतिम गुर्जर-प्रतिहार शासक यशपाल के 1036 ई. में निधन के साथ ही इस साम्राज्य का अन्त हो गया।

शासन प्रबन्ध

शासन का प्रमुख राजा होता था। गुर्जर प्रतिहार राजा असीमित शक्ति के स्वामी थे। वे सामन्तों, प्रान्तीय प्रमुखो और न्यायधीशों कि नियुक्ति करते थे। चुकि राजा सामन्तो की सेना पर निर्भर होता था, अत: राजा कि मनमानी पर सामन्त रोक लगा सकते थे। युद्ध के समय सामन्त सैनिक सहायता देते थे और स्वयं सम्राट के साथ लड़ने जाते थे।

प्रशासनिक कार्यों में राजा की सहायता मंत्रिपरिषद करता था, जिसके दो अंग थे "बहिर उपस्थान" और "आभयन्तर उपस्थान"। बहिर उपस्थान में मंत्री, सेनानायक, महाप्रतिहार, महासामन्त, महापुरोहित, महाकवि, ज्योतिषी और सभी प्रमुख व्यक्ति सम्मिलित रहते थे, जबकि आभयन्तरीय उपस्थान में राजा के चुने हुए विश्वासपात्र व्यक्ति ही सम्मिलित होते थे। मुख्यमंत्री को "महामंत्री" या "प्रधानमात्य" कहा जाता था।

शिक्षा तथा साहित्य

शिक्षा

शिक्षा का प्रारंभ उपनयन संस्कार से होता था। उपनयन के पश्चात बालक को गुरुकुल भेजा जाता था। ब्राम्हण बालक को चौदह विद्याओं के साथ कर्मकाण्ड का अध्ययन कराया जाता था। क्षत्रिय बालक को बहत्तर कलाएं सिखाई जाती थी। किन्तु उसे अस्त्र-शस्त्र विद्या में निपुणता प्राप्त करना आपश्यक होता था। विद्यार्थी को गुरुकुल में ही रह कर विद्या अध्ययन करना होता था। यहाँ आवास और भोजन की व्यवस्था नि:शुल्क थी। अधिकांश अध्ययन मौखिक होता था।

बडी-बडी सभाओं में प्रश्नोत्तरों और शास्त्रार्थ के द्वारा विद्वानों कि योग्यता कि पहचान की जाती थी। विजेता को राजा की ओर से जयपत्र प्रदान किया जाता था, और जुलुस निकाल कर उसका सम्मान किया जाता था। इसके अलवा विद्वान गोष्ठियों में एकत्र हो कर साहित्यक चर्चा करते थे। पुर्व मध्यकाल में कान्यकुब्ज (कन्नौज) विद्या का सबसे बड़ा केन्द्र था। राजशेखर ने कन्नौज में कई गोष्ठियों का वर्णन किया है। राजशेखर ने "ब्रम्ह सभा" की भी चर्चा की हैं। ऐसी सभा उज्जैन और पाटलिपुत्र में हुआ करती थी। इस प्रकार की सभाएं कवियों कि परीक्षा के लिये उपयोगी होती थी। परीक्षा में उत्तीर्ण कवि को रथ और रेशमी वस्त्र से सम्मानित किया जाता था। उपर्युक्त वर्णन से प्रमाणित होता है कि सम्राट हर्षवर्धन की मृत्यु के बाद भी उत्तर भारत से विद्या का का वातावरण समाप्त नहीं हुआ था। गुर्जर प्रतिहार शासक स्वयं विद्वान थे और वे विद्वानों को राज्याश्रय भी प्रदान करते थे।[32]

साहित्य

साहित्य के क्षेत्र में भिल्लमाल (भीनमाल) एक बड़ा केन्द्र था। यहाँ कई महान साहित्यकार हुए। इनमें "शिशुपालवध" के रचयिता माघ का नाम सर्वप्रथम है। माघ के वंश में सौ वर्षो तक कविता होती रही और संस्कृत और प्राकृत में कई ग्रंथ रचे गये। विद्वानो ने उसकी तुलना कालिदास, भारवि, तथा दण्डित से की है। माघ के ही समकालिन जैन कवि हरिभद्र सूरि हुए। उनका रचित ग्रंथ "धुर्तापाख्यान", हिन्दू धर्म का बड़ा आलोचक था। इनका सबसे प्रशिध्द प्राकृत ग्रंथ "समराइच्चकहा" है। हरिभद्र के शिष्य उद्योतन सूरि ने 778 ई0 में जालोन में "कुवलयमाला" की रचना की।

भोज प्रथम के दरबार में भट्ट धनेक का पुत्र वालादित्य रहता था। जिसने ग्वालियर प्रशस्ति जैसे प्रशिध्द ग्रंथ की रचना की थी। इस काल के कवियों में राजशेखर कि प्रशिध्दि सबसे अधिक थी। उसकी अनेक कृतियाँ आज भी उपलब्ध है। कवि और नाटककार राजशेखर सम्राट महेन्द्रपाल प्रथम का गुरु था। राजशेखर बालकवि से कवि और फिर कवि से राजकवि के पद से प्रतिष्ठित हुआ। इसी दौरान "कर्पूरमंजरी" तथा संस्कृत नाटक "बालरामायण" का अभिनीत किया गया।

इससे पता चलता है कि प्रतिहार काल में संस्कृत, प्राकृत और अपभ्रंश तीनों भाषाओं में साहित्य कि रचना हुई। किन्तु प्राकृत दिनो-दिन कम होती गई और उसकी जगह अपभ्रंश लेती रही। ब्राम्हणों की तुलना में जैनों द्वार रचित साहित्यों

कि अधिकता हैं। जिसका कारण जैन ग्रंथों का भण्डार में सुरक्षित बच जाना जबकि ब्राम्हण ग्रंथो का नष्ट हो जाना हो सकता है

धर्म और दर्शन

भारतीय संस्कृति धर्ममय है, और इस प्रकार गुर्जर प्रतिहारों का धर्ममय होना कोई नई बात नहीं है। पूरे समाज में हिन्दू धर्म के ही कई मान्यताओं के मानने वाले थे लेकिन सभी में एक सहृष्णता की भावना मौजुद थी। समाज में वैष्णव और शैव दोनों मत के लोग थे। गुर्जर-प्रतिहार राजवंश में प्रत्येक राजा अपने ईष्टदेव बदलते रहते थे। भोज प्रथम के भगवती के उपासक होते हुए भी उन्होंने विष्णु का मंदिर बनवाया था। और महेन्द्रपाल के शैव मतानुयायी होते हुए भी वट-दक्षिणी देवी के लियी दान दिया था

गुर्जर प्रतिहार काल का मुख्य धर्म पौराणिक हिन्दू धर्म था, जिसमें कर्मों के अनुसार पुनर्जन्म का सिद्धान्त का गहारा असर था। विष्णु के अवतारों कि पुजा की जाती थी। और उनके कई मन्दिर बनवाये गये थे। कन्नौज में चतुर्भुज विष्णु और विराट विष्णु के अत्यन्त सुंदर प्रतिमाएं प्रतिष्ठित थी। कन्नौज के समाट वत्सराज, महेन्द्रपाल द्वतीय, और त्रिलोचनपाल शिव के उपासक थे। उज्जैन में महाकाल का प्रशिद्ध मंदिर था। बुन्देलखंड़ में अनेक शिव मन्दिर बनवाये गये थे।

साहित्य और अभिलेखों से धर्म की काफी लोकप्रियता जान पडती है। ग्रहण, श्राद्ध, जातकर्म, नामकरण, संक्रान्ति, अक्षय तृतीया, इत्यादि अवसरों पर लोग गंगा, यमुना अथवा संगम (प्रयाग) पर स्नान कर दान देते थे। धर्मार्थ हेतु दिये गये भुमि या गांव पर कोई कर नहीं लगाया जाता था।

पवित्र स्थलों में तीर्थयात्रा करना सामान्य था। तत्कालिन सहित्यों में दस प्रमुख तीर्थों का वर्णन मिलता है। जिसमें गया, वाराणसी, हरिद्वार, पुष्कर, प्रभास, नैमिषक्षेत्र केदार, कुरुक्षेत्र, उज्जयिनी तथा प्रयाग आदि थे। नदियों को प्राकृतिक या दैवतीर्थ होने के कारण अत्यन्त पवित्र माना जाता था। सभी नदियों में गंगा को सबसे अधिक पवित्र मान जाता था।

बौद्ध धर्म

गुर्जर प्रतीहारकालिन उत्तरभारत में बौद्धधर्म का प्रभाव समाप्त था। पश्चिम कि ओर सिन्ध प्रदेश में और पूर्व में दिशा में बिहार और बंगाल में स्थिति संतोषजनक थी। जिसका मुख्य कारण था, गुप्तकाल के दौरान ब्राम्हण मतावलम्बियों ने बौद्धधर्म के अधिकांश सिद्धान्त अपना कर बुद्ध को भगवान विष्णु का अवतार मान लिया था।

जैन धर्म

बौद्ध धर्म कि तुलना में जैन धर्म ज्यादा सक्रिय था। मध्यदेश, अनेक जैन आचार्यों का कार्यस्थल रहा था। वप्पभट्ट सुरि को नागभट्ट द्वितीय का अध्यात्मिक गुरु माना गया है। फिर भी यह यहाँ जेजाकभुक्ति (बुन्देलखंड) और ग्वालियर क्षेत्र तक में ही सिमित रह गया था। लेकिन पश्चिमी भारत के राजस्थान, गुजरात, मालवा और सौराष्ट्र जैनधर्म के विख्यात केन्द्र थे, जिसका श्रेय हरिभद्र सूरि जैसे जैन साधुओं को जाता है। हरिभद्र ने विद्वानों और सामान्यजन के लिये अनेक ग्रन्थों कि रचना की। गुर्जर राजाओं ने जैनों के साथ उदारता का व्यवहार किया। नागभट्ट द्वितीय ने ग्वालियर में जैन मन्दिर भी बनवाया था।

कला

मारू गुर्जर कला व गुर्जर स्थाप्त्य कला

गुर्जर-प्रतिहार कला के अवशेष हरियाणा और मध्यभारत के एक विशाल क्षेत्र में देखे जा सकते हैं। इस युग में गुर्जर प्रतीहारों द्वारा निर्मित मंदिर स्थापत्य और कला की सबसे बड़ी विशेषता इसकी अलंकरण शैली है। मारू गुर्जर कला का शाब्दिक अर्थ है गुर्जरदेश की कला। मारू गुर्जर शैली तथ्य की उत्पत्ति है कि प्राचीन काल के दौरान, गुजरात्रा (वर्तमान राजस्थान और गुजरात) में समाज के जातीय, सांस्कृतिक और राजनीतिक पहलुओं में समानता है। राजस्थान का प्राचीन नाम गुर्जर-देश, गुजरत्रा आदि नामो से जाना गया है तब निर्माण कार्यों की एक शैली भी साथ में आई, जिसे मारू गुर्जर शैली के रूप में जाना जाता है। गुजरात के मंदिर इसी शैली से बने हैं। मारु-गुर्जर वास्तुकला संरचनाओं की गहरी

समझ और बीते युग के राजस्थानी शिल्पकारों के परिष्कृत कौशल को दर्शाते हैं। मारु-गुर्जर वास्तुकला में दो प्रमुख शैलियों महा-मारू और मारू-गुर्जर हैं। एमएए ढकी के अनुसार, महा-मारू शैली मुख्य रूप से मारुससा, सपादलक्ष, सुरसेन और उपरमला के कुछ हिस्सों में विकसित की गई हैं, जबकि मारू-गुर्जर मेदपाटा, गुर्जरदेसा-अर्बुडा, गुजरेंदेय -अनारता और गुजरात के कुछ क्षेत्रों में उत्पन्न हुई। विद्वान जॉर्ज माइकल, एम.ए. ढकी, माइकल डब्लू। मेस्टर और यू.एस. मोरटी का मानना है कि मारू-गुर्जर मंदिर वास्तुकला पूरी तरह से पश्चिमी भारतीय वास्तुकला है और यह उत्तर भारतीय मंदिर वास्तुकला से काफी भिन्न है। मारू-गुर्जर आर्किटेक्चर और होयसाला मंदिर वास्तुकला के बीच एक संबंधक लिंक है। इन दोनों शैलियों में वास्तुकला को मूर्तिकला रूप से माना जाता है। गुर्जर स्थापत्य शैली मे सज्जा और निर्माण शैली का पुर्ण समन्वय देखने को मिलता है। अपने पुर्ण विकसित रूप में गुर्जर प्रतिहार मन्दिरों में मुखमण्डप, अन्तराल, और गर्भग्रह के अतिरिक्त अत्यधिक अलंकृत अधिष्ठान, जंघा और शिखर होते थे। मध्य प्रदेश के मुरैना जिले में बटेश्वर हिन्दू मंदिर इसी साम्राज्य काल के दौरान बनाया गया था। कालान्तर में इस स्थापत्यकला की इस विधा को चन्देलों, चौलूक्यों तथा अन्य राजवंशों ने अपनाया। लेकिन चन्देलों ने इस शैली को पूर्णता प्रदान की, जिसमें खजुराहो स्मारक समूह प्रशिद्ध है।

16

राष्ट्रकूट राजवंश

राष्ट्रकूट (कन्नड़: ರಾಷ್ಟ್ರಕೂಟ) दक्षिण भारत, मध्य भारत और उत्तरी भारत के बड़े भूभाग पर राज्य (735-982) करने वाला राजवंश था।

इतिहास

इनका शासनकाल लगभग छठी से तेरहवीं शताब्दी के मध्य था। इस काल में उन्होंने परस्पर घनिष्ठ परन्तु स्वतंत्र जातियों के रूप में राज्य किया, उनके ज्ञात प्राचीनतम शिलालेखों में सातवीं शताब्दी का 'राष्ट्रकूट' ताम्रपत्र मुख्य है, जिसमे उल्लिखित है की, 'मालवा प्रान्त' के मानपुर में उनका साम्राज्य था (जोकि आज मध्य प्रदेश राज्य में स्थित है), इसी काल की अन्य 'राष्ट्रकूट' जातियों में 'अचलपुर'(जो आधुनिक समय में महारास्ट्र में स्थित एलिचपुर है), के शासक तथा 'कन्नौज' के शासक भी शामिल थे। इनके मूलस्थान तथा मूल के बारे में कई भ्रांतियां प्रचलित है। एलिचपुर में शासन करने वाले 'राष्ट्रकूट' 'बादामी चालुक्यों' के उपनिवेश के रूप में स्थापित हुए थे लेकिन 'दान्तिदुर्ग' के नेतृत्व में उन्होंने चालुक्य शासक 'कीर्तिवर्मन द्वितीय' को वहाँ से उखाड़ फेंका तथा आधुनिक 'कर्णाटक' प्रान्त के 'गुलबर्ग' को अपना मुख्य स्थान बनाया। यह जाति बाद में 'मान्यखेत के राष्ट्रकूटों ' के नाम से विख्यात हो गई, जो 'दक्षिण भारत' में 753 ईसवी में सत्ता में आई, इसी समय पर बंगाल का 'पाल साम्राज्य' एवं 'गुजरात के प्रतिहार साम्राज्य' 'भारतीय उपमहाद्वीप' के पूर्व और उत्तरपश्चिम भूभाग पर तेजी से सत्ता में आ रहे थे।

आठवीं से दसवीं शताब्दी के मध्य के काल में गंगा के उपजाऊ मैदानी भाग पर स्थित 'कन्नौज राज्य' पर नियंत्रण हेतु एक त्रिदलीय संघर्ष चल रहा था, उस वक्त 'कन्नौज' 'उत्तर भारत' की मुख्य सत्ता के रूप में स्थापित था। प्रत्येक साम्राज्य उस पर नियंत्रण करना चाह रहा था। 'मान्यखेत के राष्ट्रकूटों' की सत्ता के उच्चतम शिखर पर उनका साम्राज्य उत्तरदिशा में 'गंगा' और 'यमुना नदी' पर स्थित दोआब से लेकर दक्षिण में कन्याकुमारी तक था। यह उनके राजनीतिक विस्तार, वास्तुकला उपलब्धियों और साहित्यिक योगदान का काल था। इस राजवंश के प्रारंभिक शासक हिंदू धर्म के अनुयायी थे, परन्तु बाद में यह राजवंश जैन धर्म के प्रभाव में आ गया था।

उत्पति

दक्षिण भारत एवं गुजरात में मिले 75 शिलालेख 8 शिलालेख पे इनके वंश के बारे प्रकाश डालता है कि राष्ट्रकूट अपने आपको सात्यकी जो यदुवंशी था महाभारत में नारायणी सेना के प्रमुख सात सेनापतियों में से एक था उसी के वंश का राष्ट्रकुट है विद्वान एवं इतिहासकार समर्थन करते हैं कि राष्ट्रकूट यदुवंशी क्षत्रिय है 860 ई. में उत्कीर्ण एक शिलालेख में बताया गया है कि राष्ट्रकुट शासक दन्तिदुर्ग का जन्म यदुवंशी सात्यकी के वंश में हुआ था गोविंद तृतीय 880 ई में उत्कीर्ण एक शिलालेख में लिखा है कि राष्ट्रकुट शासक वैसे ही अजय हो गए जैसे भगवाण श्री कृष्ण यदुवंशी में जन्म लेकर अजय हो गए थे हलायुद्ध द्वारा लिखी गई किताब कविरहस्य में भी राष्ट्रकूट राजाओं को यदुवंशी सात्यकी का वंशज लिखा गया है अमोघवर्ष प्रथम द्वारा 950 में लिखित एक ताम्रपत्र में अपने आपको यदुवंशी लिखा है 914 ई0 में एक ताम्रपत्र में दन्तिदुर्ग को यदुवंशी लिखा गया है 860 ई0 के पूर्व हमें राष्ट्रकूट राजाओं के वंश के बारे में कुछ भी ज्ञात नहीं था। इसके बाद दक्षिण भारत एवं गुजरात से मिले 75 शिलालेखों में से कुछ इनके वंश के बारे में प्रकाश डालते हैं? इनमें से 8 शिलालेख बताते हैं कि राष्ट्रकूट राजा यादववंश के थे? 860 ई0 में उत्कीर्ण एक शिलालेख में बताया गया है कि राष्ट्रकूट शासक दंतिदुर्ग का जन्म यदुवंशी सात्यकी के वंश में हुआ था ? इसप्रकार राष्ट्रकूट वंश भगवान कृष्ण के सेनापति सात्यकी यादव का वंश है । ये यदुवंशी क्षत्रिय थे। गोविन्द तृतीय (880 ई0) द्वारा उत्कीर्ण एक शिलालेख में लिखा है कि "इस महान राजा के जन्म से राष्ट्रकूट वंश वैसे ही अजेय हो गया जैसे भगवान कृष्ण के जन्म से यादव वंश हो गया था"। यह शिलालेख इस ओर स्पष्ट रूप से इशारा करते है कि

राष्ट्रकूट यादव थे। हलायुध द्वारा लिखी गई किताब 'कविरहस्य' में भी राष्ट्रकूट राजाओं को यदुवंशी सात्यकी का वंशज लिखा गया है। अमोघवर्ष प्रथम द्वारा 950 ई0 में लिखित एक ताम्र-पत्र में भी उन्होंने अपने आप को यादव बताया है। 914 ई0 के ताम्र-पत्र में भी राष्ट्रकूट राजा 'दन्तिदुर्ग' को यादव सात्यकी का वंशज लिखा गया है। इन बातों से सिद्ध होता है कि राष्ट्रकूट राजा यादव थे। ये कन्नड भाषा बोलते थे, लेकिन उन्हें उत्तर-ढक्कनी भाषा की जानकारी भी थी। अपने शत्रु चालुक्य वंश को पराजित करने वाले राष्ट्रकूट वंश के शासन काल में ही ढक्कन साम्राज्य भारत की दूसरी बड़ी राजनीतिक इकाई बन गया, जो मालवा से कांची तक फैला हुआ था। इस काल में राष्ट्रकूटों के महत्व का इस तथ्य से पता चलता है कि एक मुस्लिम यात्री ने यहाँ के राजा को दुनिया के चार महान शासकों में से एक बताया (अन्य शासक खलीफा तथा बाइजंतिया और चीन के सम्राट थे।

प्रशासन

ये संभवत: मूल रूप से द्रविड़ किसान थे, जो लाततापुर (लातूर, उसमानवाद के निकट) के शाही परिवार के थे। ये कन्नड भाषा बोलते थे, लेकिन उन्हें उत्तर-डाककनी भाषा की जानकारी भी थी। अपने शत्रु चालुक्य वंश को पराजित करने वाले राष्ट्रकूट वंश के शासन काल में ही दक्कन साम्राज्य भारत की दूसरी बड़ी राजनीतिक इकाई बन गया, जो मालवा से कांची तक फैला हुआ था। इस काल में राष्ट्रकूटों के महत्व का इस तथ्य से पता चलता है कि एक मुस्लिम यात्री ने यहाँ के राजा को दुनिया के चार महान शासकों में से एक बताया (अन्य शासक खलीफा तथा बाइजंतीया और चीन के सम्राट थे)।

कला और संस्कृति

कई राष्ट्रकूट राजा अध्ययन और कला के प्रति समर्पित थे। दूसरे राजा, कृष्ण प्रथम (लगभग 756 से 773) ने एलोरा में चट्टान को काटकर कैलाश मंदिर बनवाया। इस राजवंश का प्रसिद्ध शासक अमोघवर्ष प्रथम ने, जिनहोने लगभग 814 से 878 तक शासन किया, सबसे पुरानी ज्ञात कन्नड कविता कविराजमार्ग के कुछ खंडों की रचना की थी। उनके शासन काल में जैन गणितज्ञों और विद्वानों ने 'कन्नड' व 'संस्कृत' भाषाओं के साहित्य में महत्वपूर्ण योगदान दिया। उनी वास्तुकला 'द्रविणन शैली' में आज भी मील का पत्थर मानी जाती है, जिसका

एक प्रसिद्ध उदाहरण 'एल्लोरा' का 'कैलाशनाथ मन्दिर' है। अन्य महत्वपूर्ण योगदानों में 'महाराष्ट्र' में स्थित 'एलीफेंटा गुफाओं' की मूर्तिकला तथा 'कर्णाटक' के 'पतादक्कल' में स्थित 'काशी विश्वनाथ' और 'जैन मन्दिर' आदि आते हैं, यही नहीं यह सभी 'यूनेस्को' की वर्ल्ड हेरिटेज साईट में भी शामिल हैं।

आर्थिक परिदृश्य

इस वंश के कई राजा युद्ध कला में पारंगत थे। ध्रुव प्रथम ने गंगवादी (मैसूर) के गंगवंश के राजाओं को पराजित किया, कांची (कांचीपुरम) के पल्लवों से लोहा लिया और बंगाल के राजा तथा काननोज पर दावा करने वाले प्रतिहार शासक को पराजित किया। कृष्ण द्विवतीय ने, जो 878 में सिंहासन पर बैठे, फिर से गुजरात पर कब्जा कर लिया, जो अमोघवर्ष प्रथम के हाथों से छिन गया था। लेकिन वे वेंगी पर फिर से अधिकार करने में असफल रहे। उनके पौत्र इंद्र तृतीय ने, जो 914 में सत्तारूढ़ हुये। कन्नौज पर कब्जा करके राष्ट्रकूट शक्ति को अपने चरम पर पहुंचा दिया। कृष्ण तृतीय ने उत्तर के अपने अभियानों (लगभग 940) से इसका और विस्तार किया तथा कांची और तमिल अधिकार वाले मैदानी क्षेत्र (948-966/ 967) पर कब्जा कर लिया।

एलोरा गुफाओं में शिव मूर्ति

शासकों की सूची

- दन्तिदुर्ग
- (735-756) जिसे दन्तिवर्मन या दन्तिदुर्ग प्रथम के नाम से भी जाना जाता है, राष्ट्रकूट साम्राज्य के संस्थापक थे।
- कृष्ण 1
- (756–774) दन्तिदुर्ग 1 के चाचा, कृष्ण 1 ने बद्री कीर्तिवर्मन 1 को परास्त करके (757 ई.) में नवोदित राष्ट्रकूट साम्राज्य का अधिकार ग्रहण किया।
- गोविंद 2
- (774-780) कृष्ण 1 के बाद गोविंद 1 सिंहासन पर बैठे।
- ध्रुव

- (780-793) राष्ट्रकूट वंश के सबसे प्रवीण शासक ध्रुव अपने बड़े भाई गोविंद 2 के बाद सिंहासन पर काबिज हुए।
- गोविंद 3
- (793–814) वह एक प्रसिद्ध राष्ट्रकूट राजा थे।
- अमोघवर्ष 1
- (800-878) अमोघवर्ष 1 राष्ट्रकूट वंश के सबसे बड़े राजाओं में से एक थे।
- कृष्ण 2
- (878–914) अमोघवर्ष 1 के निधन के बाद कृष्ण 2 राजा बने।
- इंद्र 3
- (914–929) कृष्ण 1 के पोते और चेदि राजकुमारी लक्ष्मी के पुत्र, अपने पिता जगत्तुंगा के समय से पहले निधन के कारण राज्य के सम्राट बने।
- गोविंद 4
- (930–935) अमोघवर्ष द्वितीय के छोटे भाई चिकमगलूर के कालसा अभिलेख में वर्णित (930 ई.) में राष्ट्रकूट राजा बने।
- अमोघवर्ष 2
- (934–939) इंद्र 3 के छोटे भाई, जिन्हें बद्दीगा के नाम से भी जाना जाता है। उन्होने आंध्र में वेमुलावाड़ा के राजा अरिकेसरी और उनके खिलाफ विद्रोह करने वाले अन्य सामंतों की सहायता से सम्राट ने वर्चस्व प्राप्त किया।
- कृष्ण 3
- (939–967) अत्यंत वीर और कुशल सम्राट थे। एक सूक्ष्म पर्यवेक्षक और निपुण सैन्य प्रचारक, उन्होंने कई युद्ध लड़े और फिर से जीत हासिल करने में अहम भूमिका निभाई और राष्ट्रकूट साम्राज्य के पुनर्निर्माण में महत्वपूर्ण भूमिका निभाई।
- खोट्टिटम अमोघवर्ष 4
- उन्होने परमार राजा सियाक 1 ने मान्यखेट को तबाह कर दिया और खोट्टिटम अमोघवर्ष 4 का निधन हो गया।
- कर्क 2
- (967-973) कर्क 1 ने खोट्टिटम अमोघवर्ष 4 अमोघवर्ष को राष्ट्रकूट सिंहासन पर बैठाया। उसने चोलों, गुर्जरों, हूणों और पाण्ड्यों के विरोध में सैन्य विजय का समावेश किया और उसके सामंती, पश्चिमी गंग राजवंश राजा मरासिम्हा 2 ने पल्लवों पर अधिकार कर लिया।
- इंद्र 4

- (973–982) पश्चिमी गंग राजवंश के सम्राट का भतीजा और राष्ट्रकूट वंश का अंतिम राजा था।

राजवंश का पतन

खोट्टिटम अमोघवर्ष चतुर्थ (968-972) अपनी राजधानी की रक्षा में विफल रहे और उनके पाटन ने इस वंश पर से लोगों का विश्वास उठा दिया। सम्राट भागकर पश्चिमी घाटों में चले गए, जहां उनका वंश साहसी गंग और कदंब वंशों के सहयोग से तब तक गुमनाम जीवन व्यतीत करता रहा, जबतक तैलप प्रथम चालुक्य ने लगभग 975 में सत्ता संघर्ष में विजय नहीं प्राप्त कर ली।

17
चालुक्य राजवंश

चालुक्य वंश एक भारतीय शाही राजवंश था जिसने 6वीं और 12वीं शताब्दी के बीच दक्षिणी और मध्य भारत के बड़े हिस्से पर शासन किया। सौराष्ट्र में चालुक्यों के शासन को आभीरों द्वारा समाप्त कर दिया गया था।[1] दसवीं शताब्दी की तीसरी तिमाही। इस अवधि के दौरान, उन्होंने तीन संबंधित अभी तक व्यक्तिगत राजवंशों के रूप में शासन किया। सबसे पहला राजवंश, जिसे "बादामी चालुक्य" के रूप में जाना जाता है, ने 6 वीं शताब्दी के मध्य से वातापी (आधुनिक बादामी) पर शासन किया। बादामी चालुक्यों ने बनवासी के कदंब साम्राज्य के पतन पर अपनी स्वतंत्रता का दावा करना शुरू कर दिया और पुलकेसी द्वितीय के शासनकाल के दौरान तेजी से प्रमुखता से उभरे। पुलकेशी द्वितीय की मृत्यु के बाद, पूर्वी चालुक्य पूर्वी दक्कन में एक स्वतंत्र राज्य बन गया। उन्होंने वेंगी से लगभग 11वीं शताब्दी तक शासन किया। पश्चिमी दक्कन में, 8 वीं शताब्दी के मध्य में राष्ट्रकूटों के उदय ने बादामी के चालुक्यों को उनके वंशजों, पश्चिमी चालुक्यों द्वारा 10 वीं शताब्दी के अंत में पुनर्जीवित करने से पहले ग्रहण किया। इन पश्चिमी चालुक्यों ने 12वीं शताब्दी के अंत तक कल्याणी (आधुनिक बसवकल्याण) से शासन किया।

परिचय

चालुक्य राजवंश कई शाखाओं में विभक्त था। यह मान्यता है कि वे चालुक्य वंश के ही समरूप थे, क्योंकि वे भी इस रूढ़ि में विश्वास करते थे कि परिवार का अधिष्ठाता ब्रह्मा की हथेली से उत्पन्न हुआ था। यह भी किंबदंती है कि चालुक्यों

का मूल वासस्थान अयोध्या था, जहाँ से चलकर उस परिवार का राजकुमार विजयादित्य दक्षिण पहुँचा और वहाँ अपना राज्य स्थापित करने के प्रयत्न में पल्लवों से युद्ध करता हुआ मारा गया। उसके पुत्र विष्णुवर्धन् ने कदंबो और गंगों को परास्त किया और वहाँ अपने राज्य की स्थापना की। वंश की राजधानी बीजापुर जिले में बसाई थी। प्रो हार्नले वह भगवान जी लाल इंद्र ने वातापी के चालुक्यों को हूणों का उत्तराधिकारी बताया है

पुलकेशिन प्रथम का एक उत्तराधिकारी कीर्तिवर्मन् प्रथम था, जो छठी शताब्दी के उत्तरार्ध में हुआ था। उसने कदंबों, गंगां और मौर्यों को पराजित करके अपने पूर्वजों द्वारा अर्जित प्रदेश में कुछ और भाग मिला लिए। पुलकेशिन् द्वितीय, कुब्ज विष्णुवर्धन और जयसिंह उसके तीन पुत्र थे और छठी शताब्दी के अंत में उसका उत्तराधिकार उसके छोटे भाई मंगलेश को प्राप्त हुआ। मंगलेश ने 602 ई. के पूर्व मलवा के कलचुरीय बुद्धराज को परास्त किया और दक्षिण में कलचुरि राज्य के विस्तार को रोका। उसने अपने पुत्र को राज्य का उत्तराधिकारी बनाने का प्रयत्न किया, किंतु उसके भतीजे पुलकेशिन् द्वितीय ने इसका विरोध किया। फलस्वरूप गृहयुद्ध में मंगलेश के जीवन का अंत हुआ। पुलकेशिन् द्वितीय ने जो 609 में सिंहासन पर बैठा, एक बड़ा युद्ध अभियान जारी किया और मैसूर के कंदब, कोंकण के मौर्य, कन्नौज के हर्षवर्धन और कांची के पल्लवों को परास्त किया तथा लाट, मालवा और कलिंग पर विजय प्राप्त की। उसके छोटे भाई विष्णुवर्धन ने अपने लिये आंध्र प्रदेश जीता तो बादामी राज्य में मिला लिया गया। उसने सन् 615-616 में इस राजकुमार को आंध्र का मुख्य शासक नियुक्त किया और तब उसका शासन राजकुमार और उसके उत्तराधिकारियों के हाथ में रहा, जो पूर्वी चालुक्यों के रूप में प्रसिद्ध थे। संभवत: पुलकेशिन् द्वितीय ने पल्लव नरसिंह वर्मन् से सन् 642 में वुद्ध करते हुए प्राण दिए। उसके राज्यकाल में सन् 641 में एक चीनी यात्री युवानच्वां ने उसके राज्य का भ्रमण किया, जिसके संस्मरणों से उस काल में दक्षिण की आंतरिक स्थिति की झलक प्राप्त हो सकती है। पुलकेशिन् द्वितीय की मृत्यु के पश्चात् 13 वर्ष तक दक्षिण का प्रांत पल्लवों के अधिकार में रहा। 655 ई. में उसके बेटे विक्रमादित्य प्रथम ने पल्लवों के अधिकार से अपना राज्य पुन: प्राप्त कर लिया। उसने अपनी सेनाएँ लेकर पल्लवों पर आक्रमण कर दिया और प्रदेश के एक भाग पर अपना प्रभुत्व स्थापित कर लिया, यद्यपि वह प्रभुत्व बहुत अल्प समय तक ही रहा। उसके प्रपौत्र विक्रमादित्य द्वितीय ने पल्लवों से पुन: बैर ठान लिया और उसकी राजधानी कांची को लूट लिया। विक्रमादित्य द्वितीय के राज्यकालांतर्गत (733-745 ई.) चालुक्य राज्य के उत्तरी

भाग पर सिंध के अरबों ने आधिपत्य जमा लिया, किंतु अवनिजनाश्रय पुलकेशी नाम के उसके सामंत ने, जो चालुक्य वंश की पार्श्ववर्ती शाखा का सदस्य था तथा जिसक मुख्य स्थान नौसारी में था, आधिपत्यकारियों को खदेड़कर बाहर कर दिया। उसका पुत्र और उत्तराधिकारी कीर्तिवर्मन् द्वितीय आठवीं शताब्दी के मध्य राष्ट्रकूट दानीदुर्ग द्वारा पदच्युत किया गया।

चालुक्य राजा मंगलेशा का पुराना कन्नड़ शिलालेख (578 ई), बादामी गुफा मंदिर नं 3

जैसा इससे पूर्व कहा जा चुका है, कुब्ज विष्णुवर्धन्, पुलकेशिन् द्वितीय का छोटा भाई, जो चालुक्य साम्राज्य के पूर्वी भाग का अधिष्ठाता था, 615-16 ई. में आंध्र की राजधानी बेंगी के सिंहासन पर बैठा। पूर्वी चालुक्यवंशियों को राष्ट्रकूटों से दीर्घकालीन युद्ध करना पड़ा। अंत में राष्ट्रकूटों ने चालुक्यों की बादामी शासक शाखा को अपदस्थ कर दिया और दक्षिण पर अधिकार कर लिया। राष्ट्रकूट राजकुमार गोविंद द्वितीय ने आंध्र पर अधिकार कर लिया और तत्कालीन शासक कुब्ज विष्णुवर्धन् के दूरस्थ उत्तराधिकारी, विष्णुवर्धन चतुर्थ को आत्मसमर्पण के लिये बाध्य किया। विष्णुवर्धन् चतुर्थ अपने मुखिया गोविंद द्वितीय के पक्ष में राष्ट्रकूट ध्रुव तृतीय के विरुद्ध बंधुघातक युद्ध लड़ा और उसके साथ पराजय का

साझीदार बना। उसने ध्रुव तृतीय और उसके पुत्र एवं उत्तराधिकारी गोविंद तृतीय के प्रभुत्व को मान्यता दे दी। तदनंतर पुत्र विजयादित्य द्वितीय कई वर्षों तक स्वतंत्रता के लिये गोविंद तृतीय से लड़ा, किंतु असफल रहा। राष्ट्रकूट सम्राट् ने उसे अपदस्थ कर दिया और आंध्र के सिंहासन के लिये भीम सलुक्की को मनोनीत किया। गोविंद तृतीय की मृत्यु के पश्चात् उसके उत्तराधिकारी अमोघवर्ष प्रथम के राज्यकाल में विजयादित्य ने भीम सलुक्की को परास्त कर दिया, आंध्र पर पुनः अधिकार कर लिया ओर दक्षिण को जीतता हुआ, विजयकाल में कैंबे (खंभात) तक पहुँच गया जो ध्वस्त कर दिया गया था।

तत्पश्चात् उसके प्रतिहार राज्य पर आक्रमण किया किंतु प्रतिहार वाग्भट्ट द्वितीय द्वारा पराजित हुआ। घटनावशात् शत्रुओं में तंग आकर उसे अपने देश की शरण लेनी पड़ी। विजयादित्य द्वितीय के पौत्र विजयादित्य तृतीय (844-888ई.) ने उत्तरी अर्काट के पल्लवों को पराजित किया, तंजोर के कोलाओं को उनके देश के पंड्याओं पर पुनर्विजय में सहायता दी, राष्ट्रकूट कृष्ण द्वितीय और उसके संबंधी दहाल के कलचुरी संकरगण और कालिंग के गंगों को परास्त किया और किरणपुआ तथा चक्रकूट नगरों को जलवा दिया। 10वीं शताब्दी के उत्तरार्ध में गुहयुद्ध हुआ और बदप ने, जो चालुक्य साम्रज्य का पार्श्ववर्ती भाग था, राष्ट्रकूट कृष्ण तृतीय को सहायता देकर तत्कलीन चालुक्य शासक दानार्णव को परास्त कर दिया। फिर वेंगो के सिंहासन पर अवैध अधिकार कर लिया, जहाँ पर उसने और उसे उत्तराधिकारियों ने 999 ई. तक राज्य किया। अंत में दानार्णव के पुत्र शक्तिवर्मन् ने सभी शत्रुओं को परास्त करने और अपने देश में अपना प्रभुत्व स्थापित करने में सफलता प्राप्त की। शक्तिवर्मन् का उत्तराधिकार उसके छोटे भाई विमलादित्य ने सँभाला। उसके पश्चात् उसका पुत्र राजराज (1018-60) उत्तराधिकारी हुआ। राजराज ने तंजोर के राजेंद्रचोल प्रथम की कन्या से विवाह किया और उससे उसको कुलोत्तुंग नाम का पुत्र उत्पन्न हुआ जो अपने जीवन के प्रारंभिक दिनों में चोल राजधानी में अपनी नानी तथा राजेंद्रचोल की रानी के पास रहा। सन् 1060 में राजराज अपने सौतेले भाई विक्रमादित्य सप्तम द्वारा अदस्थ किया गया जो वेंगी के सिंहासन पर 1076 तक रहा। सन् 1070 में राजराज के पुत्र कुलोत्तुंग ने चोल देश पर सार्वभौमिक शासन किया और सन् 1076 में अपने चाचा विजादित्य सप्तम को पराजित कर आंध्र को अपने राज्य में मिला लिया। कुलोत्तुंग और उसके उत्तराधिकारी, जो "चोल" कहलाना पसंद करते थे, सन् 1271 तक चोल देश पर शासन करते रहे।

ऊपर इसका उल्लेख किया जा चुका है कि बादामी का चालुक्य कीर्तिवर्मन् द्वितीय 8वीं शती के मध्यभाग में राष्ट्रकूटों द्वारा पदच्युत कर दिया गया, जिन्होंने बाद में दक्षिण में दो सौ वर्षों से अधिक काल तक राज्य किया। इस काल में कीर्तिवर्मन् द्वितीय का भाई भीम और उसके उत्तराधिकारी राष्ट्रकूटों के सामंतों की हैसियत से बीजापुर जिले में राज्य करते रहे। इन सांमतों में अंतिम तैल द्वितीय ने दक्षिण में राष्ट्रकूटों के शासन को समाप्त कर दिया और 973 ई. में देश में सार्वभौम सत्ता स्थापित कर ली। वह बड़ी सफलता के साथ चोलों और गंगों से लड़ा और तैल की प्रारंभिक राजधानी मान्यखेट थी। सन् 993 के कुछ दिनों पश्चात् राजधानी का स्थानांतरण कल्याणी में हो गया जो अब बिहार में है। तैल का पौत्र जयसिंह (सन् 1015-1042) परमार भोज और राजेंद्र चोल से सफलतापूर्वक लड़ा। जयसिंह का बेटा सोमेश्वर (1042-1068) भी चोलों से बड़ी सफलतापूर्वक लड़ा और लाल, मालवा तथा गुर्जर को रौंद डाला। उसका उत्तराधिकार उसके पुत्र सोमेश्वर द्वितीय ने 1069 में सँभाला जिसे उसके छोटे भाई विक्रमादित्य षष्ठ ने 1076 ई. में अपदस्थ कर दिया। विक्रमादित्य कुलोत्तुंग प्रथम से आंध्र देश पर अधिकार करने के निमित्त लड़ा। युद्ध के विभिन्न परिणाम हुए और कुलोत्तंग प्रथम की मृत्यु के पश्चात् (1018 ई.) कुछ काल तक के लिये विक्रमादित्य ने उस प्रदेश कर अपना प्रभुत्व स्थापित रखा। उसने द्वारसमुद्र के "होयसलों" और देवगिरि के यादवों के विद्रोहों का दमन किया और लाल तथा गुर्जर को लूट लिया। उसके दरबार की शोभा कश्मीरी कवि "विल्हण" से थी, जिसने विक्रमांकदेवचरित लिखा है। विक्रमादित्य षष्ठ के पौत्र तैल तृतीय के शासनकाल में सन् 1156 में कलचुरी बिज्जल ने दक्षिण पर सार्वभौम अधिकार कर लिया और चालुक्य सम्राट् की मृत्यु के पश्चात् सन् 1163 में अपने को सम्राट् घोषित कर दिया। तैल तृतीय के पुत्र सोमेश्वर चतुर्थ ने 1181 में कलचुरी से पुनः राजसिंहासन छीन लिया, किंतु 1184 के लगभग फिर यादव भिल्लम को समर्पण करना पड़ा। उसके उत्तराधिकारियों के विषय में कुछ भी ज्ञात नहीं हैं। चालुक्यवंश की तीन प्रमुख शाखाओं के साथ, जिनका उल्लेख पहले किया जा चुका है, कुछ दूसरी शाखाएँ भी थीं जिन्होंने दक्षिण आंध्र और गुजरात आदि के कुछ भागों में प्रारंभिक काल में शासन किया।

गुर्जर और चालुक्य

डी आर भंडारकर, होर्नले जैसे इतिहासकारों का मानना है कि चालुक्य गुर्जरों के शासक वंश में से एक थे। भंडारकर ने यह बात रखी कि गुजरात को लता के रूप में जाना जाता था, इससे पहले कि चालुक्यों के समय गुर्जरात्रा के रूप में जाना जाता था। यदि चालुक्य गुर्जर नहीं होते, तो यह समझ से बाहर है कि उस प्रांत का नाम गुर्जरात्रा (गुर्जरों द्वारा शासित या संरक्षित देश) कैसे हो सकता है। जब यह उनके आगमन तक लता के रूप में जाना जाता था। हालांकि डीपी दीक्षित जैसे विद्वानों का तर्क है कि चालुक्यों ने देश के उस हिस्से पर शासन किया जिसे पहले लता के नाम से जाना जाता था और गुर्जरात्रा या गुजरात के रूप में लिया जाता था, इसका मतलब यह नहीं था कि चालुक्यों ने कोई बदलाव नहीं किया था। इस क्षेत्र के साथ उनके घनिष्ठ संबंध के कारण नामकरण। डॉ.वी. ए स्मिथ और ए एम टी जैक्सन ने भी इस विचार का समर्थन किया कि चालुक्य प्रसिद्ध गुर्जरों की शाखा थे।

संस्कृति

बादामी के चालुक्य

पुलकेशिन प्रथम चालुक्य वंश का प्रथम वास्तविक शासक था । चालुक्यों की यह शाखा मुख्य शाखा थी । चालुक्य नरेशों की पूर्ण उपाधि सत्याश्रय श्री पृथिवीवल्लभ महाराजाधिराज परमेश्वर भट्टारक थी। इसमें से परमेश्वर का सर्वप्रथम उपयोग हर्षवर्धन पर पुलकेशिन् द्वितीय की विजय के बाद हुआ और महाराजाधिराज तथा भट्टारक सर्वप्रथम विक्रमादित्य प्रथम के समय प्रयुक्त हुए। राजवंश के योग्य व्यक्तियों को राज्य में अधिकार के पदों पर नियुक्त किया जाता था। राज्य में रानियों का महत्व भी नगण्य नहीं होता था। विजित प्रदेश के शासकों को विजेता की अधीनता स्वीकार कर लेने पर शासन पर अधिकार फिर से प्राप्त हो जाता था। अभिलेखों में सामंत और महत्तर के अतिरिक्त विषयपति, देशाधिपति, महासांधिविग्रहिक, गामुंड, ग्रामभोगिक और करण के उल्लेख मिलते हैं। राज्य राष्ट्र, विषय, नाडु और ग्रामों में विभक्त था। राज्य के करों में निधि, उपनिधि, क्लृप्त, उद्रंग और उपरिकर के अतिरिक्त मारुंच, आदित्युंच, उचमन्न और मरुपन्न आदि स्थानीय करों के उल्लेख हैं। मकानों और उत्सवों पर भी कर था। व्यापारी संघ स्वयं अपने ऊपर भी कर लगाया करते थे। चालुक्यों को सेना संगठित और शक्तिशाली थी। इसका उल्लेख युवानच्वां ने किया है और इसका

समर्थन चालुक्यों की विजयों से, विशेष रूप से हर्ष पर सिद्ध होता है। उसका कहना है कि पराजित सेनापति को कोई दंड नहीं दिया जाता, केवल उसे स्त्रियों के वस्त्र पहनने पड़ते हैं। चालुक्यों की नौसेना की शक्ति भी नगण्य नहीं थी।

युवान च्वां ने लिखा है मिट्टी अच्छी और उपजाऊ है, बराबर जोती जाती है और इससे बहुत अधिक उपज होती है। उसने महाराष्ट्र के निवासियों को गर्वीला और युद्धप्रिय बतलाया है एवं कहा है कि वे उपकार के प्रति कृतज्ञ और अपकार के प्रति प्रतिशोधक होते है, विपन्न और शरणगत के लिये वे आत्मबलिदान तक करने को तत्पर रहते हैं और अपमान करनेवाले की हत्या की उन्हें पिपासा होती है। स्त्रियों में उच्चकुलों में शिक्षा के प्रसार के कई प्रमाण हैं। मंदिर सामाजिक तथा आर्थिक जीवन के विशिष्ट केंद्र थे। आर्थिक जीवन में श्रेणियों का महत्व था। कांस्यकार और तेलियों की श्रेणियों के उल्लेख अभिलेखों में मिलते हैं। लक्ष्मेश्वर के अभिलेख में युवराज विक्रमादित्य द्वारा पोरिगिरे स्थान के महाजनों, नगर और 18 प्रकृतियों को दी गई आचारव्यवस्था का विवरण है। राज्य की ओर से तौल और मान में आदर्श रूप प्रस्तुत किया गया था।

ब्राह्मण धर्म उन्नति पर था। चालुक्य नरेश विष्णु अथवा शिव के उपासक थे। उन्होंने इन देवताओं की पूजा के लिये पट्टकल, बादामी आदि स्थानों पर भव्य मंदिर निर्मित किए। ग्रहण के अवसर पर वे दान देते थे और स्मृतियों के आदर्श पर व्रत और दान करते थे। वे वैदिक यज्ञों का अनुष्ठान करते थे और विद्वान् ब्राह्मणों का संत्कार करते थे। किंतु धार्मिक विषयों में वे सहिष्णु थे तथा जैनियों का आदर करते थे। और उन्हें भी दान देते थे। चालुक्य राज्य में जैन धर्म उन्नत दशा में था। राज्य में कई उल्लेखनीय जैन मंदिर भी बनवाए गए। बौद्ध धर्म की स्थिति के लिये हमारे पास कोई समकालीन पुरातत्व का प्रमाण नहीं है। युवान च्वां का कथन है कि महाराष्ट्र में सौ से ऊपर बौद्ध विहार और पाँच हजार से ऊपर बौद्ध भिक्षु थे।

युवानच्वांड के अनुसार लोगों को ज्ञानार्जन की रुचि थी। राजवंश के व्यक्ति स्वयं विद्याओं और शास्त्रों का अध्ययन करते थे और विद्वानों को दान के द्वारा प्रोत्साहन देते थे। वातापी शिक्षा और ज्ञान के केंद्र के रूप में प्रसिद्ध थी। संस्कृत साहित्य के विभिन्न अंगों का अध्ययन होता था। अभिलेखों की भाषाशैली पर प्रसिद्ध काव्यग्रंथों का प्रभाव स्पष्ट है। एहोळे प्रशस्ति की रचना जैन कवि रविकीर्ति ने की थी। जैनेंद्र व्याकरण के रचयिता पूज्यवाद इसी काल के थे। विजयांका अथवा विज्जिका, जिसकी गणना राजशेखर ने वैदर्भी शैली का प्रयोग करने में केवल कालिदास के बाद की है, संभवतः चंद्रादित्य की रानी

विजयभट्टारिका ही थी। सोमदेवसूरि ने यशस्तिलकचंपू और नीतिवाक्या मृत की रचना वेमुलवाड के चालुक्यों के संरक्षण में की थी। कन्नड साहित्य के इतिहास में भी इस काल का योगदान महत्वपूर्ण है। श्री वर्धदेव ने तत्वार्थमहाशास्त्र पर चूडामणि नाम की टीका लिखी। श्यामकुंदाचार्य प्राकृत, संस्कृत और कर्णाट भाषाओं के लेखक के रूप में प्रसिद्ध हैं। कन्नड भाषा के सर्वश्रेष्ठ कवि और आदिपुराण तथा विक्रमार्जुनविजय के रचयिता पंप वेमुलवाड के चालुक्य नरेश अरिकेसरि द्वितीय के दरबार में थे।

ऐहोले, मेगृति और बादामी के मंदिरों से दक्षिण के मंदिरों का इतिहास प्रारंभ होता है। पट्टकल के मंदिरों में इनके विकास का दूसरा चरण परिलक्षित होता है इन मंदिरों से मूर्तियों की संख्या में वृद्धि के साथ ही इनकी शैली में भी विकास मिलता है। ठोस चट्टानों को काटकर मंदिरों का निर्माण करने की कला में अद्भुत कुशलता दिखलाई पड़ती है। लोकेश्वर मंदिर के निर्माता श्रीगुंडन् अनिवारिताचारि ने अनेक नगरों की निर्माणयोजना की थी और अनेक वास्तु, यान, आसन, शयन, मणिमुकुट और रत्नचूडामणि आदि बनाए थे। वह त्रिभुवनाचारि और दक्षिण देश के सूत्रधार के रूप में प्रसिद्ध थे। विद्वान् अजंता के भित्तिचित्रों में से कुछ को इसी काल की कृति मानते हैं। पट्टदकल के अभिलेख में भी शिल्पकारों और मूर्तिकारों के एक वंश की तीन पीढ़ियों का उल्लेख है। एक अभिलेख में भरत की परंपरा पर आधारित नृत्य के एक नए ग्रंथ की लोकप्रियता का उल्लेख है जिसने अन्य विरोधी पद्धतियों पर विजय प्राप्त की थी।

कल्याणी के चालुक्य

इनके राजचिह्नों में मयूरध्वज भी था। इनका पूर्ण विरुद था- समस्त भुवनाश्रय श्रीपृथिवीवल्लभ महाराजाधिराज परमेश्वर परमभट्टारक सत्याश्रयकुलतिलक चालुक्याभरण श्रीमत् -जिसके अंत में मल्ल अंतवाली राजा की विशिष्ट उपाधि होती थी। राजवंश के व्यक्तियों को विभिन्न प्रदेशों के करों का भाग भुक्ति के रूप में मिलता था। युवराज को राज्य के दो प्रमुख प्रांतों का शासन दिया जाता था। सामंतों के अभिलेखों में उनके अधिपति के वंशावली के बाद "तत्पाद पद्मोपजीवि" के साथ उनका स्वयं का उल्लेख होता था। उनके अभिलेख में राज्य की उत्तरोत्तर अभिवृद्धि और आचंद्रार्क-स्थायित्व सूचक शब्दों का अभाव होता था। स्त्रियों को भी प्रांत और दूसरे प्रादेशिक विभाजनों का शासन दे दिया जाता था। चालुक्यों के अभिलेखों में कई राजगुरुओं के उल्लेख हैं। राज्य के वैभव

के प्रदर्शन की भावना बढ़ रही थी। इसी के साथ शासनव्यवस्था की जटिलता बढ़ रही थी। उदाहरणार्थ, सांधिविग्रहिक के साथ ही हमें कन्नडसांधिविग्रहिक, लाटसांधिविग्रहिक और हेरिसांधिविग्रहिक के उल्लेख मिलते हैं। राजभवन में सेवकों और अधिकारियों में कई रंग दिखलाई पड़ते हैं। चालुक्य अभिलेखों में अनेक योग्य मंत्रियों तथा अधिकारियों के नाम मिलते हैं जिन्होंने चालुक्यों के गौरव को बढ़ाने में विशेष योग दिया था।

ऐसे अधिकारी प्रायः एक से अधिक पदों पर रहते थे। विशिष्ट गौरवप्राप्त अधिकारियों और विशिष्ट सैनिकों का एक वर्ग था जो सहवासि कहलाता था। वह सदैव सम्राट् के साथ रहता था और उसकी सेवा में प्राण तक त्यागने के लिये प्रस्तुत रहता था। पद प्रायः वंशगत होते थे और वेतन के स्थान पर भुक्ति अथवा कर का भाग देने का प्रचलन था। विशिष्ट सेवा के लिये विशेष उपाधियों और विशेष चिह्नों के उपयोग का अधिकार दिया जाता था। सैनिक अधिकारियों में सेनाधिपति, महादंडनायक, दंडनायक और कतितुरगसाहिनि के उल्लेख मिलते हैं। सेना में सभी जाति और वर्ग के लोग संमिलित होते थे। राज्य राष्ट्र, विषय, नाड्ड, कंपण और ठाण में विभक्त था। किंतु इन प्रादेशिक विभाजनों के साथ अभिलेखों में जो संख्याएँ प्रयुक्त हुई हैं उनका निश्चित महत्व अभी तक नहीं स्पष्ट हो पाया है। शासन में स्थानीय स्वायत्त संस्थाओं का विशेष स्थान था। इनमें से कुछ का स्वरूप सामाजिक और धार्मिक भी था। नगरों का प्रबंध करनेवाली सभाएँ महाजन के नाम से प्रसिद्ध थीं। गांवों की संस्थाएँ, जो मुख्यतः चोल संस्थाओं जैसी थीं, पहले की तुलना में अधिक सक्रिय थीं। ये सामूहिक संस्थाएँ परस्पर सहयोग के साथ काम करती थीं और सामाजिक जीवन में उपयोगी अनेक कार्यों का प्रबंध करती थीं। गाँव के अधिकारियों में उरोडेय, पेग्गडे, गार्वुड, सेनबोव और कुलकर्णि के नाम मिलते हैं। राज्य द्वारा लिए जानेवाले कर प्रमुख रूप से दो प्रकार के थे : आय, यथा सिद्धाय, पन्नाय और दंडाय तथा शुंक, यथा वड्डरावुलद शुंक, पेज्जुक और मन्नेय शुंक। इनके अतिरिक्त अरुवण, बल्लि, करवंद, तुलभोग और मसतु का भी निर्देश है।

मनेतण गृहकर था, कन्नडितण (दर्पणक) संभवतः नर्तकियों से लिया जाता था और बलंजीयतेरे व्यापारियों पर था। विवाह के लिये बनाए गए शामियानों पर भी कर का उल्लेख मिलता है। इस काल क संस्कृति का स्वरूप उदार और विशाल था और उसमें भारत के अन्य भागों के प्रभाव भी समाविष्ट कर लिए गए थे। स्त्रियों के सामाजिक जीवन में भाग लेने पर बंधन नहीं थे। उच्च वर्ग की स्त्रियों की शिक्षा की समुचित व्यवस्था थी। नर्तकियों (सूलेयर) की संख्या कम नहीं थी।

सतीप्रथा के भी कुछ उल्लेख मिलते हैं। महायोग, शूलब्रह्म और सल्लेखन आदि विधियों से प्राणोत्सर्ग के कुछ उदाहरण मिलते हैं। दिवंगत संबंधी, गुरु अथवा महान व्यक्तियों की स्मृति में निर्माण कराने को परोक्षविनय कहते थे। पोलो जैसे एक खेल का चलन था। मंदिर सामाजिक और आर्थिक जीवन के भी केंद्र थे। उनमें नृत्य, गीत और नाटक के आयोजन होते थे। संगीत में राजवंश के कुछ व्यक्तियों की निपुणता का उल्लेख मिलता है। सेनापति रविदेव के लिये कहा गया है कि जब वह अपना संगीत प्रस्तुत करता था, लोग पूछते थे कि क्या यह मधु की वर्षा अथवा सुधा की सरिता नहीं हैं?

भूटाननाथ मंदिर परिसर, बादामी

कृषि के लिये जलाशयों के महत्व के अनुरूप ही उनके निर्माण और उनकी मरम्मत के लिये समुचित प्रबंध होता था। आर्थिक दृष्टि से उपयोगी फसलें, जैसे पान, सुपारी कपास और फल, भी पैदा की जाती थीं। उद्योगों और शिल्पों की श्रेणियों के अतिरिक्त व्यापारियों के भी संघ थे। व्यापारियों ने कुछ संघ, तथा नानादेशि और तिशैयायिरत्तु ऐंजूरुवर् का संगठन अत्यधिक विकसित था और वे भारत के विभिन्न भागों और विदेशों के साथ व्यापार करते थे। इस काल के सिक्कों के नाम हैं- पोन् अथवा गद्याण, पग अथवा हग, विस और काणि।

जयसिंह, जगदेकमल्ल और त्रैयोक्यमल्ल के नाम के सोने और चाँदी के सिक्के उपलब्ध होते हैं। मत्तर, कम्मस, निवर्तन और खंडुग भूमि नापने की इकाइयाँ थी किंतु नापने के दंड का कोई सुनिश्चित माप नहीं था। संभवत: राज्य की ओर से नाप की इकाइयों का व्यवस्थित और निश्चित करने का प्रयत्न हुआ था।

सहनशीलता और उदारता इस युग के धार्मिक जीवन की विशेषताएँ थीं। सभी धर्म और संप्रदाय समान रूप से राजाओं और सामंतों के दान के पात्र थे। ब्राह्मण धर्म में शिव और विष्णु की उपासना का अधिक प्रचलन था, इनमें भी शिव की पूजा राजवंश और देश दोनों में ही अधिक जनप्रिय थी। कलचूर्य लोगों के समय में लिंगायत संप्रदाय के महत्व में वृद्धि हुई थी। कोल्लापुर महालक्ष्मी की शाक्त विधि से पूजा का भी अत्यधिक प्रचार था। इसके बाद कार्तिकेय की पूजा का महत्व था। बौद्ध धर्म के प्रमुख केंद्र बेल व गावे और डंबल थे। किंतु बौद्ध धर्म की तुलना में जैन धर्म का प्रचार अधिक था।

वेद, व्याकरण और दर्शन की उच्च शिक्षा के निमित्त राज्य में विद्यालय या घटिकाएँ थीं जिनकी व्यवस्था के लिये राज्य से अनुदान दिए जाते थे। देश में ब्राह्मणों के अनेक आवास अथवा ब्रह्मपुरी थीं जो संस्कृत के विभिन्न अंगों के गहन अध्ययन के केंद्र थीं।

लकुंडी (गडग जिला) में स्थित जैन मंदिर

वादिराज ने जयसिंह द्वितीय के समय में पार्श्वनाथचरित और यशोधरचरित्र की रचना की। विल्हण की प्रसिद्ध रचना विक्रमांकदेवचरित में विक्रमादित्य

षष्ठ के जीवनचरित् का विवरण है। विज्ञानेश्वर ने याज्ञवल्क्य स्मृति पर अपनी प्रसिद्ध टीका मिताक्षरा की रचना विक्रमादित्य के समय में ही की थी। विज्ञानेश्वर के शिष्य नारायण ने व्यवहारशिरोमणि की रचना की थी। मानसोल्लास अथवा अभिलषितार्थीचिंतामणि जिसमें राजा के हित और रुचि के अनेक विषयों की चर्चा है सोमेश्वर तृतीय की कृति थी। पार्वतीरुक्तिमणीय का रचयिता विद्यामाधव सोमेश्वर के ही दरबार में था। सगीतचूड़ामणि जगदेकमल्ल द्वितीय की कृति थी। संगीतसुधाकर भी किसी चालुक्य राजकुमार की रचना थी। कन्नड़ साहित्य के इतिहास में यह युग अत्यंत समृद्ध था। कन्नड भाषा के स्वरूप में भी कुछ परिवर्तन हुए। षट्पदी और त्रिपदी छंदों का प्रयोग बढ़ा। चंपू काव्यों की रचना का प्रचलन समाप्त हो चला। रगले नाम के विशेष प्रकार के गीतों की रचना का प्रारंभ इसी काल में हुआ। कन्नड साहित्य के विकास में जैन विद्वानों का प्रमुख योगदान था। सुकुमारचरित्र के रचयिता शांतिनाथ और चंद्रचूडामणिशतक के रचयिता नागवर्माचार्य इसी कल में हुए। रन्न ने, जो तैलप के दरबार का कविचक्रवर्ती था, अजितपुराण और साहसभीमविजय नामक चंपू, रन्न कंद नाम का निघंटु और परशुरामचरिते और चक्रेश्वरचरिते की रचना की। चामुंडराय ने 978 ई. में चामुंडारायपुराण की रचना की। छंदोंबुधि और कर्णाटककादंबरी की रचना नागवर्मा प्रथम ने की थी। दुर्गसिंह ने अपने पंचतंत्र में समकालीन लेखकों में मेलीमाधव के रचयिता कर्णपार्य, एक नीतिग्रंथ के रचयिता कविताविलास और मदनतिलक के रचयिता चंद्रराज का उल्लेख किया है। श्रीधराचार्य को गद्यपद्यविद्याधर की उपाधि प्राप्त थी। चंद्रप्रभचरिते के अतिरिक्त उसने जातकतिलक की रचना की थी जो कन्नड में ज्योतिष का प्रथम ग्रंथ है। अभिनव पंप के नाम से प्रसिद्ध नागचंद्र ने मल्लिनाथपुराण और रामचंद्रचरितपुराण की रचना की। इससे पूर्व वादि कुमुदचंद्र ने भी एक रामायण की रचना की थी। नयसेन ने धर्मामृत के अतिरिक्त एक व्याकरण ग्रंथ भी रचा। नेमिनाथपुराण कर्णपार्य की कृति है। नागवर्मा द्वितीय ने काव्यालोकन, कर्णाटकभाषाभूषण और वास्तुकोश की रचना की। जगद्दल सोमनाथ ने पूज्यवाद के कल्याणकारक का कन्नड में अनुवाद कर्णाटक कल्याणकारक के नाम से किया। कन्नड गद्य के विकास में वीरशैव लोगों का विशेष योगदान था। प्रायः दो सौ लेखकों के नाम मिलते हैं जिनमें कुछ उल्लेखनीय लेखिकाएँ भी थीं। बसव और अन्य वीरशैव लेखकों ने वचन साहित्य को जन्म दिया जिसमें साधारण जनता में वीरशैव सिद्धांतों के प्रचलन के लिये सरल भाषा का उपयोग किया गया। कुछ लिंगायत विद्वानों ने कन्नड साहित्य के अन्य अंगों को भी समृद्ध

किया।

अभिलेखों में प्रस्तर के कुछ कुशल शिल्पियों के नाम मिलते हैं यथा शंकरार्य, नागोज और महाकाल। चालुक्य मंदिरों की बाहरी दीवारों और दरवाजों पर सूक्ष्म अलंकारिता मिलती है। मंदिरों के मुख्य प्रवेशद्वार पार्श्व में हैं। विमान और दूसरे विषयों में भी इन मंदिरों का विकसित रूप होयसल मंदिरों में दिखलाई पड़ता है। इन मंदिरों के कुछ उल्लेखनीय उदाहरण हैं लक्कुंदि में काशिविश्वेश्वर, इत्तगि में महादेव और कुरुवति में मल्लिकार्जुन का मंदिर।

shiv

वंशावली

- पुलकेसि 1 (543 - 566)
- कीर्तिवर्मन् 1 (566 - 597)
- मंगलेश (597 - 609)
- पुलकेसि 2 (609 - 642)
- विक्रमादित्य 1 चालुक्य (655 - 680)
- विनयादित्य (680 -696)

- विजयादित्य (696 - 733)
- विक्रमादित्य 2 चालुक्य (733 – 746)
- कीर्तिवर्मन् 2 (746 – 753)
- दन्तिदुर्ग (राष्ट्रकूट साम्राज्य) (735-756) ने चालुक्य साम्राज्य को पराजित कर राष्ट्रकूट साम्राज्य की नींव डाली।

18

पुष्यभूति राजवंश

पुष्यभूति राजवंश जिसे वर्धन राजवंश या हर्ष का साम्राज्य के रूप में भी जाना जाता है, ने छठी और सातवीं शताब्दी के दौरान उत्तरी भारत पर शासन किया था। राजवंश अपने अंतिम शासक हर्ष-वर्धन के तहत अपने चरम पर पहुंच गया, जिसका साम्राज्य उत्तर और उत्तर-पश्चिमी भारत के अधिकांश हिस्से था, और पूर्व में कामरूप से और दक्षिण में नर्मदा नदी तक फैला हुआ था।

राजवंश ने शुरू में स्थानविश्वर (आधुनिक थानेसर, हरियाणा) से शासन किया, लेकिन हर्ष ने अंततः कन्याकुब्ज (आधुनिक कन्नौज, उत्तर प्रदेश) को अपनी राजधानी बनाया, जहां से उन्होंने 647 इस्वी तक शासन किया।

हर्षवर्धन की पीढ़ी में ही महाराज केशवचंद्र बैस हुए जिन्होंने चंदावर के युद्ध में जयचंद गहड़वाल का समर्थन किया और मोहम्म्द गोरी के विरुद्ध युद्ध किया और वीरगति को प्राप्त हुए। इनके वंशज राव अभयचंद्र बैस बैसबरे राज्य की स्थापना की और उन्नाव जिले के डॉडियाखेड़े को अपनी राजधानी बनाया। डॉडियाखेड़े में हर्षवर्धन के वंशज रामबक्श सिंह बैस को 1857 में अंग्रेजों द्वारा फांसी दे दी गई थी। और इनके वंशजों को वहां से पलायन करना पड़ा था क्योंकि अंग्रेजों द्वारा किले को घेर लिया गया और तोड़ा गया।

व्युत्पत्ति और नाम

दरबारी कवि बाण द्वारा रचित हर्ष-चरित के अनुसार , परिवार को पुष्यभूति वंश या पुष्पभूति वंश के रूप में जाना जाता था। हर्ष-चरित की पांडुलिपियां "पुष्पभूति" संस्करण का उपयोग करती हैं, लेकिन जॉर्ज बुहलर ने प्रस्तावित किया कि यह

एक लिखित त्रुटि थी, और सही नाम पुष्यभूति था। कई आधुनिक विद्वान अब "पुष्पभूति" रूप का उपयोग करते हैं, जबकि अन्य "पुष्यभूति" के रूप को पसंद करते हैं।

कुछ आधुनिक पुस्तकें इस वंश को "वर्धन" के रूप में वर्णित करती हैं, क्योंकि इसके राजाओं के नाम प्रत्यय "-वर्धन" के साथ समाप्त होते हैं। हालाँकि, यह भ्रामक हो सकता है क्योंकि अन्य राजवंशों के राजाओं के नाम भी इसी प्रत्यय के साथ समाप्त होते हैं।

व्युत्पत्ति और नाम

दरबारी कवि बाण द्वारा रचित हर्ष-चरित के अनुसार , परिवार को पुष्यभूति वंश , या पुष्पभूति वंश के रूप में जाना जाता था। हर्ष-चरित की पांडुलिपियां "पुष्पभूति" संस्करण का उपयोग करती हैं, लेकिन जॉर्ज बुहलर ने प्रस्तावित किया कि यह एक लिखित त्रुटि थी, और सही नाम पुष्यभूति था। कई आधुनिक विद्वान अब "पुष्पभूति" रूप का उपयोग करते हैं, जबकि अन्य "पुष्यभूति" के रूप को पसंद करते हैं।।

कुछ आधुनिक पुस्तकें इस वंश को "वर्धन" के रूप में वर्णित करती हैं, क्योंकि इसके राजाओं के नाम प्रत्यय "-वर्धन" के साथ समाप्त होते हैं। हालाँकि, यह भ्रामक हो सकता है क्योंकि अन्य राजवंशों के राजाओं के नाम भी इसी प्रत्यय के साथ समाप्त होते हैं।

मूल

राजवंश की उत्पत्ति के बारे में कोई ठोस जानकारी उपलब्ध नहीं है। हर्षचरित 7 वीं शताब्दी कवि द्वारा बाना पुष्यभूति राजवंश के संस्थापक के रूप में नामकरण अपने मूल के एक प्रसिद्ध खाते देता है। इस किंवदंती के अनुसार, पुष्यभूति श्रीकांत जनपद (आधुनिक कुरुक्षेत्र जिला) में रहते थे, जिनकी राजधानी स्थानविश्वर (आधुनिक थानेसर) थी। शिव के एक भक्त, पुष्यभूति "दक्षिण" के एक शिक्षक, भैरवाचार्य के प्रभाव में, एक श्मशान भूमि पर एक तांत्रिक अनुष्ठान में शामिल हो गए। इस अनुष्ठान के अंत में, एक देवी (लक्ष्मी के साथ पहचानी गई) ने उन्हें राजा का अभिषेक किया और उन्हें एक महान राजवंश के संस्थापक के रूप में आशीर्वाद दिया। बाना के वृत्तांत में वर्णित पुष्यभूति एक काल्पनिक

चरित्र प्रतीत होता है, क्योंकि उसका उल्लेख राजवंश के शिलालेखों या किसी अन्य स्रोत में नहीं है।।

वर्धन

के लेखन ह्वेन त्सांग और आर्य-मंजूश्री-मुला-कल्प का सुझाव है कि वंश के थे क्षत्रिय या वैश्य वर्ण।

इतिहास

पुष्यभूति वंश ने मूल रूप से अपनी राजधानी स्थानेश्वर (थानेसर) के आसपास के एक छोटे से क्षेत्र पर शासन किया। हंस टी. बक्कर के अनुसार, उनके शासक आदित्य-वर्धन (या आदित्य-सेना) संभवतः कन्नौज के मौखरी राजा शरवा-वर्मन के सामंत थे। उनके उत्तराधिकारी प्रभाकर-वर्धन भी अपने शुरुआती दिनों में मौखरी राजा अवंती-वर्मन के सामंत रहे होंगे। प्रभाकर की पुत्री राज्यश्री ने अवंती-वर्मन के पुत्र ग्रह-वर्मन से विवाह किया। इस विवाह के परिणामस्वरूप, प्रभाकर की राजनीतिक स्थिति में काफी वृद्धि हुई, और उन्होंने परम-भट्टरक महाराजाधिराज की शाही उपाधि धारण की। ("वह जिसे अन्य राजा उसकी वीरता और स्नेह के कारण झुकते हैं")।

हर्षचरित के अनुसार, प्रभाकर की मृत्यु के बाद, मालवा के राजा ने गौड़ के शासक द्वारा समर्थित कन्नौज पर हमला किया। मालव राजा ने ग्रह-वर्मन को मार डाला, और राज्यश्री को पकड़ लिया। बाना ने इस राजा का उल्लेख नहीं किया है, लेकिन इतिहासकारों का अनुमान है कि वह बाद के गुप्त वंश का शासक था। प्रभाकर के बड़े पुत्र राज्य-वर्धन ने मालव शासक को हराया, लेकिन गौड़ राजा ने उसे मार डाला।।

हर्षचरित आगे कहता है कि प्रभाकर के छोटे पुत्र हर्ष-वर्धन ने गौड़ राजा और उनके सहयोगियों को नष्ट करने की कसम खाई थी। फिर, बाना Gauda राजा के नाम का उल्लेख नहीं है, लेकिन इतिहासकारों के साथ उसकी पहचान शशांक-देवा, एक मौखरि वंश जागीरदार (mahasamanta)। हर्ष ने कामरूप के राजा भास्कर वर्मन के साथ गठबंधन किया और शशांक को पीछे हटने के लिए मजबूर किया। इसके बाद, 606 सीई में, हर्ष को औपचारिक रूप से एक सम्राट के रूप में ताज पहनाया गया। उसने उत्तरी भारत के एक बड़े हिस्से पर कब्जा कर लिया (देखें हर्ष का साम्राज्य)। हर्ष के साम्राज्य की सटीक सीमा के बारे में अलग-अलग आकलन हैं, लेकिन उसने उत्तरी भारत के प्रमुख हिस्सों को नियंत्रित किया; उसकी

overlordship द्वारा स्वीकार कर लिया गया है Vallabhi के राजा पश्चिम और में कामरूप राजा Bhaskaravarman पूर्व में; दक्षिण में उसका साम्राज्य नर्मदा नदी तक फैला हुआ था। ।

हर्ष ने अंततः कन्याकुब्ज (उत्तर प्रदेश में आधुनिक कन्नौज) को अपनी राजधानी बनाया, और सी तक शासन किया। 647 ई. वह एक उत्तराधिकारी के बिना मर गया, जिससे पुष्यभूति वंश का अंत हो गया।

शासकों

निम्नलिखित पुष्यभूति या वर्धन वंश के ज्ञात शासक हैं, जिनके शासनकाल की अनुमानित अवधि है

- नरवर्धन (सी। 500-525 सीई)
- राज्यवर्धन प्रथम (सी. 525-555 सीई)
- आदित्यवर्धन (आदित्यवर्धन या आदित्यसेन), (सी। 555-580 सीई)
- प्रभाकर- वर्धन (प्रभाकरवर्धन), (सी। 580-605 सीई)
- राज्य- वर्धन (राज्यवर्धन II), (सी। 605-606 सीई)
- हर्षवर्धन (हर्षवर्धन), (सी। 606-647 सीई)।

हर्षवर्धन का सिक्का, लगभग 606-647 ई

19

पाण्ड्य राजवंश

पाण्ड्य राजवंश (तमिल: பாண்டியர்) प्राचीन भारत का एक राजवंश था। इसने भारत में 560 से 1300 ई तक राज किया।

परिचय

तमिल प्रदेश का इतिहास प्रारंभ से ही मुख्य रूप से तीन राजवंशों का इतिहास रहा है- चोल, चेर और, पांड्य। इनमें से पांड्य राजवंश का अधिकार इस प्रदेश के दक्षिणी पूर्वी छोर पर था। उत्तर में पांड्य राज्य पुथुक्कट्टै राज्य तक फैला था; वल्लरु नदी इसकी उत्तरी सीमा थी। साधारणतया दक्षिणी त्रावणकोर और वर्तमान तिन्नेवली, मदुरा तथा रम्नाद जिले ही इसमें सम्मिलित थे। पांड्यों की राजधानी का नाम 'मदुरा' उत्तर भारत स्थित मथुरा के अनुकरण पर था पांडवों के साथ इनके सबंध की परंपरा की ओर संकेत करता है। दक्षिण में आज भी महाभारत के युद्ध के अवसर पर पांड्यों की स्थिति का निर्देश करती हुई अनुश्रुतियाँ है। एक मान्यता अनुसार माथुरों (कायस्थ) ने पांड्या राज्य की स्थापना की जो की वर्तमान में मदुरै, त्रिनवेल्ली जैसे क्षेत्रों में फैला था। माथुरों के दूत रोम के ऑगस्टस कैसर के दरबार में भी गए थे। महावंस‘ से ज्ञात होता है कि पांड्य राज्य बुद्ध के समय में भी बना रहा; इस ग्रंथ में बुद्ध के परिनिर्वाण के कुछ दिनों बाद लंका के राजकुमार विजय और एक पांड्य राजकुमारी के विवाह का उल्लेख है।

पाण्ड्य शब्द की उत्पत्ति

कात्यायन ने पांड्य शब्द की उत्पत्ति 'पांडु' से बतलाई है जिससे पांडवों के साथ इनके सबंध की अनुश्रुति का समर्थन होता है। मेगस्थनीज़ के अनुसार पांड्य देश में स्त्रियों का शासन था; पांड्य नाम हेरेक्लीज (कृष्ण के यूनानी पर्याय, जिस मेगस्थनीज़ ने शौरसेनों का उपास्य कहा है) की पुत्री पंडाइया के नाम पर पड़ा जिस उसके पिता ने 500 हाथी, 4000 घुड़सवार और 1,30,000 पैदल सेना के साथ सुदूर दक्षिण का राज्य दिया जहाँ के 365 गाँवों के लोग क्रम से उसे पति दिन उपहार देते थे। अर्थशास्त्र में पांड्यकवाट के मोती और मथुरा के सूती वस्त्रों का उल्लेख है। अशोक के दूसरे और 13वें शिलाभिलेख में पांड्यों का नाम दक्षिण के पड़ोसी राज्य के रूप में आता है; अशोक ने यहाँ मनुष्यों और पशुओं की चिकित्सा का प्रबंध कराया, आवश्यक औषधियों के उत्पादन की व्यवस्था कराई और 'धम्म' की शिक्षा के लिए अपने दूत भेजे। कलिंग नरेश खारबेल के पांड्य राज से मुक्ता, मणि और रत्न प्राप्त किए थे जो संभवत: विजयोपरांत उपहार के रूप में थे। यूनानी लेका स्ट्रैवो से पांड्य नरेश के द्वारा 20 ई.पू. में रोमन सम्राट् आगस्टस के पास दूत भेजने की सूचना मिलती है। पेरिप्लस नाम के ग्रंथ और टालेमी ने पिंडनोई और उनकी राजधानी मदौरा का उल्लेख किया है।

इतिहास

आरम्भिक इतिहास (ईसापूर्व 3री शताब्दी - 3री शताब्दी ई.)

तमिल भाषा के संगम साहित्य से सर्वप्रथम कुछ प्राचीन पांड्य राजाओं के नाम उनके उल्लेखनीय कृत्यों के सहित ज्ञात होते हैं। इनमें पहला नाम नेडियोन का है किंतु उसका व्यक्तित्व काल्पनिक मालूम होता है। दूसरा शासक पल्शालै मुदुकुडुभि अधिक सजीव है। कहा जाता है, उसने अनेक यज्ञ किए थे और विजित प्रदेशो के साथ निर्दयता का व्यवहार किया था। तीसरा शासक नेड्ड जेलियन् था जिसका विरुद (प्रशस्ति) था 'एक आर्य' (उत्तर भारत का) सेना पर विजय प्राप्त करनेवाला (आरियप्पडैक दंड)। एक छोटी सी कविता उसकी रचना बतलाई जाती है। प्राचीन पांड्य नरेशें में सबसे अधिक प्रसिद्ध शासक एक दूसरा नेड्डंजेलियन् था जिसका राज्यकाल 210 ई. के लगभग था। अल्प आयु में ही सिंहासन पर बैठते ही उसने अपने समकालीन शासकों के सम्मिलित आक्रमण को विफल किया, उनका चोल देश में खदेड़कर तलैयालंगानम् के युद्ध में पराजित किया और चेर

नरेश को बंदी बनाकर कारागार में डाल दिया।

प्रथम पाण्ड्य साम्राज्य (छठी शताब्दी - दसवीं शताब्दी)

छठी शताब्दी में पांड्य राज्य पर कलभ्रों का अधिकार हो गया था। कड्डंगोन् (590-620) और उसके पुत्र मारवर्मन् अरनिशूलामणि (620-645) ने कलभ्रों के आधिपत्य का अंत कर पांड्य राज्य का पुनरुद्धार किया। शेंदन अथवा जयतवर्मन् (645-670) ने चेर राज्य की विजय की थी। किंतु उसकी प्रसिद्धि अपने न्याय और शौर्य के कारण है। अरिकेसरि परांकुश मारवर्मन (670-710) के सय से प्रथम पांड्य साम्राज्य के गौरव का श्रीगणेश होता है। पांड्य साम्राज्य का विस्तार उनकी परंपरागत सीमाओं के बाहर भी हुआ। इस साम्राज्यवादी नीति के कारण उसका उत्तर में पल्लवों और पश्चिम में केरलों के साथ संघर्ष हुआ। संभवत: यही अनुश्रुतियों में वर्णित कूण पांड्य नाम का राजा था जिसने संत संबदर से प्रभावित होकर शैव सिद्धांत की दीक्षा ली और जैनियों को त्रस्त किया। कोच्चडैयन रणधीर (710-730) की प्रभुता चोल और चेर राज्य मानते थे। उसने कोंगुदेश और मंगलपुरम् (मंगलोर) की भी विजय की थ। मारवर्मन राजसिंह प्रथम (730-765) ने पल्लव नरेश नदिवर्मन् मल्लवमल्ल को कई युद्धों में पराजित किया। उसने कावेरी नदी पारकर मलकोंगम् की विजय की। पश्चिमी चालुक्य नरेश कीर्तिवर्मन् द्विवतीय और उसके गंग सामंत श्रीपुरुष को उसने वेण्वै के प्रसिद्ध युद्ध में पराजित किया था। अपने गौरव के अनुकूल उसने अनेक महादान संपन्न किए। जटिल परांतक नेडुंजडैयन् ने जा वरगुरम् महाराज प्रथम (765-815) के नाम से प्रसिद्ध है, पांड्य साम्राज्य के विस्तार में सबसे अधिक योग दिया। उसने अपने राज्यकाल के प्ररंभिक वर्षों में ही पल्लवों को कावेरी के दक्षिणी तट पर पेणागवम् नाम के स्थान पर पराजित किया। उसने पश्चिमी कोंगु देश के शासक के समंत अदियैमान तथा पल्लव और केरल नरेशों की संगठित शक्ति को पराजित कर कोंगु देश को अपने अधिकार में कर लिया। विलियम् के सुदृढ़ दुर्ग को नष्ट कर उसने वेनाड (दक्षिणी त्रावणकोर) की विजय की। बीच के प्रदेश के आर्य सामंत को भी पराजित किया था। पांड्य सत्ता त्रिचनापली के अतिरिक्त तंजोर, सालेम, कोयंबत्तूर और दक्षिणी त्रावणकोर में भी फैल गई थी। उसने महादेव और विष्णु दोनों के ही मंदिरों का निर्माण कराया। संभवत: यही शैव संत माणिक्क वाचगर से संबधित वरगुण था। श्रीमार श्रीवल्लभ (815-862) ने प्रसार के क्रम को बनाए रखा। उसने लंका पर आक्रमण करे उसके उतरी भाग और

उसकी राजधानी को लूटा।

पल्लव नरेश नंदिवम् तृतीय ने श्रीमार की विकासवादी नीति के विरुद्ध गंग, चोल और राष्ट्रकूटों के साथ शक्तिशाली संघ बनाया। पांड्यों को पराजित कर पल्लव सेना उनके राज्य के अंदर घुस गई थी किंतु श्रीमार ने अपने विरोधियों को कुंबकोनम् के समीप पराजित किया। अंत में वह पल्लव नरेश नृपतुंग के हाथों अरिशिल के युद्ध में पूरी तरह पराजित हुआ। इसी समय लंका के शासक सेन द्विवतीय ने पांड्यों की राजधानी को लूटा। श्रीमार की मृत्यु युद्ध के घावों के कारण हुई। सिंहली सेनापति ने श्रीमार के पुत्र वरगुण वर्मन् द्विवतीय (862-880) को सिंहासन पर बैठाया। वरगुण वर्मन् ने पल्लवों की बढ़ती शक्ति को रोकने का प्रयत्न किया किंतु फिर पल्लव, चोल और गंग वंशों की संमिलित सेनाओं ने पांड्यों को श्रीयुरंबियम के युद्ध में पराजित किया। परांतक वीर नारायण (880-900) के समय में चोल नरेश ने कोंगु देश को पांड्यों से छीन लिया। मारवर्मन राजसिंह द्विवतीय (900-920) को यद्यपि लंका की सहायता प्राप्त हुई फिर भी उसे चोल नरेश परांतक के हाथों पराजित होना पड़ा। पहले उसने लंका और फिर केरल में शरण ली।

चोलों के आधीन (10वीं से 13वीं शताब्दी)

इस प्रकार पांड्य राज्य चोलों की अधीनता में आ गया और प्रायः तीन शताब्दियों तक उसकी कोई स्वतंत्र सत्ता नहीं रही। किंतु पांड्य राजवंश ने कभी भी इस अपमानजनक स्थिति को स्वीकार नहीं किया और निरंतर विद्रोह के द्वारा चोलों को चैन नहीं लेने दिया। वीर पांड्य द्विवतीय ने राष्ट्रकूट नरेश कृष्ण द्विवतीय के आक्रमण के कारण चोलों की विपन्न स्थिति का लाभ उठाकर अपने को स्वतंत्र कर लिया। वीन पांड्य का राज्य 15-20 वर्षों तक रहा जिसमें उसने नाप तौल के पैमानों को सुधारने का भी प्रयत्न किया। वह चोलवंशीय आदित्य द्विवतीय के द्वारा मारा गया। किंतु राजराज प्रथम ने पांड्य नरेश का फिर पराजित किया। पांड्यों की विद्रोहात्मक प्रवृत्ति के कारण राजेंद्र प्रथम ने भी मदुरा पर आक्रमण किया और सुरक्षा की दृष्टि से इस प्रदेश का शासन चोल पांड्य उपाधियुक्त चोल राजकुमारों को ही देने का चलन निकाला। लेकिन प्राचीन पांड्य राजवंश के व्यक्ति फिर भी बच रहे थे। प्रायः ये लंका के साथ मिलकर चोलों का विरोध करते थे। इसी से राजेंद्र प्रथम और कुलोत्तुंग प्रथम के बीच के सभी चोल नरेश पाण्ड्य राजाओं पर अपनी विजय का उल्लेख करते हैं। कुलोत्तुंग प्रथम ने अपने राज्यकाल में पांड्यों

के विद्रोह को कुचलकर राज्य का शासन पांड्य राजवंश के ही व्यक्तियों को सौंप दिया। कुलोत्तुंग के बाद पांड्य राज्य पर चोलों का शासन सिद्ध करने के लिए कोई भी अभिलेख प्राप्त नहीं होता। पांड्य चोलों के अधीन थे लेकिन धीरे धीरे उनके प्रभाव से मुक्त होते गए।

1166 ई. में पराक्रम पांड्य और कुलशेखर के बीच उत्तराधिकार के लिए कलह हुआ। लंका के नरेश पराक्रमबाहु ने पराक्रम की सहायता के लिए सेना भेजी। कुलशेखर की सहायता चोलों ने की। अंत में लंका की सेना पराजित हुई। पराक्रमबाहु ने इस संघर्ष के फलस्वरूप लंका में अपनी स्थिति को विपन्न पाकर कुलशेखर के सिंहासनाधिकार को स्वीकार कर चोलों के विरुद्ध उसके साथ एक गुप्त संधि की। चोलों ने पांड्य सिंहासन के लिए वीर पांड्य का समर्थन किया और कुलशेखर को भगा दिया। इस बार पराक्रमबाहु ने वीर पांड्य को चोलों के विरुद्ध अपने पक्ष में कर लिया। किंतु चोल फिर विजयी हुए और उन्होंने विक्रम पांड्य को मदुरा के सिंहासन पर बैठाया। वीर पांड्य ने भी चोलों की अधीनता स्वीकार कर ली।

पुनरुत्थान तथा चरमोत्कर्ष (13वीं - 14वीं शताब्दी)

चोलों की क्षीण होती हुई शक्ति का लाभ उठाकर पांड्यों ने अपने स्वतंत्र राज्य की स्थापना की। पांड्यों के इस द्वितीय साम्राज्य का प्रारंभ जटावर्मन् कुलशेखर (1190-1213) से होता है। किंतु जटावर्मन् कुलशेखर की स्वतंत्र होने की लालसा को चोल नरेश कुलोत्तुंग तृतीय ने दबा दिया था। जटावर्मन् के अनुज मारवर्मन् सुंदर पांड्य (1216-1238) ने सच्चे रूप में द्वितीय पांड्य साम्राज्य का आरंभ किया। उसने चोल राज्य पर आक्रमण करके चिंदबरम् तक की विजय की थी। किंतु होयसलों के हस्तक्षेप करने के कारण उसने चोलों को अधीनता स्वीकार करने पर ही छोड़ दिया। दूसरी बार उसने चोल नरेश राजराज तृतीय को पराजित किया किंतु इस बार भी होयसलों के हस्तक्षेप करने पर वह चोल साम्राज्य पर स्थायी अधिकार न कर सका। फिर भी उसे राज्य की सीमाएँ विस्तृत थीं। मारवर्मन् सुंदर पांड्य द्वितीय (1248-1251) चोल नरेश राजेंद्र तृतीय के हाथों पराजित हुआ था किंतु होयसलों ने पांड्यों का पक्ष लेकर चोलों को मनमानी नहीं करने दिया। जटावर्मन् सुंदर पांड्य प्रथम (1251-68) इस वंश का निश्चय ही सर्वश्रेष्ठ सम्राट् था। उसने अपने समकालीन चेर, होयसल, चोल, तेलुगु, काकतीय और बाण सभी का अपने पराक्रम से अभिभूत किया था। उसके साम्राज्य का विस्तार

लंका से नेल्लोर तक हो गया था। अपनी विजयों से प्राप्त वैभव का उपयोग उसने चिदंबरम् और श्रीरंगम् के मंदिरों को आकर्षक और संपन्न बनाने में किया। उसकी वैभवप्रदर्शन की प्रवृत्ति उसके अनेक अभिलेखों और तुलाभारों में परिलक्षित होती है।

जटावर्मन् ने पांड्य राजकुमारों को उपराजा के रूप में शासन से संबंधित किया था। इस पद्धति का उल्लेख विदेशी लेखकों ने भी किया है। जटावर्मन् सुंदर पांड्य प्रथम के साथ जटावर्मन् वीर पांड्य प्रमुख उपराजा था। मारवर्मन् कुलशेखर (1268-1310) ने जटावर्मन् सुंदर पांड्य के अंतिम वर्षों में ही उपराजा के रूप में शासन आंरभ कर दिया था। स्वयं उसके साथ अनेक उपराजे संबद्ध थे जिनमें प्रमुख हैं जटावर्मन् सुंदर पांड्य द्विवतीय और तृतीय, जटावर्मन् वीर पांड्य द्विवतीय और मारवर्मन् विक्रम पांड्य। मारवर्मन् कुलशेखर इस वंश का अंतिम महान सम्राट् था। उसने चोल, होयसल और लंका के नरेशों तथा अन्य दूसरे शासकों को फिर से पराजित किया था। मार्को पोलो और मुस्लिम इतिहासकार वस्साफ ने उसकी शक्ति और वैभव का वर्णन किया है।

मलिक काफूर का आक्रमण

मारवर्मन की वृद्धावस्था में उसके दो पुत्रों जटावर्मन् सुंदर पांड्य और जटावर्मन् वीर पांड्य में सिंहासन के लिए संघर्ष हुआ जिसमें कुलशेखर की मृत्यु हुई। पांड्यों की क्षीण शक्ति का लाभ उठाकर अलाउद्दीन खल्जी के सेनापति मलिक काफूर ने मदुरा पर आक्रमण कर उसे लूटा। किंतु पांड्य राजाओं की स्थिति फिर भी बनी रही। चेर नरेश रविवर्मन् कुलशेखर और काकतीयों ने पांड्य राज्य के कुछ भागों पर अधिकार कर लिया। अनेक सांमतों ने स्वतंत्रता की घोषणा कर दी। पांड्य राज्य पर दूसरा मुस्लिम आक्रमण 1329 ई. में खुमरू खाँ के अधीन हुआ और फलस्वरूप मदुरा में दिल्ली के सुल्तान की ओर से प्रांतपाल की नियुक्ति हुई। फिर भी पांड्यों का अधिकार मदुरा, रामनाड, तंजोर, दक्षिणी आकटि और पुदुक्कोट्टइ पर बना रहा। किंतु कंपन के द्वारा मदुरा पर विजयनगर साम्राज्य का अधिकार स्थापित होने के बाद पांड्यों का प्रभुत्व केवल तिन्नेवेल्ली तक ही सीमित रह गया। अब पांड्यों का इतिहास क्रमिक पतन की कथा मात्र रह जाता है। 16वीं शताब्दी के आरंभ में इस राजवंश का पूर्ण रूप से लोप हो जाता है।

पाण्ड्य वंश के शासक

कटुंकोन् --- सन् 575-600

　अवनि चूळामणि --- सन् 600-625

　चेळियन् चेन्दन् --- सन् 625-640

　अरिकेसरी --- सन् 640-670

　रणधीर --- सन् 670-710

　परांकुश --- सन् 710-765

　परान्तक --- सन् 765-790

　इरण्टाम् इराचचिम्मन् --- सन् 790-792

　वरगुणन् --- सन् 792-835

　श्रीवल्लभ --- सन् 835-862

　वरगुण वर्मन् --- सन् 862-880

　परान्तक पांड्य --- सन् 880-900

　मारवर्मन राजसिंह द्विवतीय --- सन् 900–920

　मून्राम् इराचचिम्मन् --- सन् 900-945

　वीर पांड्य --- सन् 946-966

　अमर भुजंग --- सन् 930-945

　श्रीवल्लभ पांड्य --- सन् 945-955

　वीरकेसरी --- सन् 1065-1070

　जटावर्मन् श्रीवल्लभ --- सन् 1145-1150

　जटावर्मन् विक्रम --- सन् 1149-1158

　पराक्रम पांड्य --- सन 1150-1160

　जटावर्मन् परान्तक पांड्य --- सन 1150-1162

　मारवर्मन् श्रीवल्लभ --- सन् 1132-1162

　जटावर्मन् कुलशेखर पांड्य --- सन् 1162-1175

　जटावर्मन् वीर पांड्य　　सन् 1175-1180

　विक्रम पांड्य --- सन् 1180-1190

　मुतलाम् जटावर्मन् कुलशेखर --- सन् 1190-1218

　पराक्रम पांड्य द्विवतीय (सिंहल का राजा) --- सन् 1212–1215

　मारवर्मन् सुंदर पांड्य --- सन् 1216-1238

　इरण्टाम् जटावर्मन् कुलशेखर --- सन् 1238-1250

मारवर्मन् सुंदर पांड्य द्वितीय --- सन् 1239-1251

मुतलाम् जटावर्मन् सुंदर पांड्य --- सन् 1251-1271

इरण्टाम् जटावर्मन् वीर पांड्य --- सन् 1251-1281

मारवर्मन् कुलशेखर पांड्य प्रथम --- सन् 1268-1311

मारवर्मन् विक्रम पांड्य --- सन् 1268-1281

इरण्टाम् जटावर्मन् सुंदरपांड्य --- सन् 1276-1293

जटावर्मन् पराक्रम पांड्य --- सन् 1422-1463

मून्राम् जटावर्मन् कुलशेखर पांड्य --- सन् 1429-1473

अळकन् पेरुमाळ पराक्रम पांड्य --- सन् 1473-1506

कुलशेखर देव --- सन् 1479-1499

जटावर्मन् श्रीवल्लभ पांड्य --- सन् 1534-1543

पराक्रम कुलशेखर --- सन् 1543-1552

नेल्वेलि मारन् --- सन् 1552-1564

जटावर्मन् अतिवीरराम पांड्य --- सन् 1564-1604

वरतुंग पांड्य --- सन् 1588-1612

वरगुणराम पांड्य --- सन् 1613-1618

20

पूर्वी गंगवंश

पूर्वी गंगवंश (ओड़िया : ଗଉଡ଼ ବଂଶ ଶାସନ/गंग बंश शासन) भारतीय उपमहाद्वीप का एक हिन्दू राजवंश था। उन्होने कलिंग को राजधानी बनाया। उनके राज्य के अन्तर्गत वर्तमान समय का सम्पूर्ण उड़ीसा तो था ही, इसके साथ ही पश्चिम बंगाल, आन्ध्र प्रदेश तथा छत्तीसगढ़ के भी कुछ भाग थे।इनका शासन 11वीं शताब्दी से 15वीं शताब्दी तक रहा। उनकी राजधानी का नाम 'कलिंगनगर' था जो वर्तमान समय में आन्ध्र प्रदेश के श्रीकाकुलम जिला का श्रीमुखलिंगम है। पहले यह उड़ीसा के गंजम जिले में था। पूर्वी गंगवंश के शासक कोणार्क के सूर्य मन्दिर के निर्माण के लिये प्रसिद्ध हैं।

शासकों की सूची

कलिंग शासक (496–1038 ईस्वी)

मित्तवर्मन, वाकाटक शासन के अंतर्गत एक जागीरदार पूर्वी गंगवंश राजा

इंद्रवर्मन I (496–535), पहला शासक

सामंतवर्मन (537–562)

हस्तिवर्मन (562–578)

इंद्रवर्मन II (578–589)

दानार्णव (589)

इंद्रवर्मन III (589–652)

गुनारव (652–682)

देवेंद्रवर्मन I (652–682)

अंतकाल

अनंतवर्मन III (808–812)

राजेंद्रवर्मन II (812–840)

देवेंद्रवर्मन चतुर्थ (840–885)

देवेंद्रवर्मन V (885–895)

गनमहरनव I (895–939)

वज्रहस्त II या अनंगभीमदेव I (895–939)

गुंदामा (939–942)

कामरानवा I (942–977)

विनायदित्य (977–980)

वज्रहस्त अन्याभिमा (980–1038)

त्रिकलिंग शासक (1038–1434 ईस्वी)[स्रोत सम्पादित करें]

वज्रहस्त अनंतवर्मन या वज्रहस्ता V (1038–1078)

राजराजा देवेंद्रवर्मन या राजराजा देवा I (1078)

अनंतवर्मन चोडगंग (1078–1147)

जटेश्वर देव (1147–1156)

राघव देव (1156–1170)

राजराजा द्विवतीय (1170–1178)

अनंग भीम देव II (1178–1198)

राजराजा III (1198–1211)

अनंगभूमि तृतीय या अनंग भीम देव तृतीय (1211–1238)

नरसिम्हदेव I (1238–1264)

भानु देव I (1264–1279)

नरसिंह देव II (1279–1306)

भानु देव II (1306–1328)

नरसिंह देव तृतीय (1328–1352)

भानु देव तृतीय (1352–1379)

नरसिंह देव IV (1379–1424)

भानु देव IV (1424–1434), अंतिम शासक

कोणार्क का सूर्यमंदिर

कोणार्क सूर्य मंदिर भारत के ओड़िशा के पुरी जिले में समुद्र तट पर पुरी शहर से लगभग 35 किलोमीटर (22 मील) उत्तर पूर्व में कोणार्क में एक 13 वीं शताब्दी सीई (वर्ष 1250) सूर्य मंदिर है। मंदिर का श्रेय पूर्वी गंगवंश के राजा प्रथम नरसिंह देव को दिया जाता है। सन् 1984 में यूनेस्को ने इसे विश्व धरोहर स्थल के रूप में मान्यता दी है।

भारतीय सांस्कृतिक विरासत के लिए इसके महत्व को दर्शाने के लिए भारतीय 10 रुपये का नोट के पीछे कोणार्क सूर्य मंदिर को दर्शाया गया है।

पौराणिक महत्त्व

यह मन्दिर सूर्य देव को समर्पित था, जिन्हें स्थानीय लोग 'बिरंचि-नारायण' कहते थे। इसी कारण इस क्षेत्र को उसे अर्क-क्षेत्र (अर्क=सूर्य) या पद्म-क्षेत्र कहा जाता था। पुराणों के अनुसार श्रीकृष्ण के पुत्र साम्ब को उनके श्राप से कोढ़ रोग हो गया था। साम्ब ने मित्रवन में चंद्रभागा नदी के सागर संगम पर कोणार्क में, बारह वर्षों तक तपस्या की और सूर्य देव को प्रसन्न किया था। सूर्यदेव, जो सभी रोगों के नाशक थे, ने इसके रोग का भी निवारण कर दिया था। तदनुसार साम्ब ने सूर्य

भगवान का एक मन्दिर निर्माण का निश्चय किया। अपने रोग-नाश के उपरांत, चंद्रभागा नदी में स्नान करते हुए, उसे सूर्यदेव की एक मूर्ति मिली। यह मूर्ति सूर्यदेव के शरीर के ही भाग से, देवशिल्पी श्री विश्वकर्मा ने बनायी थी। साम्ब ने अपने बनवाये मित्रवन में एक मन्दिर में, इस मूर्ति को स्थापित किया, तब से यह स्थान पवित्र माना जाने लगा।

इतिहास

कोणार्क में पाषाण कला

यह कई इतिहासकारों का मत है, कि कोणार्क मंदिर के निर्माणकर्ता, राजा लांगूल नृसिंहदेव की अकाल मृत्यु के कारण, मंदिर का निर्माण कार्य खटाई में पड़ गया। इसके परिणामस्वरूप, अधूरा ढांचा ध्वस्त हो गया।[1] लेकिन इस मत को एतिहासिक आंकड़ों का समर्थन नहीं मिलता है। पुरी के मदल पंजी के आंकड़ों के अनुसार और कुछ 1278 ई. के ताम्रपत्रों से पता चला, कि राजा लांगूल नृसिंहदेव ने 1282 तक शासन किया। कई इतिहासकार, इस मत के भी हैं, कि कोणार्क मंदिर का निर्माण 1253 से 1260 ई. के बीच हुआ था। अतएव मंदिर के अपूर्ण निर्माण का इसके ध्वस्त होने का कारण होना तर्कसंगत नहीं है।

स्थापत्य

मुख्य मन्दिर तीन मंडपों में बना है। इनमें से दो मण्डप ढह चुके हैं।

कोणार्क शब्द, 'कोण' और 'अर्क' शब्दों के मेल से बना है। अर्क का अर्थ होता है सूर्य, जबकि कोण से अभिप्राय कोने या किनारे से रहा होगा। प्रस्तुत कोणार्क सूर्य-मन्दिर का निर्माण लाल रंग के बलुआ पत्थरों तथा काले ग्रेनाइट के पत्थरों से हुआ है। इसे 1236–1264 ईसा पूर्व गंग वंश के तत्कालीन सामंत राजा नृसिंहदेव द्वारा बनवाया गया था। यह मन्दिर, भारत के सबसे प्रसिद्ध स्थलों में से एक है। इसे युनेस्को द्वारा सन् 1984 में विश्व धरोहर स्थल घोषित किया गया है।कलिंग शैली में निर्मित इस मन्दिर में सूर्य देव(अर्क) को रथ के रूप में विराजमान किया गया है तथा पत्थरों को उत्कृष्ट नक्काशी के साथ उकेरा गया है। सम्पूर्ण मन्दिर स्थल को बारह जोड़ी चक्रों के साथ सात घोड़ों से खींचते हुये निर्मित किया गया है, जिसमें सूर्य देव को विराजमान दिखाया गया है। परन्तु वर्तमान में सातों में से एक ही घोड़ा बचा हुआ है। मन्दिर के आधार को सुन्दरता प्रदान करते ये बारह चक्र

साल के बारह महीनों को परिभाषित करते हैं तथा प्रत्येक चक्र आठ अरों से मिल कर बना है, जो अर दिन के आठ पहरों को दर्शाते हैं। यहाँ पर स्थानीय लोग प्रस्तुत सूर्य-भगवान को बिरंचि-नारायण कहते थे।

मुख्य मन्दिर तीन मंडपों में बना है। इनमें से दो मण्डप ढह चुके हैं। तीसरे मण्डप में जहाँ मूर्ती थी, अंग्रेज़ों ने स्वतंत्रता से पूर्व ही रेत व पत्थर भरवा कर सभी द्वारों को स्थायी रूप से बंद करवा दिया था ताकि वह मन्दिर और क्षतिग्रस्त ना हो पाए। इस मन्दिर में सूर्य भगवान की तीन प्रतिमाएं हैं:

बाल्यावस्था-उदित सूर्य 8 फीट

युवावस्था-मध्याह्न सूर्य- 9.5 फीट

प्रौढ़ावस्था-अपराह्न सूर्य-3.5 फीट

इसके प्रवेश पर दो सिंह हाथियों पर आक्रामक होते हुए रक्षा में तत्पर दिखाये गए हैं। दोनों हाथी, एक-एक मानव के ऊपर स्थापित हैं। ये प्रतिमाएं एक ही पत्थर की बनी हैं। ये 28 टन की 8.4फीट लंबी 4.9 फीट चौड़ी तथा 9.2 फीट ऊंची हैं। मंदिर के दक्षिणी भाग में दो सुसज्जित घोड़े बने हैं, जिन्हें उड़ीसा सरकार ने अपने राजचिह्न के रूप में अंगीकार कर लिया है। ये 10 फीट लंबे व 7 फीट चौड़े हैं। मंदिर सूर्य देव की भव्य यात्रा को दिखाता है। इसके के प्रवेश द्वार पर ही नट मंदिर है। ये वह स्थान है, जहां मंदिर की नर्तकियां, सूर्यदेव को अर्पण करने के लिये नृत्य किया करतीं थीं। पूरे मंदिर में जहां तहां फूल-बेल और ज्यामितीय नमूनों की नक्काशी की गई है। इनके साथ ही मानव, देव, गंधर्व, किन्नर आदि की अकृतियां भी एन्द्रिक मुद्राओं में दर्शित हैं। इनकी मुद्राएं कामुक हैं और कामसूत्र से लीं गई हैं। मंदिर अब अंशिक रूप से खंडहर में परिवर्तित हो चुका है। यहां की शिल्प कलाकृतियों का एक संग्रह, भारतीय पुरातत्व सर्वेक्षण विभाग के सूर्य मंदिर संग्रहालय में सुरक्षित है। महान कवि व नाटकार रवीन्द्र नाथ टैगोर ने इस मन्दिर के बारे में लिखा है:- कोणार्क जहां पत्थरों की भाषा मनुष्य की भाषा से श्रेष्ठतर है।

तेरहवीं सदी का मुख्य सूर्य मंदिर, एक महान रथ रूप में बना है, जिसके बारह जोड़ी सुसज्जित पहिए हैं, एवं सात घोड़ों द्वारा खींचा जाता है।[4] यह मंदिर भारत के उत्कृष्ट स्मारक स्थलों में से एक है। यहां के स्थापत्य अनुपात दोषों से रहित एवं आयाम आश्चर्यचकित करने वाले हैं। यहां की स्थापत्यकला वैभव एवं मानवीय निष्ठा का सौहार्दपूर्ण संगम है। मंदिर की प्रत्येक इंच, अद्वितीय सुंदरता और शोभा की शिल्पाकृतियों से परिपूर्ण है। इसके विषय भी मोहक हैं, जो सहस्रों शिल्प आकृतियां भगवानों, देवताओं, गंधर्वों, मानवों, वाद्यकों, प्रेमी युगलों, दरबार की छवियों, शिकार एवं युद्ध के चित्रों से भरी हैं। इनके बीच बीच में

पशु-पक्षियों (लगभग दो हज़ार हाथी, केवल मुख्य मंदिर के आधार की पट्टी पर भ्रमण करते हुए) और पौराणिक जीवों, के अलावा महीन और पेचीदा बेल बूटे तथा ज्यामितीय नमूने अलंकृत हैं। उड़िया शिल्पकला की हीरे जैसी उत्कृष्त गुणवत्ता पूरे परिसर में अलग दिखाई देती है।

कामुक मुद्राओं की शिल्प आकृति

यह मंदिर अपनी कामुक मुद्राओं वाली शिल्पाकृतियों के लिये भी प्रसिद्ध है।[5] इस प्रकार की आकृतियां मुख्यतः द्वारमण्डप के द्वितीय स्तर पर मिलती हैं। इस आकृतियों का विषय स्पष्ट किंतु अत्यंत कोमलता एवं लय में संजो कर दिखाया गया है। जीवन का यही दृष्टिकोण, कोणार्क के अन्य सभी शिल्प निर्माणों में भी दिखाई देता है। हजारों मानव, पशु एवं दिव्य लोग इस जीवन रूपी मेले में कार्यरत हुए दिखाई देते हैं, जिसमें आकर्षक रूप से एक यथार्थवाद का संगम किया हुआ है। यह उड़ीसा की सर्वोत्तम कृति है। इसकी उत्कृष्ट शिल्प-कला, नक्काशी, एवं पशुओं तथा मानव आकृतियों का सटीक प्रदर्शन, इसे अन्य मंदिरों से कहीं बेहतर सिद्ध करता है।

यह सूर्य मन्दिर भारतीय मन्दिरों की कलिंग शैली का है, जिसमें कोणीय अट्टालिका (मीनार रूपी) के ऊपर मण्डप की तरह छतरी ढकी होती है। आकृति में, यह मंदिर उड़ीसा के अन्य शिखर मंदिरों से खास भिन्न नहीं लगता है। 229 फीट ऊंचा मुख्य गर्भगृह 128 फीट ऊंची नाट्यशाला के साथ ही बना है। इसमें बाहर को निकली हुई अनेक आकृतियां हैं। मुख्य गर्भ में प्रधान देवता का वास था, किंतु वह अब ध्वस्त हो चुका है। नाट्यशाला अभी पूरी बची है। नट मंदिर एवं भोग मण्डप के कुछ ही भाग ध्वस्त हुए हैं। मंदिर का मुख्य प्रांगण 857 फीट X 540 फीट का है। यह मंदिर पूर्व –पश्चिम दिशा में बना है। मंदिर प्राकृतिक हरियाली से घिरा हुआ है। इसमें कैजुएरिना एवं अन्य वृक्ष लगे हैं, जो कि रेतीली भूमि पर उग जाते हैं। यहां भारतीय पुरातत्व सर्वेक्षण विभाग द्वारा बनवाया उद्यान है।

कामुक मुद्राओं की शिल्प आकृति

कथा एवं किंवदन्तियाँ

एक कथा के अनुसार, गंग वंश के राजा नृसिंह देव प्रथम ने अपने वंश का वर्चस्व सिद्ध करने हेतु, राजसी घोषणा से मंदिर निर्माण का आदेश दिया। बारह सौ वास्तुकारों और कारीगरों की सेना ने अपनी सृजनात्मक प्रतिभा और ऊर्जा से परिपूर्ण कला से बारह वर्षों की अथक मेहनत से इसका निर्माण किया। राजा ने पहले ही अपने राज्य के बारह वर्षों की कर-प्राप्ति के बराबर धन व्यय कर दिया था। लेकिन निर्माण की पूर्णता कहीं दिखायी नहीं दे रही थी। तब राजा ने एक निश्चित तिथि तक कार्य पूर्ण करने का कड़ा आदेश दिया। बिसु महाराणा के पर्यवेक्षण में, इस वास्तुकारों की टीम ने पहले ही अपना पूरा कौशल लगा रखा था। तब बिसु महाराणा का बारह वर्षीय पुत्र, धर्म पाद आगे आया। उसने तब तक के निर्माण का गहन निरीक्षण किया, हालांकि उसे मंदिर निर्माण का व्यवहारिक ज्ञान नहीं था, परन्तु उसने मंदिर स्थापत्य के शास्त्रों का पूर्ण अध्ययन किया हुआ था।

उसने मंदिर के अंतिम केन्द्रीय शिला को लगाने की समस्या सुझाव का प्रस्ताव दिया। उसने यह करके सबको आश्चर्य में डाल दिया। लेकिन इसके तुरन्त बाद ही इस विलक्षण प्रतिभावान का शव सागर तट पर मिला। कहते हैं, कि धर्मपाद ने अपनी जाति के हितार्थ अपनी जान तक दे दी।

ध्वंस सम्बन्धी किंवदन्तियाँ

यहाँ पर मन्दिर की ध्वस्तता के सम्पूर्ण कारणों का उल्लेख करना जटिल कार्य से कम नहीं है। परन्तु यह सर्वविदित है कि अब इसका काफी भाग ध्वस्त हो चुका है। जिसके मुख्य कारण वास्तु दोष भी कहा जाता है परन्तु मुस्लिम आक्रमणों की भूमिका अहम रही है।

वास्तु दोष

कहा जाता है कि यह मन्दिर अपने वास्तु दोषों के कारण मात्र 800 वर्षों में क्षीण हो गया था। जिसे वास्तु कला व नियमों के विरुद्ध कहा-सुना जाता है। इसी कारणवश यह अपनी समयावधि से पहले ही ऋग्वेदकाल एवम् पाषाण कला का अनुपम उदाहरण होते हुए भी धराशायी हो गया। इस सूर्य-मन्दिर के मुख्य वास्तु दोष हैं:-।

मंदिर का निर्माण रथ आकृति होने से पूर्व, दिशा, एवं आग्नेय एवं ईशान कोण खंडित हो गए।

पूर्व से देखने पर पता लगता है, कि ईशान एवं आग्नेय कोणों को काटकर यह वायव्य एवं नैऋत्र्य कोणों की ओर बढ़ गया है।

प्रधान मंदिर के पूर्वी द्वार के सामने नृत्यशाला है, जिससे पूर्वी द्वार अवरोधित होने के कारण अनुपयोगी सिद्ध होता है।

नैऋत्र्य कोण में छायादेवी के मंदिर की नींव प्रधानालय से अपेक्षाकृत नीची है। उससे नैऋत्र्य भाग में मायादेवी का मंदिर और नीचा है।

आग्नेय क्षेत्र में विशाल कुआं स्थित है।

दक्षिण एवं पूर्व दिशाओं में विशाल द्वार हैं, जिस कारण मंदिर का वैभव एवं ख्याति क्षीण हो गई हैं।

चुम्बकीय पत्थर

कई कथाओं के अनुसार, सूर्य मन्दिर के शिखर पर एक चुम्बकीय पत्थर लगा है। इसके प्रभाव से, कोणार्क के समुद्र से गुजरने वाले सागरपोत, इस ओर खिंचे चले आते हैं, जिससे उन्हें भारी क्षति हो जाती है। अन्य कथा अनुसार, इस पत्थर के कारण पोतों के चुम्बकीय दिशा निरूपण यंत्र सही दिशा नहीं बताते। इस कारण अपने पोतों को बचाने हेतु, मुस्लिम नाविक इस पत्थर को निकाल ले गये। यह पत्थर एक केन्द्रीय शिला का कार्य कर रहा था, जिससे मंदिर की दीवारों के सभी पत्थर संतुलन में थे। इसके हटने के कारण, मंदिर की दीवारों का संतुलन खो गया और परिणामतः वे गिर पड़ीं। परन्तु इस घटना का कोई ऐतिहासिक विवरण नहीं मिलता, ना ही ऐसे किसी चुम्बकीय केन्द्रीय पत्थर के अस्तित्व का कोई ब्यौरा उपलब्ध है।

कालापहाड़

कोणार्क मंदिर के गिरने से सम्बन्धी एक अति महत्वपूर्ण सिद्धांत, कालापहाड से जुड़ा है। उड़ीसा के इतिहास के अनुसार कालापहाड ने सन 1508 में यहां आक्रमण किया और कोणार्क मंदिर समेत उड़ीसा के कई हिन्दू मंदिर ध्वस्त कर दिये। पुरी के जगन्नाथ मंदिर के मदन पंजी बताते हैं, कि कैसे कालापहाड ने उड़ीसा पर हमला किया। कोणार्क मंदिर सहित उसने अधिकांश हिन्दू मंदिरों की प्रतिमाएं भी ध्वस्त करीं। हालांकि कोणार्क मंदिर की 20-25 फीट मोटी दीवारों को तोड़ना असम्भव था, उसने किसी प्रकार से दधिनौति (मेहराब की शिला) को हिलाने का प्रयोजन कर लिया, जो कि इस मंदिर के गिरने का कारण बना। दधिनौति के हटने के कारण ही मन्दिर धीरे-धीरे गिरने लगा तथा छत से भारी पत्थर गिरने से, मूकशाला की छत भी ध्वस्त हो गयी। उसने यहाँ की अधिकांश मूर्तियां और कोणार्क के अन्य कई मंदिर भी ध्वस्त कर दिये।

सूर्य देव की एक शिल्पाकृति- कोणार्क में सूर्यदेव

पूजा-अर्चना सम्बन्धी बाधाएँ

सन् 1568 में ओड़िशा में मुस्लिमों का आतंक नियंत्रण में हो चुका था। परन्तु इसके बाद भी हिन्दू मन्दिरों को तोड़ने के निरंतर प्रयास होते रहे।[6] इस समय पुरी के जगन्नाथ मन्दिर के पंडों ने भगवान जगन्नाथ जी की मूर्ति को श्रीमन्दिर से हटाकर किसी गुप्त स्थान पर छुपा दिया था। इसी प्रकार, कोणार्क के सूर्य मंदिर के पंडों ने प्रधान देवता की मूर्ति को हटा कर, वर्षों तक रेत में दबा कर छिपाये रखा। बाद में, यह मूर्ति पुरी भेज दी गयी और वहां जगन्नाथ मन्दिर के

प्रांगण में स्थित, इंद्र के मन्दिर में रख दी गयी। अन्य लोगों के अनुसार, यहां की पूजा मूर्तियां अभी भी खोजी जानी बाकी हैं। लेकिन कई लोगों का कहना है, कि सूर्य देव की मूर्ति, जो नई दिल्ली के राष्ट्रीय संग्रहालय में रखी है, वही कोणार्क की प्रधान पूज्य मूर्ति है।

फिर भी कोणार्क में, सूर्य वंदना मंदिर से मूर्ति के हटने के बाद से बंद हो गयी। इस कारण कोणार्क में तीर्थयात्रियों का आना जाना बंद हो गया। कोणार्क का पत्तन (बंदरगाह) भी डाकुओं के हमले के कारण, बंद हो गया। कोणार्क सूर्य वंदना के सामान ही वाणिज्यिक गतिविधियों हेतु भी एक कीर्तिवान नगर था, परन्तु इन गतिविधियों के बन्द हो जाने के कारण, यह एकदम निर्वासित हो चला और वर्षों तक एक गहन जंगल से ढंक गया।

सन 1626 में, खुर्दा के राजा, नृसिंह देव, सुपुत्र श्री पुरुषोत्तम देव, सूर्यदेव की मूर्ति को दो अन्य सूर्य और चन्द्र की मूर्तियों सहित पुरी ले गये। अब वे पुरी के मंदिर के प्रांगण में मिलती हैं। पुरी के मदल पंजी के इतिहास से ज्ञात होता है, कि सन 1028 में, राजा नृसिंहदेव ने कोणार्क के सभी मंदिरों के नाप-जोख का आदेश दिया था। मापन के समय, सूर्य मंदिर अपनी अमलक शिला तक अस्तित्व में था, यानि कि लगभग 200 फीट ऊंचा। कालापहाड़ ने केवल उसका कलश, बल्कि पद्म-ध्वजा, कमल-किरीट और ऊपरी भाग भी ध्वंस किये थे। पहले बताये अनुसार, मुखशाला के सामने, एक बड़ा प्रस्तर खण्ड – नवग्रह पाट, होता था। खुर्दा के तत्कालीन राजा ने वह खण्ड हटवा दिया, साथ ही कोणार्क से कई शिल्प कृत पाषाण भी ले गया। और पुरी के मंदिर के निर्माण में उनका प्रयोग किया था। मराठा काल में, पुरी के मंदिर की चहारदीवारी के निर्माण में कोणार्क के पत्थर प्रयोग किये गये थे। यह भी बताया जाता है, कि नट मंदिर के सभी भाग, सबसे लम्बे काल तक, अपनी मूल अवस्था में रहे हैं। और इन्हें मराठा काल में जान बूझ कर अनुपयोगी भाग समझ कर तोड़ा गया। सन 1779 में एक मराठा साधू ने कोणार्क के अरुण स्तंभ को हटा कर पुरी के सिंहद्वार के सामने स्थापित करवा दिया। अठ्ठारहवीं शताब्दी के अन्त तक, कोणार्क ने अपना, सारा वैभव खो दिया और एक जंगल में बदल गगा। इसके साथ ही मंदिर का क्षेत्र भी जंगल बन गया, जहां जंगली जानवर और डाकुओं के अड्डे थे। यहां स्थानीय लोग भी दिन के प्रकाश तक में जाने से डरते थे।

21

चौहान वंश

चौहान वंश अथवा चाहमान वंश एक भारतीय राजपूत राजवंश था जिसके शासकों ने वर्तमान राजस्थान, गुजरात एवं इसके समीपवर्ती क्षेत्रों पर 7वीं शताब्दी से लेकर 12वीं शताब्दी तक शासन किया। उनके द्वारा शासित क्षेत्र सपादलक्ष कहलाता था। वे चरणमान (चौहान) कबीले के सबसे प्रमुख शासक परिवार थे, और बाद के मध्ययुगीन किंवदंतियों में अग्निवंशी राजपूतों के बीच वर्गीकृत किए गए थे।

चौहानों ने मूल रूप से शाकंभरी (वर्तमान में सांभर लेक टाउन) में अपनी राजधानी बनाई थी। 10वीं शताब्दी तक, उन्होंने गुर्जर प्रतिहार जागीरदारों के रूप में शासन किया। जब त्रिपिट्री संघर्ष के बाद प्रतिहार शक्ति में गिरावट आई, तो चमन शासक सिमरजा ने महाराजाधिराज की उपाधि धारण की। 12वीं शताब्दी की शुरुआत में, अजयराजा II ने राज्य की राजधानी को अजयमेरु (आधुनिक अजमेर) में स्थानांतरित कर दिया। इसी कारण से, चम्मन शासकों को अजमेर के चौहानों के रूप में भी जाना जाता है।

गुजरात के चौलुक्यों, दिल्ली के तोमरस, मालवा के परमारों और बुंदेलखंड के चंदेलों सहित, कई लोगों ने अपने पड़ोसियों के साथ कई युद्ध लड़े। 11 वीं शताब्दी के बाद से, उन्होंने मुस्लिम आक्रमणों का सामना करना शुरू कर दिया, पहले गजनवीड्स द्वारा, और फिर गूरिड्स द्वारा। 12 वीं शताब्दी के मध्य में विग्रहराजा चतुर्थ के तहत चम्मन राज्य अपने आंचल में पहुँच गया। वंश की शक्ति प्रभावी रूप से 1192 CE में समाप्त हो गई, जब घुरिड्स ने पृथ्वीराज तृतीय को हराया।

उत्पत्ति

कथाओं के अनुसार चौहान वंश की उत्पत्ति ऋषियो द्वारा आबू पर्वत पर किए गए यज्ञ के अग्निकुंड मे से हुयी । इस राजवंश के संस्थापक राजा वासुदेव चौहान माने जाते हैं।

इतिहासविदों का मत है कि, चौहानवंशीय जयपुर के साम्भर तालाब के समीप में, पुष्कर प्रदेश में और आमेर-नगर में निवास करते थे। सद्य वे उतरभारत में विस्तृत रूप से फैले हैं। उत्तरप्रदेश राज्य के मैनपुरी बिजनौर जिले में अथवा नीमराणा राजस्थान में बहुधा निवास करते हैं। ओर नीमराणा से ये उत्तरप्रदेश और उत्तर हरियाणा में फ़ैल गये । चौहान क्षत्रिय अपने आप को वचस चौहान कहते हैं।

शासक

पृथ्वीराज चौहान, चाहमान वंश का सबसे प्रतापी राजा थे।

नीचे शाकम्भरी और अजमेर के चाहमान शासकों की सूची दी गयी है। इसमें दिए गए उनके शासनकाल श्री आर बी सिंह द्वारा अनुमानित हैं।

- चाहमान (सम्भवतः मिथकीय राजा)
- वासुदेव (Rajput samrat छटी शताब्दी)
- सामन्तराज (Rajput samrat 684–709 ईस्वी)
- नारा-देव (Rajput samrat 709–721 ईस्वी)
- अजयराज प्रथम (Rajput samrat 721–734 ईस्वी), उर्फ जयराज या अजयपाल
- विग्रहराज प्रथम (Rajput samrat 734–759 ईस्वी)
- चंद्रराज प्रथम (Rajput samrat 759–771 ईस्वी)
- गोपेंद्रराज (Rajput samrat 771–784 ईस्वी)
- दुर्लभराज प्रथम (Rajput samrat 784–809 ईस्वी)
- गोविंदराज प्रथम (Rajput samrat 809–836 ईस्वी), उर्फ गुवाक प्रथम
- चंद्रराज द्विवतीय (Rajput samrat 836-863 ईस्वी)
- गोविंदराजा द्विवतीय (Rajput samrat 863–890 ईस्वी), उर्फ गुवाक द्विवतीय
- चंदनराज (Rajput samrat 890–917 ईस्वी)

- वाक्पतिराज प्रथम (Rajput samrat 917–944 ईस्वी); उनके छोटे बेटे ने नद्दुल चाहमान शाखा की स्थापना की।
- सिम्हराज (Rajput samrat 944–971 ईस्वी)
- विग्रहराज द्वितीय (Rajput samrat 971–998 ईस्वी)
- दुर्लभराज द्वितीय (Rajput samrat 998–1012 ईस्वी)
- गोविंदराज तृतीय (Rajput samrat 1012-1026 ईस्वी)
- वाक्पतिराज द्वितीय (Rajput samrat 1026-1040 ईस्वी)
- वियाराम (Rajput samrat 1040 ईस्वी)
- चामुंडराज चौहान (Rajput samrat 1040-1065 ईस्वी)
- दुर्लभराज तृतीय (Rajput samrat 1065-1070 ईस्वी), उर्फ दुआला
- विग्रहराज तृतीय (Rajput samrat 1070-1090 ईस्वी), उर्फ विसला
- पृथ्वीराज प्रथम (Rajput samrat 1090–1110 ईस्वी)
- अजयराज द्वितीय (Rajput samrat 1110-1135 ईस्वी), राजधानी को अजयमेरु (अजमेर) ले गए।
- अर्णोराज चौहान (Rajput samrat 1135–1150 ईस्वी)
- जगददेव चौहान (Rajput samrat 1150 ईस्वी)
- विग्रहराज चतुर्थ (Rajput samrat 1150–1164 ईस्वी), उर्फ विसलदेव
- अमरगंगेय (Rajput samrat 1164–1165 ईस्वी)
- पृथ्वीराज द्वितीय (Rajput samrat 1165–1169 ईस्वी)
- सोमेश्वर चौहान (Rajput samrat 116 9 -11vv ईस्वी)
- पृथ्वीराज तृतीय (Rajput samrat 1178–1192 ईस्वी), इन्हें पृथ्वीराज चौहान के नाम से जाना जाता है
- गोविंदाराज चतुर्थ (Rajput samrat 1192 ईस्वी); मुस्लिम अस्मिता स्वीकार करने के कारण हरिराज द्वारा निर्वासित; रणस्तंभपुरा के चाहमान शाखा की स्थापना की।
- हरिराज (Rajput samrat 1193–1194 ईस्वी)

राजस्थान में चौहानों के मूल स्थान सांभर के आसपास वाला क्षेत्र माना जाता था, इस क्षेत्र को सपादलक्ष के नाम से जानते थे, प्रारम्भिक चौहान राजाओं की राजधानी अहिच्छत्रपुर (हर्षनाथ की प्रशस्ति) थी जिसे वर्तमान में नागौर के नाम से जानते हैं। चौहानों की उत्पति का कोई एक सर्वमान्य मत नहीं है, चन्दबरदाई के पृथ्वीराजरासो में चौहानों की उत्पति अग्निकुण्ड से बताई गई, इसके अनुसार

आबु में गुरू वशिष्ठ द्वारा जो यज्ञ किया गया इस यज्ञ में चौथे यौद्धा के रूप में चौहानों की उत्पत्ति हुई। इतिहासकार कर्नल जेम्स टॉड ने चौहानों को मध्य एशिया का स्वीकार करते हुए इन्हे विदेशी माना है, राजस्थान के प्रसिद्ध इतिहासकार ओझा व नयनचन्द्र सूरी ने चौहानों को सूर्यवंशी बताया वही डॉ. दशरथ शर्मा ने बिजौलिया से प्राप्त शिलालेख के आधार पर चौहानों को ब्राह्मण बताया।

अनेक इतिहासकार राजस्थान में चौहानों को प्रारम्भिक राज्य पुष्कर के रूप में स्वीकार करते है, बिजौलिया के शिलालेख से ज्ञात होता है कि चौहानों का प्रारम्भिक शासक वासुदेव इसे ही चौहानों का संस्थापक या आदि पुरूष कहते हैं। वासुदेव चौहान ने ही सांभर झील का निर्माण कराया था। वासुदेव के उत्तराधिकारी "गुवक प्रथम' ने सीकर में हर्षनाथ मंदिर को निर्माण कराया इस मंदिर मे भगवान शंकर की प्रतिमा विराजमान है, जिन्हें श्रीहर्ष के रूप में पूजा जाता है।

गूवक प्रथम के बाद गंगा के उपनाम से विग्रहराज द्वितीय को जाना जाता है सर्वप्रथम विग्रहराज द्वितीय ने भरूच (गुजरात) के चालुक्य शासक मूलराज प्रथम को पराजित किया तथा भरूच गुजरात में ही आशापुरा देवी के मंदिर का निर्माण कराया इस कारण विग्रहराज द्वितीय को मतंगा शासक कहा गया इस शासक की जानकारी का एकमात्र स्त्रोत सीकर से प्राप्त हर्षनाथ का शिलालेख है, जो संभवतयः 973ई. का है।

अजयराज -

पृथ्वीराज प्रथम के पुत्र का नाम अजयराज था। अजयराज को चाँदी के सिक्कों पर अजयदेव के रूप में प्रदर्शित किया गया था, अजयराज की रानी सोमलेखा के भी हमें सिक्के प्राप्त हुए हैं, इससे ज्ञात होता है कि सोमलेखा ने भी अपने नाम के चाँदी के सिक्के चलवाए। अजयराज ने 1113ई. में अजयमेरू दुर्ग का निर्माण कराया तथा अजमेर को अपनी राजधानी के रूप में स्वीकार किया मेवाड़ के शासक पृथ्वीराज ने अपनी रानी तारा के नाम पर अजयमेरू दुर्ग का नाम तारागढ़ दुर्ग रखा बाद में यही अजयगेरू/तारागढ़/ गढ़बीठली के रूप में जाना जाने लगा अजयराज ने इस दुर्ग का निर्माण अजमेर की बीठली पहाड़ी पर कराया था जिसे कारण इसे गढ़बीठली कहा गया। अजयराज की उपलब्धि यह थी कि इसने चौहानों को एक संगठित भू-भाग प्रदान किया जिसे अजमेर के नाम से जाना गया है।

अर्णोराज (आनाजी) -

चौहान शासकों में अर्णोराज एक महत्वपूर्ण शासक था, इस शासक ने सर्वप्रथम तुर्कों को पराजित करने में महत्वपूर्ण भूमिका निभाई, तुर्कों पर विजय के उपलक्ष्य में अर्णोराज ने अजमेर शहर के बीचां-बीच अनासागर झील का निर्माण कराया था। जयानक ने अपने ग्रन्थ पृथ्वीराज विजय में लिखा है कि "अजमेर को तुर्कों के रक्त से शुद्ध करने के लिए आनासागर झील का निर्माण कराया था' क्योंकि इस विजय में तुर्का का अपार खून बहा था।

अर्णोराज ने पुष्कर में वराह मंदिर का निर्माण करवाया था। गुजरात के चालुक्य शासक कुमारपाल ने अर्णोराज पर आक्रमण किया लेकिन इस आक्रमण को अर्णोराज ने विफल कर दिया यह जानकारी हमें मेरूतुंग के प्रबंध चिन्तामणि नामक ग्रन्थ से मिलती है।

विग्रहराज चतुर्थ (1158-1163 ई.)

चौहानों के इतिहास में एक महत्वपूर्ण शासक विग्रहराज चतुर्थ हुआ जिसे बीसलदेव के नाम से जानते थे, इसका शासलकाल चौहान शासकों का स्वर्णकाल था।

विग्रहराज चतुर्थ 1153 ई. में अजमेर के सिंहासन पर बैठा तथा सर्वप्रथम विग्रहराज ने तोमारों को परास्त कर दिल्ली के आसपास वाले भू-भाग पर अधिकार किया इस प्रकार चौहानों के हाथ में पहली बार दिल्ली का राज्य आया, इस कारण विग्रहराज चतुर्थ को 'कटिबंधु' के नाम से भी जाना जाता था। इसे कवि बाधव के नाम से भी जाना जाता है।

चौहानों में बीसलदेव सबसे अधिक साहित्य प्रेमी विद्धान था, स्वयं लेखन कार्य में रूचि रखता था तथा अनेक विद्धानों ने इसके शासनकाल में अनेक ग्रंथों की रचना भी कि विग्रहराज ने हरिकेली नामक नाटक की रचना की इसी प्रकार सोमदेव नामक कवि ने ललित विग्रहराज, ललित विस्तार नामक ग्रन्थ की रचना की। बीसलदेव के दरबार में ही नरपति नाल्ह ने 'बीसलदेव रासो' ग्रन्थ में चौहानों की उपलब्धियों का वर्णन किया गया।

विग्रहराज ने संस्कृत को महत्व देते हुए अजमेर में संस्कृत पाठशाला एवं संस्कृत मंदिर की स्थापना की, लेकिन दिल्ली के सुल्तान कुतुबुद्दीन ऐबक ने जब अजमेर पर आक्रमण किया इस समय ऐबक ने इस मंदिर व पाठशाला को ध्वस्त

कर एक मस्जिद का निर्माण करवाया जिसे ढाई दिन के झोंपड़े के नाम से जाना जाता है, इसी मस्जिद प वर्तमान में सूफी संत पंजाबशाह का उर्स आयोजित होता है।

विग्रहराज ने अजमेर के निकट बीसलसर झील का निर्माण कराया तथा अपने ही नाम पर बीसलपुर कस्बा भी बसाया। चौहानों में विग्रहराज चतुर्थ बीसलदेव प्रथम शासक था जिसने पशु हत्या पर प्रतिबंध लगाया था।

पृथ्वीराज चौहान (1122-1192 ई. तक)

पृथ्वीराज तृतीय (शासनकाल: 1178–1192) जिन्हें आम तौर पर पृथ्वीराज चौहान कहा जाता है,चौहान वंश के राजा थे। उन्होंने वर्तमान उत्तर-पश्चिमी भारत में पारम्परिक चौहान क्षेत्र सपादलक्ष पर शासन किया। उन्होंने वर्तमान राजस्थान, हरियाणा, दिल्ली, पंजाब, मध्य प्रदेश और उत्तर प्रदेश के कुछ हिस्से पर भी नियन्त्रण किया। उनकी राजधानी अजयमेरु (आधुनिक अजमेर) में स्थित थी, हालाँकि मध्ययुगीन लोक किंवदन्तियों ने उन्हें भारत के राजनीतिक केंद्र दिल्ली के राजा के रूप में वर्णित किया है जो उन्हें पूर्व-इस्लामी भारतीय शक्ति के प्रतिनिधि के रूप में चित्रित करते हैं।

शुरुआत में पृथ्वीराज ने कई पड़ोसी हिन्दू राज्यों के खिलाफ सैन्य सफलता हासिल की। विशेष रूप से वह चन्देल राजा परमर्दिदेव के ख़िलाफ़ सफल रहे थे। उन्होंने ग़ौरी राजवंश के शासक मोहम्मद ग़ौरी के प्रारम्भिक आक्रमण को भी रोका। हालाँकि, 1192 में तराइन की दूसरी लड़ाई में ग़ौरी ने पृथ्वीराज को हराया और कुछ ही समय बाद उन्हें मार डाला। तराइन में उनकी हार को भारत की इस्लामी विजय में एक ऐतिहासिक घटना के रूप में देखा जाता है और कई अर्ध-पौराणिक लेखनों में इसका वर्णन किया गया है। इनमें सबसे लोकप्रिय पृथ्वीराज रासो है, जो उन्हें "राजपूत" राजा के रूप में प्रस्तुत करता है।

पृथ्वीराज के शासनकाल के दौरान के शिलालेख संख्या में कम हैं और स्वयं राजा द्वारा जारी नहीं किए गए हैं। उनके बारे में अधिकांश जानकारी मध्ययुगीन पौराणिक वृत्तान्तों से आती है। तराइन की लड़ाई के मुसलमान खातों के अलावा हिन्दू और जैन लेखकों द्वारा कई मध्ययुगीन महाकाव्य में उनका उल्लेख किया गया है। इनमें पृथ्वीराज विजय, हम्मीर महावाक्य और पृथ्वीराज रासो शामिल हैं। इन ग्रन्थों में स्तुतिपूर्ण सम्बन्धी विवरण हैं और इसलिए यह पूरी तरह से विश्वसनीय नहीं हैं। पृथ्वीराज विजय पृथ्वीराज के शासनकाल से एकमात्र जीवित साहित्यिक पाठ है। पृथ्वीराज रासो जिसने पृथ्वीराज को एक महान राजा के रूप में लोकप्रिय किया को राजा के दरबारी कवि चंद बरदाई द्वारा लिखा कहा जाता है। हालांकि, यह अतिरंजित लेखनों से भरा है जिनमें से कई इतिहास के उद्देश्यों के लिए बेकार हैं।

पृथ्वीराज का उल्लेख करने वाले अन्य वृत्तान्त और ग्रन्थों में प्रबन्ध चिन्तामणि, प्रबन्ध कोष और पृथ्वीराज प्रबन्ध शामिल हैं। उनकी मृत्यु के सदियों

बाद इनकी रचना की गई थी और इसमें अतिशयोक्ति और काल दोष वाले उपाख्यान हैं। पृथ्वीराज का उल्लेख जैनों की एक पट्टावली में भी किया गया है जो एक संस्कृत ग्रन्थ है। इसमें जैन भिक्षुओं की जीवनी है। जबकि इसे 1336 में पूरा कर लिया था लेकिन जिस हिस्से में पृथ्वीराज का उल्लेख है वह 1250 के आसपास लिखा गया था। चन्देला कवि जगनिका का आल्हा-खण्ड (या आल्हा रासो) भी चन्देलों के खिलाफ पृथ्वीराज के युद्ध का अतिरंजित वर्णन प्रदान करता है

प्रारम्भिक जीवन

पृथ्वीराज का जन्म चौहान राजा सोमेश्वर और रानी कर्पूरादेवी के घर हुआ था। पृथ्वीराज और उनके छोटे भाई हरिराज दोनों का जन्म गुजरात में हुआ था जहाँ उनके पिता सोमेश्वर को उनके रिश्तेदारों ने चालुक्य दरबार में पाला था। पृथ्वीराज गुजरात से अजमेर चले गए जब पृथ्वीराज द्वितीय की मृत्यु के बाद उनके पिता सोमेश्वर को चौहान राजा का ताज पहनाया गया। सोमेश्वर की मृत्यु 1177 (1234 (वि.स.) में हुई थी। जब पृथ्वीराज लगभग 11 वर्ष के थे। पृथ्वीराज, जो उस समय नाबालिग थे ने अपनी माँ के साथ राजगद्दी पर विराजमान हुए। इतिहासकार दशरथ शर्मा के अनुसार, पृथ्वीराज ने 1180 (1237 वि.स.) में प्रशासन का वास्तविक नियंत्रण ग्रहण किया।

दिल्ली में अब खण्डहर हो चुके किला राय पिथौरा के निर्माण का श्रेय पृथ्वीराज को दिया जाता है। पृथ्वीराज रासो के अनुसार दिल्ली के शासक अनंगपाल तोमर ने अपने दामाद पृथ्वीराज को शहर दिया था और जब वह इसे वापस चाहते थे तब हार गए थे। यह ऐतिहासिक रूप से गलत है चूँकि पृथ्वीराज के चाचा विग्रहराज चतुर्थ द्वारा दिल्ली को चौहान क्षेत्र में ले लिया गया था। इसके अलावा ऐतिहासिक साक्ष्य बताते हैं कि अनंगपाल तोमर की मृत्यु पृथ्वीराज के जन्म से पहले हो गई थी। उनकी बेटी की पृथ्वीराज से शादी के बारे में दावा बाद की तारीख में किया गया है।

ग़ोरी से युद्ध

पृथ्वीराज के पूर्ववर्तियों ने 12वीं शताब्दी तक भारतीय उपमहाद्वीप के उत्तर-पश्चिमी क्षेत्रों पर कब्जा करने वाले मुस्लिम राजवंशों के कई हमलों का सामना किया था। 12वीं शताब्दी के अंत तक ग़ज़नी आधारित ग़ोरी वंश ने चौहान राज्य

के पश्चिम के क्षेत्र को नियंत्रित कर लिया था। 1175 में जब पृथ्वीराज एक बच्चा था, मोहम्मद ग़ोरी ने सिंधु नदी को पार किया और मुल्तान पर कब्जा कर लिया। 1178 में उसने गुजरात पर आक्रमण किया, जिस पर चालुक्यों (सोलंकियों) का शासन था। चौहानों को ग़ोरी आक्रमण का सामना नहीं करना पड़ा क्योंकि गुजरात के चालुक्यों ने 1178 में कसरावद के युद्ध में मोहम्मद को हरा दिया था।

अगले कुछ वर्षों में मोहम्मद ग़ोरी ने पेशावर, सिंध और पंजाब को जीतते हुए, चौहानों के पश्चिम में अपनी शक्ति को मजबूत किया। उन्होंने अपना अड्डा ग़ज़नी से पंजाब कर दिया और अपने साम्राज्य का विस्तार पूर्व की ओर करने का प्रयास किया। इससे उन्हें पृथ्वीराज के साथ संघर्ष में आना पड़ा। मध्यकालीन मुस्लिम लेखकों ने दोनों शासकों के बीच केवल एक या दो लड़ाइयों का उल्लेख किया है। तबक़ात-ए-नासिरी और तारिख-ए-फ़िरिश्ता में तराइन की दो लड़ाइयों का ज़िक्र है। जमी-उल-हिकाया और ताज-उल-मासीर ने तराइन की केवल दूसरी लड़ाई का उल्लेख किया है जिसमें पृथ्वीराज की हार हुई थी। हालांकि, हिन्दू और जैन लेखकों का कहना है कि पृथ्वीराज ने मारे जाने से पहले कई बार मोहम्मद को हराया था। जैसे कि हम्मीर महाकाव्य दावा करता है कि दोनों के बीच 9 लड़ाइयाँ हुई , पृथ्वीराज प्रबन्ध में 8 का जिक्र है, प्रबन्ध कोष 21 लड़ाइयों का दावा करता है जबकि प्रबन्ध चिंतामणि 22 बतलाता है। जबकि यह लेखन संख्या को बढ़ा-चढ़ाकर पेश करते हैं, यह संभव है कि पृथ्वीराज के शासनकाल के दौरान ग़ोरियों और चौहानों के बीच दो से अधिक मुठभेड़ हुईं।

तराइन का युद्ध

राइन का युद्ध अथवा तरावड़ी का युद्ध युद्धों (1191 और 1192) की एक ऐसी शृंखला है, जिसने पूरे उतर भारत को मुस्लिम नियंत्रण के लिए खोल दिया। ये युद्ध मोहम्मद ग़ौरी (मूल नामः मुईज़ुद्दीन मुहम्मद बिन साम) और अजमेर तथा दिल्ली के चौहान (चहमान) राजपूत शासक पृथ्वी राज तृतीय के बीच हुये। युद्ध क्षेत्र भारत के वर्तमान राज्य हरियाणा के करनाल जिले में करनाल और थानेश्वर (कुरुक्षेत्र) के बीच था, जो दिल्ली से 113 किमी उतर में स्थित है।

तराइन का प्रथम युद्ध (1191 ई0)

मुहम्मद गोरी ने 1186 में गजनवी वंश के अंतिम शासक से लाहौर की गद्दी छीन ली और वह भारत के हिन्दू क्षेत्रों में प्रवेश की तैयारी करने लगा। 1191 में उन्हें पृथ्वी राज तृतीय के नेतृत्व में राजपूतों की मिलीजुली सेना ने जिसे कन्नौज और बनारस वर्तमान में वाराणसी के राजा जयचंद का भी समर्थन प्राप्त था। अपने साम्राज्य के विस्तार और सुव्यवस्था पर पृथ्वीराज चौहान की पैनी दृष्टि हमेशा जमी रहती थी। अब उनकी इच्छा पंजाब तक विस्तार करने की थी। किन्तु उस समय पंजाब पर मोहम्मद ग़ौरी का राज था। 1190 ई0 तक सम्पूर्ण पंजाब पर मुहम्मद गौरी का अधिकार हो चुका था। अब वह भटिंडा से अपना राजकाज चलता था। पृथ्वीराज यह बात भली भांति जानता था कि मोहम्मद ग़ौरी से युद्ध किये बिना पंजाब में चौहान साम्राज्य स्थापित करना असंभव था। यही विचार कर उसने गौरी से निपटने का निर्णय लिया। अपने इस निर्णय को मूर्त रूप देने के लिए पृथ्वीराज एक विशाल सेना लेकर पंजाब की और रवाना हो गया। तीव्र कार्यवाही करते हुए उसने हांसी, सरस्वती और सरहिंद के किलों पर अपना अधिकार कर लिया। इसी बीच उसे सूचना मिली कि अनहीलवाडा में विद्रोहियों ने उनके विरुद्ध विद्रोह कर दिया है। पंजाब से वह अनहीलवाडा की और चल पड़े। उनके पीठ पीछे गौरी ने आक्रमण करके सरहिंद के किले को पुन: अपने कब्जे में ले लिया। पृथ्वीराज ने शीघ्र ही अनहीलवाडा के विद्रोह को कुचल दिया। अब उसने गौरी से निर्णायक युद्ध करने का निर्णय लिया। उसने अपनी सेना को नए ढंग से सुसज्जित किया और युद्ध के लिए चल दिया। रावी नदी के तट पर पृथ्वीराज के सेनापति खेतसिंह खंगार की सेना में भयंकर युद्ध हुआ परन्तु कुछ परिणाम नहीं निकला। यह देख कर पृथ्वीराज गौरी को सबक सिखाने के लिए आगे बढ़ा। थानेश्वर से 14 मील दूर और सरहिंद के किले के पास तराइन नामक स्थान पर यह युद्ध लड़ा गया। तराइन के इस पहले युद्ध में राजपूतों ने गौरी की सेना के छक्के छुड़ा दिए। गौरी के सैनिक प्राण बचा कर भागने लगे। जो भाग गया उसके प्राण बच गए, किन्तु जो सामने आया उसे गाजर-मूली की तरह काट डाला गया। सुल्तान मुहम्मद गौरी युद्ध में बुरी तरह घायल हुआ। अपने ऊँचे तुर्की घोड़े से वह घायल अवस्था में गिरने ही वाला था की युद्ध कर रहे एक उसके सैनिक की दृष्टि उस पर पड़ी। उसने बड़ी फुर्ती के साथ सुल्तान के घोड़े की कमान संभाल ली और कूद कर गौरी के घोड़े पर चढ़ गया और घायल गौरी को युद्ध के मैदान से निकाल कर ले गया। नेतृत्वविहीन सुल्तान की सेना में खलबली मच चुकी थी। तुर्क सैनिक राजपूत सेना के सामने भाग खड़े हुए। पृथ्वीराज की सेना ने 80 मील तक इन भागते तुर्कों का पीछा किया। पर तुर्क सेना ने वापस आने की हिम्मत

नहीं की। इस विजय से पृथ्वीराज चौहान को 7 करोड़ रुपये की धन सम्पदा प्राप्त हुई। इस धन सम्पदा को उसने अपने बहादुर सैनिको में बाँट दिया। इस विजय से सम्पूर्ण भारतवर्ष में पृथ्वीराज की धाक जम गयी और उनकी वीरता, धीरता और साहस की कहानी सुनाई जाने लगी।

तराइन का द्वितीय युद्ध (1192 ई0)

पृथ्वीराज चौहान द्वारा राजकुमारी संयोगिता का हरण करके इस प्रकार कन्नौज से ले जाना राजा जयचंद को बुरी तरह कचोट रहा था। उसके हृदय में अपमान के तीखे तीर से चुभ रहे थे। वह किसी भी कीमत पर पृथ्वीराज का विध्वंस चाहता था। भले ही उसे कुछ भी करना पड़े। विश्वसनीय सूत्रों से उसे पता चला कि मोहम्मद ग़ौरी पृथ्वीराज से अपनी पराजय का बदला लेना चाहता है। बस फिर क्या था जयचंद को मानो अपने मन की मुराद मिल गयी। उसने गौरी की सहायता करके पृथ्वीराज को समाप्त करने का मन बनाया। जयचंद अकेले पृथ्वीराज से युद्ध करने का साहस नहीं कर सकता था। उसने सोचा इस तरह पृथ्वीराज भी समाप्त हो जायेगा और दिल्ली का राज्य उसको पुरस्कार स्वरूप दे दिया जायेगा। राजा जयचंद की आँखों पर प्रतिशोध और स्वार्थ का ऐसा पर्दा पड़ा की वह अपने देश और जाति का स्वाभिमान भी त्याग बैठा था। राजा जयचंद के गुस्से और नफरत का परिणाम यह हुआ की जो मुहम्मद गौरी तराइन के युद्ध में अपनी हार को भुला

नहीं पाया था, वह फिर पृथ्वीराज का मुक़ाबला करने के षड्यंत्र करने लगा। राजा जयचंद ने दूत भेजकर गौरी को सैन्य सहायता देने का आश्वासन दिया। जयचंद की सहायता पा कर गौरी तुरंत पृथ्वीराज से बदला लेने के लिए तैयार हो गया। जब पृथ्वीराज को ये सूचना मिली की गौरी एक बार फिर युद्ध की तैयारियों में जुटा हुआ तो उन पर कोई प्रभाव नहीं पड़ा। मुहम्मद गौरी की सेना से मुकाबल करने के लिए पृथ्वीराज के मित्र और राज कवि चंदबरदाई ने अनेक राजपूत राजाओं से सैन्य सहायता का अनुरोध किया परन्तु संयोगिता के हरण के कारण बहुत से राजपूत राजा पृथ्वीराज के विरोधी बन चुके थे वे कन्नौज नरेश के संकेत पर गौरी के पक्ष में युद्ध करने के लिए तैयार हो गए। 1192 ई0 में एक बार फिर पृथ्वीराज और गौरी की सेना तराइन के क्षेत्र में युद्ध के लिए आमने सामने खड़ी थी। दोनों और से भीषण युद्ध शुरू हो गया। इस युद्ध में पृथ्वीराज की और से 3 लाख सैनिकों ने भाग लिया था जबकि गौरी के पास एक लाख बीस हजार सैनिक थे। गौरी की सेना की विशेष बात ये थी की उसके पास शक्तिशाली घुड़सवार दस्ता था। पृथ्वीराज ने बड़ी ही आक्रामकता से गौरी की सेना पर आकर्मण किया। उस समय भारतीय सेना में हाथी के द्वारा सैन्य प्रयोग किया जाता था। गौरी के घुड़सवारो ने आगे बढकर राजपूत सेना के हाथियों को घेर लिया और उनपर बाण वर्षा शुरू कर दी। घायल हाथी न तो आगे बढ़ पाए और न पीछे बल्कि उन्होंने घबरा कर अपनी ही सेना को रोंदना शुरू कर दिया। तराइन के द्विवतीय युद्ध की सबसे बड़ी त्रासदी यह थी की जयचंद के संकेत पर राजपूत सैनिक अपने राजपूत भाइयों को मार रहे थे। दूसरा पृथ्वीराज की सेना रात के समय आक्रमण नहीं करती थी (यही नियम महाभारत के युद्ध में भी था) लेकिन तुर्क सैनिक रात को भी आक्रमण करके मारकाट मचा रहे थे। परिणाम स्वरूप इस युद्ध में पृथ्वीराज की हार हुई जयचन्द का इससे भी बुरा हाल हुआ, उसको मार कर कन्नौज पर अधिकार कर लिया गया। पृथ्वीराज की हार से गौरी का दिल्ली, कन्नौज, अजमेर, पंजाब और सम्पूर्ण भारतवर्ष पर अधिकार हो गया। भारत में इस्लामी राज्य स्थापित हो गया। अपने योग्य सेनापति कुतुबुद्दीन ऐबक को भारत का गवर्नर बना कर गौरी,वापस चला गया।

मृत्यु

अधिकांश मध्ययुगीन स्रोतों में कहा गया है कि पृथ्वीराज को चौहान राजधानी अजमेर ले जाया गया जहाँ मोहम्मद ने उसे ग़ोरियों के अधीन राजा के रूप में

बहाल करने की योजना बनाई थी। कुछ समय बाद, पृथ्वीराज ने मोहम्मद के खिलाफ विद्रोह कर दिया जिसके उपरान्त उन्हें मार दिया गया।

पृथ्वीराज रासो का दावा है कि पृथ्वीराज को एक कैदी के रूप में ग़ज़नी ले जाया गया और अंधा कर दिया गया। यह सुनकर, कवि चंद बरदाई ने गज़नी की यात्रा की और मोहम्मद ग़ोरी को चकमा दिया जिसमें पृथ्वीराज ने मोहम्मद की आवाज़ की दिशा में तीर चलाया और उसे मार डाला। कुछ ही समय बाद, पृथ्वीराज और चंद बरदाई ने एक दूसरे को मार डाला। यह एक काल्पनिक कथा है, जो ऐतिहासिक साक्ष्य द्वारा समर्थित नहीं है: पृथ्वीराज की मृत्यु के बाद मोहम्मद ग़ोरी ने एक दशक से अधिक समय तक शासन करना जारी रखा।

पृथ्वीराज की मृत्यु के बाद, ग़ोरियों ने उनके पुत्र गोविंदराज को अजमेर के सिंहासन पर राजा नियुक्त किया। 1192 में, पृथ्वीराज के छोटे भाई हरिराज ने गोविन्दराज को हटा दिया और अपने पैतृक राज्य का एक हिस्सा वापस ले लिया। गोविंदराजा रणस्तंभपुरा (आधुनिक रणथंभौर) चला गया जहाँ उसने शासकों की एक नई चौहान शाखा स्थापित की (ग़ोरी के आधिपत्य में)। बाद में हरिराज को ग़ोरियों के जनरल कुतुब-उद-दीन ऐबक ने हराया था।

जालौर के चौहान

जालौर को प्राचीनकाल में जाबलीपुर तथा जालोर के किले को स्वर्णगिरि या सोनगढ़ कहा जाता है, इसी कारण जालौर का चौहान राजवंश सोनगरा चौहान कहलाते हैं। जालौर शब्द की उत्पत्ति जाल+लार से हुई जाल एक वृक्ष का नाम तथा लौर सीमा अतः जाल के वृक्षों की सीमा वाला क्षेत्र जालौर कहा गया।

इस वंश का संस्थापक कीर्तिपाल था जिसमें परमारों से सिवाणा व जालौर को जीता। इस शाखा का प्रसिद्ध शासक कान्हड़देव चौहान था। दिल्ली के सुल्तान अलाउद्दीन खिलजी ने जालौर को जीतने से पूर्व 1308 में सिवाना पर आक्रमण किया। उस समय चौहानों के एक सरदार जिसका नाम सातलदेव था, दुर्ग का रक्षक था। उसने अनेक स्थानों पर तुर्कों को छकाया था। इसलिए उसके शौर्य की धाक राजस्थान में जम चुकी थी। परन्तु एक राजद्रोही भावले नामक सैनिक द्वारा विश्वासघात करने के कारण सिवाना का पतन हो गया और अलाउद्दीन खिलजी ने सिवाना जीतकर उसका नाम खैराबाद रख दिया। इस विजय के पश्चात् 1311 में जालौर दुर्ग पर आक्रमण का दायित्व कमालुद्दीन गुर्ग को सौंपा था। कान्हड़देव के सामन्त दहया राजपुत बीका के विश्वासघात ने कान्हड़देव को पराजय की

ओर धकेल दिया था इसी बीच कान्हड़देव शौर्यपूर्ण लड़ते हुए वीर गति को प्राप्त हुआ। अलाउद्दीन खिलजी ने यहाँ मस्जिद का निर्माण किया एवं इसका नाम जलालाबाद रखा। कान्हड़देव शूरवीर योद्धा, देशाभिमानी तथा चरित्रवान व्यक्ति था। उसने अपने अदम्य साहस तथा सूझबूझ से किल निवासियों, सामन्तों तथा राजपूत जाति का नेतृत्व कर एक अपूर्व ख्याति अर्जित की थी। कान्हड़देव के भाई मालदेव ने अलाउद्दीन खिलजी की अधिनता स्वीकार कर ली थी।

रणथम्भौर के चौहान

हम्मीर चौहान

राणा हम्मीर देव रणस्तम्भपुरा के अंतिम चौहान राजा थे। उन्हें मुसलमान कालक्रमों और साहित्य में 'हमीर देव' के रूप में भी जाना जाता है। उन्होंने रणथंभोर पर 1282 से 1301 तक राज्य किया। वे रणथम्भोर के सबसे महान शासकों में सम्मिलित हैं। हम्मीर देव का कालजयी शासन, चौहान काल की अमर वीरगाथा माना जाता है।हम्मीर देव चौहान को चौहान काल का 'कर्ण' भी कहा जाता है। पृथ्वीराज चौहान के बाद इनका ही नाम भारतीय इतिहास में अत्यन्त महत्व रखता है। राजस्थान के रणथम्भोर साम्राज्य का सर्वाधिक शक्तिशाली एवं प्रतिभा सम्पन्न शासक हम्मीर देव को ही माना जाता है। इस शासक को चौहान वंश का उदित नक्षत्र कहना अतिश्योक्ति नहीं होगा।

हम्मीरदेव के महानायकत्व को लेकर अनेक कवियों ने काव्यग्रन्थ रचे हैं, जिनमें नयचन्द्र सूरि द्वारा रचित 'हम्मीर महाकाव्य', जोधराज द्वारा रचित हम्मीर रासो, सुधीर मौर्य कृत 'हम्मीर-हठ', और चन्द्रशेखर द्वारा रचित हम्मीर-हठ प्रमुख हैं।

परिचय

डॉ॰ हरविलास शारदा के अनुसार हम्मीर देव जैत्रसिंह का प्रथम पुत्र था और इनके दो भाई थे जिनके नाम सूरताना देव व बीरमा देव थे। डॉक्टर दशरथ शर्मा के अनुसार हम्मीर देव जैत्रसिंह का तीसरा पुत्र था वहीं गोपीनाथ शर्मा के अनुसार सभी पुत्रों में योग्यतम होने के कारण जैत्रसिंह को हम्मीर देव अत्यंत प्रिय था।

हम्मीर देव के पिता का नाम जैत्रसिंह चौहान एवं माता का नाम हीरा देवी था। यह महाराजा जैत्रसिंह चौहान के लाडले एवं वीर बेटे थे।

राव हम्मीर देव चौहाण रणथम्भौर "रणतभँवर के शासक थे। ये पृथ्वीराज चौहाण के वंशज थे। इनके पिता का नाम जैत्रसिंह था। ये इतिहास में "हठी हम्मीर के नाम से प्रसिद्ध हुए हैं। जब हम्मीर वि॰सं॰ 1339 (ई.स. 1282) में रणथम्भौर (रणतभँवर) के शासक बने तब रणथम्भौर के इतिहास का एक नया अध्याय प्रारम्भ होता है। हम्मीर देव रणथम्भौर के चौहाण वंश का सर्वाधिक शक्तिशाली एवं महत्वपूर्ण शासक थे। इन्होने अपने बाहुबल से विशाल साम्राज्य स्थापित कर लिया था। राव हम्मीर देव चौहाण रणथम्भौर "रणतभँवर के शासक थे। ये पृथ्वीराज चौहाण के वंशज थे। इनके पिता का नाम जैत्रसिंह था। ये इतिहास में "हठी हम्मीर के नाम से प्रसिद्ध हुए हैं। जब हम्मीर वि॰सं॰ 1339 (ई.स. 1282) में रणथम्भौर (रणतभँवर) के शासक बने तब रणथम्भौर के इतिहास का एक नया अध्याय प्रारम्भ होता है।हम्मीर देव रणथम्भौर के चौहाण वंश का सर्वाधिक शक्तिशाली एवं महत्वपूर्ण शासक थे। इन्होने अपने बाहुबल से विशाल साम्राज्य स्थापित कर लिया था।

जलालुद्दीन खिलजी ने वि॰सं॰ 1347 (ई.स. 1290) में रणथम्भौर पर आक्रमण किया। सबसे पहले उसने छाणगढ (झाँइन) पर आक्रमण किया। मुस्लिम सेना ने कड़े प्रतिरोध के बाद इस दुर्ग पर अधिकार किया। तत्पश्चात् मुस्लिम सेना रणथम्भौर पर आक्रमण करने के लिए आगे बढ़ी। उसने दुर्ग पर अधिकार करने के लिए आक्रमण किया लेकिन हम्मीर देव के नेतृत्व में चौहान वीरों ने सुल्तान को इतनी हानि पहुँचाई, कि उसे विवश होकर दिल्ली लौट जाना पड़ा। छाणगढ़ पर भी चौहानों ने दुबारा अधिकार कर लिया। इस आक्रमण के दो वर्ष पश्चात् मुस्लिम सेना ने रणथम्भौर पर दुबारा आक्रमण किया, लेकिन वे इस बार भी पराजित होकर दिल्ली वापस आ गए। वि॰सं॰ 1353 (ई.स. 1296) में सुल्तान जलालुद्दीन खिलजी की हत्या करके अलाउद्दीन खिलजी दिल्ली का सुल्तान बना। वह सम्पूर्ण भारत को अपने शासन के अन्तर्गत लाने की आकांक्षा रखता था। हम्मीर के नेतृत्व में रणथम्भौर के चौहानों ने अपनी शक्ति को काफी सुदृढ़ बना लिया और राजस्थान के विस्तृत भूभाग पर अपना शासन स्थापित कर लिया था। अलाउद्दीन खिलजी दिल्ली के निकट चौहानों की बढ़ती हुई शक्ति को नहीं देखना चाहता था, इसलिए संघर्ष होना अवश्यंभावी था।

ई.स. 1299 में अलाउद्दीन की सेना ने गुजरात पर आक्रमण किया था। वहाँ से लूट का बहुत सा धन दिल्ली ला रहे थे। मार्ग में लूट के धन के बँटवारे को लेकर

कुछ सेनानायकों ने विद्रोह कर दिया तथा वे विद्रोही सेनानायक राव हम्मीरदेव की शरण में रणथम्भौर चले गए। ये सेनानायक मीर मुहम्मद शाह और कामरू थे। सुल्तान अलाउद्दीन ने इन विद्रोहियों को सौंप देने की माँग राव हम्मीर से की, हम्मीर ने उसकी यह माँग ठुकरा दी। क्षत्रिय धर्म के सिद्धान्तों का पालन करते हुए राव हम्मीर ने, शरण में आए हुए सैनिकों को नहीं लौटाया। शरण में आए हुए की रक्षा करना अपना कर्त्तव्य समझा। इस बात पर अलाउद्दीन क्रोधित होकर रणथम्भौर पर युद्ध के लिए तैयार हुआ।

अलाउद्दीन की सेना ने सर्वप्रथम छाणगढ़ पर आक्रमण किया। उनका यहाँ आसानी से अधिकार हो गया। छाणगढ़ पर मुसलमानों ने अधिकार कर लिया है, यह समाचार सुनकर हम्मीर ने रणथम्भौर से सेना भेजी। चौहान सेना ने मुस्लिम सैनिकों को परास्त कर दिया। मुस्लिम सेना पराजित होकर भाग गई, चौहानों ने उनका लूटा हुआ धन व अस्त्र-शस्त्र लूट लिए। वि.सं. 1358 (ई.स. 1301) में अलाउद्दीन खिलजी ने दुबारा चौहानों पर आक्रमण किया। छाणगढ़ में दोनों सेनाओं में भयंकर युद्ध हुआ। इस युद्ध में हम्मीर स्वयं युद्ध में नहीं गया था। वीर चौहानों ने वीरतापूर्वक युद्ध किया लेकिन विशाल मुस्लिम सेना के सामने कब तक टिकते। अन्त में सुल्तान का छाणगढ़ पर अधिकार हो गया।

तत्पश्चात् मुस्लिम सेना रणथम्भौर की तरफ बढ़ने लगी। तुर्की सेनानायकों ने हमीर देव के पास सूचना भिजवायी, कि हमें हमारे विद्रोहियों को सौंप दो, जिनको आपने शरण दे रखी है। हमारी सेना वापिस दिल्ली लौट जाएगी। लेकिन हम्मीर अपने वचन पर दृढ़ थे। उसने शरणागतों को सौंपने अथवा अपने राज्य से निर्वासित करने से स्पष्ट मना कर दिया। तुर्की सेना ने रणथम्भौर पर घेरा डाल दिया। तुर्की सेना ने नुसरत खाँ और उलुग खाँ के नेतृत्व में रणथम्भौर पर आक्रमण किया। दुर्ग बहुत ऊँचे पहाड़ पर होने के कारण शत्रु का वह पहुचना बहुत कठिन था। मुस्लिम सेना ने घेरा कडा करते हुए आक्रमण किया लेकिन दुर्ग रक्षक उन पर पत्थरों, बाणों की बौछार करते, जिससे उनकी सेना का काफी नुकसान होता था। मुस्लिम सेना का इस तरह घेरा बहुत दिनों तक चलता रहा। लेकिन उनका रणथम्भौर पर अधिकार नहीं हो सका।

अलाउद्दीन ने राव हम्मीर के पास दुबारा दूत भेजा की हमें विद्रोही सैनिकों को सौंप दो, हमारी सेना वापस दिल्ली लौट जाएगी। हम्मीर हठ पूर्वक अपने वचन पर दृढ़ था। बहुत दिनों तक मुस्लिम सेना का घेरा चलता रहा और चौहान सेना मुकाबला करती रही। अलाउद्दीन को रणथम्भीर पर अधिकार करना मुश्किल लग रहा था। उसने छल-कपट का सहारा लिया। हम्मीर के पास संधि का प्रस्ताव

भेजा जिसको पाकर हम्मीर ने अपने आदमी सुल्तान के पास भेजे। उन आदमियों में एक सुर्जन कोठ्यारी (रसद आदि की व्यवस्था करने वाला) व कुछ रोना नायक थे। अलाउद्दीन ने उनको लोभ लालच देकर अपनी तरफ मिलाने का प्रयास किया। इनमें से गुप्त रूप से कुछ लोग सुल्तान की तरफ हो गए।

दुर्ग का धेरा बहुत दिनों से चल रहा था, जिससे दुर्ग में रसद आदि की कमी हो गई। दुर्ग वालों ने अब अन्तिम निर्णायक युद्ध का विचार किया। राजपूतों ने केशरिया वस्त्र धारण करके शाका किया। राजपूत सेना ने दुर्ग के दरवाजे खोल दिए। भीषण युद्ध करना प्रारम्भ किया। दोनों पक्षों में आमने-सामने का युद्ध था। एक ओर संख्या बल में बहुत कम राजपूत थे तो दूसरी ओर सुल्तान की कई गुणा बडी सेना, जिनके पास पर्याप्ति युद्धादि सामग्री एवं रसद थी। राजपूतों के पराक्रम के सामने मुसलमान सैनिक टिक नहीं सके वे भाग छूटे भागते हुए मुसलमान सैनिको के झण्डे राजपूतों ने छीन लिए व वापस राजपूत सेना दुर्ग की ओर लौट पड़ी। दुर्ग पर से रानियों ने मुसलमानों के झण्डो को दुर्ग की ओर आते देखकर समझा की राजपूत हार गए अतः उन्होंने जोहर कर अपने आपको अग्नि को समर्पित कर दिया। किले में प्रवेश करने पर जौहर की लपटों को देखकर हमीर को अपनी भूल का ज्ञान हुआ। उसने प्रायश्चित करने हेतु किले में स्थित शिव मन्दिर पर अपना मस्तक काट कर शंकर भगवान के शिवलिंग पर चढा दिया। अलाउद्दीन को जब इस घटना का पता चला तो उसने लौट कर दुर्ग पर कब्जा कर लिया। हम्मीर अपने वचन से पीछे नहीं हटा और शरणार्थियों को नहीं लोटाया चाहे इसके लिए उसे अपने पुरे परिवार की बलि ही क्यों न देनी पड़ी। इसलिए कहा गया है,,,

सिंह सवन सत्पुरूष वचन, कदली फलत इक बार।
तिरया तेल हम्मीर हठ, चढ़े न दूजी बार ॥

(भावार्थ : कई चीजें सिर्फ एक बार ही होती हैं जैसे सिंह का सन्तान जनन, सच्चे लोगों की बात, केले में फल आना, स्त्री को विवाह के समय तेल/उबटन लगना। इसी प्रकार हम्मीर देव का हठ है, वे जो ठानते हैं उस पर दुबारा विचार नहीं करते।)

हम्मीर देव का हठ उसकी निडरता का प्रतीक रहा है। वो एकमात्र चौहान शासक था जिसने स्वतंत्र शासन को अपना स्वाभिमान समझा। हम्मीर देव की यही स्वाभिमानता महाराणा प्रताप को दिल से भा गई और प्रताप ने मुगल शासक अकबर की जीवन पर्यन्त अधिनता स्वीकार नहीं की।

राज्यारोहण

डॉक्टर दशरथ ने माना है कि हम्मीर देव चौहान के पिता महाराजा जैत्रसिंह ने हम्मीर का राज्यारोहण सन् 1282 में अपने ही जीवनकाल में कर दिया था। हम्मीर महाकाव्य के अनुसार हम्मीर ज्येष्ठ पुत्र नहीं था तथापि वह रविवार को माघ मास में विक्रम संवत 1339 को राजगद्दी पर बैठा था। वहीं प्रबंधकोष के अनुसार हम्मीर देव चौहान का राज्यारोहण विक्रम संवत् 1343 के करीब बताया गया है।

हम्मीर महाकाव्य एवं प्रबंधकोष दोनों महाकाव्यों की रचना हम्मीर देव के समकालीन थी, दशरथ शर्मा ने हम्मीर देव का राज्याभिषेक विक्रम संवत् 1339 से 1343 के बीच ही स्वीकारा है और उनके पिता जैत्रसिंह ने हम्मीर देव को वसीयत के रूप में रणथम्भौर साम्राज्य का विस्तृत साम्राज्य संभलाया था लेकिन हम्मीर देव चौहान महत्वाकांक्षी शासक इस साम्राज्य से संतुष्ट नहीं था। भारतवर्ष के ऐतिहासिक शासकों में हम्मीर देव चौहान को हठीराजा हठपति रणपति एवं रणप्रदेश का चौहान नाम से पहचान बनाई। महाराजा हम्मीर देव चौहान के प्रिय घोड़े का नाम बादल था वही हम्मीर देव चौहान की रानी का नाम रंगदेवी और इनकी पुत्री का नाम पद्मला था जो कि हम्मीर देव को अत्यंत प्रिय थी। हम्मीर देव शैव धर्म का अनुयायी एवं भगवान शिव का परम भक्त था।

हम्मीर महाकाव्य

हम्मीर महाकाव्य के रचियता नयचन्द्र सूरी हैं। इस महाकाव्य में रणथम्भौर के महान शासक हम्मीर देव चौहान के साम्राज्य का विस्तार से वर्णन किया गया है। हम्मीर महाकाव्य भारतीय इतिहास की एक महान कृति है। नयचन्द्र सूरी ने इस महाकाव्य में जैत्रसिंह व उससे पहले वाले रणथम्भौर शासकों का भी सारांश रूप में वर्णित किया है। पद्य रूप में लिखा यह महाकाव्य रणथम्भौर साम्राज्य के विभिन्न पहलुओं की जानकारी का महत्वपूर्ण स्त्रौत है। यह महाकाव्य हम्मीर की वीरता के गान से ओतप्रोत है। इस महाकाव्य में बताया गया है कि मालवा (वर्तमान गुजरात) के राजा भोज को एवं गडमंडलगढ़ के राजा अर्जुन को पराजित करने वाला हम्मीर देव चौहान एक महान राजपूत था और सही भी है कि महान व्यक्तियों के बारे में ही महाकाव्य जैसे बड़े ग्रंथ लिखे जाते है। राजस्थान के दो महान शासक थे जिनके महाकाव्य लिखे गए और वो थे पृथ्वीराज चौहान और

हम्मीर देव चौहान।

हम्मीरमहाकाव्य, जैन विद्वान नयचन्द्र सूरी द्वारा रचित एक संस्कृत महाकाव्य है। इसमें रणथम्भौर के महान शासक हम्मीर देव के साम्राज्य का विस्तार से वर्णन किया गया है। हम्मीर महाकाव्य भारतीय इतिहास की एक महान कृति है।

नयचन्द्र सूरी ने इस महाकाव्य में जैत्रसिंह व उससे पहले वाले रणथम्भौर शासकों का भी सारांश रूप में वर्णित किया है। पद्य रूप में लिखा यह महाकाव्य रणथम्भौर साम्राज्य के विभिन्न पहलुओं की जानकारी का महत्वपूर्ण स्रोत है। यह महाकाव्य हम्मीर की वीरता के गान से ओतप्रोत है।

इस महाकाव्य के चतुर्थ सर्ग के द्वितीय श्लोक में पृथ्वीराज चौहान के भाई हरिराज चौहान को 'गुर्जर नरेश्वर' कहा गया है। हम्मीर महाकाव्य से ज्ञात होता है कि हम्मीर देव ने धार के परमार वंश के शासक महाराजा भोज द्वितीय को पराजित किया था और 'भोजदेव संवाद वर्णनम्' के श्लोक 23 में परमार भोज द्वितीय को गुर्जरेन्द्र लिखा है जिसका मतलब है गुर्जर राजा। इसमें हम्मीर देव चौहान की जलालुद्दीन खिलजी पर विजय, हम्मीर देव चौहान व अलाउद्दीन खिलजी में रणथम्भौर का भयानक युद्ध, रणथम्भौर युद्ध में हम्मीर देव के बड़े भाई बीरमादेव को वीरगति प्राप्त होने का भी वर्णन है।

चौदह सर्गों से सुशोभित हम्मीर महाकाव्य निश्चय कवि नयचन्द्र की सर्वत्कृष्ट रचना है। काव्यतत्व मर्मज्ञों की दृष्टि से ऐतिहासिक महाकाव्यों में इसका महत्वपूर्ण स्थान है। नयचन्द्र ने हम्मीर देव का मुगल शासक अलाउद्दीन के साथ युद्ध का तथा चौहान वंश के कुछ शासकों से सम्बन्धित ऐतिहासिक घटनाओं का अनुकरण कर हम्मीर महाकाव्य की रचना की। इस ग्रन्थ में महाकाव्य में सभी गुण विद्यमान हैं।

महाकाव्य के प्रारम्भ में चतुर्थ सर्ग में चौहान वंशीय राजाओं के वंश वृक्ष का कालक्रमानुसार विवरण ऐतिहासिक दृष्टि से अत्यन्त महत्वपूर्ण है। तृतीय सर्ग में पृथ्वीराज का वर्णन विशेषतया उनके देहावसान का कारण इतिहास के क्षेत्र में अत्यन्त महत्वपूर्ण है। नयचन्द्र ने वर्णन किया है कि पृथ्वीराज ने शहाबुद्दीन को सात बार पराजित किया और युद्ध के बदले अनुकम्पा के कारण उसे छोड़ दिया किन्तु शहाबुद्दीन से एक बार युद्ध में असावधानी के कारण हार गये और शहाबुद्दीन ने उन्हें पकड़कर कारागार में डाल दिया।

इस महाकाव्य में प्रत्येक सर्ग के अन्त में 'वीर' शब्द का प्रयोग मिलता है। इस कारण से संस्कृत महाकाव्य की परम्परा के अनुसार यह वीराङ्कमहाकाव्य

है। इसमें चौहान वंशीय पूर्व पुरुषों वासुदेव, नरदेव, सिंह राज, विग्रह राज, दुर्लभ राज, विशाल देव, अनल देव इत्यादि प्रमुख राजाओं का ललित वर्णन हुआ है। इस महाकाव्य के नायक वीर हम्मीर देव हैं, अतः उनका विस्तारपूर्वक सर्वोत्कृष्ट चित्रण महाकवि ने किया है।

नयचन्द्र ने कहा है कि इस महाकाव्य की प्रेरणा गोपाचल नरेश तोमर राजवंश के राजा वीरमदेव की राजसभा में कही गयी इस उक्ति से प्राप्त हुई कि, "प्राचीन कवियों की तरह इस समय कोई कवि महाकाव्य के निर्माण में समर्थ नहीं है।" राजा वीरमदेव ने निश्चय ही 1422 ई0 वर्ष में राज्य किया। यह उस समय के शिलालेखों से ज्ञात होता है। उस समय वह अत्यन्त वृद्ध हो गये थे। इस कारण से उनका राज्यकाल 1382 से आरम्भ कर 1422 ई0 वर्ष तक स्वीकार किया जा सकता है। उनके राज्य काल के बीच में 14वीं शती के आरम्भ में नयचन्द्र ने इस महाकाव्य को रचा, यह अनुमान से कहा जा सकता है। इसके अनुसार हम्मीरदेव का स्वर्गारोहण काल सौ वर्ष पूर्व हुआ था। दूसरी रीति के अनुसार राष्ट्र वीर हम्मीर देव की मृत्यु के 100 वर्ष पश्चात् उनकी पुण्य स्मृति में कवि ने इस महाकाव्य को लिखा।

निश्चय ही हम्मीर महाकाव्य उत्तम कोटि का राष्ट्रीय महाकाव्य है। इस प्रकार के उदात्त भावों से परिपूर्ण, रस, अलंकार आदि से परिपूर्ण संस्कृत महाकाव्य सर्वत्र नहीं प्राप्त हो सकता है। न ही यह पौराणिक कथाओं का अनुकरण करने वाला काव्य है और न ही साधारण श्रृंगार रस का पोषण करने वाला। अपितु ऐतिहासिक राष्ट्रीय भावना का उद्दीपक, वीर रस प्रधान यह काव्य है। इस महाकाव्य में आपने राष्ट्र वीर के यश का वर्णन किया है।

चौहानों का मूल निवास स्थान का, शाकम्भरी के सपादलक्ष देश के, अजयमेरू नगर आदि के स्थापना विषयक महत्वपूर्ण तथ्यों का इस महाकाव्य में उल्लेख हुआ है। अजयमेरु नगर के अन्तिम सम्राट पृथ्वीराज चौहान का प्रायः सौ पद्यों में विस्तार से वर्णन किया है। पृथ्वीराज थोड़ी सी राजनीतिक असावधानी और अनुचित आत्म विश्वास के कारण पराजित हुए और म्लेच्छों ने भारत की प्रमुख भूमि पर आधिपत्य प्राप्त कर दिल्ली पर भी अपना साम्राज्य स्थापित किया। यह गूढ़ अर्थ पृथ्वीराज के वर्णन से प्रकट होता है। दूसरों के साथ पृथ्वीराज की प्रजा वत्सलता और राष्ट्राभिमान के लिए वीरता का मनोरम चित्रण समास के द्वारा किया गया है और इसमें प्रशस्तपदावली का भी सम्यक् चित्रण है।

पृथ्वीराज के मृत्यु के उपरान्त उनके पुत्र गोविन्दराज ने रणस्तम्भपुर पर नवीन राज्य स्थापित किया। उनके सप्तम् वंश परम्परा में ये महावीर हम्मीरदेव

पैदा हुए। नयचन्द्र ने गोविन्दराज से आरम्भ कर हम्मीर देव के पिता जैत्रसिंह तक उत्पन्न राजाओं का संक्षिप्त परिचय देते हुए चतुर्थ सर्ग के अन्तिम भाग में हम्मीर की उत्पत्ति का उल्लेख किया है। अतः चौथे सर्ग में काव्य की परम्परा का आश्रय लेकर बसन्त्स आदि ऋतुओं, जल क्रीड़ा और श्रृंगार के अनुकूल प्रसंगों का सुललित वर्णन दृष्टिगोचर होता है।

हम्मीर रासौ

इस महान ग्रंथ की रचना जोधराज ने की थी। इन्होंने नीवगढ़ वर्तमान नीमराणा अलवर के राजा चन्द्रभान चौहान के अनुरोध पर हम्मीर रासौ नामक प्रंबधकाव्य संवत 1875 में लिखा। रणथम्भौर के राजा हम्मीर देव चौहान के विजय अभियानों से चन्द्रभान काफी प्रभावित थे। इस प्रंबधकाव्य में रणथम्भौर के प्रसिद्ध शासक हम्मीर देव का चरित्र वीरगाथा काल की छप्पय पद्धति पर वर्णन किया गया है। इस में बताया गया है कि हम्मीर देव चौहान ने शरणागत की रक्षा के लिए अपना सबकुछ न्यौछावर कर दिया। राजा हम्मीर ने कई बार दिल्ली शासक जलालुद्द्दीन खिलजी को पराजित किया और अलाउद्द्दीन खिलजी जैसे शासक के दाँत खट्टे कर दिए। हम्मीर रासौ हम्मीर की वीरगाथाओं के साथ ओजस्वी भाषा में बहुत अच्छा महाकाव्य है। इस महाकाव्य में बताया गया है कि मुहम्मदशाह मंगोल दिल्ली के शासक अलाउद्द्दीन खिलजी की बेगम से बेहद प्यार करता था और उसका धन लूटकर के वो वहां से भाग गया था, जिसे अलाउद्द्दीन खिलजी पकड़ना चाहता था। हम्मीर रासौ में अलाउद्द्दीन खिलजी की बेगम का नाम चिमना बताया गया है। संवत 1902 में चन्द्रशेखर वाजपेयी ने हम्मीर हठ ग्रंथ लिखा था। इसमें भी इस घटनाक्रम का जिक्र किया गया है। हम्मीर रासौ के अनुसार रणथम्भौर सामाज्य उज्जैन से लेकर मथुरा तक एवं मालवा (गुजरात) से लेकर अर्बुदाचल तक हम्मीर देव बढ़ा दिया था। हम्मीर रासौ से ज्ञात होता है कि हम्मीर देव उज्जैन को जीतकर महाकालेश्वर ज्योतिर्लिंग में शिव की पूजा की थी एवं अजमेर को जीतकर पुष्कर में शाही स्नान किया था। हम्मीर रासौ के कुछ पद्य उद्यत है :-
[1]
कब हठ करे अलावदी, रणतभँवर गढ़ आहि।
कबै सेख सरनै रहै, बहुरयों महिम साहि।।
सूर सोच मन में करौ, पदवी लहौ न फेरि।
जो हठ छंडो राव तुम, उत न लजै अजमेरि।।

सरन राखि सेख न तजौ, तजौ सीस गढ़ देस।
रानी राव हम्मीर को, यह दीन्हौ उपदेस।।
[2]
राव धुँक गिरने लगत, तरू टूट और पाहर।
रण देसा रो केहरी, रणतभँवर रो नाहर।।
हठी बलि बल ना हट्यो, शरणागत को मान।
बादल पीठ लावण चढ्यो, राव भृकुटि तान।।
गच्च गच्च भई खच्च खच्चा, बजहिं राव तलवार।
खिलजी सैना उठत गिरै, सुण राव की ललकार।।

हम्मीर हठ प्रबंधकाव्य

हम्मीर हठ प्रंबधकाव्य के रचियता चन्द्रशेखर कवि थे। इनका जन्म संवत् 1855 में मुअज्जमाबाद जिला फतेहपुरहपुर]] मे हुआ था, इनके पिता मनीराम जी राव [भट] भी एक अच्छे कवि थे। चन्द्रशेखर कुछ दिनों तक दरभंगा और 6 वर्ष तक जोधपुर नरेश महाराज मानसिंह के यहाँ रहे और अंत में यह पटियाला नरेश कर्मसिंह के यहाँ गए और जीवन भर पटियाला में ही रहे। इनका देहांत संवत् 1932 में हुआ था। इनका हम्मीर हठ प्रंबधकाव्य हिन्दी के वीरगाथा काल की कालजयी अनमोल रचना मानी जाती है। हम्मीर हठ में चन्द्रशेखर ने श्रेष्ठ प्रणाली का अनुसरण करते हुए वास्तविकता को दर्शाया है, कवि ने हम्मीरशरणागतणागत के प्रति निष्ठावान होने का अच्छा खासा प्रभाव इस ग्रंथ डालाडाला है। कवि ने हम्मीर के लिए लिखा है कि महाकाव्य उनके लिखे जाते हैं जो महान होते है और तिरिया तेल हम्मीर हठ, चढ़े न दूजी बार जैसे वाक्य महान व्यक्तियों की शोभा बढ़ाते हैं। चन्द्रशेखर कवि द्वारा लिखित कुछ पद्य जो हम्मीर हठ प्रंबधकाव्य में अंकित है-
[1]
उदै भानु पच्छिम प्रतच्छ, दिन चंद प्रकासै।
उलटि गंग बरू बहै, काम रति प्रीति बिवासै।।
तजै गौरि अरधांग, अचल धारू आसन चलै।
अचल पवन बरू होय, मेरू मंदर गिरि हल्लै।।
सुर तरू सुखाय लौमस मरै, मीर संक सब परिहरौ।
मुख बचन वीर हम्मीर को, बोलि न यह कबहुँ टरौ।।

[2]

आलम नेवाज सिरताज पातसाहन के,
गाज ते दराज कोप नजर तिहारी है।
जाके डर डिगत अडोल गढ़धारी डग,
मगत पहार औ डुलति महि सारी है।
रंक जैसो रहत ससंकित सुरेश भयो,
देस देसपति में अतंक अति भारी है।
भारी गढ़ धारी सदा जंग की तयारी,
धाक मानै ना तिहारी या हम्मीर हठ धारी है।

[3]

भागै मीरजादे पीरजादे औ अमीरजादे,
भागै खानजादे प्रान मरत बचाय कै।
भागै गज बाजि रथ पथ न संभारै, परै,
गोलन पै गोल सूर सहिम सकाय कै।
भाग्यो सुलतान जान बचत न जानि बेगि,
बलित बितुंड पै विराजि बिलखाय कै।
जैसे लगे जंहल में ग्रीष्म की आगि,
चलै भागि मृग महिष बराह बिललाय कै।

[4]

थोरी थोरी बैसवारी नवल किसौरी सबै,
भोरी भोरी बातन बिहँसि मुख मोरती।
बसन बिभुषन बिराजत बिमल वर,
मदन मरोरनि तरिक तन तोरती।
प्यारै पातसाह के परम अनुराग रंगी,
चाय भरी चायल चपल दृग जोरती।
काम अबला सी कलाधार की कला सी,
चारू चंपक लता सी चपला सी चित चोरती।

हम्मीर देव के प्रमुख उद्देश्य

चौहान साम्राज्य का विस्तार करके रणथम्भौर राज्य को सुदृढ़ बनाना
   मुगलो से हिन्दू धर्म की रक्षा करना

साम्राज्य वादी महत्वाकांक्षा

पृथ्वीराज चौहान सा साम्राज्य बनाना

मुगल आक्रांताओं से देश की सुरक्षा करना

हम्मीर देव चौहान की प्रमुख उपलब्धियाँ[स्रोत सम्पादित करें]

हम्मीर महाकाव्य से ज्ञात होता है कि हम्मीर देव ने धार के परमार वंश के शासक महाराजा भोज द्वितीय को पराजित किया था इस विजय को डॉक्टर दशरथ शर्मा ने 1282 ईस्वी के लगभग माना है। दशरथ शर्मा के अनुसार हम्मीर चौहान ने मांडलगढ़ उदयपुर के राजा जयसिम्हा को पराजित करके बंदी बनाकर रणथम्भौर में रखा था, बाद हम्मीर देव ने उसे इस बात पर छोड़ दिया कि वो रणथम्भौर साम्राज्य को हमेशा कर देता रहेगा और हर संभव रणथम्भौर साम्राज्य के हित में ही कार्य करेगा। हम्मीर देव ने वर्तमान माउंट आबू के राजा प्रतापसिंह को परास्त करने के बाद मार दिया था। हम्मीर देव की प्रमुख विजयों में शामिल है :-

भीमसर शासक अर्जुन पर विजय

मांडलगढ़ उदयपुर पर विजय

चितौड़गढ़ सहित प्रताप गढ़ पर विजय

मालवा प्रदेश पर विजय

आबू सिरोही के शासकों पर विजय

काठियावाड़ के साम्राज्य पर विजय

पुष्कर राज अजमेर पर विजय एवं पुष्कर झील में शाही स्नान करना

चम्पानगरी एवं त्रिभुवनगरी पर विजय

ग्वालियर श्योपुर साम्राज्य पर विजय

टोंक डिग्गी पर विजय

विराटनगर जयपुर एवं मत्स्य प्रदेश पर विजय

जलालुद्दीन खिलजी पर तीन बार विजय

उलगुखां, अल्पखां एवं नुसरत खां पर विजय

उज्जैन साम्राज्य पर विजय एवं महाकालेश्वर ज्योतिर्लिंग मंदिर का पुनर्निर्माण करवाकर क्षिप्रा नदी में महाकालेश्वर की पूजा करना।

मथुरा प्रदेश एवं जाट साम्राज्य पर विजय

झाइन और बूँदी तारागढ़ सहित सम्पूर्ण हाड़ौती क्षेत्र पर विजय

इस प्रकार डॉक्टर गोपीनाथ शर्मा ने हम्मीर देव चौहान को सौलह नृप मर्दानी एवं डॉ॰ दशरथ शर्मा ने सौलह विजय का कर्ण कहकर पुकारा है। हम्मीर देव ने जहाँ

पर आक्रमण किया वो ही साम्राज्य रणथम्भौर साम्राज्य का हिस्सा बन गया और शायद इसी कारण हम्मीर देव चौहान को भारत का हठी सम्राट कहाँ जाने लगा।

विद्वानों की दृष्टि में हम्मीर देव चौहान

• हम्मीर महाराजा ब्राह्मणों का आदर करता था तथा भारतीय दर्शन, विद्यालयों तथा जैन संस्थाओं का संरक्षक एवं साहित्यों का महान प्रेमी था।

सिंह सवन सत्पुरूष वचन, कदली फलत इक बार

तिरया तेल हम्मीर हठ, चढ़े न दूजी बार - न्यायचन्द्र सूरी

• महाराजा हम्मीर देव चौहान भारतीय राजपूताना के उन साहसी सपूतो में से था जो अपनी मातृभूमि की स्वतंत्रता को मुस्लिम आक्रांताओं से बचाने में मर मिटना अपना कर्तव्य समझता था और चौहान कुल की परम्परा भी। - डॉ॰ किशोरी लाल

• महाराजा हम्मीर ने चौहानों के डूबे हुए सूर्य को रणथम्भौर में खूब चमकीला बना दिया था। - इतिहासकार नयन भट्ट

• चौहानों में ऐसा शासक हम्मीर देव चौहान ही था जिसने महाकोटियजन यज्ञ का महान आयोजन कर देश विदेश से महान महान राजाओं व विद्वानों को आमंत्रित किया एवं अपने हठ के कारण इस शासक को भारतीय इतिहास में हठी महाराजा के नाम से अंकित किया गया। - डॉ॰ गोपीनाथ शर्मा

• हम्मीर देव के बराबर विपदाओं का सामना करना हर किसी के वश में नहीं था, लेकिन इतनी विकट परिस्थितियों में भी वो अपनी धैर्यता, वीरता के कारण भारतीय उपमहाद्वीप का सिंह बन बैठा। - डॉ॰ दशरथ शर्मा

• सिंह का शासन खत्म हो गया, इन रण की घाटियों में आज विश्वासघात के कारण अंततः कुफ्र का गढ़ इस्लाम का सदन हो गया। - अमीर खुसरो

22

सिसोदिया राजवंश

सन् 556 ई. में जिस 'गुहिल वंश' की स्थापना हुई, बाद में वही 'गहलौत वंश' बना और इसके बाद यह 'सिसोदिया राजवंश' के नाम से जाना गया। जिसमें कई प्रतापी राजा हुए, जिन्होंने इस वंश की मानमर्यादा, इज़्ज़त और सम्मान को न केवल बढ़ाया बल्कि इतिहास के गौरवशाली अध्याय में अपना नाम जोड़ा। महाराणा महेन्द्र तक यह वंश कई उतार-चढाव और स्वर्णिम अध्याय रचते हुए आज भी अपने गौरव और श्रेष्ठ परम्परा के लिये पहचाना जाता है। मेवाड़ अपनी समृद्धि, परम्परा, अद्भुत शौर्य एवं अनूठी कलात्मक अनुदानों के कारण संसार के परिदृश्य में देदीप्यमान है। स्वाधीनता एवं भारतीय संस्कृति की अभिरक्षा के लिए इस वंश ने जो अनुपम त्याग और अपूर्व बलिदान दिये जो सदा स्मरण किये जाते रहेंगे। मेवाड़ की वीर प्रसूता धरती में रावल बप्पा, महाराणा सांगा, महाराणा प्रताप जैसे शूरवीर, यशस्वी, कर्मठ, राष्ट्रभक्त व स्वतंत्रता प्रेमी विभूतियों ने जन्म लेकर न केवल मेवाड़ वरन् संपूर्ण भारत को गौरान्वित किया है। स्वतन्त्रता की अलख जगाने वाले महाराणा प्रताप आज भी जन-जन के हृदय में बसे हुये, सभी स्वाभिमानियों के प्रेरक बने हुए है।

इतिहास

सन 712 ई. में अरबों ने सिंध पर आधिपत्य जमा कर भारत विजय का मार्ग प्रशस्त किया। इस काल में न तो कोई केन्द्रीय सत्ता थी और न कोई सबल शासक था जो अरबों की इस चुनौती का सामना करता। फलतः अरबों ने आक्रमणों की बाढ ला दी और सन 725 ई. में जैसलमेर, मारवाड़, मांडलगढ और भडौच आदि

इलाकों पर अपना आधिपत्य जमा लिया। ऐसे लगने लगा कि शीघ्र ही मध्य पूर्व की भांति भारत में भी इस्लाम की तूती बोलने लगेगी। ऐसे समय में दो शक्तियों का प्रादुर्भाव हुआ। एक ओर जहां नागभाट ने जैसलमेर, मारवाड, मांडलगढ से अरबों को खदेड़कर जालौर में प्रतिहार राज्य की नींव डाली, वहां दूसरी ओर बप्पा रायडे ने चितौड़ के प्रसिद्ध दुर्ग पर अधिकार कर सन 734 ई. में मेवाड़ में गुहिल वंश अथवा गहलौत वंश का वर्चश्व स्थापित किया और इस प्रकार अरबों के भारत विजय के मनसूबों पर पानी फ़ेर दिया।

गुहिल वंश

मेवाड़ का गुहिल वंश संसार के प्राचीनतम राज वंशों में माना जाता है। मेवाड़ राज्य की केन्द्रीय सत्ता का उद्भव स्थल सौराष्ट्र रहा है। जिसकी राजधानी बल्लभीपुर थी और जिसके शासक सूर्यवंशी क्षत्रिय कहलाते थे। यही सत्ता विस्थापन के बाद जब ईडर में स्थापित हुई तो गहलौत मान से प्रचलित हुई। ईडर से मेवाड़ स्थापित होने पर रावल गहलौत हो गई। कालान्तर में इसकी एक शाखा सिसोदे की जागीर की स्थापना करके सिसोदिया हो गई। चूँकि यह केन्द्रीय रावल गहलौत शाखा कनिष्ठ थी। इसलिये इसे राणा की उपाधि मिली। उन दिनों राजपूताना में यह परम्परा थी कि लहुरी शाखा को राणा उपाधि से सम्बोधित किया जाता था। कुछ पीढियों बाद एक युद्ध में रावल शाखा का अन्त हो गया और मेवाड़ की केन्द्रीय सत्ता पर सिसोदिया राणा का आधिपत्य हो गया। केन्द्र और उपकेन्द्र पहचान के लिए केन्द्रीय सत्ता के राणा महाराणा हो गये। गहलौत वंश का इतिहास ही सिसोदिया वंश का इतिहास है।

मान्यताएँ

मान्यता है कि सिसोदिया क्षत्रिय भगवान राम के कनिष्ठ पुत्र लव के वंशज हैं। सूर्यवंश के आदि पुरुष की 65 वीं पीढ़ी में भगवान राम हुए 195 वीं पीढ़ी में वृहदंतक हुये। 125 वीं पीढ़ी में सुमित्र हुये। 155 वीं पीढ़ी अर्थात सुमित्र की 30 वीं पीढ़ी में गुहिल हुए जो गहलोत वंश की संस्थापक पुरुष कहलाये। गुहिल से कुछ पीढ़ी पहले कनकसेन हुए जिन्होंने सौराष्ट्र में सूर्यवंश के राज्य की स्थापना की। गुहिल का समय 540 ई. था। बटवारे में लव को श्री राम द्वारा उतरी पश्चिमी क्षेत्र मिला जिसकी राजधानी लवकोट थी। जो वर्तमान में लाहौर है। ऐसा कहा जाता

है कि कनकसेन लवकोट से ही द्वारका आये। हालांकि वो विश्वस्त प्रमाण नहीं है। टॉड मानते है कि 145 ई. में कनकसेन द्वारका आये तथा वहां अपने राज्य की परमार शासक को पराजित कर स्थापना की जिसे आज सौराष्ट्र क्षेत्र कहा जाता है। कनकसेन की चौथी पीढ़ी में पराक्रमी शासक सौराष्ट्र के विजय सेन हुए जिन्होंने विजय नगर बसाया। विजय सेन ने विदर्भ की स्थापना की थी। जिसे आज सिहोर कहते हैं। तथा राजधानी बदलकर बल्लभीपुर (वर्तमान भावनगर) बनाया। इस वंश के शासकों की सूची टॉड देते हुए कनकसेन, महामदन सेन, सदन्त सेन, विजय सेन, पद्मादित्य, सेवादित्य, हरादित्य, सूर्यादित्य, सोमादित्य और शिला दित्य बताया। 524 ई. में बल्लभी का अन्तिम शासक शिलादित्य थे। हालांकि कुछ इतिहासकार 766 ई. के बाद शिलादित्य के शासन का पतन मानते हैं। यह पतन पार्थियनों के आक्रमण से हुआ। शिलादित्य की राजधानी पुस्पावती के कोख से जन्मा पुत्र गुहादित्य की सेविका ब्रहामणी कमलावती ने लालन पालन किया। क्योंकि रानी उनके जन्म के साथ ही सती हो गई। गुहादित्य बचपन से ही होनहार था और ईडर के भील मंडालिका की हत्या करके उसके सिहांसन पर बैठ गया तथा उसके नाम से गुहिल, गिहील या गहलौत वंश चल पड़ा। कर्नल टॉड के अनुसार गुहादित्य की आठ पीढ़ियों ने ईडर पर शासन किया ये निम्न हैं - गुहादित्य, नागादित्य, भागादित्य, दैवादित्य, आसादित्य, कालभोज, गुहादित्य, नागादित्य।

सिसोदिया गहलौत

जेम्स टॉड के अनुसार शिकार के बहाने भीलों द्वारा नागादित्य की हत्या कर दी। इस समय इसके पुत्र बप्पा की आयु मात्र तीन वर्ष की थी। बप्पा की भी एक ब्राहमणी ने संरक्षण देकर अरावली के बीहड़ में शरण लिया। गौरीशंकर ओझा गुहादित्य और बप्पा के बीच की वंशावली प्रस्तुत की, वह सर्वाधिक प्रमाणिक मानी गई है जो निम्न है - गुहिल, भोज, महेन्द्र, नागादित्य, शिलादित्य, अपराजित, महेन्द्र द्वितीय और कालभोज बप्पा आदि। यह एक संयोग ही है कि गुहादित्य और मेवाड राज्य में गहलोत वंश स्थापित करने वाले बप्पा का बचपन अरावली के जंगल में उन्मुक्त, स्वच्छन्द वातावरण में व्यतीत हुआ। बप्पा के एक लिंग पूजा के कारण देवी भवानी का दर्शन उन्हे मिला और बाबा गोरखनाथ का आशिर्वाद भी। बडे होने पर चितौड़ के राजा से मिल कर बप्पा ने अपना वंश स्थापित किया और परमार राजा ने उन्हे पूरा स्नेह दिया। इसी समय विदेशी

आक्रमणकारियों के आक्रमण को बप्पा ने विफ़ल कर चितौड़ से उन्हे गजनी तक खदेड़ कर अपने प्रथम सैन्य अभिमान में ही सफ़लता प्राप्त की। बप्पा द्वारा धारित रावल उपाधि रावल रणसिंह (कर्ण सिंह) 1158 ई. तक निर्बाध रुप से चलती रही। रावण रण सिंह के बाद रावल गहलोत की एक शाखा और हो गई। जो सिसोदिया के जागीर पर आसीन हुई जिसके संस्थापक माहव एवं राहप दो भाई थे। सिसोदा में बसने के कारण ये लोग सिसोदिया गहलौत कहलाये।

सत्ता परिवर्तन, स्थान परिवर्तन, व्यक्तिगत महत्वकांक्षा एवं राजपरिवार में संख्या वृद्धि से ही राजपूत वंशों में अनेक शाखाओं एवं उपशाखाओं ने जन्म लिया है। यह बात गहलौत वंश के साथ भी देखने को मिली है। बप्पा के शासन काल मेवाड़ राज्य के विस्तार के साथ ही उसकी प्रतिष्ठा में भी अत्यधिक वृद्धि हुई है। बप्पा के बाद गहलौत वंश की शाखाओं का निम्न विकास हुआ।

1. अहाडिया गहलौत

अहाड नामक स्थान पर बसने के कारण यह नाम हुआ।

2. असिला गहलौत

सौराष्ट्र में बप्पा के पुत्र ने असिलगढ का निर्माण अपने नाम असिल पर किया जिससे इसका नाम असिला पडा।

3. पीपरा गहलौत

बप्पा के एक पुत्र मारवाड के पीपरा पर आधिपत्य पर पीपरा गहलौत वंश चलाया।

4. मागलिक गहलौत

लोदल के शासक मंगल के नाम पर यह वंश चला।

5. नेपाल के गहलोत

रतन सिंह के भाई कुंभकरन ने नेपाल में आधिपत्य किया अतः नेपाल का राजपरिवार भी मेवाड की शाखा है।

6. सखनियां गहलौत

रतन सिंह के भाई श्रवण कुमार ने सौराष्ट्र में इस वंश की स्थापना की।

7. सिसौद गहलौत

कर्णसिंह के पुत्र को सिसौद की जागीर मिली और सिसौद के नाम पर सिसौदिया गहलौत कहलाया।

सिसौदिया वंश की उपशाखाएं

चन्द्रावत सिसौदिया

यह 1275 ई. में अस्तित्व में आई। चन्द्रा के नाम पर इस वंश का नाम चन्द्रावत पडा।

भोंसला सिसौदिया

इस वंश की स्थापना सज्जन सिंह ने सतारा में की थी।

चूड़ावत सिसौदिया

चूड़ा के नाम पर यह वंश चला। इसकी कुल 30 शाखाएं हैं।

महाराणा कुम्भा

महाराणा कुम्भा या महाराणा कुम्भकर्ण (मृत्यु 1468 ई.) सन 1433 से 1468 तक मेवाड़ के राजा थे। भारत के राजाओं में उनका बहुत ऊँचा स्थान है। उनसे पूर्व राजपूत केवल अपनी स्वतंत्रता की जहाँ-तहाँ रक्षा कर सके थे। कुंभकर्ण ने मुसलमानों को अपने-अपने स्थानों पर हराकर राजपूती राजनीति को एक दोहरा रूप दिया। इतिहास में ये 'राणा कुंभा' के नाम से अधिक प्रसिद्ध हैं। महाराणा कुम्भा को चित्तौड़ दुर्ग का आधुनिक निर्माता भी कहते हैं क्योंकि इन्होंने चित्तौड़ दुर्ग के अधिकांश वर्तमान भाग का निर्माण कराया।

महाराणा कुंभा राजस्थान के शासकों में सर्वश्रेष्ठ थे। मेवाड़ के आसपास जो उद्धत राज्य थे, उन पर उन्होंने अपना आधिपत्य स्थापित किया। 35 वर्ष की अल्पायु में उनके द्वारा बनवाए गए बत्तीस दुर्गों में चित्तौड़गढ़, कुंभलगढ़, अचलगढ़ जहां सशक्त स्थापत्य में शीर्षस्थ हैं, वहीं इन पर्वत-दुर्गों में चमत्कृत करने वाले देवालय भी हैं। उनकी विजयों का गुणगान करता विश्वविख्यात विजय स्तंभ भारत की अमूल्य धरोहर है। कुंभा का इतिहास केवल युद्धों में विजय तक सीमित नहीं थी बल्कि उनकी शक्ति और संगठन क्षमता के साथ-साथ उनकी रचनात्मकता भी आश्चर्यजनक थी। 'संगीत राज' उनकी महान रचना है जिसे साहित्य का कीर्ति स्तंभ माना जाता है।

महाराणा कुम्भा कि उपाधियाँ :- अभिनवभृताचार्य, राणेराय, रावराय, हालगुरू, शैलगुरू, दानगुरू, छापगुरू, नरपति, परपति, गजपति, अश्वपति, हिन्दू सुरतान, नन्दीकेश्वर, परम भागवत, आदि वराह।

परिचय

महाराणा कुम्भकर्ण, महाराणा मोकल के पुत्र थे और उनकी हत्या के बाद गद्दी पर बैठे। उन्होंने अपने पिता के मामा रणमल राठौड़ की सहायता से शीघ्र ही अपने पिता के हत्यारों से बदला लिया। इनके तीन संताने थी जिसमें दो पुत्र उदा सिंह , राणा रायमल तथा राणा एक पुत्री रमाबाई (वागीश्वरी) थे | 1437 ई. में मालवा के सुल्तान महमूद खिलजी को भी उन्होंने उसी साल सारंगपुर के पास बुरी तरह

से हराया और इस विजय के स्मारक स्वरूप चित्तौड़ का विख्यात विजय स्तम्भ बनवाया। राठौड़ों के बढ़ते प्रभाव और हस्तक्षेप से आशंकित होकर चुण्डा को वापस बुलवाया गया, जिसने रणमल को मरवा दिया और फिर कुछ समय के लिए मंडोर का राज्य भी मेवाड़ के अधिकार में आ गया। राज्यारूढ़ होने के सात वर्षों के भीतर ही उन्होंने सारंगपुर, नागौर, नराणा, अजमेर, मंडोर, मांडलगढ़, बूंदी, खाटू, चाटूस आदि के सुदृढ़ किलों को जीत लिया और दिल्ली के सुलतान सैयद मुहम्मद शाह और गुजरात के सुलतान अहमदशाह को भी परास्त किया। उनके शत्रुओं ने अपनी पराजयों का बदला लेने का बार-बार प्रयत्न किया, किंतु उन्हें सफलता न मिली। मालवा के सुलतान ने पांच बार मेवाड़ पर आक्रमण किया। नागौर के स्वामी शम्स खाँ ने गुजरात की सहायता से स्वतंत्र होने का विफल प्रयत्न किया। यही दशा आबू के देवड़ों की भी हुई। मालवा और गुजरात के सुलतानों ने मिलकर महाराणा पर आक्रमण किया किंतु मुसलमानी सेनाएँ फिर परास्त हुई। महाराणा ने अन्य अनेक विजय भी प्राप्त किए। उसने डीडवाना(नागौर) की नमक की खान से कर लिया और खंडेला, आमेर, रणथंभोर, डूँगरपुर, सीहारे आदि स्थानों को जीता। इस प्रकार राजस्थान का अधिकांश और गुजरात, मालवा और दिल्ली के कुछ भाग जीतकर उसने मेवाड़ को महाराज्य बना दिया।

किंतु महाराणा कुंभकर्ण की महत्ता विजय से अधिक उनके सांस्कृतिक कार्यों के कारण है। उन्होंने अनेक दुर्ग, मंदिर और तालाब बनवाए तथा चित्तौड़ को अनेक प्रकार से सुसंस्कृत किया। कुंभलगढ़ का प्रसिद्ध किला उनकी कृति है। बंसतपुर को उन्होंने पुनः बसाया और श्री एकलिंग के मंदिर का जीर्णोद्वार किया। चित्तौड़ का कीर्तिस्तम्भ तो संसार की अद्वितीय कृतियों में एक है। इसके एक-एक पत्थर पर उनके शिल्पानुराग, वैदुष्य और व्यक्तित्व की छाप है। अपनी पुत्री रमाबाई (वागीश्वरी) के विवाह स्थल के लिए चित्तौड़ दुर्ग में श्रृंगार चंवरी का निर्माण कराया तथा चित्तौड़ दुर्ग में ही विष्णु को समर्पित कुम्भश्याम जी मन्दिर का निर्माण कराया।

मेवाड़ के राणा कुम्भा का स्थापत्य युग स्वर्णकाल के नाम से जाना जाता है, क्योंकि कुम्भा ने अपने शासनकाल में अनेक दुर्गों, मन्दिरों एंव विशाल राजप्रसादों का निर्माण कराया, कुम्भा ने अपनी विजयों के लिए भी अनेक ऐतिहासिक इमारतों का निर्माण कराया, वीर-विनोद के लेखक श्यामलदस के अनुसार कुम्भा ने कुल 32 दुर्गों का निर्माण कराया था जिसमें कुंभलगढ़, अलचगढ़, मचान दुर्ग, भौंसठ दुर्ग, बसन्तगढ़ आदि मुख्य माने जाते हैं तथा कुम्भा के काल में धरणशाह नामक व्यापारी ने देपाक नामक शिल्पी के निर्देशन मे रणकपुर के जैन मंदिरो का

निर्माण करवाया था।

राणा कुम्भा बड़े विद्यानुरागी थे। संगीत के अनेक ग्रंथों की उन्होंने रचना की और चंडीशतक एवं गीतगोविन्द आदि ग्रंथों की व्याख्या की। वे नाट्यशास्त्र के ज्ञाता और वीणावादन में भी कुशल थे। कीर्तिस्तम्भों की रचना पर उन्होंने स्वयं एक ग्रंथ लिखा और मंडन आदि सूत्रधारों से शिल्पशास्त्र के ग्रंथ लिखवाए। इस महान राणा की मृत्यु अपने ही पुत्र उदयसिंह के हाथों हुई।

विजय स्तम्भ

विजय स्तम्भ भारत के राजस्थान के चित्तौड़गढ़ में स्थित एक स्तम्भ या टॉवर है। इसे मेवाड़ नरेश राणा कुम्भा ने महमूद खिलजी के नेतृत्व वाली [[मालवा की सेना पर सारंगपुर की लड़ाई में विजय के स्मारक के रूप में सन् 1440-1448 के मध्य बनवाया था। यह राजस्थान पुलिस और राजस्थान माध्यमिक शिक्षा बोर्ड के प्रतीक चिहन में शामिल है। इसे भारतीय मूर्तिकला का विश्वकोश और हिन्दू देवी देवताओं का अजायबघर कहते हैं।

वास्तुकार :- मंडन, जैता व उसके पुत्र नापा, पुंजा।[कृपया उद्धरण जोड़ें] उपेन्द्रनाथ डे ने इसको(प्रथम मंजिल पर विष्णु मंदिर होने के कारण) विष्णु ध्वज कहा है। ऊंचाई 122 फिट चौड़ाई 30 फिट। 9 मंजिला इमारत। इसे विष्णु स्तम्भ भी कहा जाता हैं।

वास्तु

122 फीट ऊंचा, 9 मंजिला विजय स्तंभ भारतीय स्थापत्य कला की बारीक एवं सुन्दर कारीगरी का नायाब नमूना है, जो नीचे से चौड़ा, बीच में संकरा एवं ऊपर से पुनः चौड़ा डमरू के आकार का है। इसमें ऊपर तक जाने के लिए 157 सीढ़ियाँ बनी हुई हैं। स्तम्भ का निर्माण राणा कुम्भा अपने समय के महान वास्तुशिल्पी मंडन के मार्गदर्शन में उनके बनाये नक़्शे के आधार पर करवाया था। इस स्तम्भ

के आन्तरिक तथा बाह्य भागों पर भारतीय देवी-देवताओं, अद्र्धनारीश्वर, उमा-महेश्वर, लक्ष्मीनारायण, ब्रह्मा, सावित्री, हरिहर, पितामह विष्णु के विभिन्न अवतारों तथा रामायण एवं महाभारत के पात्रों की सैंकड़ों मूर्तियां उत्कीर्ण हैं।

"कुम्भा द्वारा निर्मित विजय स्तम्भ का संबंध मात्र राजनीतिक विजय से नहीं है, वरन् यह भारतीय संस्कृति और स्थापत्य का ज्ञानकोष है।" मुद्राशास्त्र के अंतराष्ट्रीय ख्याति के विद्वान प्रो॰एस॰के॰भट्ट ने स्तम्भ की नौ मंजिलों का सचित्र उल्लेख करते हुए कहा है कि "राजनीतिक विजय के प्रतीक स्तम्भ के रूप में मीनारें बनायी जाती है जबकि यहां इसके प्रत्येक तल में धर्म और संस्कृति के भिन्न-भिन्न आयामों को प्रस्तुत करने के लिए भिन्न-भिन्न स्थापत्य शैली अपनाई गई है।"

इस टावर की 9 वी मंजिल पर कीर्तिस्तम्भ प्रशस्ति लिखी है इसके लेखक अत्रि ओर महेश भट्ट है इन दोनों को अभिकभी के नाम से भी जानते है।

कुम्भलगढ़ दुर्ग

कुम्भलगढ़ दुर्ग राजस्थान के राजसमन्द ज़िले में स्थित एक दुर्ग है। निर्माण कार्य पूर्ण होने पर महाराणा कुम्भा ने सिक्के डलवाये जिन पर दुर्ग और उसका नाम अंकित था। वास्तुशास्त्र के नियमानुसार बने इस दुर्ग में प्रवेश द्वार, प्राचीर, जलाशय, बाहर जाने के लिए संकटकालीन द्वार, महल, मंदिर, आवासीय इमारतें, यज्ञ वेदी, स्तम्भ, छत्रियां आदि बने है।

परिचय

- दुर्ग का निर्माण - राणा कुंभा , 13 मई 1459 को
- देश - भारत
- राज्य - राजस्थान
- जिला - राजसमंद
- संस्थापक - महाराणा कुम्भकर्ण (कुम्भा)
- ऊंचाई - 3568 फिट ऊंची चोटी
- किले की दीवार - 36 किलोमीटर लंबी 21 फीट चौड़ी

विवरण

इस दुर्ग का निर्माण महाराणा कुम्भा ने सन 13 मई 1459 वार शनिवार को कराया था। इस किले को 'अजयगढ' कहा जाता था क्योंकि इस किले पर विजय प्राप्त करना दुष्कर कार्य था। इसके चारों ओर एक बडी दीवार बनी हुई है जो चीन की दीवार के बाद विश्व कि दूसरी सबसे बडी दीवार है। इस किले की दीवारे लगभग 36 किमी लम्बी है और यह किला किला यूनेस्को की सूची में सम्मिलित है। कुम्भलगढ किले को मेवाड की आँख कहते हैं। यह दुर्ग कई घाटियों व पहाड़ियों को मिला कर बनाया गया है जिससे यह प्राकृतिक सुरक्षात्मक आधार पाकर अजय रहा। इस दुर्ग में ऊँचे स्थानों पर महल, मंदिर व आवासीय इमारते बनायीं गई और समतल भूमि का उपयोग कृषि कार्य के लिए किया गया। वहीं ढलान वाले भागो का उपयोग जलाशयों के लिए कर इस दुर्ग को यथासंभव स्वाबलंबी बनाया गया। इस दुर्ग के भीतर एक और गढ़ है जिसे "कटारगढ़" के नाम से जाना जाता है। यह गढ़ सात विशाल द्वारों व सुद्रढ़ प्राचीरों से सुरक्षित है। इस गढ़ के शीर्ष भाग में बादल महल है व कुम्भा महल सबसे ऊपर है।

महाराणा प्रताप की जन्म स्थली कुम्भलगढ़ एक तरह से मेवाड़ की संकटकालीन राजधानी रहा है। महाराणा कुम्भा से लेकर महाराणा राज सिंह के समय तक मेवाड़ पर हुए आक्रमणों के समय राजपरिवार इसी दुर्ग में रहा। यहीं पर कुंवर पृथ्वीराज और राणा सांगा का बचपन बीता था। उड़वा राजकुमार कुंवर पृथ्वीराज की छतरी भी इस दुर्ग में देखी जाती है | महाराणा उदय सिंह को भी पन्ना धाय ने इसी दुर्ग में छिपा कर पालन पोषण किया था। हल्दी घाटी के युद्ध के बाद महाराणा प्रताप भी काफी समय तक इसी दुर्ग में रहे। इस दुर्ग के बनने के बाद ही इस पर आक्रमण शुरू हो गए लेकिन एक बार को छोड़ कर ये दुर्ग प्राय: अजय ही रहा है लेकिन इस दुर्ग की कई दुखांत घटनाये भी है जिस महाराणा कुम्भा को कोई नहीं हरा सका वही शुरवीर महाराणा कुम्भा इसी दुर्ग में अपने पुत्र ऊदा सिंह द्वारा राज्य पिपासा में मारे गए। कुल मिलाकर दुर्ग ऐतिहासिक विरासत की शान और शूरवीरों की तीर्थ स्थली रहा है। माड गायक इस दुर्ग की प्रशंसा में अक्सर गीत गाते हैं :

कुम्भलगढ़ कटारगढ़ पाजिज अवलन फेर।

संवली मत दे साजना, बसुंज, कुम्भल्मेर॥

इस किले की ऊँचाई के संबंध में अबुल फजल ने लिखा है कि "यह दुर्ग इतनी बुलंदी पर बना हुआ है कि नीचे से ऊपर की तरफ देखने पर सिर से पगड़ी गिर

जाती है।" कर्नल जेम्स टॉड ने दुर्भेद्य स्वरूप की दृष्टि से चित्तौड़ के बाद इस दुर्ग को रखा है तथा इस दुर्ग की तुलना (सुदृढ़ प्राचीर, बुर्जों तथा कंगूरों के कारण) 'एट्रस्कन' से की है।

किले का स्थापत्य व अन्य स्थल

दुर्ग की प्राचीर 36 मील लम्बी व 7 meter ही चौड़ी है जिस पर चार घुड़सवार एक साथ चल सकते हैं, इसलिए इसे भारत की महान दीवार के नाम से जाना जाता है।

किले के उत्तर की तरफ का पैदल रास्ता 'टूट्या का होड़ा' तथा पूर्व की तरफ हाथी गुढ़ा की नाल में उतरने का रास्ता दाणीवहा' कहलाता है। किले के पश्चिम की तरफ का रास्ता 'हीराबारी' कहलाता है जिसमें थोड़ी ही दूर पर किले की तलहटी में महाराणा रायमल के 'कुँवर पृथ्वीराज की छतरी' बनी है, इसे 'उड़वाँ राजकुमार' के नाम से जाना जाता है। पृथ्वीराज स्मारक पर लगे लेख में पृथ्वीराज के घोड़े का नाम 'साहण' दिया गया है।

किले में घुसने के लिए आरेठपोल, हल्लापोल, हनुमानपोल तथा विजयपाल आदि दरवाजे हैं। कुम्भलगढ़ के किले के भीतर एक लघु दुर्ग कटारगढ़' स्थित है

जिसमें 'झाली रानी का मालिया' महल प्रमुख है।

इस दुर्ग में मंदिर वास्तुकला और स्थापत्य कला दर्शनीय है।

नीलकंठ महादेव मंदिर,चांमुडाली देवी का मंदिर प्राचीन काल से लेकर वर्तमान समय तक सुरक्षित और भव्य है।

कटारगढ़ लघुदुर्ग में उदयसिंह का पालन पोषण ओर राज्याभिषेक हुआ।

कर्नल जेम्स टोड़ ने कुम्भलगढ़ दुर्ग को ऐड्क्शन की उपमा दी।

कुम्भलगढ़ दुर्ग का निर्माण महाराणा कुम्भा ने अपनी महारानी के लिए करवाया था।

इस दुर्ग मे क़रीब 360 हिंदू ऐवम जैन मंदिर बने हुऐ हैं।

राणा सांगा

राणा सांगा (महाराणा संग्राम सिंह) (12 अप्रैल 1482 - 30 जनवरी 1528) (राज 1509-1528) उदयपुर में सिसोदिया राजपूत राजवंश के राजा थे तथा राणा रायमल के सबसे छोटे पुत्र थे।

परिचय

महाराणा संग्राम सिंह, महाराणा कुंभा के बाद,सबसे प्रसिद्ध महाराजा थे। मेवाड़ में सबसे महत्वपूर्ण शासक। इन्होंने अपनी शक्ति के बल पर मेवाड़ साम्राज्य का विस्तार किया और उसके तहत राजपूताना के सभी राजाओं को संगठित किया। राणा रायमल की मृत्यु के बाद, 1509 में, राणा सांगा मेवाड़ के महाराणा बन गए। राणा सांगा ने अन्य राजपूत सरदारों के साथ सत्ता का आयोजन किया।

राणा सांगा ने मेवाड़ में 1509 से 1528 तक शासन किया, जो आज भारत के राजस्थान प्रदेश में स्थित है। राणा सांगा ने विदेशी आक्रमणकारियों के विरुद्ध सभी राजपूतों को एक किया। राणा सांगा सही मायनों में एक वीर योद्धा व शासक थे जो अपनी वीरता और उदारता के लिये प्रसिद्ध हुए।

इन्होंने दिल्ली, गुजरात, व मालवा मुगल बादशाहों के आक्रमणों से अपने राज्य की रक्षा की। उस समय के वह सबसे शक्तिशाली राजा थे।

फरवरी 1527 ई. में खानवा के युद्ध से पूर्व बयाना के युद्ध में राणा सांगा ने मुगल सम्राट बाबर की सेना को परास्त कर बयाना का किला जीता | खानवा की लड़ाई में हसन खां मेवाती राणाजी के सेनापति थे। युद्ध में राणा सांगा के कहने पर राजपूत राजाओं ने पाती पेरवन परम्परा का निर्वाहन किया।

बयाना के युद्ध के पश्चात् 16 मार्च,1527 ई. में खानवा के मैदान में राणा सांगा घायल हो गए। ऐसी अवस्था में राणा सांगा जी को युद्ध मैदान से बाहर निकलना पडा। और उनकी जगह उनके परम मित्र राज राणा अजजा झाला ने ली । उन्होंने अपनी वीरता से दूसरों को प्रेरित किया। इनके शासनकाल में मेवाड़ अपनी समृद्धि की सर्वोच्च ऊँचाई पर था। एक धर्मपरनय राजा की तरह इन्होंने अपने राज्य की रक्षा तथा उन्नति की।

राणा सांगा इतने वीर थे की एक भुजा, एक आँख, एक टांग खोने व अनगिनत ज़ख्मों के बावजूद उन्होंने अपना महान पराक्रम नहीं खोया, सुलतान मोहम्मद शाह माण्डु के युद्ध में हराने व बन्दी बनाने के बाद उन्हें उनका राज्य पुनः उदारता के साथ सौंप दिया, यह उनकी बहादुरी को दर्शाता है।खानवा की लड़ाई में राणाजी को लगभग 80 घाव लगे थे अतः राणा सांगा को सैनिकों का भग्नावशेष भी कहा जाता है। बाबर भी अपनी आत्मकथा मैं लिखता है कि "राणा सांगा अपनी वीरता और तलवार के बल पर अत्यधिक शक्तिशाली हो गया है। वास्तव में उसका राज्य चित्तौड़ में था। मांडू के सुल्तानों के राज्य के पतन के कारण उसने बहुत-से स्थानों पर अधिकार जमा लिया। उसका मुल्क 10 करोड़ की आमदनी का था, उसकी सेना में एक लाख सवार थे। उसके साथ 7 राव और 104 छोटे सरदार थे। उसके तीन उत्तराधिकारी भी यदि वैसे ही वीर और योग्य होते मुगलों का राज्य हिंदुस्तान में जमने न पाता

प्रारंभिक जीवन

राणा रायमल के चार पुत्रों ([[पृथ्वीराज सिसोदिया, जयमल तथा राणा सांगा तथा सेसां तथा 2 पुत्रिया थी एक जीवित पुत्री आनन्दीबाई थी।) मेवाड़ के सिंहासन के लिए संघर्ष प्रारंभ हो जाता है। एक भविष्यकर्त्ता के अनुसार सांगा को मेवाड़ का शासक बताया जाता है ऐसी स्थिति में कुंवर पृथ्वीराज व जगमाल अपने भाई राणा सांगा को मौत के घाट उतारना चाहते थे परंतु सांगा किसी प्रकार यहाँ से बचकर अजमेर पलायन कर जाते हैं तब सन् 1509 में अजमेर के कर्मचन्द पंवार की सहायता से राणा सांगा को मेवाड़ राज्य प्राप्त हुआ।

सैन्य वृति

मुगल साम्राज्य के संस्थापक बाबर ने अपने संस्मरणों में कहा है कि राणा सांगा हिंदुस्तान में सबसे शक्तिशाली शासक थे, जब उन्होंने इस पर आक्रमण किया, और कहा कि "उन्होंने अपनी वीरता और तलवार से अपने वर्तमान उच्च गौरव को प्राप्त किया।" 80 हज़ार घोड़े, उच्चतम श्रेणी के 7 राजा, 9 राव और 104 सरदारों व रावल, 500 युद्ध हाथियों के साथ युद्ध लडे। अपने चरम पर, संघ युद्ध के मैदान में 100,000 राजपूतों का बल जुटा सकते थे। मालवा, गुजरात और लोधी सल्तनत की संयुक्त सेनाओं को हराने के बाद मुसलमानों पर अपनी जीत के बाद, वह उत्तर भारत का सबसे शक्तिशाली राजा बन गए। कहा जाता है कि सांगा ने 100 लड़ाइयां लड़ी थीं और विभिन्न संघर्षों में उनकी आँख तथा हाथ और पैर खो गए थे।

शासन

महाराणा सांगा ने सभी राजपूत राज्यो को संगठित किया और सभी राजपूत राज्य को एक छत्र के नीचे लाएं। उन्होंने सभी राजपूत राज्यो संधि की और इस प्रकार महाराणा सांगा ने अपना साम्राज्य उत्तर में पंजाब सतलुज नदी से लेकर दक्षिण में मालवा को जीतकर नर्मदा नदी तक कर दिया। पश्चिम में में सिंधु नदी से लेकर पूर्व में बयाना भरतपुर ग्वालियर तक अपना राज्य विस्तार किया इस प्रकार मुस्लिम सुल्तानों की डेढ़ सौ वर्ष की सत्ता के पश्चात इतने बड़े क्षेत्रफल हिंदू साम्राज्य कायम हुआ इतने बड़े क्षेत्र वाला हिंदू सम्राज्य दक्षिण में विजयनगर सम्राज्य ही था। दिल्ली सुल्तान इब्राहिम लोदी को खातौली व बाड़ी के युद्ध में 2 बार परास्त किया और और गुजरात के सुल्तान को हराया व मेवाड़ की तरफ बढ़ने

से रोक दिया। बाबर को खानवा के युद्ध में पूरी तरह से राणा ने परास्त किया और बाबर से बयाना का दुर्ग जीत लिया। इस प्रकार राणा सांगा ने भारतीय इतिहास पर एक अमिट छाप छोड़ दी। 16वी शताब्दी के सबसे शक्तिशाली शासक थे इनके शरीर पर 80 घाव थे। इनको हिंदुपत की उपाधि दी गयी थी। इतिहास में इनकी गिनती महानायक तथा वीर के रूप में की जाती हैं।

मालवा पर विजय

1519 में गुजरात और मालवा की संयुक्त मुस्लिम सेनाओं के बीच राजस्थान में गागरोन के निकट राणा सांगा के नेतृत्व में गागरोण की लड़ाई लड़ी गई थी।[5] राजपूत संघ की जीत ने उन्हें चंदेरी किले के साथ-साथ मालवा के अधिकांश हिस्सों पर अधिकार कर लिया। सिलवाडी और मेदिनी राय जैसे शक्तिशाली राजपूत नेताओं के समर्थन के कारण मालवा की विजय राणा साँगा के लिए आसान हो गई। मेदिनी राय ने चंदेरी को अपनी राजधानी बनाया और राणा साँगा का एक विश्वसनीय जागीरदार बन गया। राणा साँगा चितौड़ से एक बड़ी सेना के साथ राव मेड़मदेव के अधीन राठौरों द्वारा प्रबलित, और महमूद खिलजी द्वितीय से गुजरात असफ़िलियों के साथ आसफ़ ख़ान से मिला। जैसे ही लड़ाई शुरू हुई राजपूत घुड़सवार सेना ने गुजरात कैवेलरी के माध्यम से एक भयंकर हमला किया, कुछ अवशेष जो बिखरने से बचे। राजपूत घुड़सवार गुजरात के सुदृढीकरण को पार करने के बाद मालवा सेना की ओर बढ़े। सुल्तान की सेनाएँ राजपूत घुड़सवार सेना का सामना करने में असमर्थ थीं और बुरी हार का सामना करना पड़ा। उनके अधिकांश अधिकारी मारे गए और सेना का लगभग सर्वनाश हो गया। आसफ खान के बेटे को मार दिया गया था, और खुद आसफ खान ने उड़ान में सुरक्षा की मांग की थी। सुल्तान महमूद,घायल अवस्था में कैद किया गया । मालवा में जीत और हिंदू शासन को बहाल करने के बाद, सांगा ने शाह को क्षेत्र के हिंदुओं से जजिया कर हटाने का आदेश दिया।

गुजरात पर विजय

इदर राज्य के उत्तराधिकार के सवाल पर, गुजरात के सुल्तान, मुजफ्फर शाह, और राणा ने कट्टर दावेदारों का समर्थन किया। 1520 में, सांगा ने इदर सिंहासन पर रायमल की स्थापना की, जिसके साथ मुजफ्फर शाह ने अपने सहयोगी भारमल

को स्थापित करने के लिए एक सेना भेजी। सांगा खुद इदर पहुंचे और सुल्तान की सेना को पीछे कर दिया गया। राणा ने गुजराती सेना का पीछा किया और अहमदाबाद के रूप में सुल्तान की सेना का पीछा करते हुए गुजरात के अहमदनगर और विसनगर के शहरों को जीत लिया

लोदी पे विजय

लड़ाई

1518 में सिकंदर लोदी की मृत्यु पर, उनके पुत्र इब्राहिम लोदी दिल्ली सल्तनत में लोदी वंश के नए सुल्तान बने। जब राणा साँगा के अतिक्रमण की खबरें उनके पास पहुँचीं, वो अपने रईसों के विद्रोह को रोकने में लगे हुए थे। उन्होंने एक सेना तैयार की और मेवाड़ के खिलाफ मार्च किया। राणा सांगा ने भी राजपूत योद्धाओं की एक बड़ी सेना तैयार की थी और उनसे मिलने के लिए आगे बढ़े। दोनों सेनाएँ हरवती की सीमाओं पर खतोली गाँव (वर्तमान लखेरी राजस्थान में) के पास मिले।

इब्राहिम लोदी की सेना राजपूतों के हमले को बर्दाश्त नहीं कर सकी और पांच घंटे तक चली लड़ाई के बाद, सुल्तान और उनकी सेना लड़ाई के मैदान से भाग गई, और लोदी राजकुमार राणा सांगा के कैद में फस गया। कुछ दिनों के बाद फिरौती के भुगतान पर राजकुमार को रिहा कर दिया गया। राणा साँगा ने तलवार से काटकर एक हाथ खो दिया, और एक तीर भी उसके पैर में जा लगा, जिस से जीवन भर के लिए लंगड़े हो गए।[2]

परिणाम

सांगा के साथ इस युद्ध से इब्राहिम के संसाधन समाप्त हो गए थे इसलिए वह कुछ समय के लिए प्रतियोगिता का नवीनीकरण नहीं कर सका। हालांकि, उन्होंने खतोली में राणा साँगा द्वारा की गई विनाशकारी हार के लिए महाराणा सांगा पर प्रतिशोध की मांग की। जब इस्लाम खान का विद्रोह, जिसने गंभीर अनुपात मान लिया था, को दबा दिया गया, तो सुल्तान इब्राहिम लोदी ने मेवाड़ पर हमला करने के लिए एक और बड़ी सेना तैयार की। लेकिन एक बार फिर राजपूतों और राणा साँगा की सेनाओं ने धौलपुर के युद्ध में लोदी को पराजित किया।

धौलपुर की लड़ाई

मेवाड़ के बीच राणा सांगा और लोदी वंश इब्राहिम लोदी के बीच लड़ा गया था। राणा साँगा ने लोदी को खतोली का युद्ध में पराजित करने के बाद धौलपुर में इब्राहिम लोदी को हराया।.

इब्राहिम लोदी राणा साँगा के हाथों खतोली का युद्ध में उनकी हार के कारण सेहतमंद था। इसका बदला लेने के लिए, उन्होंने बड़ी तैयारी की और राणा साँगा के खिलाफ चले गए। मालवा और गुजरात के सुल्तानों के साथ संघर्ष के कारण राजपूत सेनाएँ खिंच गईं। इब्राहिम लोदी राजपूतों को कुचलने के लिए इस स्थिति का लाभ उठाने के लिए उत्सुक था। धौलपुर, राजपूत के पास लड़ी गई गर्म कार्रवाई में, जैसा कि पहले की कार्रवाई में, एक उग्र आरोप था। "इसकी गति के तहत, लोदी सेना एक आंधी में पकड़े गए मृत पत्तियों की तरह बिखर गई". इब्राहिम लोदी एक बार फिर दंग रह गया और राणा साँगा ने इस जीत के बाद अधिकांश वर्तमान राजस्थान को जीत लिया।

लड़ाई

जब इब्राहिम लोदी की सेना राणा सांगा के क्षेत्र में पहुंची, तो महाराणा तेजी से अपने राजपूतो के साथ आगे बढ़े। जैसे ही धौलपुर के पास दोनों सेनाएँ एक दूसरे की दृष्टि में आईं,मियां माखन ने लड़ाई के लिए मतभेद बनाए। सईद खान फराट और हाजी खान को दाईं ओर रखा गया, दौलत खान ने केंद्र की कमान संभाली, अल्लाहदाद खान और यूसुफ खान को बाईं ओर रखा गया। इब्राहिम लोदी की सेना महाराणा को गर्मजोशी से स्वागत देने के लिए पूरी तरह तैयार थी।

राजपूत ने एक घुड़सवार सेना के साथ लड़ाई शुरू की, जिसका नेतृत्व व्यक्तिगत रूप से [[राणा सांगा] ने किया था।, उनके आदी वीरता के साथ उनके घुड़सवार, उन्नत और इब्राहिम लोदी की सेना पर गिर गए, और कुछ ही समय में दुश्मन को भगा दिया । "कई बहादुर और योग्य पुरुषों को शहीद बनाया गया और अन्य लोग बिखर गए".[4] राजपूतों ने इब्रा।हिम लोदी की सेना को बयाना तक धकेल दिया।

हुसैन खान ने दिल्ली से अपने साथी रईसों को ताना मारा: "यह एक सौ अफ़सोस की बात है कि 30,000 घुड़सवारों को इतने कम हिंदुओं से हारना चाहिए था।"

परिणाम

इस जीत के द्वारा, मालवा के प्रत्येक भाग को मांडू के सुल्तान महमूद खिलजी द्वितीय के छोटे भाई मुहम्मद शाह (साहिब खान) ने छीन लिया था। अपने भाई के खिलाफ विद्रोह के दौरान, और बाद में सुल्तान सिकंदर लोदी, जिसे सुल्तान के पिता इब्राहिम लोदी ने अपने कब्जे में ले लिया, अब मेवाड़ के महाराणा संग्राम सिंह सिसोदिया के हाथों में पड़ गया।चंदेरी कई स्थानों में से एक था जो महाराणा के हाथों में आ गया, जो फिर इसे मेदिनी राय को उपहार के रूप में देते हैं।

मुगलों से संघर्ष

बाबर धीरे धीरे छोटी छोटी सल्तनतों को अपने कब्जे में लेने लग गया एवं भारत को पूर्ण रूप से मुगलिया सल्तनत में बदल दिया21 अप्रैल 1526 को, तैमूरिद राजा बाबर ने पांचवीं बार भारत पर आक्रमण किया और पानीपत की पहली लड़ाई में इब्राहिम लोधी को हराया और उसे मार डाला। युद्ध के बाद, संघ ने पृथ्वीराज कछवाह के बाद पहली बार कई राजपूत वंशों को एकजुट किया और 100,000 राजपूतों की एक सेना बनाई और आगरा के लिए उन्नत किया।

राणा साँगा ने पारंपरिक तरीके से लड़ते हुए मुग़ल रैंकों पर आरोप लगाया। उनकी सेना को बड़ी संख्या में मुगल बाहुबलियों द्वारा गोली मार दी गई, कस्तूरी के शोर ने राजपूत सेना के घोड़ों और हाथियों के बीच भय पैदा कर दिया, जिससे वे अपने स्वयं के लोगों को रौंदने लगे। राणा साँगा को मुग़ल केंद्र पर आक्रमण करना असंभव लग रहा था, उसने अपने आदमियों को मुग़ल गुटों पर हमला करने का आदेश दिया। दोनों गुटों में तीन घंटे तक लड़ाई जारी रही, इस दौरान मुगलों ने राजपूत राजाओ पर कस्तूरी और तीर से फायर किया, जबकि राजपूतों ने केवल करीबियों में जवाबी कार्रवाई की। "पैगन सैनिकों के बैंड के बाद बैंड ने अपने पुरुषों की मदद करने के लिए एक दूसरे का अनुसरण किया, इसलिए हमने अपनी बारी में टुकड़ी को टुकड़ी के बाद उस तरफ हमारे लड़ाकू विमानों को मजबूत करने के लिए भेजा।" बाबर ने अपने प्रसिद्ध तालकामा या पीनिस आंदोलन का उपयोग करने के प्रयास किए, हालांकि उसके लोग इसे पूरा करने में असमर्थ थे, दो बार उन्होंने राजपूतों को पीछे धकेल दिया, लेकिन राजपूत घुड़सवारों के अथक हमलों के कारण वे अपने पदों से पीछे हटने के लिए मजबूर हो गए। लगभग इसी समय,

रायसेन की सिल्हदी ने राणा की सेना को छोड़ दिया और बाबर के पास चली गई। सिल्हदी के दलबदल ने राणा को अपनी योजनाओं को बदलने और नए आदेश जारी करने के लिए मजबूर किया। इस दौरान, राणा को एक गोली लगी और वह बेहोश हो गया, जिससे राजपूत सेना में बहुत भ्रम पैदा हो गया और थोड़े समय के लिए लड़ाई में खामोश हो गया। बाबर ने अपने संस्मरणों में इस घटना को "एक घंटे के लिए अर्जित किए गए काफिरों के बीच बने रहने" की बात कहकर लिखा है। अजा नामक एक सरदार ने अजजा को राणा के रूप में काम किया और राजपूत सेना का नेतृत्व किया, जबकि राणा अपने भरोसेमंद लोगों के एक समूह द्वारा छिपा हुआ था। झल्ल। अजा एक गरीब जनरल साबित हुआ, क्योंकि उसने अपने कमजोर केंद्र की अनदेखी करते हुए मुगल flanks पर हमले जारी रखे। राजपूतों ने अपने हमलों को जारी रखा लेकिन मुगल फ्लैक्स को तोड़ने में विफल रहे और उनका केंद्र गढ़वाले मुगल केंद्र के खिलाफ कुछ भी करने में असमर्थ था। जदुनाथ सरकार ने निम्नलिखित शब्दों में संघर्ष की व्याख्या की है:

"In the centre the Rajputs continued to fall without being able to retaliate in the least or advance to close grips. They were hoplessly outlclassed in weapon and their dense masses only increased their hopeless slaughter, as every bullet found its billet." Babur, after noticing the weak Rajput centre, ordered his men to take the offensive. The Mughal attack pushed the Rajputs back and forced the Rajput commanders to rush to the front, resulting in the death of many.The Rajputs were now leaderless as most of their senior commanders were dead and their unconsious king had been moved out of the battle. They made a desperate charge on the Mughal left and right flanks like before, "here their bravest were mown down and the battle ended in their irretrievable defeat"

राजपूतों और उनके सहयोगियों को हराया गया था, शवों को बयाना, अलवर और मेवात तक पाया जा सकता है। पीछा करने की लंबी लड़ाई के बाद मुग़ल बहुत थक गए थे और बाबर ने स्वयं मेवाड़ पर आक्रमण करने का विचार छोड़ दिया था।

अपनी जीत के बाद, बाबर ने दुश्मन की खोपड़ी के एक टॉवर को खड़ा करने का आदेश दिया, तैमूर ने अपने विरोधियों के खिलाफ, उनकी धार्मिक मान्यताओं के बावजूद, एक अभ्यास तैयार किया। चंद्रा के अनुसार, खोपड़ी का टॉवर बनाने का उद्देश्य सिर्फ एक महान जीत दर्ज करना नहीं था, बल्कि विरोधियों को आतंकित करना भी था। इससे पहले, उसी रणनीति का उपयोग बाबर ने बाजौर के अफगानों

के खिलाफ किया था। पानीपत की तुलना में लड़ाई अधिक ऐतिहासिक थी क्योंकि इसने राजपूत शक्तियों में मरने के डर को पुनर्जीवित करते हुए उत्तर भारत के बाबर को निर्विवाद मास्टर बना दिया था।

मृत्यु

केवी कृष्णा राव के अनुसार, राणा सांगा बाबर को उखाड़ फेंकना चाहते थे, क्योंकि वह उन्हें भारत में एक विदेशी शासक मानते थे और दिल्ली और आगरा पर कब्जा करके अपने क्षेत्रों का विस्तार करने के लिए, राणा को अफ़गानों के नेता हसन खाँ मेवाती और मृतक सुल्तान इब्राहिम लोदी का भाई महमूद लोदी ने राणा सांगा का समर्थन किया। राणा ने 21 फरवरी 1527 को मुगल अग्रिम पहरे पर हमला किया और इसे खत्म कर दिया। बाबर द्वारा भेजे गए पुनर्मूल्यांकन समान भाग्य से मिले। हालाँकि, 30 जनवरी 1528 को, सांगा की मृत्यु चित्तौड़ में हुई, जो कि अपने ही सरदारों द्वारा जहर देकर मारा गया था, जिन्होंने बाबर के साथ लड़ाई को आत्मघाती बनाने के लिए नए सिरे से योजना बनाई थी। यह सुझाव दिया जाता है कि बाबर की तोपें नहीं थीं, हो सकता है कि सांगा ने बाबर के खिलाफ ऐतिहासिक जीत हासिल की हो। इतिहासकार प्रदीप बरुआ ने ध्यान दिया कि बाबर के तोपों ने भारतीय युद्ध में पुरानी प्रवृत्तियों को समाप्त कर दिया था।

उदयसिंह द्वितीय

उदयसिंह द्वितीय (जन्म 04 अगस्त 1522 ~ 28 फरवरी 1572 ,चित्तौड़गढ़ दुर्ग, राजस्थान, भारत) मेवाड़ के एक महाराणा और उदयपुर शहर के संस्थापक थे। ये मेवाड़ साम्राज्य के 53वें शासक थे। उदयसिंह मेवाड़ के शासक राणा सांगा (संग्राम सिंह) के चौथे पुत्र थे[1] जबकि बूंदी की रानी, कर्णावती इनकी माँ थीं।

व्यक्तिगत जीवन

उदयसिंह का जन्म चित्तौड़गढ़ में अगस्त 1522 में हुआ था। इनके पिता महाराणा सांगा के निधन के बाद रतन सिंह द्वितीय को नया शासक नियुक्त किया गया। रत्न सिंह ने 1531 में शासन किया था।राणा विक्रमादित्य सिंह के शासनकाल के दौरान तुर्की के सुल्तान गुजरात के बहादुर शाह ने चित्तौड़गढ़ पर 1534 में हमला कर दिया था, इस कारण उदयसिंह को बूंदी भेज दिया था ताकि उदयसिंह सुरक्षित रह सके। 1537 में बनवीर ने विक्रमादित्य का गला घोंटकर हत्या कर दी थी और उसके बाद उन्होंने उदयसिंह को भी मारने का प्रयास किया लेकिन उदयसिंह की धाय पन्ना धाय ने उदयसिंह को बचाने के लिए अपने पुत्र चन्दन का बलिदान दे दिया था इस कारण उदयसिंह ज़िंदा रह सके थे ,पन्ना धाय ने यह जानकारी किसी को नहीं दी थी कि बनवीर ने जिसको मारा है वो उदयसिंह नहीं बल्कि उनका पुत्र चन्दन था। इसके बाद पन्ना धाय बूंदी में रहने लगी। लेकिन उदयसिंह को आने जाने और मिलने की अनुमति नहीं दी।और उदयसिंह को खुफिया तरीक से कुम्भलगढ़ में 2 सालों तक रहना पड़ा था।

इसके बाद 1540 में कुम्भलगढ़ में उदयसिंह का राजतिलक किया गया और मेवाड़ का राणा बनाया गया। उदयसिंह के सबसे बड़े पुत्र का नाम महाराणा प्रताप था जबकि पहली पत्नी का नाम महारानी जयवंताबाई था।कुछ किवदन्तियों के अनुसार उदयसिंह की कुल 22 पत्नियां और 56 पुत्र और 22 पुत्रियां थी। उदयसिंह की दूसरी पत्नी का नाम सज्जा बाई सोलंकी था जिन्होंने शक्ति सिंह और विक्रम सिंह को जन्म दिया था जबकि जगमाल सिंह ,चांदकंवर और मांकनवर को जन्म धीरबाई भटियानी ने दिया था ,ये उदयसिंह की सबसे पसंदीदा पत्नी थी। इनके अलावा इनकी चौथी पत्नी रानी वीरबाई झाला थी जिन्होंने जेठ सिंह को जन्म दिया था।

कार्य

1541 ईस्वी में वे मेवाड़ के राणा हुए और कुछ ही दिनों के बाद अकबर ने मेवाड़ की राजधानी चित्तौड़ पर चढ़ाई की। हजारों मेवाड़ियों की मृत्यु के बाद जब लगा कि गढ़ अब न बचेगा तब जयमल और फत्ता आदि वीरों के हाथ में उसे छोड़ उदयसिंह अरावली के घने जंगलों में चले गए। वहाँ उन्होंने नदी की बाढ़ रोक उदयसागर नामक सरोवर का निर्माण किया था। वहीं उन्होंने अपनी नई राजधानी उदयपुर बसाई। चित्तौड़ के विध्वंस के चार वर्ष बाद उदयसिंह का देहांत हो गया था और अगला शासक जगमाल सिंह को बनाया गयाथा लेकिन कुछ ही दिनों बाद जगमाल को हटा कर महाराणा प्रताप को गद्दी पर बैठाया गया।

युद्ध

उदयसिंह की कोई बड़ी उपलब्धियां नहीं रही. सैनिक सफलता के पैमाने पर संभवत यह गुहिल वंश के सबसे कमजोर शासक साबित हुए. 1543 में जब शेरशाह सूरी ने चित्तौड़ पर आक्रमण करने की खबर आई तो इन्होने अपने दूत को भिजवाकर किले की चाबियां सूरी को सौंप दी थी. ऐसा करके इन्होने किले के नुक्सान को तो बचा लिया मगर लड़ने से पहले ही हार स्वीकार कर ली थी. इन्होने अरावली की उपत्यकाओं के मध्य उदयपुर शहर की स्थापना की.

पन्ना धाय

पन्ना (पन्नाधाय) को सर्वोत्कृष्ट बलिदान के लिए जाना जाता है जिन्होंने 1536 ईस्वी में अपने एकमात्र पुत्र चंदन की बाल्यावस्था में ही बलिदान देकर मेवाड़ राज्य के कुलदीपक उदयसिंह की रक्षा की थी।

जीवन

विश्व इतिहास में पन्ना के त्याग जैसा दूसरा दृष्टांत अनुपलब्ध है। अविस्मरणीय बलिदान, त्याग, साहस, स्वाभिमान एवं स्वामिभक्ति के लिए पन्नाधाय का नाम इतिहास में स्वर्णाक्षरों में अंकित है। वह एक कर्तव्यनिष्ठ साहसी महिला थी। पन्ना धाय, राणा सांगा के पुत्र राणा उदयसिंह की धाय माँ थी।पन्ना सर्वस्व स्वामी को अर्पण करने के लिये जानी वाली राणा साँगा के पुत्र उदयसिंह को माँ के स्थान पर दूध पिलाने के कारण पन्ना 'धाय माँ' कहलाई थी।

चित्तौड़ राज्य में सेवारत वीर सैनिक कमेरी गांव के चैहान गोत्रीय लालाजी गुर्जर के पुत्र श्री सूरजमल से पन्ना का विवाह हुआ।

पन्ना का पुत्र चन्दन और राजकुमार उदयसिंह साथ-साथ बड़े हुए थे। पन्नाधाय ने उदयसिंह की माँ रानी कर्णावती के सामूहिक आत्म बलिदान द्वारा स्वर्गारोहण पर बालक की परवरिश करने का दायित्व संभाला था।

पन्ना का बलिदान

दासी का पुत्र बनवीर चित्तौड़ का शासक बनना चाहता था। बनवीर एक रात महाराणा विक्रमादित्य की हत्या करके उदयसिंह को मारने के लिए उसके महल की ओर चल पड़ा। एक विश्वस्त सेवक द्वारा पन्ना धाय को इसकी पूर्व सूचना मिल गई। पन्ना राजवंश और अपने कर्तव्यों के प्रति सजग थी व उदयसिंह को बचाना चाहती थी। उसने उदयसिंह को एक बांस की टोकरी में सुलाकर उसे पत्तलों से ढककर एक बारी जाती की महिला साथ चित्तौड़ से बाहर भेज दिया। बनवीर को धोखा देने के उद्देश्य से अपने पुत्र को उदयसिंह के पलंग पर सुला दिया। बनवीर रक्तरंजित तलवार लिए उदयसिंह के कक्ष में आया और उसके बारे में पूछा। पन्ना ने उदयसिंह के पलंग की ओर संकेत किया जिस पर उसका पुत्र सोया था। बनवीर ने पन्ना के पुत्र को उदयसिंह समझकर मार डाला। पन्ना अपनी आँखों के सामने अपने पुत्र के वध को अविचलित रूप से देखती रही। बनवीर को पता न लगे इसलिए वह आंसू भी नहीं बहा पाई। बनवीर के जाने के बाद अपने मृत

पुत्र की लाश को चूमकर राजकुमार को सुरक्षित स्थान पर ले जाने के लिए निकल पड़ी। उन्होने अपने कर्तव्य-पूर्ति में अपने पुत्र का बलिदान देकर मेवाड़ राजवंश को बचाया।

उदयसिंह का महाराणा बनना

पन्ना और दूसरे विश्वासपात्र सेवक उदयसिंह को लेकर मुश्किलों का सामना करते हुए कुम्भलगढ़ पहुँचे। कुम्भलगढ़ का क़िलेदार, आशा देपुरा था, जो राणा सांगा के समय से ही इस क़िले का क़िलेदार था। आशा की माता ने आशा को प्रेरित किया और आशा ने उदयसिंह को अपने साथ रखा। उस समय उदयसिंह की आयु 15 वर्ष की थी। कुम्भलगढ़ आते ही उदयसिंह के नाम से पट्टे-परवाने निकलने आरंभ हो गए थे । मेवाड़ी उमरावों ने उदयसिंह को 1536 में महाराणा घोषित कर दिया। उदयसिंह ने 1540 में चित्तौड़ पर अधिकार किया।

स्वामिभक्ती

मेवाड़ के इतिहास में जिस गौरव के साथ प्रात: स्मरणीय महाराणा प्रताप को याद किया जाता है, उसी गौरव के साथ पन्ना धाय का नाम भी लिया जाता है, जिसने स्वामिभक्ती को सर्वोपरि मानते हुए अपने पुत्र चन्दन का बलिदान दे दिया था। इतिहास में पन्ना धाय का नाम स्वामिभक्ती के लिये प्रसिद्ध है।

महाराणा प्रताप

हाराणा प्रताप सिंह सिसोदिया (ज्येष्ठ शुक्ल तृतीया रविवार विक्रम संवत 1597 तदनुसार 9 मई 1540 – 19 जनवरी 1597) उदयपुर, मेवाड़ में सिसोदिया राजवंश के राजा थे। उनका नाम इतिहास में वीरता, शौर्य, त्याग, पराक्रम और दृढ प्रण के लिये अमर है। उन्होंने मुगल बादशहा अकबर की अधीनता स्वीकार नहीं की और कई सालों तक संघर्ष किया। महाराणा प्रताप सिंह ने मुगलों को कई बार युद्ध में भी हराया और पूरे मुगल साम्राज्य को घुटनो पर ला दिया

उनका जन्म वर्तमान राजस्थान के कुम्भलगढ़ में महाराणा उदयसिंह एवं माता रानी जयवन्ताबाई के घर हुआ था। लेखक जेम्स टॉड के अनुसार महाराणा

प्रताप का जन्म मेवाड़ के कुम्भलगढ़ में हुआ था। इतिहासकार विजय नाहर के अनुसार राजपूत समाज की परंपरा व महाराणा प्रताप की जन्म कुण्डली व कालगणना के अनुसार महाराणा प्रताप का जन्म पाली के राजमहलों में हुआ।

महाराणा प्रताप का जन्म पाली जिले में हुआ था और उनका ननिहाल पाली में था मुंशी देवी प्रसाद द्वारा रचित सरस्वती के भाग 18 में सात पंक्तियां में ताम्र पत्र उल्लेखित है

और सोमानी रचित पुस्तक में महाराणा प्रताप द्वारा ब्राह्मणों को दान की गई भूमि का उल्लेख है इन स्रोतों से सत्य है की महाराणा प्रताप के ननिहाल की भूमि का उल्लेख पाली का करना उचित है

जन्म स्थान

महाराणा प्रताप के जन्मस्थान के प्रश्न पर दो धारणाएँ है। पहली महाराणा प्रताप का जन्म कुम्भलगढ़ दुर्ग में हुआ था क्योंकि महाराणा उदयसिंह एवम जयवंताबाई का विवाह कुंभलगढ़ महल में हुआ। दूसरी धारणा यह है कि उनका जन्म पाली के राजमहलों में हुआ। महाराणा प्रताप की माता का नाम जयवंता बाई था, जो पाली के सोनगरा अखैराज की बेटी थी। महाराणा प्रताप का बचपन भील समुदाय के साथ बिता , भीलों के साथ ही वे युद्ध कला सीखते थे , भील अपने पुत्र को कीका कहकर पुकारते है, इसलिए भील महाराणा को कीका नाम से पुकारते थे।लेखक विजय नाहर की पुस्तक हिन्दुवा सूर्य महाराणा प्रताप के अनुसार जब प्रताप का जन्म हुआ था उस समय उदयसिंह युद्व और असुरक्षा से घिरे हुए थे। कुंभलगढ़ किसी तरह से सुरक्षित नही था। जोधपुर के शक्तिशाली राठौड़ी राजा राजा मालदेव उन दिनों उत्तर भारत मे सबसे शक्तिसम्पन्न थे। एवं जयवंता बाई के पिता एवम पाली के शाषक सोनगरा अखेराज मालदेव का एक विश्वसनीय सामन्त एवं सेनानायक था।

इस कारण पाली और मारवाड़ हर तरह से सुरक्षित था और रणबंका राठौड़ो की कमध्वज सेना के सामने अकबर की शक्ति बहुत कम थी, अतः जयवंता बाई को पाली भेजा गया। वि. सं. ज्येष्ठ शुक्ला तृतीया सं 1597 को प्रताप का जन्म पाली मारवाड़ में हुआ। प्रताप के जन्म का शुभ समाचार मिलते ही उदयसिंह की सेना ने प्रयाण प्रारम्भ कर दिया और मावली युद्ध मे बनवीर के विरूद्ध विजय श्री प्राप्त कर चित्तौड़ के सिंहासन पर अपना अधिकार कर लिया।भारतीय प्रशासनिक सेवा से सेवानिवत अधिकारी देवेंद्र सिंह शक्तावत की पुस्तक महाराणा प्रताप के प्रमुख सहयोगी के अनुसार महाराणा प्रताप का जन्म स्थान महाराव के गढ़ के अवशेष जूनि कचहरी पाली में विद्यमान है। यहां सोनागरों की कुलदेवी नागनाची का मंदिर आज भी सुरक्षित है। पुस्तक के अनुसार पुरानी परम्पराओं के अनुसार लड़की का पहला पुत्र अपने पीहर में होता है।

इतिहासकार अर्जुन सिंह शेखावत के अनुसार महाराणा प्रताप की जन्मपत्रिका पुरानी दिनमान पद्धति से अर्धरात्रि 12/17 से 12/57 के मध्य जन्मसमय से बनी हुई है। 5/51 पलमा पर बनी सूर्योदय 0/0 पर स्पष्ट सूर्य का मालूम होना जरूरी है इससे जन्मकाली इष्ट आ जाती है। यह कुंडली चित्तौड़ या मेवाड़ के किसी स्थान में हुई होती तो प्रातः स्पष्ट सूर्य का राशि अंश कला विकला अलग होती। पण्डित द्वारा स्थान कालगणना पुरानी पद्धति से बनी प्रातः सूर्योदय राशि कला

विकला पाली के समान है।

डॉ हुकमसिंह भाटी की पुस्तक सोनगरा सांचोरा चौहानों का इतिहास 1987 एवं इतिहासकार मुहता नैणसी की पुस्तक ख्यात मारवाड़ रा परगना री विगत में भी स्पष्ट है "पाली के सुविख्यात ठाकुर अखेराज सोनगरा की कन्या जैवन्ताबाई ने वि. सं. 1597 जेष्ठ सुदी 3 रविवार को सूर्योदय से 47 घड़ी 13 पल गए एक ऐसे देदीप्यमान बालक को जन्म दिया। धन्य है पाली की यह धरा जिसने प्रताप जैसे रत्न को जन्म दिया।"

जीवन

राणा उदयसिंह के दूसरी रानी धीरबाई जिसे राज्य के इतिहास में रानी भटियाणी के नाम से जाना जाता है, यह अपने पुत्र कुंवर जगमाल को मेवाड़ का उत्तराधिकारी बनाना चाहती थी | प्रताप के उत्तराधिकारी होने पर इसके विरोध स्वरूप जगमाल अकबर के खेमे में चला जाता है। महाराणा प्रताप का प्रथम राज्याभिषेक में 28 फरवरी, 1572 में गोगुन्दा में हुआ था, लेकिन विधि विधानस्वरूप राणा प्रताप का द्विवतीय राज्याभिषेक 1572 ई. में ही कुंभलगढ़ दुर्ग में हुआ, दुसरे राज्याभिषेक में जोधपुर का राठौड़ शासक राव चन्द्रसेन भी उपस्थित थे।

राणा प्रताप ने अपने जीवन में कुल 11 शादियाँ की थी उनकी पत्नियों और उनसे प्राप्त उनके पुत्रों पुत्रियों के नाम है:-

महारानी अजबदे पंवार :- अमरसिंह और भगवानदास

अमरबाई राठौर :- नत्था

शहमति बाई हाडा :-पुरा

अलमदेबाई चौहान:- जसवंत सिंह

रत्नावती बाई परमार :-माल,गज,क्लिंगु

लखाबाई :- रायभाना

जसोबाई चौहान :-कल्याणदास

चंपाबाई जंथी :- कल्ला, सनतालदास और दुर्जन सिंह

सोलनखिनीपुर बाई :- साशा और गोपाल

फूलबाई राठौर :-चंदा और शिखा

खीचर आशाबाई :- हत्थी और राम सिंह

महाराणा प्रताप के शासनकाल में सबसे रोचक तथ्य यह है कि मुगल सम्राट अकबर बिना युद्ध के प्रताप को अपने अधीन लाना चाहता था इसलिए अकबर ने

प्रताप को समझाने के लिए चार राजदूत नियुक्त किए जिसमें सर्वप्रथम सितम्बर 1572 ई. में जलाल खाँ प्रताप के खेमे में गया, इसी क्रम में मानसिंह (1573 ई. में), भगवानदास (सितम्बर, 1573 ई. में) तथा राजा टोडरमल (दिसम्बर,1573 ई.) प्रताप को समझाने के लिए पहुँचे, लेकिन राणा प्रताप ने चारों को निराश किया, इस तरह राणा प्रताप ने मुगलों की अधीनता स्वीकार करने से मना कर दिया जिसके परिणामस्वरूप हल्दी घाटी का ऐतिहासिक युद्ध हुआ।

हल्दीघाटी का युद्ध

हल्दीघाटी का युद्ध 18 जून 1576 को मेवाड़ के महाराणा प्रताप का समर्थन करने वाले घुड़सवारों और धनुर्धारियों और मुगल सम्राट अकबर की सेना के बीच लडा गया था जिसका नेतृत्व आमेर के राजा मान सिंह प्रथम ने किया था। इस युद्ध में महाराणा प्रताप को मुख्य रूप से भील जनजाति का सहयोग मिला ।

1568 में चित्तौड़गढ़ की विकट घेराबंदी ने मेवाड़ की उपजाऊ पूर्वी बेल्ट को मुगलों को दे दिया था। हालाँकि, बाकी जंगल और पहाड़ी राज्य अभी भी राणा के नियंत्रण में थे। मेवाड़ के माध्यम से अकबर गुजरात के लिए एक स्थिर मार्ग हासिल करने पर आमादा था; जब 1572 में प्रताप सिंह को राजा (राणा) का ताज पहनाया गया, तो अकबर ने कई दूतों को भेजा जो महाराणा प्रताप को इस क्षेत्र के कई अन्य राजपूत नेताओं की तरह एक जागीरदार बना दिया। जब महाराणा प्रताप ने अकबर को व्यक्तिगत रूप से प्रस्तुत करने से इनकार कर दिया, तो युद्ध अपरिहार्य हो गया। लड़ाई का स्थल राजस्थान के गोगुन्दा के पास हल्दीघाटी में एक संकरा पहाड़ी दर्रा था। महाराणा प्रताप ने लगभग 3,000 घुड़सवारों और 400 भील धनुर्धारियों के बल को मैदान में उतारा। मुगलों का नेतृत्व आमेर के राजा मान सिंह ने किया था, जिन्होंने लगभग 5,000-10,000 लोगों की सेना की कमान संभाली थी। तीन घंटे से अधिक समय तक चले भयंकर युद्ध के बाद, महाराणा प्रताप ने खुद को जख्मी पाया जबकि उनके कुछ लोगों ने उन्हें समय दिया, वे पहाड़ियों से भागने में सफल रहे और एक और दिन लड़ने के लिए जीवित रहे। मेवाड़ के हताहतों की संख्या लगभग 1,600 पुरुषों की थी। मुगल सेना ने 150 लोगों को खो दिया, जिसमें 350 अन्य घायल हो गए। इसका कोई नतीजा नहीं निकला जबकि वे(मुगल) गोगुन्दा और आस-पास के क्षेत्रों पर कब्जा करने में सक्षम थे, वे लंबे समय तक उन पर पकड़ बनाने में असमर्थ थे। जैसे ही साम्राज्य

का ध्यान कहीं और स्थानांतरित हुआ, महाराणा प्रताप और उनकी सेना बाहर आ गई और अपने प्रभुत्व के पश्चिमी क्षेत्रों को हटा लिया

सिंहासन पर पहुंचने के बाद, अकबर ने मेवाड़ के अपवाद के साथ राजस्थान में अग्रणी राज्य के रूप में स्वीकार किए जाने के साथ, अधिकांश राजपूत राज्यों के साथ अपने रिश्ते को स्थिर कर लिया था। मेवाड़ के महाराणा प्रताप, जो प्रतिष्ठित सिसोदिया कबीले के प्रमुख भी थे, ने मुगल के सामने प्रस्तुत करने से इनकार कर दिया था। इसने 1568 में चित्तौड़गढ़ की घेराबंदी की थी, उदय सिंह द्वितीय के शासनकाल के दौरान, मेवाड़ के पूर्वी भाग में मुगलों के लिए उपजाऊ क्षेत्र के एक विशाल क्षेत्र के नुकसान के साथ समाप्त हुआ। जब राणा प्रताप ने अपने पिता को मेवाड़ के सिंहासन पर बैठाया, तो अकबर ने उनके लिए राजनयिक दूतावासों की एक श्रृंखला भेजी, जिसमें राजपूत राजा को अपना जागीरदार बना दिया। इस लंबे समय के मुद्दे को हल करने की उनकी इच्छा के अलावा, अकबर गुजरात के साथ संचार की सुरक्षित लाइनों को अपने नियंत्रण में मेवाड़ के जंगली और पहाड़ी इलाके चाहता था।

पहला दूत जलाल खान कुरची था, जो अकबर का एक पसंदीदा नौकर था, जो अपने मिशन में असफल था। इसके बाद, अकबर ने कच्छवा वंश के साथी राजपूत

अम्बर (बाद में, जयपुर) को भेजा, जिसकी किस्मत मुगलों के अधीन थी। लेकिन वह भी प्रताप को समझाने में नाकाम रहे। राजा भगवंत दास अकबर की तीसरी पसंद थे, और उन्होंने अपने पूर्ववर्तियों से बेहतर प्रदर्शन किया। राणा प्रताप को अकबर द्वारा प्रस्तुत एक रौब दान करने के लिए पर्याप्त रूप से भेजा गया था और अपने युवा बेटे, अमर सिंह को मुगल दरबार में भेजा था। हालांकि, यह अकबर द्वारा असंतोषजनक माना जाता था, जो खुद चाहते थे कि राणा उन्हें व्यक्तिगत रूप से प्रस्तुत करें। एक अंतिम दूत टोडर मल को बिना किसी अनुकूल परिणाम के मेवाड़ भेज दिया गया। प्रयास विफल होने के साथ, युद्ध तय था।

राणा प्रताप, जो कुंभलगढ़ के रॉक-किले में सुरक्षित थे, ने उदयपुर के पास गोगुन्दा शहर में अपना आधार स्थापित किया। अकबर ने अपने कबीले के वंशानुगत विरोधी, मेवाड़ के सिसोदिया के साथ युद्ध करने के लिए कछवा, मान सिंह की प्रतिनियुक्ति की। मान सिंह ने मांडलगढ़ में अपना आधार स्थापित किया, जहाँ उन्होंने अपनी सेना जुटाई और गोगुन्दा के लिए प्रस्थान किया। गोगुन्दा के उत्तर में लगभग 14 मील (23 किमी) की दूरी पर खमनोर गाँव स्थित है, जिसकी चट्टानों के लिए "हल्दीघाटी" नामक अरावली पर्वतमाला के एक भाग से गोगुन्दा को अलग किया गया था, जिसे कुचलने पर हल्दी पाउडर (हल्दी) जैसा दिखने वाला एक चमकदार पीला रंग का उत्पादन होता था। राणा, जिसे मान सिंह के आंदोलनों से अवगत कराया गया था, को मान सिंह और उसकी सेनाओं की प्रतीक्षा में हल्दीघाटी दर्रे के प्रवेश पर तैनात किया गया था। युद्ध 18 जून 1576 को सूर्योदय के तीन घंटे बाद शुरू हुआ।

मेवाड़ी परंपरा और कविताओं के अनुसार राणा की सेना की संख्या 20000 थी, जिन्हें मान सिंह की 80,000-मजबूत सेना के खिलाफ खड़ा किया गया था। हालांकि जदुनाथ सरकार इन संख्याओं के अनुपात से सहमत हैं, लेकिन उनका मानना है कि मान सिंह के युद्ध हाथी पर कूदते हुए, राणा प्रताप के घोड़े चेतक की लोकप्रिय कहानी के रूप में अतिरंजित है। सतीश चंद्र का अनुमान है कि मान सिंह की सेना में 50000-80,000 पुरुष शामिल थे, जिसमें मुग़ल और राजपूत दोनों शामिल थे।

दोनों पक्षों के पास युद्ध के हाथी थे, लेकिन राजपूतों के पास कोई गोला-बारूद या तोपे नहीं थी। मुगलों ने बिना पहिये के तोपखाने या भारी आयुध का मैदान नहीं बनाया, बल्कि कई कस्तूरी को रोजगार दिया।

राणा प्रताप की अनुमानित 400 भील धनुर्धारियों की सेना प्रमुख पानरवा के सोलंकी ठाकुर राणा पूंजा ने ,800-मजबूत वैन की कमान हकीम खान सूर ने अपने

अफ़गानों के साथ, दोडिया के भीम सिंह, और रामदास राठौड़ (जयमल के पुत्र, जिन्होंने चित्तौड़ की रक्षा की) के साथ की थी। दक्षिणपंथी लगभग 2200-मजबूत थे और उनका नेतृत्व ग्वालियर के पूर्व राजा रामशाह तंवर और उनके तीन पुत्रों के साथ मंत्री भामा शाह और उनके भाई ताराचंद ने किया था। अनुमान लगाया जाता है कि लेफ्ट विंग में 4000 योद्धा थे, जिनमें बिदा झाला और उनके वंशज शामिल थे। प्रताप, अपने घोड़े के साथ, केंद्र में लगभग 1,3000 सैनिकों का नेतृत्व किया। बाइस, पुजारी और अन्य नागरिक भी गठन का हिस्सा थे और लड़ाई में भाग लिया। भील गेंदबाजों को पीछे लाया।

मुगलों ने 85 रेखाओं के एक दल को अग्रिम पंक्ति में रखा, जिसका नेतृत्व बरहा के सैय्यद हाशिम ने किया। उनके बाद मोहरा था, जिसमें जगन्नाथ के नेतृत्व वाले कछवा राजपूतों के पूरक और बखशी अली आसफ खान के नेतृत्व वाले मध्य एशियाई मुगलों का समावेश था। माधोसिंह कच्छवा के नेतृत्व में एक बड़ा अग्रिम रिज़र्व आया, जिसके बाद मान सिंह खुद केंद्र के साथ थे। मुगल वामपंथी विंग की कमान बदख्शां के मुल्ला काजी खान (जिसे बाद में गाजी खान के नाम से जाना जाता था) और सांभर के राव लोनकर ने संभाली थी और इसमें फतेहपुर सीकरी के शेखजादों, सलीम चिश्ती के रिश्तेदारों को शामिल किया था। साम्राज्यवादी ताकतों का सबसे मजबूत घटक निर्णायक दक्षिणपंथी में तैनात था, जिसमें बरहा के सैय्यद शामिल थे। अन्त में, मुख्य सेना के पीछे मिहिर खाँ के पीछे का पहरा अच्छी तरह से खड़ा था।

दोनों सेनाओं के बीच असमानता के कारण, राणा ने मुगलों पर एक पूर्ण ललाट हमला करने का विकल्प चुना, जिससे उनके बहुत से लोग मारे गए। हताश प्रभारी ने शुरू में लाभांश का भुगतान किया। हकीम खान सूर और रामदास राठौर मुगल झड़पों के माध्यम से भाग गए और मोहरा पर गिर गए, जबकि राम साह टॉवर और भामा शाह ने मुगल वामपंथी पर कहर बरपाया, जो भागने के लिए मजबूर थे। उन्होंने अपने दक्षिणपंथियों की शरण ली, जिस पर बिदा झल्ला का भी भारी दबाव था। मुल्ला काज़ी खान और फ़तेहपुरी शेखज़ादों के कप्तान दोनों घायल हो गए, लेकिन सैय्यद बरहा ने मजबूती से काम किया और माधोसिंह के अग्रिम भंडार के लिए पर्याप्त समय अर्जित किया। मुगल वामपंथी को हटाने के बाद, राम साह तोंवर ने प्रताप से जुड़ने के लिए खुद को केंद्र की ओर बढ़ाया। वह जगन्नाथ कच्छवा द्वारा मारे जाने तक वह प्रताप को सफलतापूर्वक बचाए रखने में सक्षम थे। जल्द ही, मुगल वैन, जो बुरी तरह से दबाया जा रहा था, माधो सिंह के आगमन से उबर गया था, जो वामपंथी दलों के तत्वों ने बरामद की थी, और सामने से

सैय्यद हाशिम के झड़पों के अवशेष थे। इस बीच, दोनों केंद्र आपस में भिड़ गए थे और मेवाड़ी प्रभारी की गति बढ़ने के कारण लड़ाई और अधिक पारंपरिक हो गई थी। राणा सीधे तौर पर मान सिंह से मिलने में असमर्थ थे और उन्हें माधोसिंह कछवाह के खिलाफ खड़ा किया गया था। दोडिया कबीले के नेता भीम सिंह ने मुगल हाथी पर चढ़ने की कोशिश की परंतु अपनी जान गवा बैठे।

गतिरोध को तोड़ने और गति को प्राप्त करने के लिए, महाराणा ने अपने पुरस्कार हाथी, "लोना" को मैदान में लाने का आदेश दिया। मान सिंह के जवाबी हमला के लिए गजमुक्ता ("हाथियों के बीच मोती") को भेजा ताकि लोना का सिर काट दिया जा सके। मैदान पर मौजूद लोगों को चारों ओर फेंक दिया गया क्योंकि दो पहाड़ जैसे जानवर आपस में भिड़ गए थे। जब उसके महावत को गोली लगने से जख्मी हुआ तो लोना को ऊपरी हाथ दिखाई दिया और उसे वापस जाना पड़ा। अकबर के दरबार में स्तुति करने वाले स्थिर और एक जानवर के मुखिया 'राम प्रसाद' के नाम से एक और हाथी को लोना को बदलने के लिए भेज दिया गया। दो शाही हाथी, गजराज और 'रण-मदार', घायल गजमुक्ता को राहत देने के लिए भेजे गए, और उन्होंने राम प्रसाद पर आरोप लगाए। राम प्रसाद का महावत भी घायल हो गया था, इस बार एक तीर से, और वह अपने माउंट से गिर गया। हुसैन खान, मुगल फौजदार , राम प्रसाद पर अपने ही हाथी से छलांग लगाते हैं और दुश्मन जानवर को मुगल पुरस्कार देते हैं।

अपने युद्ध के हाथियों के नुकसान के साथ, मुग़ल मेवाड़ियों पर तीन तरफ से दबाने में सक्षम रहे, और जल्द ही राजपूत नेता एक-एक करके गिरने लगे। लड़ाई का ज्वार अब मुगलो की ओर झुकने लगा, और राणा प्रताप ने जल्द ही खुद को तीर और भाले से घायल पाया। यह महसूस करते हुए कि अब हार निश्चित है, बिदा झल्ला ने अपने सेनापति से शाही छत्र जब्त कर लिया और खुद को राणा होने का दावा करते हुए मैदान में टिके रहे। उनके बलिदान के कारण घायल प्रताप और करीब 1,800 राजपूत युद्ध भूमि से भागने में सफल रहे। राजपूतों की वीरता और पहाड़ियों में घात के डर का मतलब था कि मुगलों ने पीछा नहीं छोड़ा, और इस कारन प्रताप सिंह को पर्वतो पर छिपने का मौका मिल गया।

रामदास राठौर तीन घंटे की लड़ाई के बाद मैदान पर मारे गए लोगों में से एक थे। राम साह तोवर के तीन बेटे- सलिवाहन, बहन, और प्रताप तोवर - उनके पिता की मृत्यु में शामिल हो गए। मेवाड़ी सेना के लगभग 1,600 सैनिको की म्रत्यु हो गई, जबकि मुगल सेना के करीब 150 सिपाही मारे गए और 350 घायल हुए।

दोनों तरफ राजपूत सैनिक थे। उग्र संघर्ष में एक स्तर पर, बदायुनी ने आसफ खान से पूछा कि मैत्रीपूर्ण और दुश्मन राजपूतों के बीच अंतर कैसे किया जाए। आसफ खान ने जवाब दिया, "जिसको भी आप पसंद करते हैं, जिस तरफ भी वे मारे जा सकते हैं, उसे गोली मार दें, यह इस्लाम के लिए एक लाभ होगा।" के.एस. लाल ने इस उदाहरण का हवाला देते हुए कहा कि मध्ययुगीन भारत में अपने मुस्लिम आकाओं के लिए सैनिकों के रूप में हिंदू बड़ी संख्या में मारे गए।

समर्पण विचार

वह जंगल में लौट आया और अपनी लड़ाई जारी रखी। टकराव के उनके एक प्रयास की विफलता के बाद, प्रताप ने छापामार रणनीति का सहारा लिया। एक आधार के रूप में अपनी पहाड़ियों का उपयोग करते हुए, प्रताप ने बड़े पैमाने पर मुगल सैनिकों को वहाँ से हटाना शुरू कर दिया। वह इस बात पर अड़े थे कि मेवाड़ की मुगल सेना को कभी शान्ति नहीं मिलनी चाहिए: अकबर ने तीन विद्रोह किए और प्रताप को पहाड़ों में छुपाने की असफल कोशिश की। इस दौरान, उन्हें प्रताप भामाशाह से सहानुभूति के रूप में वित्तीय सहायता मिली। अरावली पहाड़ियों से बिल, युद्ध के दौरान प्रताप को अपने समर्थन के साथ और मोर के दिनों में जंगल में रहने के साधन के साथ। इस तरह कई साल बीत गए। जेम्स टॉड लिखते हैं: "अरावली शृंखला में एक अच्छी सेना के बिना भी, महाराणा प्रताप सिंह जैसे महान स्वतन्त्रता सेनानी के लिए वीर होने का कोई रास्ता नहीं है: कुछ भी एक शानदार जीत हासिल कर सकता है या अक्सर भारी हार। एक घटना में, गोलियाँ सही समय पर बच निकलीं और उदयपुर के पास सावर की गहरी जस्ता खानों में राजपूत महिलाओं और बच्चों को अगवा कर लिया। बाद में, प्रताप ने अपने स्थान को मेवाड़ा के दक्षिणपूर्वी हिस्से में सावन में स्थानान्तरित कर दिया। मुगल खोज लहर के बाद, सभी निर्वासित जंगल में वर्षों से रहते थे, जंगली जामुन खाते थे, शिकार करते थे और मछली पकड़ते थे। किंवदन्ती के अनुसार, प्रताप एक कठिन समय था जब गोलियाँ राही समय पर भाग गईं और उदयपुरा के पास सावर की गहरी जस्ता खानों के माध्यम से राजपूत महिलाओं और बच्चों का अपहरण कर लिया। बाद में, प्रताप ने अपने स्थान को मेवाड़ के दक्षिण-पूर्वी भाग चावण्ड में स्थानान्तरित कर दिया। मुगल खोज लहर के बाद, सभी निर्वासित जंगल में वर्षों से रहते थे, जंगली जामुन खाते थे, शिकार करते थे और मछली पकड़ते थे। किंवदन्ती के अनुसार, प्रताप एक कठिन समय था जब गोलियाँ सही समय पर

भाग गईं और उदयपुरा के पास सावर की गहरी जस्ता खानों के माध्यम से राजपूत महिलाओं और बच्चों का अपहरण कर लिया। बाद में, प्रताप ने अपने स्थान को मेवाड़ के दक्षिण-पूर्वी भाग चावंड में स्थानान्तरित कर दिया। मुगल खोज लहर के बाद, सभी निर्वासित जंगल में वर्षों से रहते थे, जंगली जामुन खाते थे, शिकार करते थे और मछली पकड़ते थे। किंवदन्ती के अनुसार, प्रताप कठिन समय था। सभी निर्वासित लोग कई सालों तक तलहटी में रहते थे, जंगली जामुन खाते थे, शिकार करते थे और मछली पकड़ते थे। किंवदन्ती के अनुसार, प्रताप कठिन समय बिता रहे थे। सभी निर्वासित लोग कई वर्षों तक जंगली जामुन के साथ तोपों में रहते थे और शिकार करते थे और मछली पकड़ते थे। किंवदन्ती के अनुसार, प्रताप को घास के बीज से बनी चपाती खाने का कठिन समय था।

पृथ्वीराज राठौर का पत्र

जब निर्वासन वास्तव में भूख से मर रहे थे, तो उन्होंने प्रताप अकबर को एक पत्र लिखा, जिसमें कहा गया था कि वह शांति समझौते के लिए तैयार हैं। प्रताप के प्रमुख (उनकी मां की बहन का बच्चा) पृथ्वीराज राठौर, जो अकबर की मंडली के सदस्यों में से एक थे, ने यह कहा

हिंदुओं की मान्यताएं हिंदू सूर्य के उदय पर आधारित हैं लेकिन राणा ने उन्हें छोड़ दिया है। लेकिन वह प्रताप के लिए है, सब कुछ उसी स्तर पर अकबर द्वारा माना जाएगा; क्योंकि हमारे प्रमुखों ने अपना साहस खो दिया है और हमारी महिलाओं ने अपना मूल्य खो दिया है। हमारी दौड़ में अकबर अभी भी एक बाजार दलाल है; उन्होंने थोक में सब कुछ खरीदा है लेकिन केवल उदय के बेटे (सिंह द्वितीय मेवाड़); वह अपनी कीमत के लिए बहुत दूर था। राजपूत ने नौरोकॉफ़ का कितना सम्मान किया [फारसी नव वर्ष के दौरान, अकबर महिलाओं को अपनी खुशी के लिए चुनता है]; फिर भी कितने लोग इसे वस्तु विनिमय मानते हैं? क्या चित्तूर आएगा इस बाजार में ...? प्रताप सिंह (प्यार से पट्टा के रूप में जाना जाता है) ने अपना धन (युद्ध की रणनीति के लिए) और बटालियनों में खर्च किया, हालांकि उन्होंने इस खजाने को संरक्षित किया। दुख ने मनुष्य को इस बाजार में धकेल दिया, और उन्होंने अपने आत्मसम्मान को पीड़ित होते देखा: केवल हम्मीर (महा राणा हम्मीर) के वंशज ही ऐसे अपराध से सुरक्षित थे। दुनिया पूछ सकती है कि प्रताप के लिए अप्रत्यक्ष मदद कहां से आई? कहीं से भी नहीं बल्कि उनकी मर्दानगी और तलवार से .. मानव बाजार का दलाल (अकबर) एक दिन जरूर इस

दुनिया को छोड़ने जा रहा है; वह हमेशा के लिए नहीं रहने वाला है। फिर क्या हमारी दौड़ प्रताप तक आने वाली है, जो अमानवीय भूमि में राजपूत बीज बोने जा रहे हैं? उनके अनुसार, हर कोई इसे संरक्षित करना चाहता है, और इसकी पवित्रता को पुनर्जीवित और रोशन करना है। यह विश्वसनीय नहीं होगा यदि प्रताप अकबर को सम्राट कहा जाता था, जैसा कि सूरज किसी तरह से तेज दिशा में उगता है। मुझे कहां खड़ा होना चाहिए? मेरी गर्दन के चारों ओर अपनी तलवार रख दिया? या गर्व से ले जाने के लिए? कहते हैं कि? कहा च। यह विश्वसनीय नहीं होगा यदि प्रताप अकबर को सम्राट कहा जाता था, जैसा कि सूरज किसी तरह से तेज दिशा में उगता है। मुझे कहां खड़ा होना चाहिए? मेरी गर्दन के चारों ओर अपनी तलवार रख दिया? या गर्व से ले जाने के लिए? कहते हैं कि? कहा च। यह विश्वसनीय नहीं होगा यदि प्रताप अकबर को सम्राट कहा जाता था, जैसा कि सूरज किसी तरह से तेज दिशा में उगता है। मुझे कहां खड़ा होना चाहिए? मेरी गर्दन के चारों ओर अपनी तलवार रख दिया? या गर्व से ले जाना? कहते हैं कि?

इस प्रकार प्रताप ने उसे उत्तर दिया

मेरे भगवान एकलिंग, प्रताप को केवल तुर्की सम्राट कहा जाता है, 'तुर्की' शब्द कई भारतीय भाषाओं में एक अपमानजनक शब्द है और सूर्य निश्चित रूप से पूर्व में दिखाई देगा। "जब तक प्रताप की तलवार मुगलों के सिर पर घूमती है तब तक आप अपना गौरव सहन कर सकते हैं।" जहां तक सांगा के खून का सवाल है, अगर आप अकबर के बारे में धैर्य रखना चाहते हैं! आपने इस शब्द युद्ध में सुधार किया होगा। "

इस प्रकार संधि अहस्ताक्षरित रही।

दिवेर-छापली का युद्ध

राजस्थान के इतिहास 1582 में दिवेर का युद्ध एक महत्वपूर्ण युद्ध माना जाता है, क्योंकि इस युद्ध में राणा प्रताप के खोये हुए राज्यों की पुनः प्राप्ती हुई, इसके पश्चात राणा प्रताप व मुग़लो के बीच एक लम्बा संघर्ष युद्ध के रुप में घटित हुआ, जिसके कारण कर्नल जेम्स टॉड ने इस युद्ध को "मेवाड़ का मैराथन" कहा है।

मेवाड़ के उत्तरी छोर का दिवेर का नाका अन्य नाकों से विलक्षण है। इसकी स्थिति मदारिया और कुंभलगढ़ की पर्वत श्रेणी के बीच है। प्राचीन काल में इस पहाड़ी क्षेत्र में गुर्जर प्रतिहारों का आधिपत्य था, जिन्हें इस क्षेत्र में बसने के कारण मेर कहा जाता था। यहां की उत्पत्यकाताओं में इस जाति के निवास स्थलों के

कई अवशेष हैं। मध्यकालीन युग में देवड़ा जाति के राजपूत यहां प्रभावशील हो गये, जिनकी बस्तियां आसपास के उपजाऊ भागों में बस गईं और वे उदयपुर के निकट भीतरी गिर्वा तक प्रसारित हो गईं। चीकली के पहाड़ी भागों में आज भी देवड़ा राजपूत बड़ी संख्या में बसे हुए हैं। देवड़ाओं के पश्चात यहां रावत शाखा के राजपूत बस गये।

इन विभिन्न समुदायों के दिवेर में बसने के कई कारण थे। प्रथम तो दिवेर का एक सामरिक महत्व रहा है, जो समुदाय शौर्य के लिए प्रसिद्ध रहे हैं, वे उत्तरोत्तर अपने पराक्रम के कारण यहां बसते रहे और एक-दूसरे पर प्रभाव स्थापित करते रहे। दूसरा महत्वपूर्ण कारण यह रहा कि इसकी स्थिति ऐसे मार्गों पर है, जहां से मारवाड़, मालवा, गुजरात, अजमेर के आदान-प्रदान की सुविधा रही है। ये मार्ग तंग घाटियों वाले उबड़-खाबड़ मार्ग के रूप में आज भी देखे जा सकते हैं। इनके साथ सदियों से आवागमन होने से घोड़ों की टापों के चिन्ह पत्थरों पर अद्यावधि विद्यमान है। मार्गों में पानी की भी कमी नहीं है, जिसके लिये जगह-जगह झरनों के बांध के अवशेष दृष्टिगोचर होते हैं। सुरक्षा की दृष्टि से स्थान-स्थान पर चौकियों के ध्वंसाशेष भी दिखाई देते हैं। जब अकबर ने कुंभलगढ़, देवगढ़, मदारिया आदि स्थानों पर कब्जा कर लिया तो वहां की चौकियों से संबंध बनाए रखने के लिए दिवेर का चयन एक रक्षा स्थल के रूप में किया गया। यहां बड़ी संख्या में घुड़सवारों और हाथियों का दल रखा गया। इंतर चौकियों के लिए रसद भिजवाने का भी यह सुगम स्थान था।

ज्यों महाराणा प्रताप छप्पन के पहाड़ी स्थानों में बस्तियां बसाने और मेवाड़ के समतल भागों में खेतों को उजाड़ने में व्यस्त थे त्यों अकबर दिवेर के मार्ग से उतरी सैनिक चौकियों का पोषण भेजने की व्यवस्था में संलग्न रहा। प्रताप की नीतियां छप्पन की चौकियों को हटाने में तथा मध्यभागीय मेवाड़ की चौकियों को निर्बल बनाने में अवश्य सफल हो गये, परंतु दिवेर का केंद्र अब भी मुगलों के लिए सुदृढ़ था।

इस पृष्ठभूमि में दिवेर का महाराणा प्रताप का व मुगलों का संघर्ष जुड़ा हुआ था। इस युद्ध की तैयारी के लिए प्रताप ने अपनी शक्ति सुदृढ़ करने की नई योजना तैयार की। वैसे छप्पन का क्षेत्र मुगल से युक्त हो चला था और मध्य मेवाड़ में रसद के अभाव में मुगल चौकियां निष्प्राण हो गई थी अब केवल उत्तरी मेवाड़ में मुगल चौकियां व दिवेर के संबंध में कदम उठाने की आवश्यकता थी।

इस संबंध में महाराणा ने गुजरात और मालवा की ओर अपने अभियान भेजना आरंभ किया और साथ ही आसपास के मुगल अधिकार क्षेत्र में छापे मारना शुरू

कर दिया। इसी क्रम में भामाशाह ने, जो मेवाड़ के प्रधान और सैनिक व्यवस्था के अग्रणी थे, मालवे पर चढ़ाई कर दी और वहां से 2.3 लाख रुपए और 20 हजार अशर्फियां दंड में लेकर एक बड़ी धनराशि इकट्ठी की। इस रकम को लाकर उन्होंने महाराणा को चूलिया ग्राम में समर्पित कर दी। इसी दौरान जब शाहबाज खां निराश होकर लौट गया था, तो महाराणा ने कुंभलगढ़ और मदारिया के मुगली थानों पर अपना अधिकार स्थापित कर लिया। इन दोनों स्थानों पर महाराणा का अधिकार होना दिवेर पर कब्जा करने की योजना का संकेत था।

अतएव इस दिशा में सफलता प्राप्त करने के लिए नई सेना का संगठन किया गया। जगह-जगह रसद और हथियार इकट्ठे किए गए। सैनिकों को धन और सुविधाएं उपलब्ध कराई गई। सिरोही, ईडर, जालोर के सहयोगियों का उत्साह परिवर्धित कराया गया। ये सभी प्रबंध गुप्त रीति से होते रहे। मुगलों को यह भ्रम हो गया कि प्रताप मेवाड़ छोड़कर अन्यत्र जा रहे हैं। ऐसे भ्रम के वातावरण से बची हुई मुगल चौकियों के सैनिक बेखटके रहने लगे। जब सब प्रकार की तैयारी हो गई तो महाराणा प्रताप, कु. अमरसिंह, भामाशाह, चुंडावत, शक्तावत, सोलंकी, पड़िहार, रावत शाखा के राजपूत और अन्य राजपूत सरदार दिवेर की ओर दल बल के साथ चल पड़े। दिवेर जाने के अन्य मार्गों व घाटियों में भीलों की टोलियां बिठा दी गईं, जिससे मेवाड़ में अन्यत्र बची हुई सैनिक चौकियों का दिवेर से कोई संबंध स्थापित न हो सके।

अचानक महाराणा की फौज दिवेर पहुंची तो मुगल दल में भगदड़ मच गई। मुगल सैनिक घाटी छोड़कर मैदानी भाग की तलाश में उत्तर के दर्रे से भागने लगे। महाराणा ने अपने दल के साथ भागती सेना का पीछा किया। घाटी का मार्ग इतना कंटीला तथा ऊबड़-खाबड़ था कि मैदानी युद्ध में अभ्यस्त मुगल सैनिक विथकित हो गए। अन्ततोगत्वा घाटी के दूसरे छोर पर जहां कुछ चौड़ाई थी और नदी का स्त्रोत भी था, वहां महाराणा ने उन्हें जा दबोचा। दिवेर थाने के मुगल अधिकारी सुल्तानखां को कुं. अमरसिंह ने जा घेरा और उस पर भाले का ऐसा वार किया कि वह सुल्तानखां को चीरता हुआ घोड़े के शरीर को पार कर गया। घोड़े और सवार के प्राण पखेरू उड़ गए। महाराणा ने भी इसी तरह बहलोलखां और उसके घोड़े का काम तमाम कर दिया। एक राजपूत सरदार ने अपनी तलवार से हाथी का पिछला पांव काट दिया। इस युद्ध में विजयश्री महाराणा के हाथ लगी।

यह महाराणा की विजय इतनी कारगर सिद्ध हुई कि इससे मुगल थाने जो सक्रिय या निष्क्रिय अवस्था में मेवाड़ में थे जिनकी संख्या 36 बतलाई जाती है, यहां से उठ गए। शाही सेना जो यत्र-तत्र कैदियों की तरह पड़ी हुई थी, लड़ती,

भिड़ती, भूखे मरते उलटे पांव मुगल इलाकों की तरफ भाग खड़ी हुई। यहां तक कि 1585 ई. के आगे अकबर भी उत्तर - पश्चिम की समस्या के कारण मेवाड़ के प्रति उदासीन हो गया, जिससे महाराणा को अब चावंड में नवीन राजधानी बनाकर लोकहित में जुटने का अच्छा अवसर मिला। दिवेर की विजय महाराणा के जीवन का एक उज्ज्वल कीर्तिमान है। जहां हल्दीघाटी का युद्ध नैतिक विजय और परीक्षण का युद्ध था, वहां दिवेर-छापली का युद्ध एक निर्णायक युद्ध बना। इसी विजय के फलस्वरूप संपूर्ण मेवाड़ पर महाराणा का अधिकार स्थापित हो गया। एक अर्थ में हल्दीघाटी का युद्ध में राजपूतो ने रक्त का बदला दिवेर में चुकाया। दिवेर की विजय ने यह प्रमाणित कर दिया कि महाराणा का शौर्य, संकल्प और वंश गौरव अकाट्य और अमिट है, इस युद्ध ने यह भी स्पष्ट कर दिया कि महाराणा के त्याग और बलिदान की भावना के नैतिक बल ने सत्तावादी नीति को परास्त किया। कर्नल टॉड ने जहां हल्दीघाटी को 'थर्मोपाली' कहा है वहां के युद्ध को 'मेरोथान' की संज्ञा दी है। जिस प्रकार एथेन्स जैसी छोटी इकाई ने फारस की बलवती शक्ति को 'मेरोथन' में पराजित किया था, उसी प्रकार मेवाड़ जैसे छोटे राज्य ने मुगल राज्य के वृहत सैन्यबल को दिवेर में परास्त किया। महाराणा की दिवेर विजय की दास्तान सर्वदा हमारे देश की प्रेरणा स्रोत बनी रहेगी।

सफलता और अवसान

पू. 1579 से 1585 तक पूर्वी उत्तर प्रदेश, बंगाल, बिहार और गुजरात के मुग़ल अधिकृत प्रदेशों में विद्रोह होने लगे थे और महाराणा भी एक के बाद एक गढ़ जीतते जा रहे थे अतः परिणामस्वरूप अकबर उस विद्रोह को दबाने में उल्झा रहा और मेवाड़ पर से मुगलो का दबाव कम हो गया। इस बात का लाभ उठाकर महाराणा ने 1585ई. में मेवाड़ मुक्ति प्रयत्नों को और भी तेज कर दिया। महाराणा जी की सेना ने मुगल चौकियों पर आक्रमण शुरू कर दिए और तुरन्त ही उदयपूर समेत 36 महत्वपूर्ण स्थान पर फिर से महाराणा का अधिकार स्थापित हो गया।

महाराणा प्रताप ने जिस समय सिंहासन ग्रहण किया, उस समय जितने मेवाड़ की भूमि पर उनका अधिकार था, पूर्ण रूप से उतने ही भूमि भाग पर अब उनकी सत्ता फिर से स्थापित हो गई थी। बारह वर्ष के संघर्ष के बाद भी अकबर उसमें कोई परिवर्तन न कर सका। और इस तरह महाराणा प्रताप समय की लम्बी अवधि के संघर्ष के बाद मेवाड़ को मुक्त करने में सफल रहे और ये समय मेवाड़ के लिए एक स्वर्ण युग साबित हुआ। मेवाड़ पर लगा हुआ अकबर ग्रहण का अन्त 1585 ई. में

हुआ। उसके बाद महाराणा प्रताप उनके राज्य की सुख-सुविधा में जुट गए, परन्तु दुर्भाग्य से उसके ग्यारह वर्ष के बाद ही 19 जनवरी 1597 में अपनी नई राजधानी चावण्ड में उनकी मृत्यु हो गई।

महाराणा प्रताप सिंह के डर से अकबर अपनी राजधानी लाहौर लेकर चला गया और महाराणा के स्वर्ग सिधारने के बाद आगरा ले आया।

'एक सच्चे राजपूत, शूरवीर, देशभक्त, योद्धा, मातृभूमि के रखवाले के रूप में महाराणा प्रताप दुनिया में सदैव के लिए अमर हो गए।

मृत्यु पर अकबर की प्रतिक्रिया

अकबर महाराणा प्रताप का सबसे बड़ा शत्रु था, पर उनकी यह लड़ाई कोई व्यक्तिगत द्वेष का परिणाम नहीं थी, बल्कि अपने सिद्धान्तों और मूल्यों की लड़ाई थी। एक वह था जो अपने क्रूर साम्राज्य का विस्तार करना चाहता था, जब की एक तरफ महाराणा प्रताप जी थे जो अपनी भारत मातृभूमि की स्वाधीनता के लिए संघर्ष कर रहे थे। महाराणा प्रताप की मृत्यु पर अकबर को बहुत ही दुःख हुआ क्योंकि हृदय से वो महाराणा प्रताप के गुणों का प्रशंसक था और अकबर जनता था की महाराणा प्रतात जैसा वीर कोई नहीं है इस धरती पर। यह समाचार सुन अकबर रहस्यमय तरीके से मौन हो गया और उसकी आँख में आँसू आ गए।

महाराणा प्रताप के स्वर्गावसान के समय अकबर लाहौर में था और वहीं उसे सूचना मिली कि महाराणा प्रताप की मृत्यु हो गई है। अकबर की उस समय की मनोदशा पर अकबर के दरबारी दुरसा आढ़ा ने राजस्थानी छन्द में जो विवरण लिखा वो कुछ इस तरह है:-

महाराणा प्रताप की प्रतिमा उनकी बहादुरी और वीरता को दर्शाती है।

अस लेगो अणदाग पाग लेगो अणनामी

गो आडा गवड़ाय जीको बहतो घुरवामी

नवरोजे न गयो न गो आसतां नवल्ली

न गो झरोखा हेठ जेठ दुनियाण दहल्ली

गहलोत राणा जीती गयो दसण मूंद रसणा डसी

निसा मूक भरिया नैन तो मृत शाह प्रतापसी

हे गेहलोत राणा प्रतापसिंह तेरी मृत्यु पर शाह यानि सम्राट ने दाँतों के बीच जीभ दबाई और निश्वास के साथ आँसू टपकाए। क्योंकि तूने कभी भी अपने घोड़ों पर मुगलिया दाग नहीं लगने दिया। तूने अपनी पगड़ी को किसी के आगे झुकाया

नहीं, हालाँकि तू अपना आडा यानि यश या राज्य तो गवाँ गया लेकिन फिर भी तू अपने राज्य के धुरे को बाएँ कन्धे से ही चलाता रहा। तेरी रानियाँ कभी नवरोजों में नहीं गई और ना ही तू खुद आसतों यानि बादशाही डेरों में गया। तू कभी शाही झरोखे के नीचे नहीं खड़ा रहा और तेरा रौब दुनिया पर निरन्तर बना रहा। इसलिए मैं कहता हूँ कि तू सब तरह से जीत गया और बादशाह हार गया।

अपनी मातृभूमि की स्वाधीनता के लिए अपना पूरा जीवन का बलिदान कर देने वाले ऐसे वीर शिरोमणि महाराणा प्रताप और उनके स्वामिभक्त अश्व चेतक को शत-शत कोटि-कोटि प्रणाम।

कुछ महत्वपूर्ण तथ्य

इतिहासकार विजय नाहर की पुस्तक हिन्दुवा सूर्य महाराणा प्रताप के अनुसार कुछ तथ्य उजागर हुए।

1 .महाराणा उदय सिंह ने युद्ध की नयी पद्धति - छापामार युद्धप्रणाली इजाद की। वे स्वयं तो इसका प्रयोग नहीं कर सके परन्तु महाराणा प्रताप, महाराणा राज सिंह एवं छत्रपति शिवाजी महाराज ने इसका सफल प्रयोग करते हुए मुगलों पर सफलता प्राप्त की।

2. महाराणा प्रताप मुगल सम्राट अकबर से नहीं हारे। उसे एवं उसके सेनापतियो को धुल चटाई। हल्दीघाटी के युद्ध में प्रताप जीते। महाराणा प्रताप के विरुद्ध हल्दीघाटी में पराजित होने के बाद स्वयं अकबर ने जून से दिसम्बर 1576 तक तीन बार विशाल सेना के साथ महाराणा पर आक्रमण किए, परंतु महाराणा को खोज नहीं पाए, बल्कि महाराणा के जाल में फँसकर पानी भोजन के अभाव में सेना का विनाश करवा बैठे। थक हारकर अकबर बांसवाड़ा होकर मालवा चला गया। पूरे सात माह मेवाड़ में रहने के बाद भी हाथ मलता अरब चला गया। शाहबाज खान के नेतृत्व में महाराणा के विरुद्ध तीन बार सेना भेजी गई परन्तु असफल रहा। उसके बाद अब्दुल रहीम खान-खाना के नेतृत्व में महाराणा के विरुद्ध सेना भिजवाई गई और पीट-पीटाकर लौट गया। 9 वर्ष तक निरन्तर अकबर पूरी शक्ति से महाराणा के विरुद्ध आक्रमण करता रहा। नुकसान उठाता रहा अन्त में थक हार कर उसने मेवाड़ की और देखना ही छोड़ दिया।

3. ऐसा कुअवसर प्रताप के जीवन में कभी नहीं आया कि उन्हें घास की रोटी खानी पड़ी अकबर को सन्धि के लिए पत्र लिखना पड़ा हो। इन्हीं दिनों महाराणा प्रताप ने सुंगा पहाड़ पर एक बावड़ी का निर्माण करवाया और सुन्दर बगीचा

लगवाया| महाराणा की सेना में एक राजा, तीन राव, सात रावत, 15000 अश्वरोही, 100 हाथी, 20000 पैदल और 100 वाजित्र थे। इतनी बड़ी सेना को खाद्य सहित सभी व्यवस्थाएँ महाराणा प्रताप करते थे। फिर ऐसी घटना कैसे हो सकती है कि महाराणा के परिवार को घास की रोटी खानी पड़ी। अपने उतरार्ध के बारह वर्ष सम्पूर्ण मेवाड़ पर शुशाशन स्थापित करते हुए उन्नत जीवन दिया ।

4. पृथ्वीराज राठौड़, अकबर के दरबारी कवि होते हुए भी महाराणा प्रताप के महान प्रशंसक थे।

अमर सिंह प्रथम

राणा अमर सिंह (1597 – 1620 ई0) मेवाड़ के शिशोदिया राजवंश के शासक थे। वे महाराणा प्रताप के पुत्र तथा महाराणा उदयसिंह के पौत्र थे

अमर सिंह महाराणा प्रताप के सबसे बड़े पुत्र थे। उनका परिवार मेवाड़ के शाही परिवार का सिसोदिया राजपूत था। उनका जन्म चित्तौड़ में 16 मार्च 1559 को महाराणा प्रताप और महारानी अजबदे पुंवर के घर हुआ था, उसी वर्ष, जब उदयपुर की नींव उनके दादा उदय सिंह द्वितीय ने रखी थी। महाराणा प्रताप ने 19 जनवरी

1597 में अपनी मृत्यु के समय अमर सिंह को अपना उत्तराधिकारी बनाया और 26 जनवरी 1620 को अपनी मृत्यु तक मेवाड़ के शासक रहे।

मुगल-मेवाड़ संघर्ष में भूमिका

लंबे समय से चले आ रहे मुगल-मेवाड़ संघर्ष की शुरुआत तब हुई जब उदय सिंह द्वितीय ने मेवाड़ के पहाड़ों में शरण ली और अपने छिपने के लिए कभी बाहर नहीं निकले। 1572 में उनकी मृत्यु के बाद, शत्रुताएं फैल गईं, जब उनके बेटे प्रताप सिंह I को मेवाड़ के राणा के रूप में नियुक्त किया गया। प्रारंभ में, प्रताप को अपने पिता उदय सिंह द्वारा पीछा की गई निष्क्रिय रणनीति से बचना था। यहां तक कि उन्होंने अपने बेटे अमर सिंह को भी मुगल दरबार में भेजा, लेकिन खुद उनके पिता भी व्यक्तिगत उपस्थिति से परहेज करते थे।

दूसरी ओर अकबर चाहता था कि वह व्यक्ति की सेवा करे और रामप्रसाद नाम के एक हाथी पर भी नज़र रखे, जो राणा के कब्जे में था। प्रताप ने हाथी और स्वयं दोनों को जमा करने से मना कर दिया और अकबर के शाही सेनापति राजा मान सिंह को भी उनसे सौहार्द नहीं मिला। यहां तक कि उसके साथ भोजन करने से भी मना कर दिया। प्रताप सिंह की गतिविधियों ने मुगलों को एक बार फिर मेवाड़ में ला दिया और बाद की व्यस्तताओं में, मुगलों ने लगभग सभी सगाई जीतकर मेवाड़ियों पर एक भयानक कत्लेआम मचा दिया। राणा को जंगलों में गहरे भागना पड़ा और उदयपुर को भी मुगलों ने अपने कब्जे में ले लिया। परंतु; तमाम प्रयासों के बावजूद मुग़ल उसे पूरी तरह से अपने अधीन करने में सफल नहीं रहे।

प्रताप के बाद, अमर सिंह ने मुगलों की अवहेलना जारी रखी और उनके पास कुछ भी नहीं था, हालांकि उनके पास खोने के लिए कुछ भी नहीं था, क्योंकि शुरुआती हमलों में मुगलों ने मेवाड़ के मैदानों पर कब्जा कर लिया था, और वह अपने पिता के साथ छिपने के लिए मजबूर थे। जब जहांगीर सिंहासन पर चढ़ा तो उसने अमर सिंह के खिलाफ कई हमले किए। शायद, वह उसे और मेवाड़ को वश में न कर पाने की अक्षमता के लिए दोषी महसूस करता था, हालांकि उसे यह कार्य करने के लिए अकबर द्वारा दो बार सौंपा गया था। जहाँगीर के लिए, यह सिर की बात बन गई और उसने अमर सिंह को वश में करने के लिए राजकुमार परविज़ को भेजा और देवर की लड़ाई हुई, लेकिन ख़ुसरू मिर्ज़ा के विद्रोह के कारण परवेज को रोकना पड़ा। परविज़ लड़ाई में केवल लाक्षणिक सेनापति था, जबकि वास्तव में, वास्तव में सेनापति जहाँगीर का साला, आसफ़ ख़ान था।

व्यक्तिगत जीवन

महाराणा अमर सिंह प्रथम का निधन चार सौ साल पहले 26 जनवरी, 1620 को हुआ। महा सतियाँ आहड़ में बनी छतरियों में पहली छतरी महाराणा अमर सिंह प्रथम की ही है। इससे पहले के सिसोदिया शासको के छतरिया उदयपुर में नहीं हैं। महाराणा अमर सिंह ने 1615 की मेवाड़- मुग़ल संधि के बाद सारा राज काज अपने पुत्र करण सिंह के हाथों में दे दिया व उनके जीवन के अंतिम पांच साल उन्होंने महा सतियाँ प्रांगण में एक निवृत राणा के रूप में भगवत आराधना में गुजारे व यहीं उनका निधन आज ही के दिन चार सौ साल पहले हुआ।

1615 में, अमर सिंह ने मुगलों को सौंप दिया। प्रस्तुत करने की शर्त को इस तरह से तैयार किया गया था ताकि दोनों पक्षों के बीच बहस हो सके। वृद्धावस्था के कारण, अमर सिंह को मुगल दरबार में उपस्थित होने के लिए नहीं कहा गया था और चित्तौड़ सहित मेवाड़ को उन्हें वतन जगीर के रूप में सौंपा गया था। दूसरी ओर, अमर सिंह के उत्तराधिकारी, करण सिंह को 5000 का रैंक दिया गया था। दूसरी ओर मुगलों ने मेवाड़ के किलेबंदी को रोककर अपनी रुचि प्राप्त की।

शांति संधियाँ

मुगलों के खिलाफ कई लड़ाइयों के कारण मेवाड़ आर्थिक रूप से और जनशक्ति में तबाह हो गया था, अमर सिंह ने 1615 में शाहजहाँ (जिन्होंने जहांगीर की ओर से बातचीत की) के साथ संधि करने का विचार किया और अंत में उनके साथ बातचीत शुरू करना मुनासिब समझा। उनकी परिषद और उनकी दादी जयवंता बाई, उनके सलाहकार द्वारा।

संधि में, इस बात पर सहमति थी कि:

मेवाड़ के शासक, मुगल दरबार में स्वयं को पेश करने के लिए बाध्य नहीं होंगे, इसके बजाय, राणा का एक रिश्तेदार मुगल सम्राट पर इंतजार करेगा और उसकी सेवा करेगा।

यह भी सहमति थी कि मेवाड़ के राणा मुगलों के साथ वैवाहिक संबंधों में प्रवेश नहीं करेंगे।

मेवाड़ को मुगल सेवा में 1500 घुड़सवारों की टुकड़ी रखनी होगी।

चित्तौड़ और मेवाड़ के अन्य मुगल कब्जे वाले क्षेत्रों को राणा को वापस कर दिया जाएगा, लेकिन चित्तौड़ किले की मरम्मत कभी नहीं की जाएगी। इस अंतिम स्थिति का कारण यह था कि चित्तौड़ का किला एक बहुत शक्तिशाली गढ़ था और मुगल इसे भविष्य के किसी भी विद्रोह में इस्तेमाल किए जाने से सावधान थे।

राणा को 5000 ज़ात और 5000 सोवरों की मुग़ल रैंक दी जाएगी।

डूंगरपुर और बांसवाड़ा के शासक (जो अकबर के शासनकाल के दौरान स्वतंत्र हो गए थे) एक बार फिर मेवाड़ के जागीरदार बने और राणा को श्रद्धांजलि अर्पित करेंगे।

बाद में, जब अमर सिंह अजमेर में जहांगीर से मिलने गए, तो उनका मुगल सम्राट द्वारा गर्मजोशी से स्वागत किया गया और चित्तौड़ किले के साथ-साथ चित्तौड़ के आसपास के क्षेत्रों को सद्भावना के रूप में मेवाड़ वापस दे दिया गया। हालांकि, उदयपुर मेवाड़ राज्य की राजधानी बना रहा।

www.ingramcontent.com/pod-product-compliance
Lightning Source LLC
Chambersburg PA
CBHW051215130726
47988CB00001B/105